미네르바의 촛불
Candles of Minerva

 아우또노미아총서19

미네르바의 촛불

지은이 조정환
펴낸이 장민성
책임운영 신은주 편집부 오정민 마케팅 정연 정성용

펴낸곳 도서출판 갈무리 등록일 1994. 3. 3. 등록번호 제17-0161호
초판인쇄 2009년 4월 27일 초판발행 2009년 5월 2일

주소 서울 마포구 서교동 375-13호 성지빌딩 101호
전화 02-325-1485 팩스 02-325-1407
website http://galmuri.co.kr   e-mail galmuri@galmuri.co.kr

ISBN 978-89-6195-013-8 04300 / 978-89-6195-003-9 (세트)
도서분류 1.정치학 2.철학 3.사회학 4.역사 5.문화연구

값 15,000원

미네르바의 촛불
Candles of Minerva

조정환 지음

책머리에

촛불은 두 가지 차원을 갖는다. 하나는 사회정치적 차원이다. 2008년에 우리는 촛불이 낡은 사회의 닫힌 문을 밀면서 새로운 사회를 열어가는 모습을 뚜렷이 목도했다. 생명을 위협하는 광우병 쇠고기 수입결정에, 일제고사에, 대운하에, 비정규직에, 뉴라이트에, 신자유주의적 세계화에 항의하며 수백만의 사람들에게 들려졌던 촛불들, 이것이 사회정치적 차원의 촛불이다. 또 하나는 존재론적 차원이다. 사람들이 손에 촛불을 켜고 있을 때는 물론이고 그렇지 않을 때조차 존재론적 촛불은 살아 있는 사람들의 영혼 속에 켜져 있다. 언제나 삶을 인도하는 것은 촛불이다. 촛불을 들고 거리에 나서는 것은 이 존재론적 촛불, 영혼의 촛불을 가시화하고 사회화하는 행동이다.

2008년 5월 2일 고등학생 안단테의 호소로 거리에 촛불이 켜진 지 1년, 촛불을 둘러싼 전쟁이 벌어지고 있다. 이번에는 거리에서가 아니라 담론세계에서이다. 기억과 해석을 둘러싼 전쟁. 안병직과 시대정신과 『조선일보』와 뉴라이트는 촛불집회가 광기였다고 유령이었다고 목청을 높인다. 촛불은 이념방송과 인터넷이 만들어낸 유령이며 괴담과 거짓의 미친 잔치였다는 것이다. 여기에 진보를 자처하는 일부의 지식인들과 당파들도, 촛불이 괴담과 그럴듯한 유사과학을 배경으로 생겨난 환상이자 유령이라고 거들고 나섰다. 노동자주의자들은 촛불이 중간계급의 행동이자 표현양식이라며 촛불에 냉소를 퍼붓는다. 이 때문에 촛불을 들었다가 접은 사람들조차 촛불이 환상의 무대였다며 환멸을 토한다. 이른바 '토론의 성지'였던 아고라는 급속하게 촛불에 대한 담론적 테러무대로 바뀌고 있다. 지금 촛불은 대통령, 정치가, 기업, 경찰, 검찰, 보수언론, 교회, 대학뿐만 아니라 사회(민주)주의자, 노동자주의자, 급진주의자 등을 포함하는 사회의 모든 영역으로부터 전방위의 공격을 받고 있다. 물대포, 경찰기동대, 전경, 방패, 방망이를 동원한 지난해의 기나긴 촛불 사냥에 이어 이제 한국의 온갖 정치세력이 신성동맹을 구축하여 이론의 물대포를 앞세우고 촛불 잔불을 *끄고자* 총출동하고 있는 시간이 지금이다.

 지난 한 해 촛불들은 시청에서 서울역까지, 명동에서 강남까지, 서울에서 부산과 광주까지, 온라인에서 오프라인까지, 법정에서 감옥까지, 구로에서 용산까지 그야말로 범역적global '투어'를 하며 우리 사회의 어두운 곳이면 어디나 촛불을 들이댔다. 이 시간이 이 세상과 우리들 자신을 얼마나 속속들이 바꾸어 놓았는지는 시간이 더 흘러야 조금씩 지각될 것이다. 이 변형의 체험의 강렬함 때문일까? 촛불을 관에 넣고 못질을 하겠다는 목청에는 잔뜩 날이 서 있다. 그러나 우리는 안다. 광기란 말은 다중의 활력에 공포를 느끼는 낡은 질서가 그것을 가두기 위해 사용하는 형틀(푸꼬의 『광기의 역사』)이라는 것을. 유령이란 말은 낡은 질서를 위협하는 혁명의 능력 앞에서 공포에 질린 질서가 내 쉬는 탄식이라는 것(맑스와 엥겔스의 『공산주의자 선언』)을.

　이 신성동맹의 총력전이 확인해 주는 것이 있다. 그것은 촛불이 한국의 모든 정치세력으로부터 분명히 실재하는 하나의 정치적 힘으로 인정받고 있다는 사실이다. 촛불은 누구도 부인할 수 없는 하나의 사회정치적 힘으로 그 실재성을 인정받고 있다. 뿐만이 아니다. 그렇다면 촛불의 존재론적 차원은 망각되거나 부인되고 있는가? 그렇지 않다. '촛불은 광기다.'라는 말 속에는 현존하는 권력질서가 도무지 통제할 수 없는 괴물적 힘에 대한 강렬한 인정이 들어 있다. '촛불은 유령이다.'란 말 속에는 지각할 수도 접근할 수도 측정할 수도 협상할 수도 없는 힘에 대한 인정이 들어 있다. 사건을 볼 수 없고 오직 사물만을 볼 수 있을 뿐인 경직된 눈으로 볼 때, 촛불의 힘은 '광기적'이며 촛불의 운동은 '유령적'이다. 그것은 어떤 합리적 정신도 도달할 수 없는 깊이와 강도를 갖고 있으며 어떤 척도로도 잴 수 없는 초월론적 성격을 갖고 있다. 반촛불 신성동맹은 '광기', '유령'과 같은 공포의 언어형식 속에서 촛불의 존재론적 차원에 대한 더 없이 분명한 인정을 표현하고 있다.

　그러므로 지금 촛불은 이 공포의 언어형식을 긍정의 언어형식으로 뒤집고 지금까지의 직접행동들이 드러낸 새로운 경향에 좀 더 분명한 이름을 주어야 한다. 지금까지의 특이한 다양성들이 좀 더 강도 높은 공통 언어를 가질 수 있도록 만들어 나가야 한다. 이것을 통해 지금의 부정적 인정을 긍정적 인정으로 전환시키고 촛불이 발명한 새로운 경향이야말로 되돌릴 수 없는 역사의 이정표임을 몸과 두뇌, 활동과 언어 모두의 힘으로 입증해 나가야 한다. 이 책의 여러 곳에서 나타나고 있는바, 권력에서 활력으로, 민중에서 다중으로, 당에서 네트워크로, 국가에서 코뮌으로, 민족주의에서 코뮤니즘으로의 언어학적 전환과 혁신에 대한 강조는 지금까지 촛불이 연 새로운 정치평면을 분명히 밝히고 한 걸음 더 전진하기 위한 담론적 진지를 구축하려는 노력이다.

이 책은 지난 1년 동안 촛불 현장에 참가하면서 보고 듣고 느낀 것의 기록이자 그것에 대한 성찰의 산물이다.

1부에 실린 「촛불봉기 : 다중이 그리는 새로운 유형의 혁명」은 촛불의 경향적 새로움을 확인하기 위해 씌어졌다. 이 글은 2008년 6월 27일 맑스코뮤날레 워크샵에서 처음 발표한 이후, 8월 13일에 광주에서 열린 촛불토론회를 위해 개고하는 등 여러 차례의 개고를 거쳐 지금의 상태에 이르렀다. 「파시즘에 대항하는 촛불」은 일부 좌파 지식인 사회에서 제기되었던 '촛불은 파시즘이다.'라는 비판을 반비판하기 위해 파시즘(론)의 세계사적 발전사 속에서 촛불의 위치를 파시즘에 대항하는 것으로 규명한다. 「금융위기와 촛불의 시간」은 미국발 금융위기를 자본의 관점이 아니라 자본이 '서브프라이머들'이라고 부르는 빈민의 관점에서 본다. 이 글에서 나는, 금융위기가 촛불에게 (국유화와 같은 낡은 기법의 반복을 받아들이고 있을 것이 아니라) 새로운 세계를 발명하는 사업에 나서도록 재촉하는 순간임을 밝히려고 했다. 「촛불 : 유령인가 중간계급인가 다중인가?」는 촛불에 대한 좌우로부터의 담론적 총력전에 맞서 '촛불이 승리한다'는 단순한 진실을 정치철학적으로 옹호하고자 했다. 이 글에서 나는, 촛불을 유령으로 평가하거나 중간계급으로 평가하고자 하는 좌우의 시도들이 20세기 운동의 산물이자 동시에 그것의 극복으로서 21세기 사회정치 무대에 등장한 다중을 회피하고 전통적 적대구조에 안주하고자 하는 심성, 필요, 욕망을 정당화하는 방식임을 입증하고자 했다.

2부에 실린 글은 그야말로 촛불 현장에서 보고 느낀 것에 대한 그날

그날의 일기식 기록들과 성찰들에 사후에 의미론적 형식을 부과한 것이다. 촛불봉기가 시작된 후 나는, 나의 운동적 성장시대인 1980년대나 1990년대와는 확연히 다른 운동의 양상들에 충격을 받고 그 변화의 양상들을 개인(날아온 씨앗의 '촛불봉기: 제국의 석양 촛불의 시간') 블로그(http://blog.daum.net/nalsee)에 체험과 성찰의 일기형식으로 기록해 나갔다. 이 작업을 위해 나는 (수강예정자들에게는 미안하게도) 약속했던 강의마저 접고 밤낮으로 거리를 누비며 촛불의 시간을 '향유'했다. 거리에서 만난 무수한 사람들, 그들의 행동과 발언 속에서 느껴지는 놀라운 에너지들 때문에 이 시간은 내게 결코 놓쳐서는 안 될 소중하고 즐거운 시간이었다. 나는 〈다중지성의 정원〉(http://daziwon.net)에서 2008년 10월부터 8차례에 걸쳐 '제국시대와 촛불봉기'라는 주제의 강의를 열었고 이 때 블로그에 썼던 글들을 정리하고 가공하여 그것에 일정한 정치철학적 형식성을 부여했다. 2부의 글들은 이 과정의 산물이다. 단편적 글들의 모자이크로 된 이 글들은 체계성을 갖는 1부의 생각들이 유래하는 체험적 구체성과 생생함을 제공할 것이라고 확신한다. 당시의 시간성을 살려 두기 위해 현재의 입장에서 읽을 때는 부적절한 시간 표현들을 그대로 둔 경우도 있다.

  3부의 테제들은 이명박 정부의 등장, 촛불봉기, 그리고 금융위기라는 세 개의 연속된 사태를 이해하면서 필요하고 적실한 태도를 갖추기 위해 정리했던 비망록적 성격의 테제이다. 이 테제들은 1부에서 **분석적으로**, 2부에서 **기술적으로** 서술된 내용을 **직관적인** 방식으로 응축함과 동시에 1, 2부의 행간서술들 너머로 생각을 도약시키는 데 디딤돌이 될 수 있을 것이다.

  우리의 촛불은 저녁에 타올라 밤 시간을 수놓았다. 그래서 미네르바의 올빼미는 황혼녘이 아니라 새벽녘에야 울 수 있었다. 촛불은 (그것의 강점에서뿐만 아니라 약점에서까지도) 지난 1년간 나의 지력과 정동력과 상상력을 충전시켜준 원천이다. 존재론적 차원에서 '촛불이 승리한다'는 것, 즉 촛불이 삶과 세계를 변형시키는 힘이라는 것은 너무나 분명하다. 그러나 이것은 사회정치적 차원의 승리와 동의어인 것은 아니다. 많은 사람들이 촛불이 꺼졌다고, 촛불이 패배했다고 말할 때 생각하는 것이 바로 이 차원이리라. 역사는 우리에게 혁명들이 패배하고 있는 것처럼 보이는 시간에도 실제로는 그것이 거대한 도약을 하고 있음을 여러 차례 입증해 주었다. 그래서 혁명은 영원하다고, 촛불은 영원하다고, 촛불이 승리한다고 말할 수 있는 것이다. 그렇다고 해서 이 존재론적 차원의 승리능력을 사회정치적 차원에까지 폭발시키고 확산시키는 임무가 면제되는 것은 아닐 것이다. 역사적 혁명은 실제로는 존재론적 능력을 사회정치적 차원에서 실현하려는 부단한 과정 그 자체에 다름 아니기 때문이다. 그리스의 아테나 여신 미네르바는 지혜의 신이면서 동시에 전쟁의 신이다. 지성의 신이면서 동시에 행동의 신이다. 직접행동이 지성을 우회할 수 있는 것은 아니다. 이 책은 이론과 실천, 지성과 행동, 지혜와 전쟁의 연결이라는 '오래된 미래'를 위해, '미네르바의 촛불'을 위해 바쳐진다.

감사의 말

이 책은 긴 시간에 걸친 체험과 성찰의 산물이다. 무엇보다 집회와 시위 과정에서 많은 것을 일깨워 주었던 헤아릴 수 없는 촛불들에게 감사한다. 여러 차례의 토론회에서 문제를 제기하고 생각을 가다듬을 수 있도록 자극해준 사람들에게 감사한다. 현실에서 전개되고 있는 사건을 이해하고 참여하기 위해 열렸던 '제국시대와 촛불봉기' 강좌와 성공회대

대학원 탈근대사회이론 강의에서 함께 촛불을 주제로 토론했던 수강자들에게 감사한다. 촛불을 둘러싸고 벌어진 해석의 전쟁에서 촛불을 지키기 위해 모든 일정을 젖혀두고 밤낮으로 비상발간 작업을 한 갈무리 출판사의 활동가들에게 감사한다. 부록으로 실린 촛불관련 참고문헌과 촛불봉기 일지의 초고는 오정민, 루드, 정성용이 단행본들과 잡지, 신문, 인터넷 등을 뒤져서 작성해 주었다. 또 출간을 앞두고 열린 〈다중넷〉 발표 토론회에 참석하여 최종고를 읽고 수정제안을 해준 신은주, 윤영광, 강서진, 진성철 등을 비롯하여 이 자리에 참석했던 모든 사람들에게 이 자리를 빌려 고마움을 전한다.

차례

책머리에

1부 촛불의 논리, 윤리, 그리고 생리

촛불: 유령인가 중간계급인가 다중인가?
보수에서의 촛불유령론 19 | 진보에서의 촛불유령론 20 | 촛불 중간계급실체론 28 | 촛불 과잉아나키즘론 31 | 다중으로부터의 도피 35 | 제헌권력: 대중들, 민중, 천민, 그리고 다중 39 | 투쟁의 새로운 순환 속에서 운동과 정치 54 | 승리라는 문제 혹은 감각의 혁신을 위하여 65

파시즘에 대항하는 촛불
근대적 전체주의와 수용소 파시즘 71 | 탈근대적 전체주의와 삶권력의 파시즘 76 | 삶권력의 정치적 계급적 토대와 그 전략 78 | 탈근대 파시즘 속에서 삶정치의 가능성 80 | 한국에서의 파시즘의 운명: 이명박 대 촛불 81

촛불봉기: 다중이 그려내는 새로운 유형의 혁명
머리글 87 | 촛불봉기의 발생조건 89 | 촛불봉기의 전개과정 93 | 권력의 대응 변화 106 | 촛불봉기의 특징과 새로움 107 | 집단지성과 봉기의 새로운 기술 123 | 촛불권력의 현재적 장애와 한계 128 | 촛불봉기의 쟁점과 새로운 과학 131 | 촛불봉기는 무엇을 바꾸고 있는가? 138 | 맺음말: 미래 운동의 새로운 로두스 141

금융위기와 촛불의 시간
미국발 금융위기와 국유화 145 | 자본주의 위기의 역사 속에서 서브프라임 위기 147 | 서브프라이머의 입장에서 본 금융위기 151 | 신자유주의의 위기와 촛불 155

2부 촛불 현장에서: 기록과 성찰

뉴라이트 한국과 촛불

현대의 자본순환과 뉴라이트 161 | 뉴라이트 우파 정부의 성격: 순수자본독재 167 | 이명박 정부의 반혁명 170 | 뉴라이트 한국 20년 결산 173 | 무력 174 | 법 176 | 공안탄압 179 | 언론과 문화 182 | 화폐정치 185 | 테러 188 | 지배의 피라미드와 촛불 192

사회운동의 새로운 순환과 촛불

촛불의 발생계기: 삶정치적 복합문제로서의 광우병 197 | 노동의 재구성과 촛불 200 | 촛불과 욕구노동 204 | 촛불과 코뮤니즘 208 | 민민연과 애국촛불 212

촛불봉기의 주체성

다중의 형상들 221 | 문명, 시민, 시장과 촛불 244

촛불봉기의 특이성

중앙지성, 집단지성, 다중지성 247 | 다중지성의 미네르바 257 | 질서화와 (자기)조직화 262 | 삶정치와 그 무기들 279 | 계획으로서의 촛불과 욕망으로서의 촛불 292

촛불의 헤게모니와 민주주의의 전망

국가권력 293 | 촛불운동 297 | 민주주의 311

촛불의 쟁점들

촛불은 오합지졸인가? 329 | 폭력인가 비폭력인가? 331 | 다시 무기의 문제 345 | 민족주의라는 쟁점 347 | 금융자유화도 금융국유화도 아닌 다중의 공통되기와 자치 352 | 촛불은 일시적인 것인가 영원한 것인가? 356

3부 촛불테제

촛불테제 1: 금융위기와 촛불테제
촛불테제 2: 이명박과 강인한 테제

촛불봉기 일지

참고문헌

1부

촛불의 논리, 윤리, 그리고 생리
촛불: 유령인가 중간계급인가 다중인가
파시즘에 대항하는 촛불
촛불봉기: 다중이 그려내는 새로운 유형의 혁명
금융위기와 촛불의 시간

촛불 : 유령인가 중간계급인가 다중인가?

　이 사회의 정치적 엘리뜨들이나 지적 엘리뜨들이 촛불을 이해하고 받아들이는 것이 얼마나 어려운 일인가는 시간이 흐르면서 더욱 분명해지고 있다. 촛불봉기[1]가 시작된 지 1년을 맞아 촛불을 대상화하면서 내려지는 해석들이 그것을 분명히 보여준다.[2] 경찰, 법정, 감옥을 잇는 국가의 물리적 폭력과 대면해야 했던 촛불은 이제 자신에 대한 정신적 환멸과 해석의 폭력 앞에 직면했다. 그 환멸의 시선과 해석적 단죄가 이른

---

1. 나는 '촛불봉기'라는 용어를 집회, 시위, 거리행진, 도로점거, 광장점거, 계단점거, 축제, 오프라인 토론, 온라인 토론, 펌질, 생중계 등등의 다양한 형태로 이루어지는 촛불들의 벌떼식(蜂) 저항운동(起)을 지칭하는 용어로 사용한다.
2. 촛불 1주년을 맞아, 안병직 (사)시대정신 이사장의 발간사를 달고 시대정신에서 출판된 책은 『광우병 촛불시위 추적보고서—거짓과 광기의 100일』이라는 사뭇 격앙된 제목을 달고 있고, 당대비평 기획위원회는 폭력과 추방의 시대에 촛불의 민주주의를 다시 묻는다는 취지 아래 『그대는 왜 촛불을 끄셨나요』(산책자)를 출판했고, 사회와 철학 연구회는 촛불에 대한 다양한 시각들을 소개하는 『촛불, 어떻게 볼 것인가』를 출간했다.

바 '진보'를 자임하는 엘리뜨들로부터 나올 때 촛불은 역사와 사회로부터 총체적으로 추방당하는 셈이다. 왜냐하면 『조선일보』를 비롯한 보수-수구 언론과 보수적 국가권력이 이미 오래 전에 자신을 범죄로 낙인찍은 이후에 이제 진보가 자신을 사회학적 분류작업을 거쳐 포장한 후 싸늘한 해석의 관에 넣어 돌아올 수 없는 역사의 과거 속으로 보내려 하고 있기 때문이다. 촛불은 죽었으며 더 이상 촛불은 없을 지어다, 라는 심판이 전 국가적으로 그리고 최종적으로 승리를 거두는 것일까?

결코 가능하지 않은 일이다. 어떤 것이 최종적으로 승리하는 것으로 보이는 순간에조차도 그 승리는 결코 견고하지 못하며 시간 속에서 녹아내리는 운명을 피할 수 없기 때문이다. 하물며 촛불에 대한 지적 장례의식이 논란거리를 남기면서 쟁론의 형식으로 진행되는 상황에서야! 그렇기 때문에 우리는 그 쟁점에 개입하여 촛불의 범죄화는 누구를 위한 것인지, 그리고 촛불에 대한 냉소나 환멸의 조성을 통해 득을 보는 것은 누구인지 물어야 할 것이다. 나는 여기에서 최근 발행된 책 『그대는 왜 촛불을 끄셨나요』(산책자, 2009)에 실린 글들 일부에 공통되게 나타나는 촛불의 환멸화에 대한 검토와 비판을 통해, 그리고 다른 일부의 글에 나타나는 촛불의 제헌능력 pouvoir constituant 3에 대한 긍정을 좀 더 분명한 것으로 발전시킴으로써 촛불의 살아있는 힘과 그 능력을 다시 한 번 주장하려고 한다.

---

3. 이 책에서 나는 pouvoir constituant를 주로 '제헌권력'으로 표현하겠지만, 필요에 따라 '제헌능력', '제헌활력' 혹은 '구성력' 등의 다른 용어로도 표현할 것이다.

보수에서의 촛불유령론

문제는 이렇게 제기된다. 2008년 여름을 뒤흔들었던 그 촛불은 무엇이었는가? 이 물음에 대한 보수의 답은 간단한다. 촛불은 이념방송과 인터넷이 만들어낸 유령이다.[4] 이념방송과 인터넷이 국민일각의 반미의식과 좌파진보진영의 대선패배에 대한 절망감을 이용하여 광우병 괴담을 퍼뜨려 과잉된 공포심을 조장하고 여기에서 시발된 촛불을 반정부투쟁의 수단으로 변질시키고 확산시킨 것이 촛불시위라는 것이다. 이 관점에서 촛불은 어떠한 자립성도 갖지 않는다. 그것은 이념방송과 인터넷에 의해 꼭두각시 인형처럼 조종당하는 존재일 뿐이다. MBC PD 수첩 제작진들에 대한 공격 및 인터넷 포털 사이트에 대한 봉쇄는 이러한 시각을 물질화하는 권력의 조치이다. 촛불이 꼭두각시 인형인 한에서 그것은 누가 조종하는가에 따라 달리 사고하고 행동하리라는 판단이 이러한 조치 속에 깊이 각인되어 있다. 이러한 인식 속에서 행정, 입법, 사법을 장악한 현 정부는 방송장악과 인터넷 통제를 자신의 집권행보의 최후 과제인 것처럼 밀어붙이고 있다. 촛불은 실체를 갖지 않는 유령이며 조종당하는 인형이다. 그것은 주체가 아니라 조종의 대상이다. 보수는 촛불에 대한 범죄화를 이 조종과 통제의 수단으로 배치한다. 법과 질서의 울타리 속으로 이 유령을 가둠으로써 촛불을 자신의 동력으로 사용하고자 하는 것이다.

---

4. 『조선일보』, 2009년 4월 15일자.

진보에서의 촛불유령론

놀랍게도 촛불에 대한 유령화는 보수의 전유물이 아니다. 진보의 일부 역시 촛불을 유령화하는 일에 동참한다. 촛불이 생산한 것은 과학이 아니라 괴담이었다고 하면서 이명박 정부와 『조선일보』가 촛불을 공격하는 무기로 그토록 애용했던 괴담론에 동조하는 '이론'이 그것이다.

광우병 위험 쇠고기 수입 반대 촛불집회와 '괴담'이라는 문제를 살펴볼 필요가 있다. 괴담은 광우병 반대 집회의 규모를 대대적으로 불리는 '공포'로서 작용하였다. 괴담이란 충분한 근거는 없지만 그 배경에 상당한 공포를 깔고 있는 어떤 주장들이고, 그것이 위협이 되는 이유는 일반적 가능성을 담고 있기 때문이라고 할 수 있다. 그런데 거기까지가 기여일 것이고 괴담이 '비판'을 대체하게 되면 괴담은 스스로의 힘으로 작동하기 시작한다. 그렇게 되면 괴담은 다시 공격이 되어 되돌아오는 부메랑으로 작용하기 시작한다. 촛불집회가 신자유주의 반대로 나아가지 못한 것, 정치의 전화 대신 모든 정치에 대한 거부감이 팽배한 것으로 끝난 것도 이 '괴담'과 비판 사이의 거리라는 문제와 관련이 있던 것으로 보인다.[5]

무엇이 괴담이었다는 말인가? 여기에 대해서는 한 마디도 없이, 신자유주의 반대로 나아가지 못한 것, 정치의 전화의 방향으로 작동하지 않은 것은 괴담이라는 목적론적 사유틀을 촛불에 부과함으로써 백승욱

---

[5] 당대비평기획위원회, 『그대는 왜 촛불을 끄셨나요』, 산책자, 2009, 46쪽. 이하에서 이 책으로부터의 인용은 괄호 속에 필자의 이름과 쪽수를 넣어 본문 속에 표시하며 필자의 이름이 연이어 반복될 때에는 괄호 속에 숫자만 넣어 쪽수를 나타낸다.

은 촛불을 다시 한 번 괴담의 희생자, 조종당하는 꼭두각시 인형으로 만드는 촛불 유령화의 작업을 거든다. 그런데 『조선일보』가 보기에 촛불유령을 조종한 것은 이념방송과 인터넷이었는데, 그가 보기에 그 조종자는 과학을 위장한 유사과학이다.

> 괴담의 배경에는 '유사 과학'이 있다. 그것은 진지한 이론적 노력을 대체하는, 그렇지만 외형상 매우 체계적인 지식의 형태를 갖춘 어떤 논리들을 말하는데, 그 지식은 하룻밤이면 대부분의 사람들을 지식인으로 만들어 줄 수 있는 단순함을 갖추고 있다. 물론 거기에는 여러 가지 '전문용어들'이 배치되어야 한다. 촛불 집회는 광우병 자체와 관련된 매우 세부적인 지식들이 전문화되어 인터넷을 통해 전파되며, 이를 습득한 이른바 '대중지성'의 등장이라는 특징을 보여주었다. 그리고 이런 '대중지성'이 정세에 대한 과학적 분석을 대체하게 된다. 광우병, 신자유주의, 정치, 이 모든 것은 누구나 쉽게 알 수 있는 것이 되었다.(백승욱 46~7)

결국 괴담의 진원지는 '대중지성론'이라는 유사과학이었다. 이 유사과학의 위험은 대중과 이론가 사이, 괴담과 비판 사이의 고유한 구별을 사라지게 하는 것에 있다. 이 유사과학의 미망에 사로잡힌 대중은 하룻밤 사이에 지식인으로 조작되어 낯설음보다는 편안함 속에 안주하려고 하며 결국 반지성주의와 반정치로 나아가게 된다. 그러므로 대중의 탈정치화를 조장한 배후조종자는 이념방송이나 인터넷이 아니라 대중지성론이라는 유사과학이다. 『조선일보』에게 중요하게 느껴졌던 것이 촛불대중을 이념방송과 인터넷의 '괴담'으로부터 분리시키는 것이었던 것과 유사하게 백승욱에게 중요하게 느껴지는 것은 촛불대중을 안또니오 네그리의 다중론과 대중지성론6의 유사과학적 괴담으로부터 분리시키는 것이다.(44) 이것을 통해 촛불시위의 과정에서 붕괴되었던 '이론의 특별한 지위'를 되찾을 수 있다. 이론은 진정한 정치를 가능케 하는 필수불가결한 요소이다. 경계들은 분할되어 있고 그 경계들을 넘어서기 위한 새로운 시도가 필요하다. 이것은 보편성을 통한 새로운 구성의 시도인데 대중의 삶 속에서 자생적으로 분출되어 나타나는 저항의 움직임만으로 새로운 구성은 불가능하다. 대중은 이미 알지만 넘어서기를 꺼려하는 한계를 갖는다. 대중은 스스로의 힘으로 횡적인 연대와 보편성의 정치로의 주체적 전화를 달성할 수 없다. 대중이 넘어서기를 꺼려하는 이 지점에 문제를 집중함으로써 대중 스스로 그 경계들을 깨고 넘어서도록 돕고 지원하는 것이 바로 이론이며 이것이 이론의 특별한 지위와 역할이다. 이렇게 이론의 특별한 지위를 주장하기 위해서는 대중의 자기생산 능력의 필연적 한계가 가정되고 전제되어야 한다. 그리고 이론에게는 대중의 횡적인 연대와 대중 주체 스스로의 정치적 전화를 도와 대중으로 하여금 이 경계를 스스로 넘어서게 할 힘이 있다고 가정되고 전제되어야 한다. 그런데 다중들이 자신들에게 강제 부과되어온 그 '필연적' 한계들을 거리낌 없이 넘어서고 다중지성이라는 새로운 지성형태를 창출한 것은 바로 자신들에게 강제 부과되어온 그 '필연적' 한계들이라는 임의의 가정들과 전제들이 부당하고 허구적인 것들이라는 것을 깨닫는 순간이 아니었던가? 이미 낡아버린 이론과 과학의 특별한 지위의 이름으로 이 경계들을 수호하려고 하는 것은 전문적 이론가들, 전문적 과학자들이다. 아니 실제로 사실

---

6. 네그리의 다중론과 떼지성론에 대해서는 안또니오 네그리・마이클 하트, 『다중』, 조정환 정남영 서창현 옮김, 세종서적, 2008 참조.

을 대면하는 솔직한 이론가들과 과학자들은 오늘날 대중과 경계 지워진 상태의 자기자신에게 대중의 횡적인 연대를 가능케 할 힘이 없으며 대중의 연대[공통화]는 삶과 실천의 경험들 속에서 대중 자신이 스스로 달성할 업무라는 것을 알고 있다. 그럼에도 불구하고 이론가들과 과학자들은 자신이 임의로 설정한 그 대중과 자신 사이의 경계를 넘기를 꺼려하고 있는데, 여기에는 진실과는 무관한 특별한 이유들이 있음에 틀림이 없다. 이론의 특별한 지위란 지식이 권력과의 공모 속으로, 즉 지식-권력 체제의 동력으로 편입되어 들어가기 위해 만들어진 거짓 명제에 지나지 않는다. 다중의 특이성들의 공통화를 가능케 할 이론은 다중의 삶과 투쟁의 경험들 외부에서 나오는 것이 아니라 그 내부에서 다중과 어떤 경계도 없이 뒤섞인 가운데에서만 고유하게 생산될 수 있는 **사건으로서의 이론**이다. 이것은 어떤 특별한 지위도 요구하지 않으며 그래서 **권력으로서의 이론이기를 거부하는 이론**이며 특정하게 경계지워진 이론가 집단이 아니라 삶과 투쟁의 경험 속에 있는 다중들의 지성적 소통과 연결 속에서 생성되는 내재적 이론들이다. 아고라와 그것에 합류되었던 다양한 커뮤니티들, 웹사이트들, 블로그들에서 이루어진, 그리고 지금도 이루어지고 있는 지성적 활동들은 결코 '대중의 조력자, 지원자'라는 비루한 형상으로 나타나지 않았다. 보고, 분석, 비판, 상상이라는 사유의 행동들은 집회와 시위의 몸 행동들과 결코 분리되지 않았으며 그 연결을 통해 다중은 자신의 경험들이 매순간 직면하는 경계들을 한걸음씩 혹은 도약적으로 넘어서곤 했다. 거리와 집, 낮과 밤, 온라인과 오프라인, 가상과 실재, 여성과 남성, 청소년과 노인, 정규직과 비정규직, 한국인과 외국인, 생산과 소비, 등등이 일상에서의 단단한 경계를 허물며 상통하기 시작했을 때 이론과 실천 사이의 경계가 허물어지는 것도 당연한 것이지 않은가? 봉기적 양상으로 나타난 촛불 집회와 시위는 우리에게 투쟁 밖에 있는 지성, 행동 밖에 있는 토론, 과정 밖에서 이루어져 과정 속으로 투입되는 결정이 아니라 투쟁과 하나가 된 지성, 행동 속에서 이루어지는 토론, 과정 속에서 과정의 필요에 따라 이루어지는 결정들의 힘을 보여주었다. 촛불에는 지성에 대한 어떠한 거부도 없었으며 그 자체가 하나의 살아 있는 지성이었다. 촛불이 반대한 지성이 있다면 그것은 행동과 경험 외부에서 특별한 지위를 요구하는 이론, 즉 권력으로서의 이론일 뿐이며, 결국에는 청구서를 내밀게 되는 조력자들, 요컨대 지원을 가장하는 권력자로서의 이론가일 뿐이다. 이것은 멕시코 원주민들과 사빠띠스따들이 치아빠스로 쇄도하는 사람들을 향해 '우리와 함께 싸울 사람들을 우리는 환영합니다. 하지만 우리를 도우고자 하는 사람들은 시간을 낭비하고 있는 것입니다'[7]라고 말했던 이유와 다를 바가 없다.

그렇지만 촛불은 그 어떤 성과도 낳지 못한 채 마치 한 여름 밤의 꿈처럼 사라져 버린 것은 아닌가?(39) 촛불은 꺼졌고 이후에 오히려 상황은 악화되고 있지 않은가?[8] 무기력과 패배감, 그리고 냉소라는 슬픈[9] 정동들의 토로에 뒤이어지는 것은 그것들의 정당화, 실증, 구조화를 수반하는 이론화이다. 여기서 다시 한 번 유령론이 반복된다. 시공간 속에서

---

7. 만약 당신이 나를 도우러 여기에 오셨다면,
당신은 시간을 낭비하고 있는 겁니다. ……
그러나 만약 당신이 여기에 온 이유가
당신의 해방이 나의 해방과 긴밀하게 결합되어 있기 때문이라면,
그렇다면 함께 일해 봅시다(해리 클리버, 『사빠띠스따』, 이원영 서창현 옮김, 갈무리, 1999, 34쪽).
8. 정용택은 "촛불 이후 우리 사회가 진보하기는커녕 촛불이 과연 있기나 했던가하는 의문이 들 정도로 악화되고 있는 현실 앞에서 쓴 웃음만 나온다"고 자탄한다.(112)
9. 스피노자에게서 '슬픔'은 '힘을 빼는 것'을 의미한다. 반면 기쁨은 '힘을 더하는 것'이다.

지속성과 반복성과 일관성을 보장받을 수 없는 것은 실체가 없는 것이고 그것은 유령적 현상, 즉 유령과 유령의 만남에 지나지 않는 것이다.(은수미 226) 앞으로도 이 유령이 다시 오프라인에 모습을 드러낼 수 있겠지만 그것은 지속될 수 없는 것이며 반복을 기대할 수 없는 것이다. 또 시간적 연속성을 갖는 두 개의 촛불집회나 촛불시위가 반드시 연속적일 것이라는 보장도 없다.(227) 그것은 환등상phantasmagoria으로 어른거리다가 사라진 근대성의 그림자에 지나지 않는다는 허무주의적 평가이다.(이택광 53) 촛불은 하나의 풍경, 스펙타클, 구경거리, 소풍이었을 뿐이며(53~4) 문화제-집회-시위라는 삼각형의 어디쯤에서 맺힌 환등상이다. 그러므로 촛불을 든 시민들은 군중이 자아내는 몽환증 현기증에 너도나도 매혹당한 존재들이었다.(68~9) 이들은 촛불의 실체가 자본주의를 구경하면서 자본의 논리에 포획당하지 않을 것을 자본에게 알려주는 스파이 같은 만보자임을 알지 못한 자들, 환상에 사로잡힌 자들이다.(69) 이러한 이론화의 효과는 무엇일까? 촛불에 대한 환멸은 정당하며 그것이야말로 환상에서 깨어나 실재로 귀환하는 경험이다. 실재로 돌아온 사람들은 촛불의 기억을 서둘러 지우고자 할 것이며 앞으로 다시 촛불이 타오른다 할지라도 그것에 매혹되지 않을 것이다. 이 이론을 통해 예방접종된 사람들은 이른바 '정보전염병'(이명박)과 촛불유령으로부터 자신을 지킬 수 있을 것이다. 이 촛불환상론은 지속, 반복, 실체, 성과에 대한 애착에 굳게 터를 잡고 있다. 이 이론이 말하는 진보는 **반복을 통한 실체적이고 가시적인 성과의 지속적 축적**에 다름 아니다. 이러한 의미에서의 진보를 가져올 수 없는 것은 환상이며 유령이다. 촛불은 이러한 의미의 진보를 가져오지 못했다. 그러므로 그것은 실체적 삶에서 추방되어야 할 유령, 환멸幻滅을 통해 깨어져야할 환상幻想이다. 여기서 우리는 촛불환상론의 진보

관념이 촛불로 인한 사회적 (사실은, 권력과 자본의) 손실액을 들이밀며 피해보상청구를 탄압의 무기로 사용했던 보수들과 맺고 있는 철학적 동맹을 확인할 수 있다. 그것은 냉정한 실리주의와 근대적 계산주의이다. 그것은 지속의 무덤 아래에 단절을 묻고, 반복의 그물로 차이를 포획하며, 잠재적 활력을 실체의 관에 봉하고 성과의 주판놀이로 과정의 기쁨을 덮어버리는 것이다. 사건의 시간을 지속의 시간으로 바꾸는 것, 살아 있는 시간을 죽은 시간으로 바꾸는 것, 아니 차라리 시간을 공간 속에 담아버리는 것. 이 관념적 변환을 통해서 주체는 대상으로 내몰리고 표현은 재현의 거울상으로 전도되며 활력은 권력 앞에 피고被告로 무릎 꿇려진다. 카이로스의 시간[10]의 크로노스의 시간[11]으로의 이 변환 조작을 통해 참여자가 아니라 관찰자가[12], 다중이 아니라 이론가가, 특이성이 아니라 보편성이 정치의 전화를 이룰 주역으로 나타나게 된다. 정말로 이것이 살아 있는 운동을, 생명과 삶의 정치를 설명할 수 있는 방법일 수 있을까? 차이와 단절이 아니라 반복과 지속이 운동의 형태학일까? 사건과 과정이 아니라 실체와 성과가 생명의 논리학일까? 촛불 이후에 진보가 아니라 반동이 득세했으므로 촛불은 환상이자 기만이라는 단죄. 하지만 1870년의 봉기와 코뮌 이후에 코뮤니즘이 아니라 사회민주주의가 득세했고 1917년 봉기와 소비에트 이후에 관료지배와 동구적 및 서구적 유형의 국가자본주의들이 득세했고 다양한 민족해방운동들 이후에 권위주의적 관료독재체제가 득세했고 1968년의 전 지구적 봉기 이후에 통합된 세계자

---

10. 전체를 새롭게 열어나가는 화살촉의 시간.
11. 죽어 축적되어 공간화된 시간.
12. "필자는 2008년 5월부터 촛불집회를 지속적으로 관찰하였다."(은수미, 224)

본주의와 신자유주의적 제국이 득세했다. 이뿐일까? 1960년 4.19 이후에 5.16의 반동이 찾아왔고 1980년 광주민중항쟁 이후에 전두환 철권통치가 자리 잡았고 1987년 6월 항쟁 이후에 사복 입은 노태우 군사정권의 선거승리가 나타났고 1987년 7~9월 투쟁에서 1991년 5월에 이르는 노동자 투쟁 이후에 민주노조운동의 부패와 관료화가 시작되었고 1996/7년 전후 최초의 총파업투쟁 이후에 노동운동이 신자유주의에 고삐 채워졌고 대규모의 정리해고 및 정규직/비정규직/실업자의 분할이 가속화되었고 2006~7년에 걸친 광범한 한미FTA 반대투쟁 이후에 악명 높은 이명박 정권이 들어섰다. 운동은 결코 실리적 성과들과 그것의 축적을 보장하지 않는다. 진보를 성과의 축적과 지속의 관점에서 보는 것은 삶과 운동이 적대 속에서 전개되고 있다는 사실에 대한 완전한 몰각에 기초한다. 지속되는 것은 권력이지 삶과 운동이 아니다. 운동은 권력에 대한 단절로서, 권력을 위기에 빠뜨리는 잠재력으로서, 전체를 열어 새로운 지평으로 이동시키는 차이로서 존재하는 힘이다. 중요한 것은 권력과 자본의 지속이 단절과 위기와 열림인 이 삶의 활력에 대한 의존의 운명에서 벗어날 수 없다는 것이다. 자본이 노동의 물신화物神化를 통해서만 살아가듯 권력은 활력의 실체화를 통해서만 살아가기 때문이다. 이 양자는 모두 차이를 반복으로 틀지움으로써 살아간다. 그렇기 때문에 권력과 자본은 운동의 발의와 발명을 무력으로 깨뜨리기도 하지만 그것들을 훔쳐서 통치와 축적의 역량으로 재배치하기도 한다. 전자의 경우 운동은 권력을 공포스럽게 하는 혼령으로서, 후자의 경우 운동은 권력 속에서 권력에 대항하며 그 너머를 내다보는 밈meme 13으로서 살아간다. 지속되는 것이

---

13. 생물학적 유전자(gene)와 구별해서 문화적 자기복제 유전자를 지칭하는 말.

권력일 때조차 삶의 활력과 운동은 생명활동을 멈추지 않는다. 이런 의미에서 이명박 권력은 촛불에 대한 의존성에서, 촛불과 함께 살아나가지 않으면 안 될 운명에서 벗어날 수 없다. 운동은 지속의 힘이 아니라 단절의 힘이며 안정의 힘이 아니라 도약의 힘이고 발전의 힘이 아니라 위기의 힘이다. 진보를 지속과 반복의 철학 위에 정립할 때, 그 진보는 다른 방식으로 수행되는 권력 정치 이상일 수 없다.

촛불 중간계급실체론

그런데 진보주의는 결코 현존하는 권력과 실제적으로 동맹하고 있는 것이 아니지 않는가? 오히려 이들이 촛불을 유령화하는 점에서 보수와 공동보조를 취하지만 그것은 기존의 권력과 동맹하기 위한 것이 아니라 권력에 의해 희생되고 있는 비정규직과 이주노동자들과 동맹하기 위한 방법이지 않은가? 그렇다. 진보 측에서의 촛불 유령론과 환멸론은 많은 경우에 촛불이 비정규직과 이주노동자를 배제했다는 생각을 공유한다. 그 생각들이 짚는 진단유형은 다양하다. 백승욱에 따르면 이 배제는 자생적 촛불의 한계 때문인데 촛불이 쇠고기 쟁점을 통해 불안전의 문제를 제기하면서도 촛불이 가장 불안전한 지위의 비정규직과 이주노동자의 문제로 나아가려하지 않고 안주하려 했기 때문이다.(백승욱 42) 이택광이나 은수미에 따르면 그것은 비정규직 노동자, 이주노동자, 빈민들의 조건 때문인데, 비정규직이나 이주노동자 혹은 빈민은 촛불집회에 참석할 시간이 없거나(이택광 67과 은수미 222)[14] 필요를 느끼지도 못하거나(은

수미 222) 질서와 안정이라는 법 이데올로기에 더 쉽게 지배당하기 때문이다.(이택광 67) 그렇지만 이유들의 이 다양성은 단 한 가지의 실체적 원인진단으로 수렴한다. 그것은 촛불을 중산층 혹은 중간계급의 운동으로 환원하는 것이다. 촛불은 국민주권을 요구하면서 비정규직과 이주노동자를 차별하는 이중성의 대중이었다.(백승욱 45) 요컨대 촛불은 중간계급의 행동이었고 중산층의 자기표현의 양식이었다.

> 1997년 이후 한국의 중간계급은 지속적으로 몰락했지만 여전히 남아 있는 부동산 거품이 이들의 정체성을 무너지지 않게 만든 것이라고 할 수 있다. 따라서 촛불은 이명박 정부와 부르주아를 향해 쾌락의 평등주의를 주장하는 중간계급의 행동이었다고 볼 수 있다. 물론 여기에 불을 붙인 존재는 바로 이들 중간계급의 아들딸들이었다.(이택광 67)

이와 동일하게 촛불을 '중산층의 자기표현 양식'(은수미 232)이라고 이해하는 은수미는 중간계급 혹은 중산층의 범위에 일반적으로 중간계급에 포함되는 사회층들 외에 대졸 정규직 노동자층과 고졸 정규직 노동자층을 포함시킨다. 1990년대 이후 시민운동은 주로 대졸 학력의 중산층에 의해 주도되었고 노동조합운동은 고졸 학력의 중산층에 의해 주도되었다. 이들은 한국의 민주주의를 만들어온 세대이지만 동시에 IMF 위기를 거치면서 정치적으로 보수화된 계층이다. 이들은 지킬 박사와 하이드 씨로서의 이중성을 갖는 존재들로서 한나라당에 몰표를 주는 대중이면

---

14. 2004년 홍사덕은 촛불집회 참가자들이 실업자라고 했고 2008년의 경우도 보수 정치가들은 촛불을 할 일 없는 사람들로 몰았는데 빈민에게 촛불집회에 참석할 시간이 없다는 주장은 이러한 주장과 배치된다.

서 동시에 촛불을 드는 두 얼굴의 대중으로 나타난다. 이들은 민주주의를 요구하면서도 비정규직이나 이주노동자와 같은 사회적 취약계층에 대해서는 충분한 관심을 갖지 않는다.(228~231) 여기에 더하여, 이들 중간층이 안정된 계층('안정된 중산층 임노동자들')이면서도 '억압받는 사람들'이라는 희생자 전략을 쓰고 있기 때문에 한국의 노동운동이 광범한 지지를 받지 못한다는 평가까지 뒤따른다.(김보경 241)

이상의 논의들은 앞서의 촛불유령론과는 정반대의 것을 주장하는 셈이다. 왜냐하면 촛불에 중산층, 중간계급이라는 명확한 사회학적 실체를 근거로서 제시하는 것이기 때문이다. 촛불이 유령이었던 이유는 이념방송이나 인터넷에 의해 조종당하거나 다중론이나 대중지성론 같은 유사과학에 의해 배후조종되거나 도시의 환등상의 스펙타클에 매혹당하거나 …… 하는 수동성, 파생성 때문이며 그렇기 때문에 그것은 지속될 수도 반복될 수도 없는 비일관적 비실체로 평가되었다. 이제 촛불은 그와 동시에 IMF 위기에 의해 고통받아 보수화되었고, 비정규직이나 이주노동자에 대한 배제나 10대에 대한 배제적 포섭을 통해(정용택 125) 스스로의 통합성을 유지하며 한때는 민주주의를 요구하는 전투적 노동자였으나 이제는 안정된 질서 속에 편입된 중간계급의 행동이자 표현양식으로 설명된다. 촛불은 수동적 파생물이 아니라 일관되고 능동적이며 전략과 전술을 갖는 중간계급들로서 명확한 실체를 부여받는다. 이 논리적 자가당착, 사유의 혼란, 무원칙성의 성격에 대해서는 뒤에서 살펴보도록 하고 여기서는 촛불실체론의 줄거리를 조금 더 깊게 살펴보도록 하자.

촛불 중간계급들은 전략을 갖고 있다. 그것은 '부드러운 야만'의 전략으로 요약할 수 있는 것이다.(133) 촛불의 헌법 1조는 국민이 권력의 원천임을 강조하는데 이것은 국민의 형성을 통해 비국민들을 배제하는 전략이다.(백승욱, 45) 촛불은 민주공화국을 원했는데, 그것은 평등하게 조화를 이루면서 안정적인 삶을 누릴 수 있는 국가이고 이 국가는 통일이라는 이념과 결합해 있는 단일민족국가로서의 근대국가이고 민족주의를 통해 만들어지는 상상적 공동체이며 쇠고기 졸속협상을 통해 위협받게 된 이상적 치안상태에 대한 희구이다.(이택광 65) 촛불은 보수 기득권 계층을 향해 쾌락을 나눠 갖자고 주장하는 쾌락의 평등주의의 표현이다.(67) 한 마디로 촛불은 기존 근대적 부르주아 지배질서의 정상화와 안정화를 통한 부르주아적 평등을 추구하는 중간계급의 정치적 자기표현, 정치적인 것과 대립하는 치안의 자기운동이었다고 말하는 셈이다. 유령론에서 종잡을 수 없었던 촛불의 정체는 실체론에서 매우 분명하고 세밀한 초상화를 통해 그려진다. 중간계급, 부르주아의 한 분파, 치안, 민족주의, 근대성, 정상적 국민국가……. 촛불은 한 없이 작아지고 좁아지고 일그러져서 마침내 모든 사람의 것이 아니라 중산층의 것으로, 새로운 것이 아니라 낡은 것으로, 진보적인 것이 아니라 보수적인 것으로, 해방적인 것이 아니라 억압적인 것으로, 밝히는 것이 아니라 가리는 것으로 묘사된다. 복잡한 것은 극히 단순한 것으로 환원되었고 그 환원의 끝에 드러난 것은 우리가 극복해야 할 부정성의 응축물, 그것에 다름 아니다. 촛불은 유령이라기보다 이제 작은 부르주아 악마이다.

촛불 과잉아나키즘론

촛불이 만약 그렇게 권력과 부와 쾌락의 분배를 요구하기 위한 것이었다면 촛불의 정치적 제스처는 기존의 대의세력 중의 하나를 선택하거나 변경하여 사용하는 것으로 나타났어야 한다고 추론할 수 있지 않을까? 특히 중간계급이 과거처럼 분산된 개인들로서의 농민이나 소시민으로 구성된다기보다 조직된 시민운동과 조직된 노동운동에 의해 뒷받침되는 사회의 안정적 중간층으로 존재한다면 말이다. 만약 촛불 중간계급 실체론이 옳다면 촛불은 직접민주주의에 대한 추구로서보다 오히려 선거법 개정 등 대의제의 혁신을 위한 요구투쟁으로 나타났어야 하지 않을까? 촛불이 단순한 중간계급 소비자 운동이었다면 정권에 대항하는 것으로 발전할 것이 아니라 각급 불량 제품 공급자들에 대한 불매운동으로 발전하는 것으로 충분하지 않았을까?

그러나 이 책의 일부 필자들은 촛불이 모든 정치를 거부하고(백승욱 46), 대의제를 포함한 모든 제도정치를 거부하고(이상길 105), 이념, 제도, 기구와 같은 일체의 정치적 매개를 거부하면서(103) 직접행동, 직접민주주의의 아나키즘으로(김정한, 142~147) 이끌렸다고 진단한다. 이상한 일이다. 정상적 국민국가를 희구하는 중간계급의 촛불이 직접행동의 정치로 이끌리다니! 다시 이상한 일이다. 치안을 거부하고 민족주의를 넘어서며 정상적 국민국가를 극복하는 정치, 근대성으로부터 해방되는 보편성의 정치를 추구한다고 자임하면서 제기되는 촛불 중간계급 실체론이 근대정치의 전형적 패러다임인 대의제를 옹호하고, 근대 국민국가의 제도형태들에 참여할 필요성을 옹호하다니! 모든 정치의 거부가 아니라 정치의 전화가 필요하다. 제도화된 매개층위와 실질적으로 결합하고 그 변화를 이끌어낼 수 있어야 한다(이상길, 107), 제도정치 내부에서 진지를 구축하며 개혁과 변혁을 버리는 실천 또한 불가피하다(김정한 146),고 말할 수도 있다. 필요한 것은 거부 자체가 아니라 변형이기 때문이며 거부는 변형의 행동의 한 양식일 뿐이기 때문이다. 다중은 제도, 매개, 대의를 극복하고자 하는 것이지 알레르기적 거부반응을 보이는 것에 목적을 두고 있지는 않다. 하지만 제도와 매개에의 참여가 치안의 공고화를 넘어서서 정치적인 것으로 전화할 수 있으려면, 그것은 모든 대의의 거부, 모든 제도의 거부, 모든 매개의 거부에 근거하지 않으면 안 되고 그 거부 속에서 다중의 직접적인 연결과 공통화를 달성하려는 노력과 결합되지 않으면 안 된다. 매개의 가능성은 근본적으로는 거부 위에 정초되어야 한다는 이 정치적 전제를 만약 '아나키즘'이라고 부르고자 한다면, 촛불에서 '아나키즘'은 과소했으면 했지 과잉이지는 않았다.

그럼에도 불구하고 아나키즘의 과잉을 반복해서 비판할 때 그 비판이 건설하고자 하는 것은 대의, 제도, 매개, 국가, 주권에 대한 재긍정에 다름 아니다. 여기서 우리는 '아나키즘 과잉론'(김정한)과 '이론의 특별한 지위론'(백승욱) 사이의 은밀한 **공모**를 목격한다. 특별한 지위를 갖는 이론, 매개 층위에서 작동하는 보편성의 정치는 다중의 직접행동을 일정하게 통제할 때에만 성립할 수 있는 정치이다. 다시 말해 다중들이 사자처럼 강한 존재가 아니라 낙타처럼 어리석을 때, 요컨대 그들이 소수자이고 약자이고 피해자이고 희생자일 때에 가능한 정치이다. 그러면 촛불의 중간계급성을 반증하기 위해 동원된 비정규직 노동자, 이주노동자, 빈민들이 촛불유령론과 중간계급 실체론과 아나키즘 과잉론에서 어떻게 묘사되고 있는가? "지금 한국 사회에서 가장 '불안전한' 지위에 놓인 사람들이 누구인가? 비정규직, 그리고 그만큼 또는 그보다 더한 정도로 이주노동자이다."(백승욱 42) "대중의 행동이 자율적인 역량을 표출하고 있고, 대중이 권력을 전도할 역량을 가지고 있다는 주장 자체는 누구를 위해 그리고 무엇 때문에 필요한 것인가? (……) 대중에 대한 상찬으로 가득한 이론적 낙관주의는 결국 대중 스스로를 환상에 빠져들게 하고 정세의 엄혹함을 회피하게 만드는 알리바이에 불과할 수 있다"(50) "비정규직이나 빈민들은 (……) 시위에 나올 시간을 확보하기도 어렵지만 (……) 무의식적인 차원에서 정치를 안정과 질서라고 받아들이는 이념에 더욱 쉽게 지배당한다"(이택광 67) "헐벗은 생명일수록 체제로부터 벗어나는 것이 아니라 법의 지배에 고스란히 노출되어, 더욱 강력한 법의 지지자로 태어나는 것이다"(67). 전화된 정치, 새로운 정치의 대상은 불안전하고 자율적인 역량을 갖고 있지 않으며 법의 지배에 고스란히 노출된 존재들, 저 벌거벗은 생명인 호모 사케르[15]들이다. 그것은 사회적 취약계층으로서의 비정규직(은수미 230), 거대한 사각지대의 존재들(230)에게 정치의 빛을 비추는 일로 간주된다. 발언을 허용 받지 못했던 사람들에게 발언을 허용하고, 버려진 아이들을 보호하는 정치, 약자와 연대하며 공공성을 바탕으로 하는 국가 공동체의 정체성을 세우는 우정과 환대의 정치(김보경 243~244)가 필요한 것으로 간주된다. 이미 촛불을 들고 발언하고 행동하기 시작한 사람들을 중간계급으로 분류하고 그들이 직접행동에 과잉 오염되었다고 비판한 후에 세워지는 전화된 정치는 약자들에 대한 배려와 보호 위에 세워질 온정의 정치이다. 보호소의 정치일 수밖에 없을 이 온실정치 속에서 우리가 과연 **다중의 자기해방**을 기대할 수 있겠는가? 오히려 이 정치학 속에, 다중을 생산자, 제헌권력, 건설자, 창조자로 보지 않고 무력자, 피보호자, 약자, 희생자로 간주하는 성직자적 시선과 신정론이 '과학'이라는 이름하에 질기게 생명을 이어간다고 해야 하지 않을까?

---

15. 조르조 아감벤, 『호모 사케르』, 박진우 옮김, 새물결, 2008 참조.

다중으로부터의 도피

지금까지 살펴 본 바처럼 촛불유령론이 중간계급 촛불실체론에 흡수되고 중간계급 촛불실체론이 아나키즘 과잉론을 도구로 사용하면서 다시 촛불유령론의 이론특권적 신정복지론으로 돌아가는 이 돌고 도는 미로가 촛불에 대한 환멸과 냉소를 조장하는 '이론'적이고 '비판'적인 '과학'의 모순에 찬 그렇지만 원환적인 사유방식이다. 한 마디로 이 새로운 '과학'은 혼돈과 자기모순을 촛불에 대한 냉소라는 단 한 가지 제스처에 의해 은폐하면서 촛불이 어둠 속에 방치했고 그림자로 덮었던 이주노동자와 비정규직 노동자들, 이들 '약-소자'들이 (그 경제적 문화적 정치적 연약성으로 인해 결코 '주체'가 될 수 없는, 그래서) 새로운 정치가 통치하고 보호해야할 대상이라고 제창하는 주권론으로 귀착된다. 이것이 대의, 제도, 매개를 단지 전술적으로만 필요로 하는 것이 아니라 본질적으로 필요로 하리라는 것을 다시 부언할 필요가 있을까? 그것이 새로운 것이 아니라 이미 낡은 것이라는 것 또한 덧붙일 필요가 없을 것이다. 항상 보호는 억압의 이면이었고 명분이었기 때문이다. 촛불에 대한 냉소가 생산하는 것은 촛불이 직면한 한계를 열어젖히는 것이 아니라 촛불의 정치를 권력의 정치로 대체하는 것이다.

촛불의 정치를 권력의 정치로 대체하기 위해 사용하는 소재들, 기법들은 서로 다르지만 한 가지 공통된 것은 이러한 대체가 **다중으로부터의 도피**를 전제로 한다는 것이다. 촛불을 유령화하려는 보수와 진보의 노력은 다중을 '정보전염병'에 걸린 환자로 분류하거나(이명박) 이념방송이나 인터넷이나 유사과학에 의해, 요컨대 괴담에 의해 조종되는 꼭두각시 인형들로 격하시키거나(『조선일보』와 백승욱) 스펙타클에 매혹당한 구경꾼 혹은 산책자로 조롱하거나(이택광), 약자들을 배제하는 통일된 계층 즉 중간계급으로 환원시키는(은수미, 김보경, 정용택(123)) 것들이었다. 이 사변적 요술들은, 운동이야말로 "민주주의와 국가 사이에 거리를 만들고 국가의 행위로 민주주의가 유괴되지 않도록 하는 결정적인 힘"이고 "촛불에 대한 면밀한 반성 없이 우리의 정치적 사유가 한발짝도 나아갈 수 없"지만, 촛불을 '운동의 정치'로서 분석할 때 그것은 결코 "민주주의적 사태"로, "무조건적으로", "단언"될 수 없는 바, 촛불이 곧 민주주의라는 "암묵적인 주장"과는 거리를 두는 것이 필요하다(서동진 8~9)는 기획취지 아래에 배치되어 있다. 요컨대 촛불은 민주주의적인 정치적 주체가 아니라는 것을 입증하기 위한 기획 하에서 그 '사유의 책임을 함께 나누어 가질 필자들을 초대'(13)한 책답게 이 책은 촛불에게 유령, 구경꾼, 스파이(이택광), 약자에게 무관심한 배제자들, 중간계급, 절망에 빠진 대중(백승욱 50) 등의 잔혹한 낙인을 찍는다. 오직 부자들과 강자들을 위해 꾸려졌을 뿐만 아니라 지난 시기의 신자유주의 정치들 속에서 따라왔던 부분적 민주화의 효과들마저 회수하려는 이명박 정부의 신판 신자유주의적 정책 꾸러미들에 제동을 걸고 그것들을 비틀거리게 만들면서 새로운 삶의 가능성을 모색하는, 수 개 월 아니 실제로는 지금까지 중단되지 않고 계속되고 있는, 다중의 고뇌에 찬 노력들을 이렇게 낙인찍는 것이 "삐딱한 뒷북"(서동진 13) 정도로 표현될 수 있는 것일까?

촛불을 다중으로 읽는 해석은 촛불의 민주주의적 가능성을 적극적으로 부각한 바 있다. 그러므로 촛불비판가들이, 촛불은 민주주의적 주체가 아니라는 것을 입증하기 위해서는 촛불이 '다중'이라는 새로운 주체성의 출현을 보여주지 않는다는 것을 입증하는 것이 필요했다. 이를 위해 촛불비판가들은 촛불이 다중의 표현이며 민주주의적 주체성의 등장을 보여준다는 생각이 암묵적이고 무조건적인 단어에 불과하다고 주장한다. 그런데 촛불이라는 사건을 민주주의적 주체성의 출현으로 제시하는 생각들은 결코 '암묵적'이지 않았고 명시적이었다.[16] 그것들은 촛불을 민주주의적 사태로 '무조건적으로' 단언한 것이 아니라 탈근대성에서 생산의 이행, 기술적 변화, 주권의 재구성 속에서 주체성의 변화와 민주주의의 진화의 잠재력을 읽으려는 진지한 탐구시도들을 포함하고 있었다. 오히려 우리는 촛불이 민주주의적 주체가 아니라는 것을 입증하려는 촛불비판가들의 시도가, 다중이라는 새로운 주체성은 없었다는 '암묵적' 전제를 '무조건적'으로 단언하는 무반성적 '사고의 정세' 속에서 전개되는 것을 목격하게 되는데,[17] 아이러니라고 해야 할까? 여기서 그 무조건적 전제들이 분석되지도 이해되지도 않고 단언되는 방식들이 어떠한지 잠시 살펴보자. "[1]촛불집회가 대중 역량의 자율성을 보여주는 계기였던 것은 사실이다. [2]그러나 그것이 '대중지성', '다중의 자율성'에 대한 찬미의 주장으로 나아갈 수 있는지는 의문이다. [3]네그리의 다중론과 1968 혁명에 대한 단순한 해석이 이런 논리의 비약을 뒷받침한 주된 근거이기는 했다".(백승욱 44, 강조는 인용자) 서동진이 '운동의 정치로서 촛불 시위에 관하여 준열한 반성을 시도'한 글이라고 소개한 이 글에서 백승욱은 세 개의 문장을 전개하면서 두 번의 무조건적 단언을 행하고 있다. 다중이

---

16. 이에 대해서는 이 책의 1부 3장 「촛불봉기 : 다중이 그려내는 새로운 유형의 혁명」 참조.
17. 서동진은 책머리에서 "화급하게 물어야 할 일은 정치적 정세보다 우리가 그것을 반성하고 비판할 수 있도록 이끌어주는 사고의 정세"(13)라고 말하는데, 이 책을 읽고 나서 나는, 정작 화급하게 물어져야 할 것은 그 반성과 비판을 수행하는 사람들의 사고의 정세, 그들의 의도, 정동, 사유능력 자체가 아닌가라는 느낌을 분명하게 받는다.

무엇인지, 자율성이 무엇인지, 대중지성이 지시하는 바가 무엇인지, 네그리의 다중론과 그것에 대한 단순한 해석은 어떻게 다른지, 1968년 혁명에 대한 단순한 해석은 단순하지 않은 해석과 어떻게 다른지를 이해할 수 없다면 어떻게 그 논리가 비약인지 아닌지를 알 수 있단 말인가? 또 촛불집회에서 드러난 바의 저 '대중 역량의 자율성을 보여주는 계기'를 누군가가 다중의 자율성이라고 명명한다면 왜 그것이 '논리의 비약'인가? 그것을 '찬미의 주장'으로 취급하고자 하는 의도의 과잉으로부터 백승욱 자신이 다중 개념에 대한 실제적으로 '단순한 해석'을, 아니 차라리 비난을 쏟아내는 '논리적 비약'을 행하고 있는 것은 아닌가? 만약 내가 옳게 읽고 있는 것이라면 논술의 기초조차 파괴할 정도로 파탄난 이 사고전개 위에 기초한 '무조건적 단언들'의 나열을 '준열한 반성'이라고 읽어 주면서 권위를 부여해 주는 이 지식 공동체의 '사유의 정세'가 실로 심각한 위기 속에 있는 것이 아닌가라고 묻는 것이 반드시 필요할 것이다. 촛불이 민주주의적 주체가 아니라는 주장이 촛불의 내적 구성, 그 동태를 분석하고 차이를 식별하는 일보다 분석에 앞서 세워진 가정들과 척도들로 촛불을 재단하기를 좋아한다는 것을 보여주는 또 하나의 예.

촛불집회는 처음부터 끝까지 '발언을 용인 받은 사람들'의 자리였다[사실을 부인할 정도의 추측 과잉 : 촛불의 발언은 집회 때마다 저지되었고 여러분들은 불법집회를 하고 있으니 즉시 해산하라는 경찰의 명령과 늘 대면해야 했다. 그 자리가 그토록 커질 수 있었던 것은, 어쩌면 누구나 '쉽게' 나설 수 있었던 것은, 바로 그 때문이었다[사람들은 쉬운 것만 선택한다는 선입관 : 아무리 쉽게 참석할 수 있는 자리도 다수의 관심을 끌 수 없으면 커질 수 없다. 더 큰 고통이 치뤄져야 하는 어려운 자리가 거대한 크기로 커지는 경우를 역사는 무수하게 보여준다. (……) 그런 점에서 '다중'과 '대중지성'이라고 명명하며, 촛불의 등장에 과하게 환호했던 일군의 태도들은 매우 자기배반적이다.[관념 속에서 재단하기('과하게'), 돌출적이고 이해되지 않는 딱지 붙이기('매우 자기배반적')]. (……) 왜냐하면 만약 촛불 시민의 이름이 '실업자' 혹은 '해고노동자'로 바뀌었다면 어떻게 되었을지 너무나 분명하기 때문이다. 그랬다면 아마도 그들은 무자비하게 죽임을 당했을 것이다. 그리고 우리는 그 사실을 2009년 새해부터 용산에서 확인했다[터무니없는 추론 : 논리적 입증의 책임을 상황에 맡겨버리고 책임을 회피하기].[18]

제헌권력 : 대중들, 민중, 천민, 그리고 다중

촛불이 민주주의적 주체성을 보여주지 않는다는 비판적 주장들이 얼마나 취약한 사고능력에 기초하고 있는지를 보여주기 위한 이 논술 게임은 이쯤에서 멈추는 것이 좋을 것이다. 다중과 다중의 민주주의는 촛불비판가들의 글에서 미리부터 그 비판가들이 일그러뜨린 괴이한 형상으로 등장한다. 자본의 새로운 순환, 계급의 재구성, 투쟁의 새로운 순환, 정치적 주체성의 재구성 등과 그에 대한 통찰 속에서 벼려진 다중이라는 형상 및 개념은 유령, 중간계급, 절망에 빠진 탈정치적 대중, 소비자들 이외의 다른 것으로 인식되지 못한다. 우리는 촛불비판가들의 글 속에서 비판을 위해서라도 반드시 필요한 이해의 노력 대신에 비판하려는 의도의 과잉이 빚어내는 상투적 비난들만을 본다. 다중이라는 개념에 대해

---

18. 김보경, 238([ ] 속의 글은 인용자가 붙인 논평이다).

거의 아무 것도 이해하지 못한 상태에서 그것을 괴담, 유사과학, 낙관주의, 독으로 치부해 버리는 조작[19]은 간편하긴 하지만 유효하지는 않다. 그것은 다중을 비판하기 위한 방법이라기보다는 **다중으로부터 도피하기 위한 방법**이며 정치의 전화를 여는 것이 아니라 정치적 사유의 파탄과 정치적 행위 가능성의 고갈을 가져오는 방법이다. 이러한 사태를 조금이라도 막기 위해서는, 정확히, 촛불을 향해 이론의 물대포를 쏘아대며 "그대여, 촛불을 꺼라!"고 명령하는 이 책의 촛불비판가들이 "어떻게 사유하고 반성하고 있는가를 묻는 일보다 (……) 더 절실한 일은 없다"(서동진 13)는 이 책의 기획 취지를 스스로 숙고하면서 자신의 사유와 반성의 방식을 재점검하는 것이 선행되어야 할 것이다.[20] 그렇기 때문에 이제 지젝, 랑시에르, 발리바르, 아리기 등의 권위에 기대 전개되면서 촛불을 이해할 수 없게 만들거나 촛불에 대한 환멸을 조장하는 이 '비판적' 정치학들로부터 거리를 두면서 촛불은 과연 무엇인가를 다시 한 번 생각해 보는 것이 필요하다. 이 때 우리는 지금까지 살펴보았던 것과는 다른 시선, 다른 색깔, 다른 뉘앙스로 촛불을 이해하려는 글들을 같은 책 속에서 보게 된다. '사유의 책임을 함께 나누어 가지는 것'이 '삐딱한 뒷북'을 치는 일이었다면(13), 이 글들은 아마도 잘못 초대된 글들인지 모르겠다. 말로만 정치적인 촛불비판가들의 저 냉소적인 치안적 세계에서 존재론적으로 정치적인 촛불의 세계로 돌아가는 우리의 여행을 이 책의 기획취지를 넘

---

19. 백승욱의 글 여기저기.
20. 촛불비판가들이 '촛불은 꺼졌다'고 상상하면서, '그대는 왜 촛불을 끄셨나요?'라고 혼자만의 조롱놀이를 하고 있을 때에 촛불들은 투쟁과 연대의 노력을 계속했고 2009년 4월 18일 밤 8시부터는 용산학살현장에서 새로운 투쟁을 다짐하며 촛불시민연석회의 출범식을 가졌다.

쳐흐르는 이 잉여들에서 시작해 보도록 하자.

2002(반폭력, 자주), 2003(반전, 평화), 2004(반보수, 민주), 2008(반신자유, 생명)로 이어져온 촛불의 진화과정은 촛불[21]을 금융자본 형태 지배하에서의 자본의 새로운 순환에 대응하는 21세기 사회운동의 새로운 순환의 징후로서 읽을 것을 요구한다. 이것은 민족해방, 민중민주주의 혹은 사회주의라는 상당한 이념적 공통성을 갖고 1980, 1987, 1991, 1996/7로 이어져온 사회운동의 순환과는 분명히 다른 특질들을 나타낸다. 운동에서의 대상설정, 주체구성, 결집양식, 행동양식 등에서 차이가 나타날 뿐만 아니라 운동과 삶의 경계가 흐려지면서 양자가 부단히 넘나드는 지형 위에 배치되기 때문이다. 즉 산다는 것이 곧 운동하는 것이요 운동하는 것이 사는 것으로 된다는 의미이다. 이전의 사회운동의 순환에서 대중, 생활인, 소비자, 소시민으로 대상화되었던 사람들이 갑작스럽게 운동의 주체, 주역으로 부상하는 반면, 이전의 사회운동의 순환에서 전위, 조직원, 활동가로서 운동을 이끌었던 사람들이 운동의 후위로 물러서거나 이들 생활인들에 의한 동원 대상으로 되거나 심지어 부패의 나락으로 추락하는 사태들은 사회운동의 새로운 순환주기의 개시를 고려하지 않고서는 이해하기 어려운 현실이다. 김정한은 다중multitude을 "수동적인 만큼 능동적인 양면성을 특징으로 하는 대중들masses"(김정한 140)로 이해하자고 하면서 "촛불을 통해 얻은 대중들의 정치적 경험과 잠재력은 분

---

21. 여기서 '촛불'을 물리적 의미로만 본다면 근시안적이라는 비판을 면할 수 없다. 촛불은 집회와 시위 현장에서 이미 횃불이나 들불과의 대립 속에서 이해되지 않는다. 또한 그것은 촛불을 들었는가 아닌가를 기준으로 이해되지도 않는다. 이제 그것은 어둠을 밝히는 앎, 억압적인 것들에 대한 저항, 낡아빠진 것들로부터의 도주, 존재와 생명에 대한 사랑, 새로운 삶의 가능성에 대한 상상, 모든 경계를 넘어서는 직접행동에 대한 은유이다.

명히 새로운 사회운동의 순환을 예비하고 있다고 말할 수는 있을 것이다"(148)라고 인정한다. 물론 그는 여기에 "촛불항쟁에는 아나키즘적인 원초적 신념은 있어도, 하나의 순환이라 할 만한 사회운동에 필수적인 새로운 이념이 부재"한다는 유보를 단다. 이 어중간한 입장이 유효할까? 만약 하나의 이념에 의해 단단히 결속된 사람들이 형성된다면 그것은 이미 대중들masses이라는 "다양하고 이질적인 (……) 흐름"(140)일 수 없을 것이다. 그것은 단일한 이념을 갖는 주권을 정립하는 주체형상으로서의 역사적 국민nation이나 인민people에 상응할 것이다. 그러한 집단은 능동성과 수동성을 함께 갖지만 능동적으로 보이는 그들의 행위들마저도 주권의 명령에 따르는 행위, 즉 수동성의 표현형태라는 점에서 수동성에 의해 지배된다. 다중도 수동성과 능동성을 함께 갖지만 수동성마저도 능동성의 표현양식이라는 점에서 능동성에 의해 지배된다.[22] "배우면서 가르친다", "복종하면서 명령한다", "물으면서 걷는다"는 사빠띠스따의 경구들이 다중의 존재론적 특질을 표현한다. 다중은 그 환원할 수 없는 특이성 속에서는 다중들multitudes이며 그것의 공통되기 속에서는 다중multitude이다.[23] 우리는 지난 세기의 투쟁 순환의 시기들에 이념적 공통성을 정치적 공통화의 유일한 방식이자 형태로 인식했다. 이러한 공통화의 방향에서 지식인들을 주축으로 하는 이념적 전위들이 주된 역할을 담당했고 당(20세기 초반까지의 전위적 전위당, 그 이후의 대중적 전위당)은 그러한 공통화를 달성하기 위한 조직적 표현양식이었다. 이 정치적 공통화 구조

---

22. 수동성은 타자들의 활력을 자기 속으로 깊이 받아들일 수 있는 감수(感受)의 능력(경청, 관심, 이해, 사랑)으로서 활력들의 공통관계를 구축하기 위한 필수불가결한 전제라는 점에서 능동적인 것이다.
23. 안또니오 네그리 외, 『다중』, 2부 3절 '다중의 자취' 참조.

속에서 대중은 특이성을 상실하면서 수동적 존재로 통일('일치단결')된다. 하지만 투쟁의 새로운 순환 속에서 탄생하는 다중들은 자신들의 특이성을 잃기를 원치 않는다. 그들은 능동적이기 위해서만 수동적일 뿐이며 환원불가능한 복수성과 이질성 속에서만 공통될 뿐이다. 특이성의 공통화는 이념적 공통화와는 다른 공통화의 능력, 방법을 요구한다. 즉 코뮤니즘의 다른 길을 요구한다. 복수적인 다중들이 그 환원할 수 없는 복수성 속에서 하나의 다중으로 행위할 수 있게 만드는 방법은 이제 이념적 당이 아니라 횡단적 네트워크의 형태에서 찾아지기 시작했다. 이것이 아무리 불만족스럽게 느껴진다 해도 그것은 되돌릴 수 없는 시작을 의미한다. 이런 점에 비추어 볼 때, 단일한 이념의 부재를 한계로 보는 시각은 낡았다. 그것은 새로운 투쟁순환에 대한 불철저한 인식, 그리고 이 새로운 공통화의 노선과 경향을 발견할 수 없는 무감각, 전진하기를 주저하면서 과거로부터 끊임없이 모델을 빌려오고자 하는 퇴행성에서 발생하는 감수력과 시력의 한계를 오히려 운동의 한계로 역투사함으로써 발생한다.

촛불비판가들이 '대한민국은 민주공화국이다'와 '모든 권력은 국민으로부터 나온다'는 대한민국 헌법 1, 2조에 대한 촛불의 환기와 호소를 배제적 국민의 형성을 통한 이상적 치안상태에 대한 중산층의 희구로 단순화하는 것과는 달리, 한보희는 이것을 헌법 전문의 대한국민('유구한 역사와 전통에 빛나는 대한국민')과 대질시킴으로써 '국민'이라는 개념 속에 지울 수 없는 균열을 도입한다. 이것은 국민을 복수화시키고 다중화하는 전진적 효과를 가져온다. 그는 대한민국 국민을 제정권력으로, 대한국민을 제헌권력으로 파악하면서 "바로 이 대한국민, 즉 제헌적 권력이 지난봄 이래 끊임없이 촛불을 켜들고 있는 시위대의 진정한 배후·주체다'(한보희 262)라고 단언한다. 이 단언을 뒷받침하는 추론들은 좀 길더라도 인용할 가치가 충분히 있다.

> 대한민국 국민이 대한민국 내부에만 존재하는 것과 달리, 대한국민은 대한민국과 이중적 관계를 맺게 된다. 대한국민은 대한민국과 헌법 내부에도 있고, 동시에 (그 법을[24] 만들 자들로서) 외부(다른 차원)에도 있을 수 있다. (……) 촛불시위대가 헌법이라는 상징적 질서 안의 주어일 뿐인 '국민' — 언표의 주체 — 이 바로 자신들이라고 공공연히 주장함으로써 '국민'을 언표행위의 주체로 집단적으로 현전시켰을 때, 거기에는 분명 중대한 변화가 존재한다. 나는, '우리, 국민은 ……'이라고 주권선언을 하면서 발언하는 이들이 분명 제헌적 권력('대한국민')이 있던 것과 동일한 자리에 위치하고 있었다고 생각한다. 비유컨대 명목상 주어로 헌법 안에 갇혀 있던 '국민'이 대한민국이라는 국가(상징질서) 안에서뿐만 아니라 이제 국가 바깥에서 그것을 대상으로, 대자적으로 바라보는 자들이 되었던 것이다. 이런 행위는 당연히 헌정질서를 그 기원의 순간으로 데려간다. (……) 촛불 대중(대한국민)들의 '헌법-안으로의-월경'과 법전에만 존재하던 '국민'(주권자)의 '법전-밖으로의-월경'을 목도한 특권층들, 사실상 '법에 우선해' 국가를 제 것인 양 다룰 수 있었던 자들이 느꼈을 경악과 공포가 어느 정도였을지 짐작이 간다. '저것들이 우리 손에서 국가를 빼앗으려는 구나!'(262~3)

2009년 4월 18일 밤 촛불시민연석회의 출범식에서 한 발언자는 '이명박 정부는 아무 것도 무서워하지 않습니다. 야당도 재야도 무서워하지

---

24. '법은'을 '법을'로 고침.

않습니다. 다만 촛불을 무서워할 뿐입니다'라고 당당하게 말했다. 권력이 느끼는 그 무서움과 두려움이란 제정된 틀 안에 있는 듯 하면서도 그 틀을 벗어나면서 그 틀을 비틀고 변형시키기를 주저하지 않는 저 '괴물'[25] 앞에서의 막막함일 것이다. 그래서 그것은 청와대, 의회, 법원에 그들이 출석해 있지 않을 때에조차도 정책, 입법, 판결의 행위들 속에서 늘 (내키든 내키지 않든) 고려하지 않으면 안 되는 실재적 유령에 대한 감정일 것이다.[26] 어쩌면 그 감정은 분명한 대상을 갖지 않는다는 점에서 두려움이라기보다 일종의 불안, 정치적 불안에 가까운 것일지 모른다.[27] 그렇다면 현재의 적대적 사회와 그에서 비롯되는 문제들을 풀기 위해서는 권력을 정치적 불안 속에 처하게 만드는 저 괴물('대한국민')이 갖고 있는 능력이 무엇인지에 대한 성찰로 나아가는 것이 반드시 필요할 것이다. (권력이 보기에) 괴물적이고 유령적인 이 제헌적 권력이, '아무리 끌어다 써도 결코 고갈되지 않는 원천'(영원성)으로서, '국가의 외부에 위치'(절대적 내재성)하며, '국가에 아무런 빚도 지고 있지 않'(자율성)고, '국가 없이도 존재하는 것'(탈주권성)이라면 말이다.[28] 만약 이 문제에 대한 숙고로 나아갔다면 '대한국민-제헌권력'을 넘는 '다중-제헌권력'에 대한 개

---

25. 괴물성에 대한 적극적 해석으로는 네그리와 하트의 『다중』 2부 3절 중 '살의 괴물스러움' 참조.
26. 그렇기 때문에 "제 귀에 거슬리는 이야기를 했다는 이유로 과격한 운동가도 아닌 인터넷의 경제평론가를 찾아내 구속하는 짓"은 이명박 정부가 "저열한 정권"(서동진, 4)임을 보여주는 것이라기보다 보편적 불안, 히스테리에 사로잡힌 정권임을 보여주는 것이며 이것은 현 시대의 권력들이 처해 있는 일반적이고 정상적인 조건이라고 해야 할지 모른다.
27. 두려움과 불안에 대해서는 빠올로 비르노, 『다중』, 김상운 양창렬 옮김, 갈무리, 2005, 제1강 '공포와 방어의 형식들' 참조.
28. 한보희 261(아감벤이 인용한 뷔도르의 말의 재인용이다).

념화에 틀림없이 이르렀을 것이다. 하지만 한보희는 바로 이 순간에 조심스럽게도 한 걸음 물러선다. 이 "냉철한" 뒤돌아섬의 방법은 이러하다.

> 대한민국이라는 상징적 네트워크가 무너지진 않았지만, 중고생에서 유모차 아줌마, 칠십대 노인에 이르는 저 중심 없는 대중들이 헌법 1조와 'MB OUT(이명박 꺼져라)!'를 외쳤을 때 무언가 우지끈하고 부르지는 소리가 들렸던 것 같다. 그러나 이 대목에서 우리는 '국민주권 시대'나 '직접민주주의' 같은 감격적인 표현들을 접어 잠시 주머니에 넣어두고, 좀 더 냉철하게 사태를 바라보지 않으면 안 된다.(264, 강조는 인용자)

이 냉철한 눈에 나타나는 풍경은 지금까지 그려온 풍경과는 너무 다른 풍경이다. 저 고갈되지 않는 힘의 원천으로서의 제헌권력('대한국민')이 갑작스럽게 호주머니 속으로 집어넣을 수 있을 만큼 왜소해진다. 대한민국 국민의 닫힌 문을 열어 대한국민의 형상을 본 후에 (마치 문밖에서 못 볼 것을 본 아이처럼) 갑자기 그 문을 닫아버린다. 더 열어야 할 순간에 닫아버리는, 도약해야 할 순간에 물러나 버리는 역접, '그러나'의 저 이상한 '냉철함'은 권력이 촛불의 괴물스러움에 대한 정치적 불안으로 인해 수많은 경찰들을 내세워 국민의 문을 철통처럼 걸어 잠그려 하는 저 불안한 잔혹함과 다르면서도 또 유사하지 않은가?

> 대한민국이라는 상징질서는 촛불시위가 목적의식적으로 충격을 가했기 때문에 금이 간 것이 전혀 아니다. 그와 반대로 촛불은 공화국 헌정의 어떤 중심이 무너지는 소리를 듣고 그 거대한 구멍 주위로 모여들었던 것이라 해야 한다.(264)

민주공화국을 무너뜨린 것이 촛불이 아니었다면 과연 누구였을까? 표면적으로 보면 그것은 이명박과 그것의 "반-공공公共 정권"이다. 그것은 "국가를 안으로부터 해소하려는 가공할 획책"처럼 보인다. 그래서 촛불들이 그를 오사카 산 매국노, 친일파로, 스파이로 불렀을 것이다. 하지만 그런 표면사태에 속아서는 안 되고 심층에서 벌어지는 사태를 주목해야 한다. 그런 반국가적 정부는 어느 날 갑자기 돌출한 기현상이 아니기 때문이다. 그것은 "이미 삶의 지배적 풍토이고 소통의 코드가 된 자본, 자산, 재테크, 펀드, 부자되기 열풍 속에서 자연스럽게 도출된 결론"(265)이다. 요컨대 민주공화국을 무너뜨리는 이명박 정부는, 이렇듯 다수 사람들에게 삶의 지배적 풍토이자 소통의 코드를 부과하는 권력, "인민의 생명에 가치의 형식을 부여하고 사람들이 어떤 방식으로 결합해야 하는지를 결정하는" 권력, "육체의 관리와 삶에 대한 타산적 경영"인 권력, "공적 규제라는 국가의 흔적을 마저 지우고 민영화라는 자유주의적 행보 속에서 국경없는 자본권력의 법질서로 완성되고자 하는 권력", 요컨대 생명권력의 결정品형태이다. 이러한 생각은 이명박 정부를 지구제국의 마디형태로 파악할 수 있도록 시야를 넓혀 놓는다. 그런데 이 생명권력 하에서 "권력은 정치가 아니라 경제의 영역으로 넘어갔다"고 본다거나 "생명권력의 현실태는 노동시장을 지배하는 기업"이라고 보는 것은 생명권력의 성격을 다시 좁히는 것이 아닐까? 이것은 '권력을 국가로부터 시장으로 이전하자'라는 신자유주의자들의 '무대 위의 쇼'만 보고 그 '무대 아래에서의 음모'(265)는 보지 못하는 것이 아닐까? 내가 보기에, 무대 아래에서는 다른 일이 벌어지고 있다. 정치가 다른 수단으로 전개되는 경제일 뿐인 시대로부터 경제가 다른 수단으로 전개되는 정치일 뿐인 시대로의 이행. 삶권력의 체제에서 사라지는 것은 정치가 아니라 경제이다.

정치는 경제적 토대에 의한 구속당함을 넘을 뿐만 아니라 정치의 자율성까지 넘어 삶의 모든 영역을 자신의 원리로 물들인다. 기업은 더 이상 경제기관이 아니라 정치기관이다. 가치법칙이 붕괴하면서 지대rent를 수취하는 금융자본이 지배적 형태로 되고 이에 따라 이윤도 점점 잉여가치의 전화형태가 아니라 지대로 전화된다. 지대로 전화되는 것은 이윤뿐만이 아니다. 임금까지도 지대의 형태로 전화한다.[29] 모든 소득 형태가 지대, 특히 절대지대를 닮아간다는 것은 소득이 점점 정치적으로 결정되어 간다는 의미이다. 왜냐하면 절대지대는 차액지대와는 달리 '소유하고 있다는 법적 정치적 사실' 그 자체로부터 청구되는 소득형태이기 때문이다. 삶권력(생명권력)이 이렇듯 소득의 정치적 결정, 법칙에 따른 것이 아닌 인위적 가치결정으로 나아가는 것, 그래서 자신이 안주했던 민주공화국의 통치형식을 스스로 허무는 것을 권력 그 자체의 자기선택으로 읽을 수 있을까? 이명박이 민주공화국을 허물고 있다고 보는 것이 표면적인 이해이듯, 권력이 스스로 생명권력으로 전화하면서 민주공화국을 허물고 있다고 보는 것 역시 근본적으로는(스피노자라면 '영원의 상 속에서 보면'이라고 했을 것이다) 표면의 층위를 벗어난 것이 아니다. 더 심층적인 원인, 준원인quasi-cause은 다른 곳에 있기 때문이다. 훈육권력의 생명권력으로의 전화는 권력의 자기진화가 아니라 그 밑 삶의 생산과 재생산의 지형에서 전개되고 있는 다중의 생성에 권력이 수동적으로 대응하는 반작용의 형식일 뿐이다. 생명권력은 상대적으로 안정적인 지배코드를 장악하고 있었던 훈육권력과는 달리 매순간마다, 매계기마다 지배의 형식

---

29. 이에 대해서는 안또니오 네그리, 「지대에 대항하는 민주주의」, 『실천』 2009년 3월호 (통권 28호) 60~69쪽 참조.

을 발명해야 하는 위기로 내몰린다. 생명권력은 카리브디스의 소용돌이 위에서 주권('일자의 지배')을 건설해야 하는 난감한 사태에 직면해 있다. 이렇게 무대 아래를 직시할 때 우리는 '민주공화국을 무너뜨린 것이 촛불이 아니었던 것이 아니다'라고 말하지 않으면 안 된다. 촛불로 발현되었던 저 정체화하기 힘든 사람들이야말로 권력으로 하여금 민주공화국과는 다른 형식으로 통치하지 않으면 안 된다는 강박관념을 갖게 만들면서 군대와 경찰이 지켜주던 견고한 권력의 성을 벗어나 기업으로, 학교로, 신문방송으로, 교회로, 연구소로, TV로, 인터넷으로, 유전자로 미시적 암행과 위태로운 순회를 하지 않을 수 없도록 만드는 주체이기 때문이다. 그렇기 때문에 촛불을 든 사람들이 민주공화국의 헌정중심이 무너지는 자리에서 "지옥의 문처럼 입을 벌린 심연을 보았고 난민처럼 내던져진 서로의 모습을 확인했다."는 묘사는 이 제헌적 촛불들, 제헌 권력들, 세계와 삶에 근본적 층위에서 형식을 부여하는 이 불들을 호모 사케르로, 즉 '벌거벗은 생명' 정도로 격하하는 퇴행 없이는 불가능한 것이다. 그 결과, "촛불시위는 오랫동안 국가와 동일시되었던 우리 삶의 한 지평이 신기루처럼 사라지고 국가를 유지해온 정체성의 중심('민주공화국')이 텅 빈 공허로 드러났을 때, 그 심연 주위에 모여든 (법 바깥의) 인간들의 신음소리였고 촛불은 그들이 서로에게 보내는 조난과 구조의 신호들이었"다는 우울한 그림이 그려지는 것이다. 제헌적 활력으로서의 촛불이 역사로부터 내버려진 "난민"(바우만이라면 "쓰레기"라고 불렀을 것이다)으로 비속화되고 무력화될 때 그들이 건설할 수 있는 최상의 법, 최상의 정치 형태가 난민들의 공동체이고, 역사 없는 공동체라는 주장은 극히 자연스러운 귀결로 보인다. 하지만 이 난민 공동체가 무력함의 연대이고 신음에 기초하는 것인 한에서, 니체가 (현실 사회주의 이전에) 경멸해마지않

있던 저 노예성의 공동체로서의 사회주의와 과연 다를 수 있을 것인가? 이것은 고갈되지 않는 힘의 원천으로서의 영원성이며 국가 형태 속에 있든 밖에 있든 간에 주어진 전체를 절대적으로 새롭게 열어나가는 민주주의의 능동적 잠재력으로서의 제헌권력에는 너무나 어울리지 않는 성격의 공동체의 틀을 그것에 부과하는 것이지 않는가?

한보희가 정교한 개념기술로 국민을 해부하여 제정권력('대한민국 국민')과 구별되는 제헌권력('대한국민')의 문을 — 안타깝게도 이내 닫혀 버리지만 — 여는 데 성공했다면, 이재현은 촛불에 퍼부어지는 온갖 권력의 험담들을 기꺼이 끌어안고 그것을 긍정하는 통큰 활력을 통해 제헌권력의 굵은 가닥들을 드러낸다. '괴담'(허위사실) 유포죄로 구속된 미네르바-박(박대성)을 '미사마'로 부르면서 이재현은 미네르바라는 이름이, 아고라에서 미네르바라는 닉네임을 사용하는 시뮬러크러-미네르바 네티즌들, [명박퇴진]이라는 말머리를 달면서 2008년 광장에 촛불을 들고 나왔던 사람들 등에게까지 붙여질 수 있는 이름이라고 말한다. 게다가 그는 이 책에서 명시적으로 이 책의 제목을 거스르면서 (용산 참사에 항의하여) "아직도 촛불을 꺼뜨리지 않고 있는 사람들"(이재현 181)의 존재를 명시적으로 인정하는 유일한 필자이다. 그가 애정을 표하기를 주저하지 않는 미사마들은 글마다 5만이 넘는 조회수에 수천 개의 댓글이 달리는 "경제에 대한 다른 어떤 장르의 말이나 글도 갖지 못했던" 통속성과 대중성의 장르를 창안하는 **발명가들**이며, 전문대 졸업에 30대 백수라도 혼자 공부하고 노력하면 "전문대 졸업에 30대 백수"가 썼다고는 도무지 믿을 수 없는 글을 써내는 괴력(짜집기와 혼성모방의 위대함)의 소지자들이며 평범한 사람들을 각성시키고 학습시켜서 또 다른 미네르바 그러니까 미네르바-네트워크의 살아 움직이는 작은 매듭으로 만드는 **공통화의 위력**

을 발휘한다. 다중들의 이러한 미네르바적 순환 속에서 미네르바들은 스스로를 천민으로 묶어세운다. "한국 경제는 천민자본주의다. 천민들 등쳐먹는 신 노예경제다. 그런 노예경제가 위기에 빠져 있다. 애국은 사악한 자의 미덕이다. 10년 전에 속았는데 또 속으려 드는 것이냐? 상위 10% 안에 들지 못하는 고등학생들이라면 바로 그 상위 10%를 위한 줄을 서지마라. 수능포기하고 영어, 중국어, 일본어 등을 실전적으로 익히고 여기에다가 덧붙여 기술을 배운 뒤 외국으로 나가라."(188, 미네르바의 글)고 권고받는 저 천민말이다. 천민을 등쳐먹는 주성영이 경멸을 담아 '다중은 곧 천민'이라고 말했을 때의 그 천민과 내용에서 보아 크게 다르지 않을 천민이다. 賤民은 낮은 사람들, 없는 사람들, 가난한 사람들, 권력이 없는 사람들이다. 이재현이 보는 촛불은 중간계급, 중산층의 표현양식이 아니다. 촛불을 '발언이 허용된' 중간계급 시민들의 행동일 것이라고 보는 시각들은 믿을 수 없는 위력의 글을 써내는 미네르바의 글을 '대한민국 0.1%에 속하는 사람'의 글일 것[30]이라고 믿었던 "기만적인 정치적 환상"(191)을 공유한다.[31] 배기량, 연식, 원산지를 따지거나, 출신대, 학점, 토익점수, 자격증, 커리어 따위의 스펙specification을 따지는 "신자유주의의 술책"처럼, 사회학주의도 신원, 소속, 계층 따위로 능력을 환산함으로써 제헌권력의 활력puissance을 사물화시켜 버린다. 이재현은 또, 너무 칭찬해

---

30. 당시 유포되었던 것으로, 미네르바가 서울대 상대 출신, 미국 유학 경험자, 대기업 CEO 등이라는 소문들.
31. 이 주장을 입증하는 가장 좋은 방법은 통계나 논리가 아닐지 모른다. 그냥 촛불 집회나 시위에 가서 그들과 함께 행동하면서 그들의 얼굴을 가만히 쳐다보고 있기만 하는 것으로, 풍자와 조롱과 욕설을 섞어 터뜨리는 달변이든 혹은 긴 간극 속에서 깊은 진실을 전하는 눌변이든 그들의 말을 귀 기울여 들어보는 것으로, 그 내부의 갈등들과 그것들의 해결과정을 회피하지 않고 대면해 보는 것으로 충분할지 모른다.

주면(이른바 '과잉 상찬'론) 버릇 나빠질 아이처럼 촛불을 바라보며 촛불은 이념과 노선이 결여되어 있는 자생성의 운동에 지나지 않는다고 비판하는 촛불비판가들의 생각을 조롱이나 하려는 듯이 "반제, 반파쇼, 반독점의 과제를 갖는 민중민주주의 전선"은 "풀뿌리 없는 시민운동과 정규직 노동자들의 이기주의에 빠진 대기업노동조합운동으로 형해화"해버렸고 오직 운동권의 급진적 인텔리의 머릿속에만 남아 있는 공동체의 관념임에 반해 아고라와 같은 온라인 미디어 공간을 통해 상상된 공동체인 명박퇴진 전선은 2008년부터 촛불을 통해 전투를 하고 있는 공동체라고 평가한다. 그가 쉬운 편지글 형식을 빌려 미네르바 네트워크의 촛불 천민들을 신화 속의 전설적 독뱀, 히드라의 이미지와 겹칠 때 여러 머리(유모차 아줌마들, 촛불 소녀들, 여성들, 미네르바–박들, 일제고사에 반대하는 중고등학생들, 전교조 교사들, 더 나은 삶에 관심을 갖는 소비자들, 비정규직 불안정노동자들, 이주노동자들, 반체제 과학자들, 종교적 이단들, 저항문인들, 민중예술가들, 파천황들, 장애인들, 성적 소수자들, 용산의 철거민들, 파업하는 노동자들, 혁명가들, 아나키스트들, 자율주의자들 등등등)의 다중의 형상이 비가시성을 벗고 비로소 우리 눈앞에 그려지기 시작하는 것이 아닐까?[32]

김영옥은 그 여러 머리 중에서 '여성'이라고 흔히 불려지는 머리에 조명을 비춘다. 여러 머리 중의 하나라고 한다면 부족할 수도 있다. 왜냐하면 김영옥에 따르면 여성들은 아마조네스(그리스 신화 속의 여전사)처럼 촛불집회를 이끌었으며, 또 그 여성들이 정치와는 무관해 보이는, 즉 일

---

32. 여러 머리 히드라에 대해서는 피터 라인보우·마커스 레디커, 『히드라 : 제국과 다중의 역사적 기원』, 정남영 손지태 옮김, 갈무리, 2008 참조.

반적으로 사람들이 사회운동이나 여성운동하는 여성으로 표상하는 이미지와는 다른 여성들이었기 때문이다.(김영옥 204) 김영옥에 따르면 새틴, 마이클럽, 82쿡, 레몬테라스, 소울드레서 등의 인터넷 동호회에서 기원하는 이들 아마조네스들은 소비를 매개로 시위에 가담하기 시작하여 광장을 드나들면서 쇠고기가 민영화, 교육자율화 등과 함께 신자유주의 세계화의 정치경제적 맥락 속에 위치해 있음을 배웠고 그러면서 정치적 감각을 익히고 역사를 공부하며 진화하게 되었다. 이 진화의 과정은 살림과 광장, 친족과 국가의 경계를 허문다. 그러면서 그것은 정치적인 것에서 배제되어 왔던 여성으로 하여금, 국가가 국민의 편에서 효율적인 시장관리자 역할을 해 줄 것을 기대하는 소비자로서의 국민과 신자유주의 세계화 질서에 통합되어 재분배, 복지, 안전 등 국민의 요구에는 귀기울이지 않는 초국가적 시장관리자로서의 역할을 하는 국가 간에 동상이몽이 있음을 깨닫도록 자극한다.(212~3) 광우병 사태는 국민국가가 전 지구적 자본의 단순한 관리기구로 축소되는 한편에서 미국 같은 국가의 경우에는 영토를 넘어서까지 주권을 행사하는 제국 질서의 모순적 양상을 보도록 만든다.(213) 촛불 속에서 이렇게 진화하는 여성들은 정치적 영역과 살림의 영역 사이에 쳐진 인위적인 이데올로기적 경계를 허물면서 돌봄노동, 양육노동 속에서 키워져 온 생명 감수성으로 신자유주의 국가권력의 삶권력을 무력화시키고 삶을 생산해 내는 삶능력으로, 제헌능력으로 긍정된다. 화장품, 음식과 실내장식, 가구와 옷, 드라마 주인공들에 대한 관심과 정보를 교환하고 개인적 삶에 대해 폭넓게 '수다를 떨면서' 형성되어온, 소속감은 있지만 구속력은 없는 느슨한 취향 공동체가 촛불을 위해 3일 만에 1700만원을 모으는 경쾌하고 유동적이며 유연한 자발성과 역동성을 보여줄 때 김영옥은 이 "결집과 해체에 있어서 자유로우며 정동적 노동에 익숙한" 특성이 "다중multitude의 특성으로 설명될 수 있을 것"(206)이라고, 이 책에서는 유일하게, 다중을 긍정적 어법으로 말한다.

투쟁의 새로운 순환 속에서 운동과 정치

촛불은 너무나 실재적인 힘이었다는 점에서 환상이나 유령으로 환원될 수도 없으며 모든 정당들, 정파들로부터 자립적이고자 하는 강렬한 경향을 띠었다33는 점에서 꼭두각시 인형으로 환원될 수도 없고, 너무나 복수적인 흐름이었다는 점에서 중간계급-중간층과 같은 단일한 사회학적 실체로 환원될 수도 없다. 촛불에 대한 무수한 오해들은 이 거대하고 또 장구長久적일 수밖에 없는 흐름에 단일한 정체성을 부여하여 정의하려는 환원의 욕망으로부터 비롯된다. 촛불은 실재하기 때문에 유령이라고 하기는 어렵지만 기존 질서의 어떤 자리에 할당하기에는 특이하고34 괴물스럽다는 점에서 유령이기도 하다. 촛불은 결코 중간계급의 행동으로 환원될 수 없지만, 촛불비판가들이 '중간계급', '중산층'이라고 부르고 싶어하는 행위자들이 촛불봉기에 참가하지 않았던 것은 아니다. 정규직 노동자들, 자영업자들, 변호사들, 교수들 등 흔히 중간계급으로 분류되곤 하는 신원의 행위자들도 촛불 속에 있었다. 그러나 훨씬 더 많은 행위자들이 어떤 방식으로도 중간계급으로 분류될 수 없는 행위자들이었다. 촛

---

33. 촛불은 '이명박 꺼져버려!'를 초점에 놓았지만 2001년 12월 폭발한 아르헨티나의 피께떼로 운동이 제시했던 "모두다 꺼져버려!"의 경향을 깊숙이 내장하고 있었다.
34. 특이한 것은 좌표 상의 어떤 지점에 할당하기가 어렵다.

불은 운동과 직업적 계층적 신원을 기계적으로 연관짓는 속류사회학적 관점으로는 파악할 수 없는 차원에서 움직인다.

물론 이 관점 속에 합리적 측면이 없는 것은 아니다. 조직된 노동자층을 정치적 협정대상으로 삼았던 케인즈주의와는 달리 신자유주의적 자본주의는 노동자층의 일부(주로 정규직 노동자)를 치부致富 욕망을 갖는 자본주의적 예속주체(지대임금 혹은 지대수령노동자)[35]로 포섭하여, 노동하는 다른 부분(비임금, 비정규, 실업자)에 대한 통제력으로 배치한다. 이리하여 통제는 욕망과 공모 관계에 들어간다. 이런 점에서 형식적 포섭 국면에서 의미를 가졌던 사회학적 범주이론인 중간계급론은 실질적 포섭 국면에서 (물질적 비물질적 형태의, 임금적 비임금적 형태의) 노동을 하는 사람들 내부에 도입된 분할선과 갈등의 존재를 지시하는 것으로 전환될 때 나름의 의미를 획득할 수 있다.

그렇다고 해서 이들 지대임금노동자가 촛불의 전부였던 것은 결코 아니고 이들이 촛불 속에서 주도권을 쥐고 있었다고 말할 수도 없다. 촛불에서 주도권을 쥐려고 했던 모든 시도들은 좌초되었음을 기억해야 한다. 촛불은 성별을 넘어 여남이, 세대를 넘어 소청중노년이, 직업을 넘어 학생과 온갖 부문에서 일하는 사람들이, 노동형태를 넘어, 물질노동자와 비물질노동자가, 고용형태를 넘어 실업자, 비정규직, 정규직이, 활동형태를 넘어 조직원, 활동가, 보통 사람들이, 그리고 온오프라인조차 넘어서는 모든 사람들이 참가하고, 지지하고, 관심을 가졌던 사건이다. 이 중 어느 경계 내의 사람들이 더 주도적이었는가 덜 주도적이었는가를 따지

---

35. Antonela Corsani, 'Rente Salariale et Production de Subjectivité', *Multitudes* 32, Printemps 2008 참조.

는 것이 완전히 무의미하다고 할 수는 없지만 그 노력이 성공하기란 쉽지 않을 것이다.

예컨대 '촛불은 비정규직을 배제했다'는 촛불비판가들이 널리 공유하는 생각은 편협한 환각이다. 초기의 촛불이 광우병 위험소 수입에 대한 항의에서 촉발되었고 이미 전개되고 있던 비정규직 투쟁들과 일정한 거리를 갖고 있었던 것은 사실이지만 촛불에는 비정규직의 노동자들이 처음부터 다수 참가했다. 비정규직인 사람이 비정규직 노동자라는 단일한 정체성만을 갖는 것은 아니다. 그/녀는 비정규직 노동자이면서 동시에 자/녀를 둔 어머니/아버지이고, 국민이고 민중이며, 쇠고기 소비자이고, 신문구독자이고, 방송청취자이며, 선거권자이고 …이기 때문이다. 촛불이 이미 전개되고 있던 비정규직 투쟁현장들(KTX, 이랜드, 기륭, 코스콤 등)과 즉각적으로 결합되지 않았던 것을 촛불의 중간계급적 성격 때문으로 투사하는 것은, 비정규직 투쟁이 어떻게 하면 더 광범위한 사람들에게 호소력있는 투쟁으로 발전할 수 있을까를 투쟁방향, 투쟁과제, 투쟁방식, 동원과 조직화 방법 등의 모든 측면에 걸쳐 검토하고 혁신해야 할 내적 문제를 회피하도록 만든다. 현재처럼 비정규직 투쟁이 원직복직, 고용안정의 방향에서 전개될 때 이와 입장이 유사한 사람들은 자기문제로 받아들이게 되지만 나머지 사람들은 약자에 대한 조력의 차원에서 투쟁에 접근할 수밖에 없게 된다. 해고되거나 비정규직으로 재배치되는 사람들의 경우와 이제 막 취업문에 당도한 사람들, 그리고 해고의 불안에 떨고 있는 정규직 노동자까지 공동으로 싸울 수 있는 투쟁 방향과 방법 및 과제의 설정이 필요하다.[36] 이 측면 외에도 촛불비판가들의 중간계급론

---

36. 비정규직 투쟁에 고용투쟁과는 별개로 소득투쟁(무조건적 보장소득)을 결합시키는 방

은 촛불이 광우병 의제를 넘어 발전하면서 점점 더 깊이 (거리투쟁과 현장투쟁 모두에서) 비정규직과 결합되어 갔고[37] 용산 철거민의 투쟁들과도 즉각적으로 결합되었던 사실을 고려하지 않고 있다는 점에서 잘못된 사실 판단에 기초하고 있다.

그렇기 때문에 우리는 촛불을 복수의 힘들이 합류한 시공간으로, 하나의 종합국면으로 이해할 필요가 있다. 그렇기 때문에 촛불이 비정규직을 배제했다는 생각과 유사한 통일된 정체성론의 관점들, 즉 비폭력을 배제했다거나(한윤형) 선거를 비롯한 제도정치를 배제했다거나(김정한) 하는 식의 평가들은 일면에 머무르게 된다. 촛불에는 비폭력을 옹호하는 주장만큼 폭력을 옹호하는 주장이 공존했다. 제도화를 경계하는 생각만큼 제도화에 힘을 실어야 한다는 생각이 공존했다. 국가를 부정하는 생각만큼 국가를 옹호하는 생각이 공존했다. 이 중 어느 것이 더 강하게 분출하고 어느 것이 약화되는가는 시간과 상황에 따라 달랐다. 그렇기 때문에 문제는 이 합류된 다양한 경향들 속에서 어느 하나를 옳은 것으로 선택하고 나머지를 제거하는 것이 필요한 것이 아니라, 이 다양한 경향들이 각각 다르게 생각하고 행동하면서도 공동의 행동으로 연결될 수 있는 저 가능성의 조건들을 구축하는 것이 필요하다. 이 조건들을 구축하기 위해서는 지각하는 방법, 느끼는 방법, 생각하는 방법, 연결하는 방법, 결정을 내리는 방법, 행동하는 방법 등 다양한 차원에 걸쳐 이 시공간에 합류한 모두가 달라질 필요가 있다. 요컨대 촛불이라는 사건 자체가 지금까지의 민주주의의 관념, 제도, 기술, 구성 등의 근본적 혁신을

안에 대해서는 이 책의 203쪽 참조.
37. 특히 기륭전자 비정규직 노동자 투쟁에서 촛불은 투쟁의 조력자를 넘어 투쟁대오의 일부로 배치되기도 했다.

요구하는 상황 속으로 우리 모두를 끌고 들어간다고 해야 할 것이다.

여기서 우리가 촛불이라는 사건을, (자본의 새로운 순환에 대응할 뿐만 아니라 깊은 심층에서는 실제로 그것을 이끄는) 투쟁이 새로운 순환에 들어섰음을 알리는 징후로 읽어야 한다면 바로 이 때문이다. 투쟁의 새로운 순환은 삶과 운동과 정치의 모든 것을 변형시키는 사건이다. 그렇다면 투쟁의 순환이 어떻게 갱신되고 있단 말인가? 20세기 중후반 전 세계적 대중노동자들의 투쟁은 산업자본주의에서 인지자본주의로의 사회구성의 변화를, 제국주의에서 제국으로의 주권의 변화를, 훈육권력에서 통제권력(삶권력)으로의 권력성격의 변화를 가져왔을 뿐만 아니라 대중노동자에서 사회적 노동자로의, 민중에서 다중으로의 주체성의 변화를 가져왔다. 촛불은 지구상황 속에 편입된 한국에서 산업노동과 대중노동자가 주도했던 투쟁의 한 순환이 종결되고 비물질노동의 헤게모니[38] 하에서 기존의 산업적 공간적 지역적 세대적 경계를 넘어 구성되는 다중이 새로운 정치적 주체성의 형상으로 등장하고 있음을 보여주는 사건이다.

이러한 상황에서 촛불을 중간계급의 행동, 중간층의 자기표현 양식으로 환원하면서 대중노동자, 민중 형상으로 구성될 주체성에 대한 희구를 거듭해서 피력하는 것은 폭풍을 거스르며 과거를 응시하는 새로운 천사(벤야민)일까 아니면 풍차를 향해 돌진하는 돈키호테(세르반테스)일까?

운동권 혹은 민중운동은 국가가 국민 혹은 시민을 호명할 때, 민중이란 이름을 내세우며 어떤 체제 속에서 살 것인가를 선택하고 결정하는 주체

---

38. 양적 다수성으로서의 헤게모니가 아니라 질적 영향력이라는 의미에서의 헤게모니.

로서 자리를 점유하고자 분투해 왔다. 그것은 민주주의를 탈국가화시키면서 동시에 선거를 비롯한 일련의 민주적 절차들이 온전히 정치적 행위의 공간으로 돌아올 수 있도록 위력을 발휘해 왔다. (……) 그러나 '민주화 이후'의 세계에서, 무엇보다 이명박 정권이 등장하면서, 우리는 민주화의 효과가 중단되는 역사적 계기를 맞이하고 있다. 그렇기 때문에 우리의 눈길이 '운동'으로 향하는 것은 당연한 일이다. 운동은 민주주의와 국가 사이에 거리를 만들고 국가의 행위로 민주주의가 유괴되지 않도록 하는 결정적인 힘이었기 때문이다.(서동진 8)

여기서 '민주화 효과의 중단'이란 이명박 정권의 등장에서 비롯되는 바, "민주화 이후에 우리가 확보한 민주주의적 행위, 그것의 또 다른 이름일 정치적 절차로서의 선거"가 "순전히 국가적 절차로 환원"되고 "국가경영의 CEO를 뽑는 일"로 전락하여 "반정치적인 정치"로 전환된 역사적 계기를 지칭한다.(6~7) 이러한 입장은 촛불 속에서 제도정치적 지향의 과소와 아나키즘의 과잉을 비판한 이 책의 몇몇 필자들의 의견과 상충한다. 나는 제도(즉 형식과 기법)로의 전환을 강조하는 경향이 있는 후자보다는 운동(즉 힘)으로의 전환을 강조하는 경향이 있는 전자가 더 건강한 입장이라고 생각한다. 하지만 새로운 투쟁순환의 관점에서 볼 때 '선거 정치에서 운동 정치로의 전환'이라는 생각은 위험하며 김정한이 촛불에 투사한 바의 바로 그 '아나키즘 과잉'이라는 비판을 피하기 어렵다고 본다. 그렇다면 새로운 투쟁순환의 어떤 점이 그 생각을 위험하게 만드는가?

이것은 "광우병 사태가 한편으로는 전 지구적 자본과 단순한 관리기구로 축소되는 국민국가의 관계와, 다른 한편으로는 영토를 넘어서까지 주권을 행사하는 국민국가의 신제국주의적 권력 남용이라는 모순된 양상과 관련되어 있다."(213)는 김영옥의 진단, 그리고 "촛불사건은 이처럼 공화국, 즉 '우리 모두의 것res publica'이 흔적만 남긴 채 어디론가 증발해 버렸다는 사실을 배경으로 하고 있다."는 한보희의 진단 속에서 어느 정도 명확하게 정식화된 바의 것인데 이러한 정식화들은, 선거가 "사회의 효율적인 경영이란 이름으로 둔갑해 버린 정치, 더 효율적이고 효과적인 국가경영의 CEO를 뽑는 일"로 전락했다는 인식에 비해, 좀 더 커다란 권력 순환의 새로움을 적시하는 것으로 보인다. 생각해 보면 변화는 선거라는 차원보다 한층 깊은 곳에서, 국가 자체에 의한 국민국가의 해체라는 자살적 사태로 나타나고 있는 것으로 느껴지기 때문이다. 이것은 정치에 반하는 정치의 등장(서동진), 정치의 경제로의 포섭(한보희)이라고도 불릴 수 있는 것이지만 다시 생각해보면 그러한 것은 현상에 불과하고 오히려 거꾸로 경제의 정치로의 전화, 정치적인 것의 일반화가 그 본질이라는 점에 대해서는 앞에서 말한 바 있다.

국민국가 권력(의 고유한 역할)을 와해시키면서 (이것은 국가 파괴에 대한 맑스, 엥겔스, 레닌의 고전적인 공산주의적 요구가 자본에 의해 위로부터 실현되는 방식이라 해야 한다) 이루어지는 정치의 전환, 정치적인 것의 일반화가 바로 훈육권력에서 삶권력으로의 이행이며 국가정치가 삶정치로 대체되는 조건이다. 삶권력 하에서 다중들은 그간 국민국가의 억압에 따라왔던 보호마저도 상실하는 '벌거벗음'(아감벤) 혹은 '버림받음'(바우만)의 체험을 하게 된다.

우리가 촛불에서 일관되게 발견했던 애국, 애족, 공화국의 요구들(그래서 촛불을 민족주의, 애국주의 운동으로 보게 만들고 심지어는 파시즘 현상으로까지 보게 만드는 이 요구들)은 이 체험과 분리되어서는 이해될 수 없다. 태극기로 응축되어서 촛불을 응집시켰던 이 요구들에 배타적 민족주의나 애국주의로 발전될 가능성이 없다고 단언하는 것은 가당치 않은 일일 것이다. 하지만 우리는 이 요구들이, 신자유주의적 세계화 속에서 국민국가가 초국적 금융자본, 지구제국의 마디로 형해화되고 정치가 생명과 사회적 삶에 대한 직접적이고 미시적인 통제로 전화하는 삶권력적 상황에서, 국가가 경계와 문턱의 설치를 통해 수행했던 국민에 대한 보호 기능을 버려버림으로써 다중이 현실정치적으로는 누구나 죽일 수 있으나 희생시킬 수는 없는 '벌거벗은 생명'으로 나타난다는 사실에 대한 반사적인, 그러나 현실적인 대응에 속한다는 것까지 간과할 수는 없다. 왜냐하면 오늘날 '국민'(이었던 사람)들은, 비정규직화, 실업, 철거, 공공성의 붕괴, 화폐 위험에의 무한노출 등을 국가의 붕괴로 인해, 즉 국가에 의한 보호가 사라짐으로 인해 빚어지는 결과로서 경험하기 때문이다. 그런데 국가의 보호란 국민인 한에서, 즉 그/녀가 국가에 소속되어 주로 국경 내의 자본들에 의해 착취될 생명능력을 잃지 않도록 하기 위해 국가로부터 주어지던 최소한의 안전보장이었다. 이 안전보장이 끊임없이 국가안보, 주권안보로 전도되어 왔지만 정작 이 보호 속에서 국민들이 기대하던 합리적 핵심은 다중의 생명과 삶의 안전보장이외의 다른 것이 아니었다. 그러므로 공화국의 붕괴도 세계화하는 삶권력적 상황에서 이 안전보장 장치가 허물어지는 것 외에 다른 것일 수 없다. 이럴 때 보호를 빙자하여 억압과 착취를 일삼던 국가에 대한 비판으로서 제시되었던 (고전적 아나키즘에서 주로 주장된 바의) 조건 없는 국가 파괴의 표상은 오늘날 안전보장에 대한 다중의 요구들과 부합되지 않는다. 그것은 신자유주의적 국가 공동화(이것은 아나키즘의 요구의 위로부터의 실현 형태이기도 하지만)를 자극함으로써 지구제국 주권에 무의식적으로 협력하는 것으로 귀결될 수 있기 때문이다. 그러면 다시 와해된 공화국의 재건, 국가재건을 주장해야 하는 것일까? 애국과 애족이 국민국가의 재건을 의미해야 하는 것일까? 이것이 현재의 상황에서, 그리고 촛불 속에서 첨예하게 제기된 쟁점이다.

문제를 '다중이 자신의 생명과 삶의 안전보장을 추구할 수 있을 방법은 무엇인가?'라고 정식화하고 나면 답은 비교적 간단해 진다. 오늘날 지구화하는 생산, 삶정치적 생산의 국면에서 와해되는 **국가형태의 재건**을 통해서 안전보장을 추구하는 것은 가능하지 않다. 왜냐하면 국가가 본질적으로는 생명과 삶을 자본의 것으로 회수하는 것이라는 비판을 잠시 접어두더라도 생명과 삶의 생산과 재생산 자체가 돌이킬 수 없을 정도로 지구적인 지평 위에서 이루어지고 있기 때문이다. 다중은 민중, 인민, 국민이라는 주체성들이 구성했던 안전보장 장치인 국가와는 다른 형태의 공동체를 **발명**하지 않으면 안 된다. 이 과제 앞에서 애국과 민족을 중간계급의 이데올로기로 할당하는 편리하나 무익한 태도를 반복하는 것이 능사는 아닐 것이다. 오히려 애국은 이 **국가 아닌 공동체**[39]에 대한 사랑으로, 애족은 근대적 의미의 민족과는 다른 공통적 주체성에 대한 사랑으로 확대되고 변형될 때에만 투쟁의 새로운 순환의 동력으로 기능할 수 있을 것이다. 지금 촛불 속에서 제기되는 애국, 애족의 요구 속에는 2002년 월드컵 응원[40]이나 사빠띠스따의 대문자 민족[41] 속에서 나타났던 바

---

39. 그것은 코뮌들의 체험과 성과의 계승이자 비판적 발전 이외의 다른 길이 아닐 것이다. 이에 대해서는 조정환, 「오늘날의 코뮤니즘과 삶정치」(맑스코뮤날레 조직위원회, 『맑스, 왜 희망인가』, 메이데이, 2005) 참조.
40. 이에 대해서는 조정환, 『제국의 석양 촛불의 시간』, 갈무리, 2003, 137~159쪽에 실린 「붉은 악마 현상 속의 근대성과 탈근대성」 참조.
41. 이원영, 「사빠띠스따의 '간대륙주의'와 '민족 자율' 문제」(『사빠띠스따』, 379~440쪽

의 국가 없는 나라사랑⁴²에로의 열림의 가능성이 존재한다고 보는 것이 필요할 것으로 보인다.

이러한 공동체의 구축 과정이 일거에 이루어질 수는 없는 장기적 과제라고 볼 때, 선거에 대한 태도 역시 '선거에서 운동으로'라고 표현하는 것으로 충분할 만큼 단순하지는 않다. 이명박 정권의 탄생으로 선거가 정치적인 것의 성격을 상실했다고 볼 때는, 정치적인 것의 공간을 선거 밖에서 찾는 것, 즉 선거로부터의 전면적 철수가 유일한 방법이 될 것이다. 하지만 제도정치적 절차로서의 선거는 텔레비전으로 대표되는 제도 문화적 공간이 포획과 저항의 갈등공간이었고 더욱더 그렇게 되어 가는 경향이 있는 것으로 보인다.⁴³ 물론 이를 위해서는 비제도적 영역에서의 저항력과 구성력의 자율적이고 자립적인 축적이 기반이 되어야 한다. 다시 말해 운동 정치를 기반으로 선거 정치에 다양한 방식으로 개입하는 것이 필요하고 또 가능한 방법이라는 것이다.⁴⁴ 삶권력의 상황은 소수의 전위적 힘으로 세계의 변화를 달성할 수 있다는 고전적 표상을 끝낸다. 수만, 수십만, 수백만, 수천만의 단결된 힘으로 나머지 더 큰 대중의 세계를 변

참조).
42. 네그리와 하트, 『다중』, 1부 2절 「역반란들」의 한 소절인 '용병과 애국자' 참조.
43. 삶과 세계의 변화에서 선거가 중요한 자리를 차지하게 된 라틴아메리카의 '좌파로의 선회'(차베스의 베네수엘라), 혹은 '탈식민적 선회'(모랄레스의 볼리비아)를 주목해 보자.
44. 선거를 통해 집권한 정부와 사회 운동 사이의 새로운 협정(마그나 카르타)의 가능성에 대해서는 라틴아메리카를 참조할 수 있다. 멕시코 사빠띠스따 운동과 PRD, 베네수엘라의 주민자치운동과 차베스 정부, 브라질 무토지농민운동과 룰라 정부, 볼리비아 원주민 운동과 모랄레스 정부, 아르헨티나 피께떼로 운동과 키르치네르 정부 사이의 협정들. 이에 대해서는 『글로벌』(근간, 갈무리) 참조. 그리고 2008년 서울시교육감 선거에서 주경복 후보는 낙선했지만 2009년 경기도교육감 선거에서 김상곤 후보는 당선되었다는 점도 참조될 수 있다.

화시킬 수 있다고 믿었던 시대는 끝났다. 삶정치적 활력은 삶권력을 균열시키면서 그것이 항상 위기 속에서 살아갈 수밖에 없도록 강제하는 힘이다. 이것은 운동과 정치 사이에 경계를 긋고 그 중 어느 것의 힘만으로 변형을 실현할 수 있다는 믿음보다 훨씬 더 유연하고 전염적이다. 삶정치적 활력은 생산, 사회, 운동, 정치, 문화 등의 모든 차원에서 다중의 가능한 능력 전체가 표현되도록 함으로써 주어진 세계를 새롭게 열어나가는 영구적 과정이기를 요구한다. 민주주의가 형해화되는 것처럼 보이는 시대에, 그래서 민주주의란 전체주의 외의 다른 것이 아닌 것[45]처럼 보이는 이 순간에, 수용소처럼 보이는 삶의 저 깊은-표면에서, 거울에 비친 자신을 바라보기를 중단하고 그 거울을 깨고나와 걷기 시작하는 사람들의 이 자율적 행진을, 지금 우리가, 대의민주주의와 직접민주주의의 경계를 넘는 절대민주주의의 개시라고 부른다면 그것이 왜 문제이겠는가? 절대민주주의의 행진 속에서의 촛불들은, 승리에 대한 맹목적 확신이나 유토피아의 손쉬운 도래에 대한 믿음을 갖는다는 의미에서가 결코 아니고, "죽음의 공포에 이끌리지 않고 직접적으로 선을 욕구한다"는 의미에서, "모든 일 중에서 죽음에 대해서 가장 적게 생각하고 그의 지혜가 죽음에 대한 성찰이 아니라 삶에 대한 성찰에 있다."[46]는 의미에서 절대적 낙관을 갖는 자유인들이다. 그리고 거꾸로 이 자유인들이 죽음의 과잉과 죽음에 대한 과잉 성찰에 오염된 세계를 밝히는 촛불들이다.

---

45. 조르조 아감벤, 『호모 사케르』, 315~339쪽 참조.
46. 바루흐 스피노자, 『윤리학』, 서광사, 4부 명제 67(번역 일부 수정).

승리라는 문제 혹은 감각의 혁신을 위하여

우리의 지혜가 죽음에 대한 성찰이 아니라 삶에 대한 성찰일 필요가 있다면 그것은 무엇을 함의하는 것일까? 촛불비판가들은 촛불이 아무런 성과 없이 끝났다는 것에, 즉 패배[실패했다는 것에 이구동성으로 동의한다. 그렇다면 촛불 시위 현장에 널리 퍼져 있었던/있는 '촛불이 승리한다'는 구호는 "광기"요 "거짓"이었던 것일까? 나는 2008년 7월 5일 광우병대책회의가, 수십만이 운집했던 시청광장에서, 실제로는 투쟁을 접으면서, 그 사실을 '국민이 승리했다'는 요란한 함성과 복창 속에 숨겼던 것은 명백한 허구이고 기만이라고 생각한다. 왜냐하면 그 시간은 국민의 승리가 확인되었다기보다 광우병대책회의가 피로에 지쳐 싸움을 접는 시간이었기 때문이다. '승리한다'는 '승리하다'라는 부정사의 현재형으로, '승리했다'라는 과거형, '승리할 것이다'라는 미래형과 구별된다. 촛불이 '승리할 것이다'나 '승리했다'보다는 '승리한다'를 선호했던 것은 촛불의 승리, 다중의 '승리하기'가 과거나 미래보다 현재, 지금Jetzt-zeit의 업業의 시간, 행위의 시간에 터하고 있음을 직관하는 것이 아니었을까? 업의 시간은 업적業績의 시간과 다르다. 업業이 차이(木 : 땅에 뿌리를 박고 자라남)의 발생과 생산의 시간임에 반해 업적業績은 그 발생의 시간으로부터 동일성㋕의 추출과 반복의 시간이기 때문이다. 업이 산-시간임에 반해 업적은 죽은-시간이기 때문이다. 업이 생산시간임에 반해 업적은 자본시간이기 때문이다. 업이 활력의 시간임에 반해 업적은 권력의 시간이기 때문이다.

촛불비판가들이 말하는 '실패했다'나 광우병대책회의가 선언한 '승리했다'는 사태를 정반대로 평가하고 있지만 다중의 시간을 업이 아니라 업적의 시간에서 다룬다는 점에서는 동일하다. 이 양자는 사태들을 감각하고 지각하는 양식을 공유하며 시간지평을 공유한다. 그러나 촛불들은, '승리하다'의 저 부정사 잠재성의 표현인 바의 '승리한다'의 시간 속에서 사태를 감각하고 지각하고 개념하고 상상하고 그에 따라 행동한다. 승리란 무엇인가, 아니 무엇일 수 있는가? 勝利(승리)를 성과(그것이 권력이든 부든, 권리든, 아니면 다른 사물이든 간에 어떤 결과물들)의 쟁취로만 보는 한에서 승리는 오로지 업적의 시간 속에서만 다루어지는 것이다. 우리는 이러한 개념방식이 근대성 속에서 '승리했다'는 것을 안다. 하지만 勝[47]−利[48]는 본래 '힘써서 가꾸는 것', '활력의 행사', '새로운 변형', '세계를 열기'를 의미하는 것이었다. 즉 승리는 성과물의 획득과는 다른 차원에서, 그것에 앞서 '삶을 가꾸고 갱신하는 것'을 의미했다.

촛불이 '승리한다'는 것은 촛불이 죽음의 세계를 비추어 밝히면서 삶을 개방하고 또 변형하고 있다는 현재 사태를 단언하는 것이지 성과물을 획득하여 분배할 시간이 올 것이라는 미래 사태를 단언하는 것이 아니다. 이런 의미에서 '촛불이 승리한다'는 사람들=삶들이 낡은/죽은 세계의 변형을 위해 힘을 모으는 (즉 협력하는) 운동 속에 있음을 표현하는 말이다. 자유인이 죽음을 모르듯이 촛불은 패배敗北를 알지 못한다. 왜냐하면 승리하다는 촛불의 속성이지만 패배는 촛불의 속성이 아니기 때문이다.

---

47. 힘쓸 때 어깻죽지에 생기는 '힘살의 모양을 본뜬 글자(다음 한자 사전).
48. 勿(물)은 여기에서는 쟁기와 흙을 나타내는 모양이며 논을 갈아 엎는 모양, 禾(화)는 벼→곡식(穀食), 利(리)는 곡식(穀食)을 만드는 밭을 가는 쟁기→쟁기날이 날카롭다, 나중에 날카롭다는 것과의 관계(關係)로부터 勿(물)을 刀(도)로 쓰게 되고, 또 刀(도)는 돈과 관계(關係)가 있으므로 이익(利益)의 뜻으로도 쓰여지게 된 듯함(다음 한자 사전).

패배란 (업적의 시각에서 보면 성과물을 놓치게 되는 것을 의미하지만) 업의 시각에서 보면 협력의 붕괴[49]로 인하여 힘들이 서로 등져 있는 상태[50]를 지칭하는데 촛불은 정확히 이 등짐의 부정, 즉 껴안음(연결, 연대, 공명, 공통화, 네트워킹)의 활동이기 때문이다. 그러므로 촛불비판가들이 말하는 '촛불이 패배했다'란 말은 마치 '원이 네모나다'란 말처럼 형용모순에 지나지 않는다. 물론 '촛불이 승리했다'라는 말도 '원은 둥글었다'는 말처럼 부적실한 말이다. 원은 둥글 뿐이지 둥글었다거나 둥글 것이라거나 할 수 있는 것이 아니기 때문이다. 그러므로 승리의 문제와 관련하여 촛불에 대해서는 '촛불은 승리한다' 이외의 어떤 다른 시간 표현도 적절치 않으며 그 표현이야말로 촛불의 힘과 성격을 정확하게 나타내고 있다고 보아도 좋을 것이다.

혹시 이런 식의 추론이 말장난에 불과하며, 실제로는 운동에 대한 엄정한 분석과 평가의 필요를 회피하는 것이지 않을까? 이런 문제의식은, 운동을 전진시키기 위해서는 정해진 척도에 따른 평가와 반성이 필요하다는 근대적 사고방식에서 유래한다. 여기서 사고방식은 지각과 감각의 양식까지 함축하는 것이다. 운동에 대한 분석과 평가에 익숙한 사람들 (사실상 촛불비판가들은 촛불평론가들이기도 하다)은 평가 이전에 그것을 위한 기준과 척도를 먼저 꾸린다. 문제는 지금까지 유효성을 입증받았던 척도들이 촛불운동에 잘 들어맞지 않는다는 것이다. 그래서 촛불평론가들은 자신이 갖고 있는 척도로 촛불을 폭력적으로 재단해 버리거나 (촛불비판가들의 많은 평가들이 이 유형에 속한다) 좀 더 진지한 경우에

---

49. 음(音)을 나타내는 貝(패)와 쳐서 부순다(攵(=攴))는 뜻이 합(合)친 것.
50. 사람이 서로 등지고 있는 모양(北)으로 배반을 뜻한다.

는 (마치 불의 힘을 자로 재려고 할 때의 저 부적실함처럼) 척도와 대상 사이의 어긋남 때문에 난처해 한다. 객관적 자료가 부족하다, 사실 확인 (괴담과 진실 사이의 경계 확정)이 어렵다, 조직과 운동에서 시공간상의 경계가 불명확하다, 그 운동의 구성을 확인하기가 어렵다, 지도주체와 동원대상을 식별할 수 없다, 그래서 지도력이나 동원력의 크기를 측정할 수 없다, 명확한 노선이 없다, 요구나 목적이 불분명하다, 분명한 성과를 확인할 수 없다 등등등. 요컨대 모든 것이 불명확하다는 것이다. 실제로 명확성의 정치학은 촛불 앞에서 무력을 느끼지 않을 수 없다. 왜냐하면 그것은 명확한 것, 판명한 것, 보이는 것을 다룰 수는 있지만 모호한 것, 혼잡한 것, 보이지 않는 것을 다룰 수 있는 어떠한 개념장치도 갖추고 있지 않기 때문이다. 명확성의 정치학은 오직 현실적인 것the actual을 다룰 수 있는 감각, 지각, 사유 능력만을 갖고 있을 뿐이고 잠재적인 것the virtual을 다룰 수 있는 능력을 갖고 있지는 않기 때문이다. 이런 어긋남에 직면하여 취할 수 있는 태도는 다양할 수 있(었)다. 우리는 이미 촛불에 대한 정치적 폭행(탄압)과 성찰적 폭행(냉소), 또는 촛불에 대한 외면과 회피의 태도(환멸)들의 일단을 살펴본 바 있다. 이러한 태도들이 범람하고 있기에, 우리에게 더욱 절실하고 아쉽게 느껴지는 것은 촛불을 감각과 지각 능력의 일대 전환과 혁신을 요구하는 새로운 사태로서 받아들이는 태도, 즉 촛불에 대한 성찰만큼이나 자기에 대한 성찰에 충실한 태도이며 나아가 성찰력만큼이나 강한 상상력을 키우려는 노력이다. 촛불비판보다 깊고 강한 실천으로서의 촛불되기.

파시즘에 대항하는 촛불

　이명박 정부의 등장 이후 한국에서는 두 차원에 걸친 파시즘론이 동시에 등장하고 있다. 하나는 권위주의적 억압정책들로의 회귀를 보이는 정권을 파시즘으로 비판하는 것이다. 이것은 민주당을 비롯한 자유주의 세력과 좌파 일부의 시각이다. 이것은, 파시즘이 자유주의나 사회주의와는 달리 권위주의적이고 전체주의적인 것이라는 관점에 입각하고 있다. 또 하나는, 역설적이지만, 권위주의화하는 이명박 정부에 대항하는 운동, 즉 지난 해에 수백만을 동원하면서 한국 사회를 휩쓴 촛불시위를 파시즘의 대두로 우려하는 것이다. 이것은 좌파 지식인들 일부의 시각인데 파시즘이 대중운동에 기초한 전체주의였다는 시각에 기초하고 있다. 특히 이 시각은 촛불시위에서 강하게 나타나고 있는 애국주의와 민족주의를 겨냥한다.
　그래서 한국에서 파시즘이라는 용어는 권력 비판으로서뿐만 아니라 대항운동과 저항을 비판하는 용어로도 광범위하게 사용되고 있다. 지적인 영역까지 고려하면 파시즘이라는 말의 적용범위는 한층 더 넓어진다. 1990년대 이후 정통적 맑스레닌주의 흐름에 대한 비판적 대안으로 떠올랐으며 그들 자신이 파시즘에 대한 예리한 비판을 제시한 바 있는 질 들뢰즈와 펠릭스 가따리조차도[51] 일부의 지식인들에 의해서는 파시스트로 비판되기까지 했다.[52] 이토록 폭넓은 정치세력이나 정치사유를 표적으로 만드는 말이 파시즘이라면 그래서 모든 것을 비판할 수 있는 것이 파시즘이라면 그것이 어떤 유효한 함의를 갖는다고 말할 수 있을까? 그것은 우파들이 자신과 경향이 다른 모든 정치세력을 일컬어 '빨갱이'라고 하듯, 좌파나 자유주의 세력들이 파시즘에 얽힌 나쁜 기억들을 환기시킴으로써 자신과 경향이 다른 모든 정치세력을 싸잡아 비판하기 위해 사용하는 마타도어matador 이상인가?

    파시즘이라는 용어의 이 혼탁한 용법들은 이 용어의 사용을 기피하고 싶은 마음을 불러일으키지만 그럴수록 그것의 고유성을 역사적 진화의 맥락 속에서 좀 더 엄밀하고 실제적으로 규정하려는 노력은 소중해진다. '빨갱이'라는 말을 통한 좌파의 악마화가 전후 반사회주의적 맥카시즘 선풍과 냉전체제 속에서 형성되었듯이 '파시즘'이라 말의 악마화도 제2차 세계대전이 미국과 소련을 주축으로 하는 반파시즘 연합군의 승리로 귀결되고 세계질서가 자유주의 대 사회주의라는 냉전 축을 따라 재편되는 과정에서 이루어졌다. 특히 미국 정부는 유대계 자본과 손잡고

---

51. 가따리의 파시즘 비판은 『분자혁명』(윤수종 옮김, 푸른숲, 1998), 들뢰즈와 가따리의 파시즘 비판은 『천개의 고원』(김재인 옮김, 새물결, 2001) 참조.
52. 이종영, 「파시스트 들뢰즈와 가따리가 반(反)파시즘을 말하다」, 『문학과사회』 2002년 여름호 참조.

홀로코스트 산업을 육성하여 '파시즘'의 악마화를 정치적으로뿐만 아니라 산업적 수단을 통해 추진했다. 특히 헐리우드는 파시즘 '악마'와 자유주의 '천사'를 생산하는 이미지 공장으로 기능했다. 이런 역사를 고려할 때, 파시즘의 악마화라는 선동정치를 벗어나 스탈린주의, 파시즘, 케인즈주의라는 20세기 세계의 3대 정치체제에 대한 좀 더 냉정한 접근이 절실해진다.

근대적 전체주의와 수용소 파시즘

역사적으로 파시즘은 1924년 선거를 통해 집권한 무쏠리니 주도의 이딸리아 파시스트당, 1933년 역시 선거를 통해 집권한 독일 히틀러의 나찌당, 그리고 1936년 내전을 치르고 집권한 스페인 프랑코의 팔랑헤당의 정치를 지칭한다. 파시즘에 대한 전통적 관점들은 주로 파시즘 외부에서 제시되었다.

그 중 하나는 스탈린주의의 정의이다. 파시즘에 대한 스탈린주의의 정의는 두 시기에 각기 다르게 내려졌다. 첫째는 1928년 코민테른 6차대회의 코민테른 강령에서이다. 그것은 '제국주의 모순이 증대하고 계급투쟁이 격화하는 지금 상황에서 파시즘은 갈수록 부르주아 지배의 지배적인 방식이 되어 가고 있다. 강력한 사회민주당들이 존재하는 나라들에서 파시즘은 사회파시즘이라는 특수한 형태를 취한다. 사회파시즘은 파시스트독재 체제에 대항하는 투쟁에서 대중을 마비시키는 도구로서 갈수록 부르주아지에 봉사한다.'고 규정한다. 이것은 사회민주주의와 파시즘을 부르주아 지배로 동일시하면서 사회민주주의와의 협력을 거부하고 볼셰비키 독재를 추구하는 사회파시즘 전술을 가져왔다. 둘째의 정의는 1935년 디미트로프 테제에 의해 제시되었다. 그것은 파시즘을 '가장 반동적인 동시에 가장 배타적인, 또 가장 제국주의적인 금융자본 제요소의 노골적인 테러적 독재'로 규정하는 것이다. 강조되는 것은 금융자본과 반동적 테러독재이다. 이러한 정의에 따라 '현재 많은 자본주의나라들의 근로대중은 프롤레타리아독재인가 부르주아민주주의인가가 아니라, 부르주아민주주의인가 파시즘인가에 대한 구체적인 선택을 강요받고 있다.'고 보면서 반파시즘 인민전선 전술로의 전환이 이루어진다. 이러한 방침에 따라 프롤레타리아 독재(실제로는 볼셰비키 독재)라는 목표는 유예된다.

    파시즘을 부르주아 지배의 지배적 방식으로 보는가 금융자본의 테러독재로 보는가는 중요한 차이이다. 전자에 따르면 파시즘은 부르주아민주주의와 질적으로 구분되지 않는다. 그래서 반파시즘 투쟁 자체가 부르주아민주주의와의 투쟁이다. 후자에 따르면 파시즘은 부르주아민주주의와 질적으로 구분될 뿐만 아니라 파시즘의 타파 없이는 부르주아민주주의와의 투쟁 자체가 당면한 과제로 제시되지 못한다. 그래서 반파시즘 투쟁은 부르주아민주주의와의 투쟁을 가능하게 하는 정치적 조건을 만들기 위한 민주주의 투쟁에 속한다. 이것은 모두 스탈린주의를 프롤레타리아 혁명의 요소로 보는 관점에서 이루어진 것으로서 전자는 당면한 혁명을 프롤레타리아 혁명으로 규정하는 것이며 후자는 부르주아민주주의 혁명으로 규정하는 것이다.

    서구에서의 파시즘에 대한 정의는 파시즘이 점차 강화해간 반유태주의적 인종주의와 추방, 그리고 강제수용소를 강조한다. 이 강조를 통해 파시즘은 민주주의와 대립하는 반민주적 잔혹정치로, 학살정치로 규정된다. 이것은 인민전선 전술에서 스탈린주의가 내린 정의와 접근한다. 그것은 민주주의와 파시즘을 식별하는 공동의 선(線)을 확인하는 것이다. 이것은 제2차 세계대전 말기 소련과 미국이 연합하는 근거로 작용한다. 스탈린주의가 파시즘과 서구자유주의의 공통근거를 부르주아 지배에서 읽고 있었듯이, 서구 자유주의는 인종주의와 배제, 그리고 수용소를 수단으로 하는 전체주의라는 점에서 파시즘과 스탈린주의의 공통근거를 읽고 있었다. 그런데 스탈린주의 자체가 프롤레타리아 지배가 아니라 부르주아 지배의 특수한 방식으로 규정되고 있는 지금의 상황에서 파시즘과 자유주의의 구별뿐만 아니라 부르주아 지배와 볼셰비키 지배의 변별이 의미를 상실하듯이, 서구 자유주의에 내재된 인종주의와 추방이 확인되고 있는 지금 전체주의와 자유주의의 구별도 의미를 상실한다. 이제 우리가 주목해야 하는 것은 스탈린주의와 자유주의적 케인즈주의, 그리고 파시즘이라는 부르주아 지배의 3대 형식 사이의 본원적 일치와 차이점이다.

이러한 관점에서 파시즘에 대한 새로운 규정의 노력들이 지속되어 왔다. 그 중 중요한 의미를 갖는 것은 파시즘을 부르주아 지배의 형식으로 파악한 위로부터의 규정을 넘어서 아래로부터 규정하려는 라이히의 시도(『파시즘의 대중심리』)이다. 그는 프롤레타리아 혁명의 패배라는 조건 속에서 대중 내부에 자율에 대한 공포가 확산되고 이것이 분열에 대한 억제로서의 편집증을 초래했는바 이것이 파시즘이라고 본다. 이러한 시각은 하나의 정치형태를 자본중심적으로 정의하던 관례를 벗어나 대중중심으로 정의할 수 있는 길을 열었다.

가따리는 라이히의 정의를 계승하고 또 급진화시킨다. 그는 분열에 대한 억제로서의 편집증은 스탈린주의, 자유주의적 케인즈주의, 파시즘에 공통되는 전체주의 기계의 작동임을 확인하면서 자유주의 전체주의와 스탈린주의 전체주의가 동맹하여 파시즘 전체주의를 파괴하게 된 이유를 규명한다. 그것은 파시즘 전체주의 속에 커다란 불안정성이, 분자화가 작동하고 있었고 그것이 대중을 격렬하게 선동하여 부르주아 지배 자체를 내부로부터 폭발시킬 위험이 있다고 보았기 때문이다. 전체주의 기계는 그 어느 것이건 분자화를 작동시키면서 그것을 자동조절할 수 있는 체제를 요구하는데 이 점에서 이들 3대 지배양식은 차이를 갖는다. 우선 점점 관료지배체제로 된 스탈린주의는 생산력의 발전과 노동력의 분자화를 자동적으로 조절할 수 있는 능력이 취약하여 억압 이외의 다른 방식으로는 분자화와 관계 맺기 어려웠다. 그 결과 자율적인 혁명투쟁과 욕망투쟁의 탈주운동이 억압적 체제 자체로부터 이반하여 그것을 붕괴시키는 결과를 가져왔다. 즉 분자화를 자극할 수도 조절할 수도 없는 체제의 경직성이 스탈린주의 지배의 결정적 약점이었다는 것이다. 둘째, 자유주의 및 자유주의적 케인즈주의의 사회계약은 적어도 1968년까지는 어느 정도 분자화 운동을 작동시키면서도 그것을 전체주의적으로 조절할 수 있는 힘을 발휘했다. 셋째, 파시즘은 이 두 개의 체제에 비해 가장 큰 분자화를 작동시켰지만 그것을 조절할 수 있는 확인된 능력을 갖고 있지 않았다. 군대, 정치당파, 경찰분파, 경제권력 등 수많은 상이한 권력집단들 사이의 타협을 이룰 장치를 갖고 있지도 않았고 대중의 혁명적 열정을 봉쇄할 장치를 갖고 있지도 않았다. 반유태주의적 인종주의는 이 격화된 분자화를 전체주의적으로 조절하기 위해 동원된 방법이었고 그것은 파시즘 체제를 거대한 수용소 전체주의로 역전시키는 결과를 가져왔다. 그러므로 파시즘이 남긴 문제는 분자화를 격렬하게 자극하면서도[53] 어떻게 전체주의적 지배가 가능한가라는 역설적 질문이었고 그것의 실험은 제2차 세계대전에서 파시즘의 패배와 '파시즘=악마' 공식의 정착으로 인해 봉쇄되었다.

이후 파시즘에 대한 주목할 만한 연구는 조르조 아감벤에 의해 제시되었다.[54] 그는 전체주의와 민주주의 사이의 변별이라는 서구 파시즘 연구의 주된 경향을 반비판하면서 전체주의와 민주주의의 본원적 일치, 양자의 공통성을 밝힌다. 주권은 생명을 정치의 대상으로 삼으면서 그 중의 일부를 벌거벗은 생명으로 만들어 추방하고 배제하는 것을 원리로 삼는데 이것은 전체주의에서나 민주주의에서나 동일하다는 것이다. 이 점에서 이것은 20세기 정치 전체의 본원적 전체주의성을 규명하면서 "파시즘, 스탈린주의, 부르주아민주주의 등의 모든 구조들을 횡단하여 자신의 길을 추구하는 하나의 동일한 전체주의 기계가 있다는 것을 인정하지 않을 수 없다."고 한 가따리의 정의와 합치한다. 하지만 아감벤의 정의는 이 세 형태들 사이의 차이를 규명하는 문제를 덮게 되었고 그 결과 억압에 놓인 생명, 계약에 참여하는 생명, 분자화하는 생명 등 생명의 능동성과 힘의 다양태를 밝히는 작업을 미뤄놓는다.

이런 점에서 보면 파시즘이 이딸리아 산업의 당대적 요구에 부합하는 것이었고 단기간에 이딸리아의 생산력을 자유주의 서구와는 비교되지 않을 정도로 향상시켰다는 쎄르지오 볼로냐의 생각이 주목되어야 한다. 볼로냐에 따르면 파시즘을 자본주의의 생산력의 만개滿開를 방해했던 "강제된 경제"economia forzata의 시기로 보는 관점은 반反파시즘적 부르주아지의 이데올로기 속에서 양성된 관점에 지나지 않는다.[55] 오히려 파시즘

---

53. 이것은 파시즘 초기 기간의 도약적인 생산력 발전에 의해 증명된다.
54. 조르조 아감벤, 『호모 사케르』, 박진우 옮김, 새물결, 2008.
55. 이원영 편역, 『이딸리아 자율주의 정치철학 1』, 갈무리, 1998 참조.

하에서 발생한 자주관리위원회들은 생산력의 거대한 발전을 가져올 수 있는 힘이었다. 그리고 파시스트 경영자들은 그것이 갖는 체제파괴적 위험을 주시하면서 그것을 어떻게 자본주의 발전의 동력으로 배치할까를 고민하는 어중간한 태도를 취했다.[56] 그래서 파시즘 하에서 프롤레타리아가 실제로 어떻게 움직였는가의 문제는 중요한 연구과제로 남아 있다.

탈근대적 전체주의와 삶권력의 파시즘

그렇다면 파시즘을 악마적 정치로 등치시키는 사회주의/자유주의의 반파시즘 동맹 및 홀로코스트 산업의 발전에 의해 파시즘은 부르주아 지배로부터 버림받았고 또 영원히 매장되었는가? 결코 그렇지 않다. 20세기 정치 전체의 보편적 파시즘화를 생명정치라는 이름으로 요약하는 아감벤의 연구는 오히려 파시즘의 복귀와 일반화를 암시하고 있지 않은가? 우리는 정치사적 진단에서 아감벤에 어느 정도 동의할 수 있다. 하지만 파시즘의 복귀는 주권의 본질이론을 통해 설명되기보다 역사적 변화를 통해 설명되어야 한다. 그리고 이 역사적 설명은 아감벤이 '호모 사케르'라는 희생자적 이름 속에 묻어버리고 있는 능동성과 주체성의 지점을 좀 더 세심하게 읽어내지 않고는 곤란하다.

1968년 혁명은, 사회주의(스탈린주의)와 사회민주주의(케인즈주의)로 대표되는 전후의 부르주아 전체주의 기계들이 억압했던 것들의 회귀였다. 체코슬로바키아 봉기에서 시작되어 프랑스 5월 혁명으로, 이어 전

---

56. 같은 책.

지구적 혁명으로 발전된 68혁명은 보장받지 못하는 모든 계급, 계층, 사회집단들의 미시적 운동들이 폭발되어 나온 것이다. 68혁명은 제2차 세계대전의 승자들인 사회주의와 사회민주주의가 위기에 직면하고 균열과 붕괴를 경험하면서 새로운 지배체제의 도입을 강구하지 않을 수 없는 상황을 강제했다. 이런 의미에서, 1989년의 베를린장벽의 붕괴는 1968년에 시작된 체제위기의 완성이라는 월러스틴의 지적은 설득력이 있다. 더 이상 스탈린주의와 케인즈주의가 가능하지 않은 상황은 이처럼 거대한 분자적 운동의 출현에 의해 조성되었다. 아래로부터의 이 분자적 운동은 스탈린주의나 자유주의에 비해 파시즘 하에서 가장 적극적으로 출현했고 또 자극되었던 것이다. 68혁명에 대한 대응으로 개시된 신자유주의적 전환은 이 분자적 대중운동을 스탈린주의적으로 억압봉쇄하는 것도 아니었으며, 일국수준에서의 사회민주주의적 계약에 의해 조절하는 것도 아니었다. 생산의 정보화와 자본의 금융화, 소유의 사유화, 정치의 시뮬레이션화는 대중수준에서 솟아나오는 이 분자적 운동에 적응하면서 그것을 통제하기 위해 취해진 변화들이었다.

훈육사회에서 통제사회로의 변화를 정식화한 들뢰즈의 통제사회론, 국민국가 주권에서 전 지구적 네트워크 주권으로의 변화를 기술한 네그리의 제국론은 새로운 지배방식의 특징을 포착하기 위한 이론적 시도들이다. 탈근대적 전체주의 기계는 삶의 수준에서 진행되는 대중의 활발한 분자화와 혼종화 즉 다중화를, 그 역시 분자화된 자본의 네트워크화와 그에 입각한 전 지구적 통제를 통해 통합하려 한다. 이것은 무엇을 의미하는가? 세계부르주아지는 대중의 분자화 운동의 대두에 직면하여 나타난 사회주의/사회민주주의의 위기 상황에서 그 어떤 통치형태보다 더 대중의 분자화를 자극했던 파시즘에 다시 호소하는 길을 선택한다. 탈근대의 자본 지배는, 대중의 분자화를 기정 사실로 받아들이면서, 그것에 일면적 억압으로 대응하거나 혹은 대의적 사회계약으로 대응하지 않고 오히려 자본 자신의 분자화와 미시화를 통해 이에 대응하려 한다. 자본은 삶으로부터 노동을 분리시키고 그것을 집중시켜 착취하는 방법으로부터 삶의 수준으로 내려가 그것의 분자적 미시적 운동 자체를 활성화하면서 그것을 수탈하는 방법으로 전술을 전환한다. 이것이 탈근대 파시즘으로서의 삶권력의 대두이다.

삶권력의 정치적 계급적 토대와 그 전략

탈근대 파시즘은 근대 파시즘의 단순한 복구가 아니다. 근대 파시즘은 분자화하는 흐름들을 장려하면서도 그것들이 서로 수평적으로 연결 접속되도록 하기보다 노동, 인종, 국가, 전쟁의 끈으로 묶었고 주권 아래에 종속시켰다. 근대 파시즘은 이 때문에 한편에서는 격렬한 분자화, 그리고 다른 한편에서는 잔혹한 전체주의화의 이중과정으로 나타났다. 파시즘 권력은 분자화하는 삶을 자극하고 그것에 의해 힘을 얻으면서도 궁극적으로는 그 과정에 외부적인 것으로 남아 있었다. 하지만 탈근대적 파시즘의 삶권력은 더욱 격렬하게 분자화하는 삶과 삶시간에 직접 대면하며 그 내부에서 기능한다. 근대의 노동시간은 시작과 끝이 있는 시간이었으며 필요노동시간과 잉여노동시간으로의 분절이 가능한 시간이었다. 그것은 측정 가능했고 또 측정되어야 하는 시간이었다. 그러나 삶시간은 모든 존재들이 탄생하고 생산하고 교통하기를 반복하는 영원의 시간이고 측정 불가능한 시간, 척도 외부의 시간이다. 나아가 그것은 권력^{pouvoir}의 척도 너머로 움직이는 창조적 능력^{puissance}으로서의 활력의 시간이다. 근대의 파시즘은 노동시간에 대한 가치화의 체제(가치법칙)를 확립함으로써 삶활력Lebenstätigkeit으로부터 노동력Arbeitskräfte을 분절했다. 이 점은 스탈린주의나 케인즈주의도 다르지 않다. 요컨대 근대의 자본과 권력은 이처럼 삶에서 노동을 분절하는 것에 의존했다.

파시즘의 탈근대적 부흥과 삶권력화는 이제 삶시간 전체의 자본에로의 포섭을 시도한다. 그것은 한편에서는 자본의 권력의 증대이지만 다른 한편에서는 자본이 자신의 척도권력(가치법칙)을 잃고 늪으로 빠져듦을 의미한다. 그래서 탈근대적 삶권력은 직접적으로 삶활력을 자신의 축적기반으로 확보할 수 있는가 없는가에 사활을 걸게 된다. 신자유주의적 세계화, 금융화, 사유화, 정보화, 요컨대 자본 자체의 분자화와 미시화는 삶을 직접적인 축적기반으로 확보하기 위한 자본의 유연화 전술들이다. 역설적이게도 이러한 시도들 속에서 권력의 삶에 대한 의존성은 좀 더 선명히 드러난다.

척도 너머의 삶능력을 지배하기 위해 권력이 선택하는 길은 두 가지 벡터로 구성된 하나의 길이다. 하나의 벡터는 노동하는 대중의 일부에게 잉여가치의 일부를 분배하여 이들이 자본주의의 생존에 이해가 걸린 그것의 적극적 구성부분으로 기능하도록 만드는 것이다(임금의 지대화). 또 하나의 벡터는 노동하는 일부에게 임금 이하의 몫을 지불하고 이들을 부단히 외부화하고 배제하여 인위적인 제4세계를 창출하는 것이다(비정규직화 및 불안정화). 이것은 삶권력이 시도하는 대중의 분할이라는 단일한 과정의 양면이다. 전자는 통합의 벡터이며 후자는 전쟁의 벡터이다. 이처럼 삶권력이 대중의 일부를 살게 하려는 노력은 대중의 다른 일부를 죽이는 과정으로 나타난다. 그래서 제국의 삶권력은 살게 하기 위해 죽이기를 반복한다. 이런 의미에서 삶권력은 살게 해야만 하나 죽게 하기 외에는 할 수 없는 살아 있는 모순이다.

삶권력의 시대가 예외권력에 기초한 보편적 전쟁과 죽임의 상태, 비상적 예외의 시대(아감벤)로 나타나는 것은 이 때문이다. '테러에 대한 전쟁'은 이 보편전쟁을 알리는 암구호이다. 명령으로 삶시간과 대면하는 삶권력은 삶능력 앞에서 공포 이외의 다른 것을 느낄 수 없다. 삶권력은 척도 바깥에서 척도 너머로 움직이는 창조와 약동의 삶시간을 테러로 받아들인다. 군사적 전쟁, 정치적 치안, 경제적 박탈, 정보적 감시 등은 삶능력에 대한 전쟁이 수행되는 폭력적 방식들이다. 삶권력은 삶능력을 배태하고 출산할 산모가 아니라 삶능력의 피를 빠는 흡혈귀이다. 영구전쟁을 가져오는 제국이 드러내는 안보불안은 삶권력이 삶능력에 과잉면역되어 있는 것이 아니라 면역결핍 상태에 있음을 보여준다.

탈근대 파시즘 속에서 삶정치의 가능성

삶능력은 오늘날 다중의 능력으로 나타난다. 다중의 삶능력은 자신이 제국과 대칭적인 강력한 폭력을 소유하고 있음을 주장하는 데 있는 것도 아니며 비폭력주의를 통해 제국의 폭력독점을 (고발하되 실천적으로는) 묵인하는 데 있는 것도 아니다. 삶능력은 무엇보다 창조력이며 삶을 생산하고 재생산하는 구성력이다. 이 힘은 권력과 삶이 아니라 특이한 다중들이 서로 반려종(해러웨이)으로서 협력할 수 있을 것을 요구한다. 상보적 면역체계의 패러다임(에스포지또)도 삶과 권력의 타협의 관계를 파악하기 위해서보다는 특이한 다중들의 협력적 상호관계를 파악하기 위해 사용될 필요가 있다. 이럴 때 면역패러다임은 민주주의적 구성의 과학(매디슨)을 혁신하는 데 도움을 줄 수 있을 것이다. 그러나 이것으로 충분하지 않다. 삶능력의 이 민주주의적 구성과정은 살게 하기 위해서 죽이기를 반복하는 삶권력의 폭력기관들을 무력화하거나 해체하지 않고는 불가능하다(레닌). 그러나 이것을 위해 삶능력이 민중의 권력을 위해 행사되었던 대항폭력과 같은 것으로 될 필요는 없다. 대항폭력은 주권이 행사하는 폭력과 마찬가지로 누군가를 예속시킬 다른 주권을 생산할 것이기 때문이다. 다중의 삶능력이 행사하는 폭력은 삶권력의 폭력으로부터 자신을 방어하고 다중의 탈주를 용이하게 하며 특이한 존재들 사이의 소통을 확장함으로써 궁극적으로 '협력을 생산하는 힘'이어야 할 것이다. 이렇게 기존의 권력을 파괴하면서 새로운 협력을 생산하는 삶능력의 이 두 측면을 함축하는 것이 '제헌권력'pouvoir constituant이다.

한국에서의 파시즘의 운명 : 이명박 대 촛불

이제 이명박 정부의 등장 이후 확산되고 있는 파시즘 담론의 이중적 차원으로 돌아가보자. 역사적 파시즘은 분자적 운동을 활성화하면서도 그것들의 공통화를 꾀하기보다 궁극적으로는 전체주의적 집단화로 귀착하는 체제였다. 들뢰즈와 가따리는 이것을 블랙홀로 빠지는 탈영토화 운동이라는 말로 정식화했다.[57] 그런데 우리는 파시즘에서 근대적 파시즘과 탈근대적 파시즘이라는 두 가지 유형이 구분됨을 확인했다. 스탈린주의와 케인즈주의의 위기에 직면하여 자본이 의존하기 시작한 것은 이 두 체제가 악마로 치부하여 폐기했던 파시즘이었지만 그것은 근대 파시즘

---

57. 들뢰즈와 가따리, 앞의 책.

의 단순한 복제가 아니라 새로운 변형으로 나타났다. 신자유주의의 형태로 재구성된 탈근대적 파시즘은 생산에서의 강렬한 분자적 운동을 자극하면서 그것의 카오스적 에너지를 흡수하기 위해 주권 자신이 분자적으로 되어 생산의 현장인 삶 속으로 침투하는 삶권력으로 나타났다. 그것은 아래에서 비정부기구, 언론, 민족국가를 매개로 한 민주주의적 재현과정을 가동시키고 그것을 지역적 블록의 힘으로 절합하여 귀족적 지배를 구축하고 그것을 다시 미국을 정점으로 하는 군주제 아래로 통합하는 제국적 주권의 형상을 갖는다. 제국은 근대 파시즘이 구축했던 수용소를 다시 구축하지만 특정한 장소에 제약된 수용소로서보다는 어떤 외부도 없는 전 지구적 수용소의 형태로 재구축한다.

그런데 이명박 정권은 과연 대중의 분자화를 자극하는가? 결코 그렇지 않다. 오히려 이명박 정권은 강한 분자운동을 보여준 대중에게 족쇄를 씌우고 컨테이너 장벽, 전경 장벽, 정보 장막, 거짓말 장막을 설치한다. 물리력에 대한 의존이 급증하고 언론을 자신의 것으로 장악하려는 욕망이 고조되며 무수한 금지들을 법제화하려 한다. 그 결과 대중은 그램분자화되어 다시 무거운 유형의 계급집단으로 집계되는 경향이 있다. 그러므로 대중의 분자화는 이명박 정부의 등장 이전에, 특히 노무현 정부에서 더 강하게 자극되었다고 하는 편이 타당할 것이다. 이명박 정권에 의해 강하게 추진되는 것은 분자화가 아니라 전체주의화이다. 파시즘이라는 용어를 이데올로기적으로, 특히 승전국 미국의 입장에서 실용정치적으로 사용하게 되면 그것은 가장 전형적인 전체주의 정치이다. 이런 의미로 파시즘을 이해한다면 이명박 정부는 파시즘의 이미지에 접근한다. 하지만 가따리와 들뢰즈, 쎄르지오 볼로냐의 연구는, 파시즘이 스탈린주의나 케인즈주의에 비해 덜 전체주의적이었거나 전체주의화에 실패한 정치이고 그 원인은 그것이 자극한 강렬한 분자운동에 있었음을 보여준다.[58] 바이마르 공화국 하에서 독일 사회민주당은 래테(평의회)^{Räte}를 기축으로 하는 프롤레타리아 혁명을 무력으로 파괴했다. 선거에 의한 파시즘의 집권은 그것에 대한 대중의 공포의 표현이자 반발로 이해할 수 있다. 우리는 파시즘 전기에 대중 차원에서 강렬한 분자운동이 자극되었음을 확인할 수 있다. 하지만 그것은 날이 갈수록 통제하기 어려운 것으로 되었고 그 때문에 후기의 히틀러는 전체주의적 결속의 수단으로 그만큼 강렬하고 또 잔혹한 인종주의와 강제수용소에 의지하지 않을 수 없었다. 노무현 정부에서 이명박 정부로의 이행은 파시즘 발전의 이 두 역사적 단계를 압축적 방식으로 재연하고 있는 것은 아닐까? 분자화 중심에서 전체주의화 중심으로 초점의 이동! 파시즘의 활성국면에서 쇠퇴국면으로의 이동!

그렇다면 무엇이 이명박 정부 하에서의 전체주의화를 가동시키는 힘인가? 우리는 이 힘이 이명박 정부 하에서 구축되기 시작했다기보다 오히려 노무현 정부 하에서 구축되었다고 볼 필요가 있다. 노무현의 신자

---

58. 들뢰즈와 가따리는 파시즘이 전체주의가 아니었다는 연구들을 중시한다.(『천개의 고원』 참조) 볼로냐는 이딸리아에서 대중노동자의 이론과 역사에서 파시즘에 대한 반파시즘 부르주아지의 견해들을 비판해온 이딸리아 내부 연구들의 역사를 정리한다『이딸리아 자율주의 정치철학.1』참조). 강제수용소가 파시즘에 의해 만들어진 것이 아니라 바이마르공화국 시대에 사회민주당에 의해 만들어졌다는 아감벤의 연구도 이와 보조를 같이 한다 : "독일 최초의 수용소는 나치 체제가 아니라 사회민주주의정부에 의해 세워졌다는 것을 잊지 않는 일은 대단히 중요하다. 사회민주주의 정부는 1923년 비상사태를 선포하고 나서 '예비검속'에 근거해 수천 명의 공산당 활동가들을 검거했으며 또한 코트부스-질로프에 '외국인집단수용소'를 세워 주로 동유럽의 피난민들을 수용했는데 따라서 이것이 20세기 최초의 유대인수용소(물론 학살수용소는 절대로 아니었다)로 간주될 수 있을 것이다.(조르조 아감벤, 앞의 책, 317쪽.)

유주의는 김대중 정부에 뒤이어 정보화, 지구화, 민영화, 금융화라는 방식으로 자본의 분자화, 삶권력화를 가속시켰다. 이것이 가져온 것은 주지하다시피 정리해고와 노동법 개악을 통한 실업자, 비정규직 불안정노동자의 급상승이었다.

이것은 무엇을 의미하는가? 앞서 언급한 것처럼, 정보화된 생산과 비물질노동의 확대라는 상황에서 실업자와 불안정노동자는 임금 이하를 받는 계급으로서 존엄한 삶은커녕 생존 그 자체가 위기에 처하게 된 계급이다. 반면 정규직 노동자의 성격도 이에 따라 변화한다. 점점 소수화되는 정규직 노동자는 임금 이상의 소득을 얻게 되며 임금 사다리의 높은 곳으로 올라가면 갈수록 그가 분배받는 임금 이외 소득(지대)의 몫은 더 커지게 된다. 연금과 보험, 주식보유, 부동산투기 등은 정규직 노동자에게 국가지원금, 배당금, 지대의 형태로 잉여가치의 일부를 받을 수 있도록 허용한다. 자본과 노동 사이의 동종간 격차보다 자본 사이의 격차, 노동 사이의 격차 등 이종간 격차가 더 커지는 상황도 발생한다. 예컨대 소규모 자본을 경영하는 자영업자의 소득이 잉여가치의 일부를 분배받는 정규직 노동자들의 소득보다도 훨씬 낮게 되는 상황이 발생한다.

이처럼 노동계급의 일부가 자본주의의 재생산에 큰 이해관계를 갖게 된 상황은 신자유주의의 활성국면에서, 즉 탈근대 파시즘의 전기에 구축되었다. 촛불을 든 눈으로 보면 의아할 수밖에 없는 것이지만, 선거에 의한 이명박 정권의 등장은 다양한 경향들에 기초한다. 그것은 축적에 대한 자본가들의 탐욕뿐만 아니라 잉여가치의 더 큰 몫을 배분받으려는 정규직 노동자의 욕망에 입각하며 그 자신도 정규직 노동자가 되어 임금 및 혜택[59]의 수령자가 되려는 비정규직 노동자들, 실업 노동자들, 혹은 예비 노동자들의 환상에도 기초하고 있다. 역설적이게도 이 모든 벡터들의 합산은 분자화를 저지하고 전체주의화를 가속시키는 과정을 작동시킨다. 그리하여 이명박 정부는 탈근대 파시즘이 급속히 쇠퇴의 국면으로 접어들면서 신자유주의의 종말이 예견되고 또 경험되는 시대의 말기 파시즘적 징후들을 보인다. 그것은 점점 더 사법, 감옥, 폭력, 전쟁, 인종주의, 여론조작, 거짓말 등에 더 많이 의존하면서 자신의 기반을 침식하고 붕괴를 향해 질주한다. 정규직 노동자에게 주어졌던 혜택들의 침식, 요컨대 주식시장의 붕괴로 인한 배당금의 실종, 부동산 가격의 폭락으로 인한 지대 수입의 소멸, 연금들의 부후로 인한 임금지대의 위기 등은 결국에는 파시즘 그 자체의 기반을 송두리째 허무는 것으로 작용할 것이다.

이 과정이 자동붕괴의 과정인 것은 물론 아니다. 자신의 기반에 대한 침식이 분자적 운동의 재활성화를 수반하지 않는다면 새로운 사회의 가능성은 있을 수 없다. 히틀러 체제의 결정적 붕괴를 가져온 것은, 무엇보다도 무기생산 공장들에서 노동자들의 사보타지와 대중파업이었다. 전체주의화가 강화되면서 노동자들은 파시즘 체제에의 협력을 거부했고 그것이 전선에 무기공급을 어렵게 만들면서 히틀러 체제의 패배가 결정되었다. 2008년에 불붙은 촛불은 쇠퇴하는 탈근대 파시즘 체제로부터 대중의 이탈을 보여주는 징후이다. 그것은 전체주의화를 거부하는 분자화에 대한 열망의 분출이다.

그런데 미국과 소련 중심으로 형성된 전통적 파시즘론과 달리 유럽적 시각의 영향을 받아 파시즘을 분자적 대중운동으로 파악할 수 있는

---

59. 여기서 '혜택'은 사회적 정치적 임금의 수령뿐만 아니라 이윤과 지대 몫에의 참여까지 포함한다.

시선을 가진 신좌파 지식인들 일부가 촛불을 다시 파시즘으로 명명함으로써 파시즘 담론이 이중화되었다. 그러나 이것은 촛불이 다양성의 바다임을 망각함으로써만 가능한 진단이다. 탈근대 파시즘은 근대 파시즘과는 달리 단일하게 결속시키기 어려운 복잡하고 혼종적인 다중을 창출했다. 이 혼종성은 사회집단적 다양성만을 지칭하는 것이 아니라 단일 개체 내에서의 다양성도 지칭한다. 우리는 촛불 속에 '분자화를 활성화하는 전체주의화'라는 파시즘적인 모순적 욕망이 잠재해 있음을 부인하지 않는다. 노무현식 신자유주의에 대한 애착, 황우석주의를 비롯한 다양한 유형의 애국주의들 등이 그러하다. 그러나 잠재력은 이보다 훨씬 다양하고 다층적이다. 촛불 속에는 탈근대 파시즘보다 더 전체주의적일 수도 있는 스탈린주의적 경향들, 반일 또는 반미 민족주의적 경향들, 케인즈주의적 경향들 등이 분명히 존재한다. 또 이와 달리 절대적 분자화를 추구하는 아나키즘의 경향들도 존재한다. 문제는 탈근대 파시즘의 이 전체주의적 쇠퇴 국면에서 인종주의적 전체주의, 노동주의적 전체주의, 자유주의적 전체주의로 귀결되지 않으면서도 그렇다고 절대적 분자화로 귀결되지도 않을 정치적 가능성을 발견하고 구축하는 일이다. 그것은 분자적 특이화들의 연결접속, 즉 공통화의 가능성에 다름아니다. 연결접속은 결속과 다르다. 결속은 전체주의적 기계장치로서의 위계적 국가 혹은 다른 형태의 주권을 필요로 하지만 연결접속은 코뮤니즘적 소통기관들을 필요로 한다. 이것이 삶권력의 쇠퇴 국면에서 가능한 삶정치의 실재적 가능성이다. 분자화와 특이화를 저지하면서 이루어지는 현재의 급속한 전체주의화가 탈근대 파시즘 하에서 형성된 금융자본과 지대/이윤을 향유하는 임노동자를 진앙지로 삼고 있는 만큼 코뮤니즘적 소통관계의 형성은 이러한 자본 및 노동 형태의 사적 성격을 해체하는 것을 수반하지 않을 수 없을 것이다.

촛불봉기 : 다중이 그려내는 새로운 유형의 혁명

머리글

 2008년 5월 2일에 시작되어 지금까지 3개월여에 가깝게 지속되고 있는 촛불봉기는 연쇄적으로 확산되면서 제기된 그들의 요구들 중 그 어느 것도 아직 결정적으로 쟁취하지는 못했다. 그러나 이 무력해 보이는 촛불봉기는 폭발의 순간과 그 소용돌이치는 일련의 전개과정 속에서 기존의 낡은 고정관념들과 관습들, 그리고 관계들 모두를 송두리째 찢어버렸고 새로운 삶의 도래를 요청하고 또 증언하는 불가사의한 '괴물'로서 지금도 광장과 거리와 가정과 온라인 연결망 곳곳에 충격과 쇄신의 힘을 불어넣고 있다. 수많은 사람들이 밤을 잊고 거리에서 열정적인 시위와 토론에 열중한다. 일상에서 눈변으로 굳게 닫혔던 입들이 다변으로 활짝 열려 감동과 눈물 없이는 들을 수 없는 언설을 쏟아낸다. 마음 깊은 곳에 잠복해 있던 해학력과 상상력이 터져 나오면서 거대한 무리의 행위예술을 공연한다. 시위가 종합예술이 되고 밤에 이루어지는 거대한 소비활동이 새로운 삶을 빚어내는 용광로가 되며 앞섰던 자가 뒤서고 뒤에 섰던 자가 앞서며 가르치던 사람이 배우는 사람이 되고 지금까지 내내 배우기 했던 사람이 가르치며 이른바 '지도자'들이 훼방꾼으로 기능하고 이른바 '열패자'들이 투사가 되며 지식인이 무지의 나락으로 추락하고 대중이 지성의 불을 내뿜으며 다중이 주인공으로 되고 늘 주인공 역할을 했던 정치가들이 다중의 행동을 뒤따르거나 그것을 생중계하는 매개자로 되는 총체적 역전과 융합(퓨전)의 드라마가 연출되고 있는 것이다. 촛불봉기의 이 매혹 때문에 촛불이 타오를 때는 그 열기에 잠들지 못하는 사람들이 촛불이 잠잠해지면 안타까움과 불안 때문에 잠들지 못한다. 비가 오면 혹시나 촛불이 꺼질까 우비를 챙기고 집을 나서며 누군가 다칠까봐 지켜보는 눈이라도 되어 주어야겠다며 집을 나서고 시위대가 배고플까봐 김밥과 우유를 싸들고 집을 나서고 아예 저항의 노숙을 하자며 텐트를 챙겨들고 집을 나선다.

　'우리는 아직 아무 것도 쟁취하지 못했다. 하지만 우리들은 이미 모든 것을 변화시키기 시작했다.' 2008년의 촛불봉기의 시간은 이 짧은 문장으로 요약될 수 있는 시간이 아닐까? 봉기대는 소라광장에서 시작하여 시청광장으로 이동했고 신세계, 퇴계로, 동대문으로 이동했으며 남대문, 명동, 종로, 대학로를 휩쓸었고 청와대로 가기 위해 청운동, 안국동을 점거했다. 이어 봉기대는 KBS, 한나라당사, 코엑스에서 촛불을 지폈으며 마침내 전국 곳곳에 뒤늦었으나 더 강렬한 촛불들이 켜지고 국경을 넘어 세계 여러 나라에서도 생명의 촛불이 밝혀지고 있다. 벌떼들이 이곳저곳을 이동하듯이 지구상의 여기저기를 밝히며 촛불의 봉기(蜂起)는 지속되고 있다. 봉기란 글자 그대로 '벌떼들(蜂)의 일어남(起)'이 아닌가?

촛불봉기의 발생조건

　5월 2일의 촛불봉기는 광우병 위험이 있는 쇠고기 수입에 항의하는 시위에서 시작되었다. 생명에 위협을 가하는 쇠고기가 유통되지 않아야 하고 소비되지 않아야 한다는 시민들의 당연한 요구가 어째서 수용될 수 없었는가? 얼핏보면 사소해 보이는 이 쟁점이 왜 범국민적 봉기를 야기시키기에 이르렀는가? 수 십 일에 걸쳐 연 수백만의 사람들이 촛불시위에 나섰음에도 불구하고 왜 현재까지 생명의 안전을 지키고자 하는 국민들의 요구는 수용되지 않고 한미간의 쇠고기 협상은 고시의 강행을 앞두고 있는 것일까? 오늘날의 권력은 우리 삶의 모든 측면들을 생산하고 재생산하면서 삶을 지배한다. 촛불봉기를 통해 연이어 의제화된 수도, 의료, 건강보험 등등의 신자유주의적 민영화는 쇠고기와 더불어 직접적으로 생명의 안전과 직결되는 문제이며 대운하 건설, 교육 및 공기업들의 민영화 등도 생태나 사회적 삶의 생산과 직결되는 문제이다. 임금, 노동시간, 노동조건 등 노동자들의 오래된 쟁점 외에 정리해고, 노동의 불안정화 등의 쟁점이 추가된 이후 이제 생명의 안전이라는 근본적 문제가 사회적 쟁점으로 부상하고 있는 것이다. 오늘날의 권력은 이처럼 노동자와 사용자간의 관계 조정이라는 매개 역할을 넘어서 직접적으로 생명과 사회적 삶을 지배함으로써 유지되는 **삶권력**으로 변형되었다.

　신자유주의적 삶권력은 90%의 인구를 사회적 부에서 배제시키고 오직 10%의 인구만이 부를 독점하는 극단적으로 불균등한 사회를 만들어 놓았다. 이것은 유효수요를 극단적으로 감소시킴으로써 자본의 경제위기를 일상화한다. 공급과잉으로 인한 과잉생산 위기, 부채상환의 곤란으로 인한 부채위기는 곳곳에서 주기적으로 되풀이되며 이것들은 부에서 배제된 사람들의 끔찍한 생활상의 고통으로, 요컨대 삶의 위기로 나타난다. 이러한 위기는 실업자, 비정규직 노동자, 이주노동자 등 사회의 경계 지대로 내몰린 사람들에게 직접적인 고통을 줄뿐만 아니라 정규직의 노동자들에게는 언제 해고될지 모른다는 불안감을 주고 있다. 그리하여 현존하는 신자유주의적 자본주의는 대중들 속에 분노의 기름을 거대한 규모로 축적하면서 발화의 시점만을 기다리는 휴화산과 같다.

이런 상황에서 대의제의 계급적 한계가 여실하게 드러났다. 2003년 대중들의 지지에 기초하여 집권한 노무현과 열린우리당은 자신을 지지한 대중에게 신자유주의 폭탄을 돌려주었으며 2008년 집권한 이명박과 한나라당은 열린우리당이 못다 끝낸 신자유주의화를 마지막까지 밀어붙여 완성하려 했다. 돈을 벌고자 하는 한 줌밖에 되지 않는 부자들을 위해 가난한 사람들 전체를 더욱 가난하게 만들고 이들을 생존 이하의 수준으로 밀어넣는 법과 제도개편을 시도했다. 대운하, 상수도 및 의료의 민영화, 그리고 이른바 '미친교육'[1] 등은 그러한 시도의 일부이며 열린우리당

---

[1] "중요하고 시급하게 개선되어야 할 교육은 여전히 규격화한 상품을 만들어내는 매스프로덕션 공장에 불과하다. 게다가 언제부터인가 한때 사대주의 논쟁의 주역이었던 영어가 한국사회를 지배하고, 그리고 계급화하고 있다. 그러한 사회분위기 속에서 현 정부의 엘리트들은 영어교육에 대해 원칙도 없이 천방지축으로 입을 벌려 많은 가정을 무모하고도 계획 없는 영어교육에 빠져들게 하고 있다. 미국, 캐나다, 호주는 물론이고 동남아 외국인학교에 보내 이산가족으로 살아가게 하고 있고, 많은 가정을 파괴하고 있다. 공교육은 국민들이 확고한 생활철학 속에서 삶의 본질을 올바르게 인식하고 스스로의 행복을 추구

이 마무리하지 못한 한미FTA 국회비준도 그것에 속한다. 야당이 된 통합민주당은 이러한 시도들을 막을 능력도 의지도 없었으며 내면적으로 동조하는 측면도 적지 않다. 사회 전체의 신자유주의화에 의해 경제적 손실, 정치적 권리상실, 문화적 열악화를 겪으면서 생존의 경계선으로 밀려났거나 점차 밀려나는 사람들은 대의되지 못함에 대한 불만과 무력함에 시달렸다. 소외된 사람들을 대의하기 위해 탄생한 민주노동당이나 이에서 분당한 진보신당 역시도 이들의 불만과 무력함을 해결할 어떠한 근본적 비전도 제시하지 못함으로써 선거에 대한 광범위한 거부가 나타났다. 촛불집회에서 호소되는 '꽉 막힌 소통'에 대한 비판이 대의제의 절대적 위기에 대한 다중의 감각을 표현한다. 입법, 행정, 사법의 정치권력 전체가 다중들의 요구와 불만을 대의하여 해결책을 찾으려 노력하기는커녕 오히려 국내외 산업적 금융적 기업들이 자본권력과 야합하여 다중들의 능력뿐만 아니라 생명자체까지 자신들의 먹잇감으로 삼고자 혈안이 되어 있는 체제! 이 체제를 유지시키는 또 하나의 권력이 미디어 권력인 바 조중동으로 대표되는 이른바 '찌라시' 신문들은 정치권력과 자본권력의 관심사를 때로는 노골적으로 때로는 교묘하게 의제화하여 그것을 다중들 전체의 관심사로 만들어내는 이데올로기적 국가기구로서의 역할을 노골적으로 수행하고 있다. 미디어 권력은 매일매일 권력과 자본에 이로운 여론을 생산하여 그것을 주기적으로 정치권력화하며 촛불봉기와 같은 저항적 흐름은 폭도들로 매도하여 고립시킨다. 이를 매개로 자본의 물리적 정신적 권력들 사이의 신성동맹 체제가 가동되고 있는 것이다.

하는 인성과 능력을 갖추도록 하여야 하는데 교육현실은 이와는 거리가 너무나 멀다."(도진호, 「촛불시위의 역사적 의미」, http://dc.koreatimes.com/article/articleview.asp?id=457048)

이렇게 이중삼중으로 실질적 대의의 가능성이 차단되어 있는 상태에서 대중들은 로또적 요행을 기다리며 실의의 나날을 보내거나, 알콜에 의지하거나, 노숙을 하거나, 억화심정과 과로노동으로 약국과 병원을 오가다가 죽거나, 칼을 들고 경찰에 대들다 구속되거나 아니면 자살을 하는 수밖에 없는 비참을 강요당해 왔다. 촛불봉기는 이 비참을 거부하겠다는 다중의 결의의 표현이며 이 거짓된 대의제를 통해서는 자신들의 삶의 고통과 문제를 풀 수 없다는 자각의 표현이고 직접행동으로 자신의 문제를 직접 해결해 보겠다는 선택 그 자체이다.

이 봉기에 에너지를 제공하는 원천들은 깊고도 넓다. 이것은 결코 쇠고기 수입의 위험에만 국한된 것이 아니며 대운하, 민영화, 교육, 의료, 건강보험 등의 정치적 사회적 쟁점에 국한되지도 않는다. 이것은 채식동물에게 동물사료를 먹여 그 동물을 미치도록 만드는 현대의 반생명적 문명, 오염된 음식을 팔아 타인의 생명을 위협하지 않고서는 굴러가지 않는 현재의 자본주의 체제, 생태계와 그 주민들을 해치는 정책들을 그 주민들의 반대를 무릅쓰고서도 강행하는 부르주아 권력체제 모두가 현재의 봉기가 다투고자 하는 잠재적 문제들이며 이 문제와 연관되어 있는 한국의 그리고 전 세계의 다중들 모두가 이 문제의 이해당사자이자 이 봉기의 잠재적 동력으로 배치되어 있다.

촛불봉기의 전개과정

촛불봉기의 전사

촛불이 권력과 전쟁에 반대하는 대중적 시위의 상징적 무기로 등장한 것은 2002년 11월 30일 광화문에서 열렸던 〈미선이 효순이 추모 촛불시위〉에서였다. 이 날 아이디 '앙마'의 제안을 펌질을 통해 확산시킨 이른바 '네티즌'들은 광화문 교보빌딩 앞에서 1만여 촛불을 밝힘으로써 탈근대적 시민으로서의 그 모습을 오프라인 공간에까지 드러냈다. 일주일 뒤인 12월 7일엔 5만개의 촛불이 켜졌고, 다시 일주일 뒤인 14일엔 10만여 명의 사람들이 광화문을 '촛불 바다'로 만들었다. 이 해에 이들 네티즌들은 월드컵 응원전의 신화를 만들어냈고, 보수언론의 왜곡편파보도를 견제했으며, 또 2002년 대선에서 이회창 대신 노무현을 당선시킴으로써 정치적 보수화를 저지했다. 이 흐름은 2003년 이라크 전쟁에 반대하는 반전운동과 파병반대운동으로까지 이어지면서 기존의 근대적 민중운동 및 시민운동과 자연스럽게 합류했다. 촛불은 이어 2004년 3월 노무현 대통령에 대한 탄핵에 반대하는 운동으로 점화되어 이어진 총선에서 열린우리당을 국회 과반의석을 넘도록 만들고 노 대통령을 두 달간의 직무정지에서 구출하여 청와대로 돌아올 수 있게 만들었다.

촛불봉기의 발전단계

5월 2~23일 : 촛불의 점화와 촛불집회

2008년 5월 2일 안티MB 카페 주도로 이명박탄핵을 위한 촛불집회가 청계천 소라광장에서 열렸다. 그 중 70%가 중고생이었다. 중고생으로 표현되는 청소년들은 영어몰입교육과 공교육자율화 조치로 심한 영어학습 부담을 갖게 되었고 0교시와 야간자율학습의 부활로 잠을 못자면서 강제로 공부를 해야 하는 상황에 놓이게 되었다. 강제교육에 이렇듯 경쟁적으로 내몰리는 가운데 광우병 협상이 타결되어 급식의 위험마저 느낀 청소년들은 현존하는 사회의 불합리와 권력의 맹목에 항의하기 위해 촛불을 들고 광장으로 모여들었다. 당시 고등학생 안단테가 주도한 이명박 탄핵을 위한 서명은 5월 2일 당시 이미 60만을 육박하고 있었다.

이어진 촛불집회에는 참교육 운동을 해온 전교조가 동참하여 미친소-미친교육 반대를 중고등학생들과 함께 외쳤다. 대운하 건설반대, 상수도 민영화 반대, 의료민영화 반대, 건강보험 민영화 반대, 공기업 민영화 반대 등 이명박 정부의 일련의 신자유주의 정책에 대한 비판과 반대가 광장에 합류하기 시작한 것도 이 때부터이다. 다양한 쟁점이 합류했지만 초기의 요구는 이명박 정부의 퇴진 혹은 탄핵으로 집약되는 경향이 있었다. 이것은 국가권력의 재구성을 통해 다양한 문제를 일거에 해결할 수 있다는 관점을 표현하는 것으로서 오늘날 자본주의 체제와 부르주아 권력 일반에서 제기되는 문제들을 국가권력, 국가정치의 문제로 환원하는 효과를 갖고 있었다. 시민들, 네티즌들, 국민들, 민중들로 불리는 다양한 사회적 존재들의 촛불봉기는, 한편에서는 권력을 일자의 지배로 환원하는 위계적 중앙집권적 국가권력 대신에 다양한 존재들인 그들 스스로가 완전히 새로운 유형의 권력(실제로는 권력이 아닌 권력으로서의 준권력)으로서 삶의 모든 현장에서 그 권력을 직접 행사함으로써, 그리고 그 행사되는 권력들의 연결망을 구축하는 방향으로 나아감으로써 그 생명력을 확산시킬 수 있다는 것을 보여주었던 반면 그 지향에서는 이렇게 국가권력의 표상에 묶인 상태에서 출발했다.

뒤이어 1700여개의 시민사회단체들로 이루어진 〈광우병 위험 미국산 쇠고기 전면 수입에 반대하는 국민대책회의〉(이하 대책회의)가 구성되어 집회에 연단을 마련하기 시작했다. 그 구성목적에 명시되어 있듯이 대책회의는 광우병 위험 미국산 쇠고기 전면수입이라는 문제에 촛불집회의 초점을 맞추었다. 광우병 위험은 인간이 동물성 사료를 채식동물에게 먹임으로써 발생하는 것이며 이윤을 위해서는 무엇이든 행하는 맹목적인 자본주의 질서에서 발생하는 것이다. 그것은 미국산 소에만 국한되지 않으며 동물성 사료를 사용하는 모든 소들이 이러한 위험을 안고 있다. 하지만 많은 단체들의 대책회의로의 결집은 촛불집회의 쟁점을 미국산 쇠고기 수입문제로 한정하고 이명박 퇴진 주장보다 문제를 좀 더 민족주의화하는 효과를 가져왔다. 지배적인 구호도 '고시철회, 협상무효'로 협소해졌다. 17차 촛불집회까지 쟁점의 이러한 협소화가 진행되었다.

5월 24일~6월 1일 : 거리시위로의 전화

이러한 흐름에 반기를 들고 나선 것이 아고라이다. 아고라는 촛불의 최초의 문제제기가 협소화되고 권력문제에서 협상문제로 퇴행하는 것에 대해 문제제기하면서 5월 24일 광화문에서 독자적으로 거리시위를 준비했다. 이것은 촛불집회의 명목적 지도부를 자임하고 나선 대책회의 측의 통제를 벗어난 것으로서 이후 자발적인 대중적 거리시위를 이끌어내면서 '이명박은 물러가라'라는 구호를 다시 대중화시켰다. 그러나 대책회의와 그 내부의 주요한 동력인 다함께는 '고시철회, 협상무효'라는 구호에 집중했고 퇴진 구호를 추상적 구호로 위치지었다. 이것이 5월 말 촛불봉기 내부에서 점화된 지도 논쟁의 맥락이다. 대책회의와 다함께가 거리시위대의 선두에서 현재의 핵심쟁점을 단일쟁점으로서의 쇠고기 협상에 모으기 위한 구호들을 선창했던 반면 아고라를 중심으로 이에 반대하면서 다양한 쟁점들을 권력 문제로 모으고자 하는 흐름이 선도차량과 확성기의 사용을 비판하면서 거리행진이 자율적으로 진행되도록 압력을 가했던 것이다. 그래서 촛불봉기는 대책회의의 공식집회(저녁 7시부터 9시), 자발적 거리시위(밤 9시~11시), 그리고 이후 어떤 지도부도 없이 이루어지는 경찰과의 대치투쟁(밤 11시~새벽까지) 등으로 진행되었고 거기에는 어김 없이 경찰 진압이 뒤따랐다.

6월 1~10일 : 촛불상승

쇠고기 협상의 관보고시가 6월 3일로 예정된 가운데 마지막 맞은 토요일인 5월 31일에 10만 명이 모인 촛불집회는 청운동과 삼청동 방향에서 청와대 진격을 시도했다. 강경진압에 나선 경찰과의 치열한 대치 끝에 많은 사람들이 연행되고 부상당하면서 아침 8시경까지 치열한 싸움을 벌였다. 이 싸움을 통해 지금까지 방법을 둘러싸고 내적으로 긴장관계에 있었던 경향들 사이의 연대감이 싹트고 서로의 약점을 고치고 보완하는 방향에서 상당한 정서적 조정이 이루어졌다. 이러한 연대감 덕분에 대학생들이 동맹휴업을 하며 참가하고 노동자들까지 참가하여 6월 10일에는 전국에서 집결한 100만의 촛불이 이명박 정권에 일대 타격을 가하게 된다.

6월 11~19일 : 대기, 긴장, 잠복국면

그러나 이명박 정부는 미국과의 추가협상을 한다, 대운하 계획을 포기한다, 민영화를 임기중에는 하지 않는다 등의 기만적 물타기 전술을 구사하면서 집회의 열기가 식기를 기다렸고 실제로 촛불집회 참가인원은 현저히 줄어들었다. 반면 13일에 시작된 화물연대 파업과 16일에 시작된 건설노조파업 등의 노동자 파업이 사회적 이슈로 부상했다. 이 시기에 시청광장에서의 집회가 자유발언-거리행진-해산으로 이어지는 일상화된 공식집회의 성격을 가졌던 반면 KBS 앞에서는 아고라와 안티MB를 중심으로 한 네티즌들이 공영방송사수를 외치면서 전선을 확대시켰다. 6월 17일에는 여의도, 코엑스, 시청 등 세 곳에서 다양한 이슈의 촛불이 켜졌다. 대책회의는 전선이 확대되는 가운데 촛불집회 참가자수가 줄어드는 상황에서 향후 촛불집회의 방향을 토론하기 위한 국민대토론회를 개최했다. 논점은 재협상요구인가 퇴진운동인가로 모여졌지만 24일과 27일 두 번에 걸친 후속 토론을 예정한 후 6월 20~21일을 48시간 국민행동의 날로 정해 21일에는 다시 5만 이상의 촛불이 시청에 집결했다. 정부가 기만적 조치들 외에 별다른 해결책을 내놓지 않은 21일에는 시위대들의 투쟁도 격화되었다. 그 결과 6월 10일에는 장시간의 토론을 거쳐서야 컨테이너 바리케이드(이른바 '명박산성') 위에 올라갔던 것과는 달리 즉각적으로 모래로 만든 국민토성을 쌓아 차벽 지붕을 점거했다.

6월 22~29일 : 보수반격과 대치국면

이에 대한 이명박 정부의 대응은 시위대에 대한 소화기분말 분사나 불법연행은 말할 것도 없고 보수단체를 동원한 촛불시위자 폭행, 포털사이트 다음에 대한 세무조사, 인터넷 실명제 추진과 사이드카 제도 도입을 통한 언론자유 제한, 소비자 운동에 대한 협박 등 강경대응으로 나타나고 있다.[2] 이런 상황에서 보수지식인 이문열은 촛불집회에 대항할 의병을 조직할 필요성이 있다며 HID, 한기총, 뉴라이트, 고엽제 피해자 모임 등의 역반란을 선동하고 있고, 최장집 교수 등은 대의민주주의만이 대안이라며 촛불봉기에서 제기된 의제를 국회로 가져가야한다는 퇴행적 주장을 하고 있다. 그것의 정점은 6월 29일 일요일 저녁 집회의 원천봉쇄로 나타났다. 결국 촛불문화제는 시청에서 열리지 못하고 삼삼오오 모인 행렬이 행진대를 이루어 종각앞에서 경찰과의 대치선을 치고 항의집회를 하는 방식으로 전개되었다. 12시 경 경찰이 인도로 강제해산을 시도했으나 시위대는 후미인 종로 쪽으로 빠지면서 전경의 추적을 따돌리

---

2. "검찰·경찰이 촛불 민심에 대해 초강경 기조로 돌아섰다. 촛불이 한창 타오르던 '6·10 100만 촛불대행진' 때와는 확연히 다른 태도다. 촛불이 장기화하면서 숨고르기에 들어가자 검·경이 한꺼번에 나서 '신(新) 공안정국'을 조성하는 양상이다. 검찰은 공안정국의 선두에 섰다. 김경한 법무장관은 "일부 네티즌들의 신문광고물 압박은 광고주에 대한 공격"이라며 수사 강화방침을 밝혔다. 김 장관 지시에 따라 일선 검찰은 기민하게 움직이고 있다. 서울중앙지검은 '광고 중단' 협박 등 인터넷 유해 사범 단속을 위해 구본진 첨단수사부장을 팀장으로 하는 '인터넷 신뢰저해 사범 전담수사팀'을 구성하고 본격적인 수사에 들어간다고 24일 밝혔다. 종전 '신뢰저해 사범 수사팀'의 팀장을 부부장 검사에서 부장 검사로 격상시키고 전담 수사팀은 검사 4명으로 구성했다. 검찰 관계자는 "최근 인터넷을 통해 자행되고 있는 명예훼손과 협박 등 불법 행위를 뿌리뽑기 위해 전담팀을 구성했으며 경찰 수사지휘를 강화하고 필요하면 검찰이 직접 수사도 진행할 방침"이라고 말했다. 촛불 초기 엄포용으로 등장했다 사라진 '광우병 괴담' 수사도 새로 구성된 전담팀에서 맡기로 하는 등 총공세 기세다. 대검은 전국 지검·지청에 56개 '신뢰저해 사범 전담수사팀'을 가동했다. 또 검찰은 농림수산식품부가 광우병 문제를 보도한 MBC 'PD수첩'을 명예훼손 혐의로 고발하자 고발장이 접수된 지 6일 만에 신속히 수사팀을 배정했다. 세금환급 문제로 고발된 KBS 정연주 사장에 대해서도 반드시 소환조사가 필요하다며 공개적으로 출석을 압박하고 있다. 경찰도 돌변했다. 경찰은 촛불시위에 대해 한동안 온건 대응 기조를 유지해왔으나 완전히 돌아선 분위기다. 경찰은 이날 촛불시위를 주도한 시민단체와 인터넷 모임 관계자 12명에 대해 체포영장을 검토 중이다. 어청수 경찰청장은 "최근 시위에는 일반 시민들은 거의 없다. 특정 단체가 과격시위를 주도하면서 집회가 변질되고 있다"며 '배후설'을 다시 불지피고 있다. 경찰은 장기간 도로 점거자는 현장체포를 하고 인터넷 방송에 대해서도 상황에 따라 수사를 하겠다는 방침을 밝혔다. 전·의경 부상과 장비 파손에 따른 민사상 손해배상도 청구할 예정이다." (조현철 기자, 『경향신문』, 2008년 6월 24일자)

며 시위를 새벽까지 지속하는 게릴라 시위형태를 발전시켰다.

6월 30일~7월 5일 : 종교에 의한 적대의 진정

그 어느 쪽도 예상치 못했던 변수가 나타났다. 천주교 정의구현사제단의 시국미사가 시청에서 열리고 3만이 넘는 대규모의 사람들이 이 미사에 결합했다. 김인국 신부를 비롯한 사제단은 단식을 하면서 국가권력의 회개를 촉구했다. 사흘 연속 이어진 시국미사에는 연일 수만의 사람들이 참여했다. 목요일에는 기독교의 시국목회가, 금요일에는 불교의 시국법회가 진행되었다. 진보적 종교인들이 촛불봉기에 결합하여 국가권력과 다중 사이의 심화되어 가는 적대의 완충역할을 하기 시작한 것이다. 그간 예비군이 대치 전선에서 수행하던 그 완충 역할이 이데올로기 전선에서 나타나기 시작했다. 이 완충의 시간은 양적으로 집회 참가자수를 늘렸지만 질적으로 집회의 정열과 강도를 진정시키는 효과를 가져왔다. 7월 5일 거대한 수의 사람들이 시청광장에 운집했다. 대책회의는 국민승리를 선언했고 광장에는 축제무대가 꾸려졌다. 우리는 아직 승리하지 않았고 문제가 해결되지 않았다며 경찰과 싸우고자 하는 사람들의 차벽으로의 접근은 경찰이 아니라 대책회의 측의 행동단들에 의해 저지되었다. 대책회의는 촛불집회를 접기 위한 몇 가지 전제조건의 수락을 정부 측에 사전타진 했지만 받아들여지지 않았다.

7월 6~12일 : 제도화 공세기

수십만이 모였으나 어떤 충돌도 없이 끝난 7월 5일 시위는 촛불봉기가 수세로 접어드는 전환점이다. 수배된 대책회의 간부들과 안티MB 간부는 조계사로 은신한다. 대책회의는 주말집회만 자신이 주도하고 평일은 산하단체 주도로 전환한다고 선언한다. 민주당은 아무런 조건도 없이 등원하여 대의민주주의를 가동시키자는 한나라당의 요구에 순응했고 삭발시민단의 등원거부 호소는 수용되지 않았다. 이명박 정권은 강만수를 유임시킨 개각을 발표하면서 경제위기가 촛불 때문이라고 책임을 전가한다. 이에 이어진 것은 대책회의 간부들에 대한 기소, 불매운동을 한 네티즌에 대한 출국금지, 촛불집회를 주도한 종교인에 대한 사법조치 검토, 시위 폭력 행위자에 대한 실형선고 등의 일련의 사법조치들이다. 6월 29일 시작되었으나 종교인들의 등장으로 잠시 중지되었던 원천봉쇄가 재개된다. 이러한 적대정책은 시위를 급진화시켰다. 7월 12일 다중들은 원천봉쇄에도 불구하고 시청에서 가두행진을 시작했고 조계사 앞에서 문화제를 행사하려던 대책회의의 시도를 좌절시키면서 안국동에서 경찰과 맞서고 종로, 동대문을 거쳐 장시간의 우중 거리시위를 감행했다. 이 시기에 문화제 중심에서 게릴라 시위 중심으로 시위형태의 전환이 이루어진다.

7월 13일~8월 15일 : 촛불의 확산과 잠재적 급진화

이명박 정권이 촛불봉기를 물리력으로 억제하면서 언론권력을 자신의 수중에 넣으려는 계획을 실천에 옮기는 가운데 촛불은 YTN, KBS, MBC, 일본대사관 등으로 확산되고 강남, 신림, 마포 등지에서 마을촛불운동도 개시된다. 시청이 원천봉쇄된 가운데 청계광장에서 평일에 켜지는 촛불은 마치 처음의 불씨를 지키려는 노력처럼 지속되었다. 7월 17일에는 전투적 게릴라 촛불이 문화제로부터 분리되는 경향을 보여주었고 7월 19일 전대협 동우회의 시위주도는 탈근대적 다중운동이 1980년대의 전투적 시위문화를 실습을 통해 전수받는 기회로 되었다. 의회에서 촛불을 폭도화하려는 움직임이 가시화되고 조중동이 이러한 움직임을 전력으로 여론화하며 다른 언론들은 촛불집회를 다루기를 기피하고 경찰은 봉쇄망을 더욱 두텁게 하고 더욱 사나운 진압방식과 연행방식을 채택하는 가운데 사람들의 불만은 더욱 커져가고 있고 시위의 불복종적 분위기는 저항적 분위기로 깊어져 갔다.

8월 15일~10월 25일 : 공안탄압 시기의 촛불

공안탄압과 사이버탄압

8월 5일 부시 방한, 그리고 8월 15일에 각각 백 수십명을 연행하는 대대적인 탄압이 있었고 이 탄압의 기조는 이후 지속되었다. 촛불시위 참가 네티즌에 대한 수사가 본격화되어 촛불시위 현장에서 누리꾼 '권태로운 창'을 투석 혐의로 체포·구속하고, 사망설 광고 네티즌에 대해 모금액 횡령 혐의로 입건하는 등 표적 탄압을 계속했다. 9월 들어서는 '유모차부대', '촛불자동차연합', '예비군부대' 회원에 대해 수사했다. 집시법을 통한 탄압은 국가보안법을 통한 탄압으로 이어져 8월 26일에는 사회주의노동자연합 회원 7명을 연행하고 10월 7일에는 진보연대 활동가들을 연행하여 구속했다.

사이버공간에 대한 공안탄압도 강화되었다. 5월 2일 첫 촛불시위가 시작된 후 검경이 인터넷을 통한 '광우병 괴담'을 수사하겠다고 밝힌 이후 인터넷을 통제하기 위한 시도를 멈춘 적은 없다. 하지만 8월 이후 문화부에 '인터넷 조기 대응반'을 설치하였고, 경찰은 '인터넷 전담 대응팀'을 꾸렸으며, 한나라당에서도 인터넷 모니터링을 위한 '사이드카' 제도를 도입하자고 제안했다. 더불어 인터넷 실명제를 확대하기 위한 〈정보통신망 이용촉진 및 정보보호 등에 관한 법률 시행령〉에 대한 개정이 추진되고, 포털의 임시조치·모니터링을 의무화하고 사이버 모욕죄를 신설하기 위한 〈정보통신망 이용촉진 및 정보보호 등에 관한 법률〉을 발의한 상태이다.

급진화와 폭력화

8월 15일 이후 본격화된 탄압은 한편에서는 공안불안을 조성했고 다른 한편에서는 촛불운동을 더욱 급진화시켰다. 8월 16~17일 새벽에는 명동성당에서 농성투쟁을 전개하던 촛불시민들이 전경과 투석전을 벌였다. 더 적은 수의 시위대가 수가 더 많은 병력을 견제할 수 있었던 투석전은 이후 소수의 인원으로 경찰망을 따돌리며 행하는 게릴라 시위의 잠재력이자 자신감으로 작용한다. 많은 사람들의 예상과는 달리, 촛불시위의 폭력화는 지속되지 않았다. 경찰의 탄압과 단속이 직접적 원인으로 작용했을 수도 있지만 그러한 발전을 촛불대중들이 원치 않았던 것이 더 큰 원인이었을 것이다.

잠복, 그리고 농성투쟁으로

2008년 8월 9일 토요일 집중집회는 5월 24일 거리행진이 시작된 후 처음으로 거리진출을 하지 못한 토요 집회가 되었다. 무엇보다 먼저 들 수 있는 원인은 촛불수의 경향적 저하이다. 이 경향적 저하는 촛불로는 안 된다는 절망감, 촛불을 들기 두렵다는 공포심 등이 결합된 결과이다. 결코 문제가 해결되었다는 만족감이나 현재의 권력에 대한 지지로의 전향의 결과가 아니다. 촛불의 경향적 저하는 한 마디로 탄압의 효과이다. 매일매일의 집회에서 많은 수가 연행되어가고 그 중에는 구속자도 생긴다. 불구속자에 대해서도 벌금폭탄이 예고되어 있다. 경제적 손실과 인신적 부자유를 수반하는 법률적 탄압이 현 정권이 사용하는 주요한 무기이다. 바로 이 때문에 집회에의 자유로운 참여가 저지된다. 하지만 이것은 촛불이 꺼지는 과정이 아니라 촛불이 내면 깊숙이 잠재화되는 것일 뿐이다. 절망감과 공포심은 해방의 감정이 아니라 억압된 감정이며 그것은 언젠가는 다시 표면으로 회귀할 수밖에 없는 정서이기 때문이다. 두 번째로는 보신각 이후 명동과 여의도로의 역량의 분산이다. 그러므로 거리투쟁의 부재가 촛불의 절대적 힘의 취약성을 곧바로 의미하지는 않는다. 셋째는 경찰의 전술의 변화이다. 최근 들어 촛불시위는 숫적 열세에도 불구하고 종로나 을지로, 퇴계로 등지로 후퇴하면서 게릴라적 가두시위를 지속할 수 있었다. 그것은 경찰이 청와대를 중심으로 하는 방어전선을 펴면서 병력을 타원형으로 집중배치하는 전술을 썼기 때문이다. 그래서 그 타원 밖으로 시위대가 벗어날 때에는 방치할 수밖에 없었다. 이것은 지금까지 양상이 다양했다고 하더라도 시위대가 경찰이 구축한 청와대 중심의 진지를 포위했다는 것을 의미한다. 8월 9일의 경우 경찰은 시위대의 예상진로 곳곳에 전경들과 체포조들을 매복시켜 놓았다. 그렇기 때문에 소수로 할 수 있는 게릴라 시위전술이 어려워졌다. 때문에 오히려 명동에 진지를 마련하고 밀리오레, 중앙극장, 롯데 주변에서 경찰과 대치하게 되었던 것이다. 정확하게 경찰과 시위대의 입장이 역전되었다. 시위대가 명동 진지를 방어하고 사방에서 경찰이 포위하는 모습. 포위투쟁이 농성투쟁으로 역전되었다.

게릴라 시위의 안착

2008년 8월 27일 불교도대회 이후 전개된 게릴라 시위는 지하철 이동을 통해 재집결하는 게릴라 시위가 안착되고 있음을 보여준다. 시민들은 상당한 이동거리도 마다않고 자발적으로 움직이며 끈을 놓친 사람들은 시위대를 찾는 노력을 중지하지 않는다. 이와 더불어 전투지도부가 서서히 모습을 갖추고 있다. 이들은 개별 전투에서 촛불시민군의 군사적 능력을 발휘케 하는 역할을 한다. 물론 이 전투지도부는 상설적이지 않으며 임시적이고 대리적인 성격이 강하다. 처음에는 안티MB가, 다음에는 전대협이, 그 후에는 민주세대 386이 이러한 전투지도부의 역할을 수행하고 있다. 물론 이 전투지도부는 전쟁지도부가 아니다. 군사력은 다중지력에 종속되는 힘이지 다중지력을 이끄는 힘이 결코 아니다.

지역촛불

게릴라 시위라는 전위적 투쟁 외에 촛불은 7월 이후 지역화를 통해 촛불의 대중적 기반으로 다지는 방향으로 발전했다. 지방에서의 마을촛불이 수도권에서 (중앙촛불의 위기의 시점에) 지역촛불로 발전한 것이다. 지역촛불은 이후 촛불의 향방을 결정할 잠재력으로 발전하고 있다. 거리에서는 군사적 해법이 가장 큰 관심을 끈다. 의회에서는 정치적 해법이 가장 큰 관심을 끈다. 그러나 군사적 승리는 촛불의 실패를 의미할 것이다. 군사적 수준에서의 최대의 것은 방어를 넘는 것일 수 없다. 정치적 해법은 제도화를 추구한다. 하지만 이러한 의미에서의 정치적 승리 역시 촛불의 붕괴를 의미할 것이다. 부르주아적 제도화 자체가 촛불의 매장자이기 때문이다. 지역촛불은 생활에서의 능력의 구축을 통해 대안적 삶의 가능성을 보여줄 수 있다. 대안적 삶의 가능성과 그것의 입증이야말로 촛불의 승리를 향한 가장 확실한 일보일 것이다. 그러나 이것이 대책회의 일각에서 나오고 있는 생활밀착형 촛불로의 전환과 혼동되는 것이어서는 안 된다. 생활에서 정치로의 상향과 그것의 군사적 보완의 방향은 군사나 정치에서 분리된 생활이라는 방향과는 구분되어야 하기 때문이다.

쟁점의 확산

촛불은 쇠고기라는 쟁점에서 출발했지만 이후에는 방송장악규탄, 비정규직노동자문제, 민영화, FTA 등으로 그 의제를 확장했다. 그래서 촛불운동은 집중점 없이 기륭, 서울역, 성모병원 등지에서 다발적으로 발전하는 행진을 지속했다.

추억화

경찰력으로 봉쇄된 가운데 확산되고 분산된 촛불이 5, 6월처럼 집중하는 것은 쉽지 않았다. 그 결과 9월 6일 마로니에에서 켜진 촛불은 5, 6월의 기억을 되새기는 것에 집중되었다. 이러한 기억행위들은 이후 여러 차례 반복된다.[3]

---

3. 이 글에서 전개과정에 대한 분석은 10월까지의 촛불에 한정되었다. 그러나 여기서 촛불이 끝나는 것은 결코 아니다. 촛불들은 10월 25일 제2시즌을 선언했다. 9월부터 논의되고 시험되기 시작한 촛불 2시즌은 10월 25일 민주주의와 민생을 위한 새로운 연대기구(이하 민민연)과 촛불애국시민전국연대(이하 애국촛불)이라는 두 개의 연대기구의 동시적 발족을 통해 본격화된 것이다. 두 연대기구의 선언문을 통해 2시즌의 성격을 읽어보려는 작업인 '민민연과 애국촛불'(이 책 212쪽)을 통해 이 시즌의 특징을 유추할 수 있을 것이다. 그리고 2009년 4월 18일 밤 용산학살현장에서 이루어진 <촛불시민연석회의>의 출범은 촛불의 제3시즌을 개시하려는 촛불들의 노력으로 읽을 수 있을 것이다.

권력의 대응 변화

이미 촛불봉기의 전개과정을 이야기하는 가운데 어느 정도 언급되었지만 촛불봉기에 대한 권력의 대응이 어떻게 변화해 왔는지, 그 커다란 줄거리를 잡아 보기로 하자. 5월 2일에서 27일까지 권력의 주요한 대응방식은 이데올로기 조작을 통해 시위대 내부를 분열시키는 것이었다. 배후론이 그것이다. 배후론을 통해 시민들을 조종당하는 수동적 존재로 만들려 시도했지만 전혀 효과를 보지 못했고 오히려 더 많은 시민들을 광장과 거리로 불러모았다. 5월 24일 거리시위가 시작된 이후 권력은 진압과 본보기 연행이라는 초기적인 물리적 압박을 시도했다. 5월 31일~6월 1일에는 물대포와 소화기를 시위대에게 쏘는 물리적 진압방법을 사용했고 많은 시민들에게 불법적 무력을 행사하여 많은 부상자를 만들었다. 이로 인해 여론의 비판을 받자 무력을 일시 접고 보수적 시민단체를 동원한 간접 대응을 주요하게 사용한다.

2008년 6월 10일 전국적으로 100만에 이르는 사람들이 촛불봉기에 참가하자 권력은 바리케이드로 청와대에의 접근을 막는 방법을 사용했다. 이명박 대통령은 촛불시위의 불쏘시개가 되었던 일련의 정책들(대운하, 민영화)을 포기하겠다는 대국민사과를 발표함으로써 봉기대오를 분열시키고 곧 이어 추가협상에 돌입하는 한편 촛불소멸론을 불지폈다. 이 기만적 공작의 효과로 일시적으로 촛불의 동력이 약화된 틈을 타 6월 23일 이후부터는 고엽제 피해자모임, 뉴라이트 등을 동원한 시민사회적 폭력을 가하고 대책회의에 대한 사법조치를 시작하는 한편 시위 자체를 불법화하면서 경찰력을 동원한 무력대응을 본격화했다. 그 결과 6월 25~

26일 집회에 그간 잠잠했던 물대포와 소화기가 재등장했고 6월 28~29일에는 무자비한 무력으로 다수의 부상자를 만들었다.

7월부터 권력은 거리의 에너지를 의회에 봉쇄하기 위한 제도화 정책을 총력적으로 추진하는 한편, 촛불시위에 우호적인 방송 프로그램을 집중공격하면서 아예 방송국 자체를 권력의 통제 아래에 두기 위한 수순에 돌입했다. 인터넷 포털사이트를 권력의 통제 하에 두려는 법 정비 작업도 서둘렀다. 집회에 대한 원천봉쇄는 상시적인 것으로 자리잡았고 체포조에 의한 연행, 경찰 기동대의 배치 등 점점 더 강력한 물리적 방법이 동원되었다. 여기에 화폐폭탄이 강력한 무기로 사용된다. 대책회의, (아고라가 활동하는) 포털 다음, 아프리카 방송, 소비자운동 등에 거액의 벌금폭탄을 던짐으로써 운동을 겁주고 무력화시키려 하고 있다.

촛불봉기의 특징과 새로움

자발성과 창의성

2008년 촛불봉기는 촛불집회, 촛불시위, 촛불행진, 촛불항쟁, 촛불문화제, 국민토론 등 다양한 양상으로 전개되었다. 이것의 가장 두드러진 특징은 자발성이다. 5월 2일 첫 집회는 어떤 지도부도 없이 고등학교 2학년 '안단테'가 4월 6일에 시작한 이명박 대통령 탄핵 청원에서 시발했다. 이것은 2002년의 미선이 효순이 추모 촛불시위가 학원강사 '앙마'의 제안으로 시작된 것과 유사하다. 한 사람의 제안이 들불처럼 퍼져서 수만의 사람들을 온라인과 오프라인의 광장으로 모았다. 곧 이 자발적 촛불집회에 대형단상과 앰프 마이크를 설치한 대책회의가 결합했지만 참가자들은 자발성을 억제하는 대책회의의 행태에 비판적이었다. 마이크 사용을 자제하라는 요구를 하는 경우도 있었다.

    2008년 5월 24일부터의 가두시위도 대책회의의 주도로 이루어진 것이 아니다. 그것은 자발적 움직임들에게 넓은 공간을 제공해 주기 위해서 시작되었다. 그것은 운동을 일사분란한 계획 속에서 지도하는 경향에서 자유롭지 못한 대책회의의 진행방식에 대한 비판을 함축하는 것이었다. 거리시위가 시작된 후 이번에는 대책회의에 소속된 다함께가 거리시위대오를 선도하기 위해 대오의 선두에서 행진방향을 제시하고 구호를 선창했다. 이것도 자율적 참가자들의 강력한 반대에 부딪혀 좌절했다. 다함께는 결국 대량으로 배포해온 손피켓에서도 자신의 조직 이름을 삭제해야 했다.

    5월 하순 이후 청와대 진출을 둘러싸고 이루어진 전경대와의 치열한 접전 역시 대책회의의 관리범위를 벗어나서 자발적으로 이루어졌다. 여의도, 코엑스로의 촛불의 확산이나 전국 곳곳에서 불붙은 지역 촛불들도 자발적인 것이었다. 대책회의의 문화제적 울타리를 벗어나 운동을 급진화하려는 시민들의 노력은 지속되었고 그것은 7월 12일 조계사 문화제의 좌절을 분기점으로 7월 17일, 19일까지 지속적으로 나타났다. 또 피켓제작을 비롯하여 집회나 시위를 풍부하게 만든 많은 재기 넘치는 형상물들도 참가자들의 의지에 따라 만들어졌으며 구호들도 즉석에서 무작위 개인들의 임의적 선창에 호응하여 그때그때 창발적으로 만들어지고 연호되어나갔다.

    물론 대책회의에서 구상되고 제안되어 참가자들에게 받아들여진 많은 행동들이 있었음에 틀림이 없다. 특히 72시간 릴레이 집회, 국민대토론회, 48시간 집중행동 등을 비롯하여 굵직굵직한 일련의 행사들과 일정들은 대책회의에서 주도했다고 할 수 있다. 하지만 참가자들은 그 일정을 따른다기보다도 자신들의 계획을 실현하는 공간으로 그 일정을 활용했고 그것이 자신들의 계획과 부합하지 않을 때에는 독자적으로 집회나 시위를 조직하는 방식으로 대응했다. 이런 의미에서 대책회의도 광범위한 봉기의 바다에 떠있는 무수한 배들 중 규모가 큰 한 척으로 기능하는 셈이었다.

광장과 거리의 다중들은 정치의 새로운 표현방식을 창조해 내고 있다. 경찰서를 지날 때는 연행자를 석방하라, 연도의 시민을 향해서는 민주시민 함께해요, 조중동 앞을 지날 때는 전기 아깝다 불꺼라! 당황한 경찰이 도망칠 때는 '놀아줘! 가지마!' 뒤따라오던 전경이 멈춰서면 '오빠 같이가!' 물대포가 쏟아질 때는 '온수! 온수!' 해산을 종용하는 경찰에게는 '노래해, 춤춰봐!' 창조적 시위는 해학과 익살이 넘치는 봉기공간을 구축했다.

자율성과 권위에 대한 거부

자발성은 자율성과 자연스럽게 결합되었다. 자율성은 권위에 대한 거부를 특징으로 했다. 봉기 참가자들은 자신의 생각과 다른 생각과 행동을 폭넓게 관용하면서 타인이 자신에게 어떤 생각을 강요하는 것을 거부했다. 촛불봉기의 최대의 집중점이 대통령 이명박의 일방주의와 권위주의에 대한 거부였다. 이명박 정권은 미국산 쇠고기 수입이나 대운하 건설, 교육 의료 건강보험 상수도 등등의 민영화를 추진함에 있어서 국민들의 여론을 수렴하는 절차를 밟지 않고 자신의 생각을 일방적으로 밀어붙이는 권위적 태도를 보였다. 촛불봉기 참가자들은 이러한 태도에 분노하면서 대통령이 국민과의 대화에 나설 것을 촉구했고 그것은 6월 10일 세종로와 안국동에 설치되었던 거대한 컨테이너 장벽이 상징하듯 국민의 소통 요구에 대한 철면피적 거절의 태도를 보였다. 그는 한편에서 촛불봉기의 요구에 반응하는 듯한 기만적 추가협상의 제스처를 취하면서 다른 한편에서는 물대포 소화기 등의 살상위험이 있는 무기를 시위대에게 사용하는가 하면 평화적 거리행진을 전경의 몸과 방패와 몽둥이로 강제해산시키고 HID 고엽제피해자모임 등의 준군사적 사조직을 동원하여 폭력을 행사하고 조선 중앙 동아 등의 미디어와 한기총 뉴라이트 그리고 학교의 교장 교감 등의 이데올로기적 국가기구들을 동원하여 촛불집회에 대한 정신적 폭력을 가하였다. 이 과정에서 LPG 가스통, 각목, 파이프 등이 이용되는가 하면 '좌익' '빨갱이' '배후' 등의 낡아빠진 이데올로기적 무기들이 사용되었다. 권위주의 정부는 이처럼 물리적 정신적 폭력장치를 기회 있을 때마다 사용하면서도 어떤 형태로건 촛불집회 참가자들을 폭력-불법 집단, 즉 '폭도로 몰기 위한 선동을 계속했다.

 그렇기 때문에 촛불봉기자들은 봉기대오 내부에서 어떤 다른 유형의 권위주의도 발생하지 않게끔 억제하는데 심혈을 기울였고 권위주의적 권력의 폭력성을 고발하면서 자신들이 권력과 동질적이거나 대칭적이지 않은 전혀 새로운 존재들임을 세심하게 입증해 나갔다.[4] 폭력사용을 최

---

4. 다음은 6월 10~11일 밤 장시간의 토론 후 "몇 시간씩 힘겹게 토론했는데, 혹시 힘 있는 지도부가 있어 방향을 이끌어야 한다는 생각이 들진 않으세요?"라는 인터뷰 질문에 대한 한 시민의 응답이다: "아니요, 또 하나의 권력이 생기는 건 반대합니다. 토론이 장시간 걸리기는 했지만, 결과적으로 좋은 결과가 나왔잖아요. 이런 게 민주주의라고 봐

대한 피하자는 광범위한 비폭력 호소는 스스로의 행동반경 행동방식 행동능력을 제한하는 것으로도 작용했지만 권력의 폭력이 사람들의 공분을 자아낼 만큼 과격하지 않은 한에서 폭력적 권력과 자신을 질적으로 구분하고 윤리정치적 우위성을 획득함에 있어서 유효한 것으로 작용했다. 바로 이러한 반권위주의는 촛불봉기 내부에서 조직적 권위가 형성되는 것을 최대한 억제하면서 모두가 동등한 권한을 갖는 참가자로서 서로 연결되어 '다르게 그리고 함께' 나아가기를 희망하는 봉기문화를 형성하는 것으로 나타났다.

촛불운동의 주체구성

지금까지의 민중운동은 노동자를 중심으로 하는 농민, 빈민, 학생, 지식인 등을 중심으로 운동의 주체들이 꾸려졌다. 시민운동은 계급성에 의거하기보다 어떤 출신이건 국가를 혁신하는 데 관심을 갖는 새로운 정치적 주체들을 호명했지만 그것은 주로 소비자, 유권자, 납세자로서의 사회적 존재들에 의거했다. 촛불운동의 주체는 매우 다양하다. 촛불운동 속에서 우리는 민중운동과 시민운동의 주체들의 거대한 합류를 볼 뿐만 아니라 전혀 새로운 주체들의 부상을 본다. 무엇보다도 인터넷과 핸드폰 등 디지털 정보매체에 의해 연결된 네티즌이 적극적인 정치적 주체로 나섰는데 이것은 우리 사회의 구석구석에서 활동하는 다양한 사람들, 즉

요. 저는 예비군들 군복입고 다니는 것도 좀……. 그것도 또 다른 권력일 수 있거든요. 촛불집회 오늘 세 번째인데요. 오늘은 아들을 안 데려왔는데, 데려왔으면 이런 좋은 교육을 시키는 건데 아쉽네요. 사실 집사람한테는 딴 일로 외박한다고 했어요. 하하!"

연령, 직업, 계층 등을 불문한 다양한 사람들을 포함하는 것이었다. 교복 입은 10대들, 팔짱 낀 20대 연인들, 하이힐 신고 명품가방을 든 여성 직장인들, 유모차 앞세운 주부들, 아이들 무동 태우고 나온 가장들, 인터넷 커뮤니티 회원들이 촛불집회를 선도하기 시작했으며 민주노총의 노동자들, 전교조의 교사들, 한총련의 학생들, 각급 시민단체의 회원 등 전통적 시위세력들은 나중에 합류하기 시작했다. 예비군, 예술가, 작가, 의사, 해커 등도 각자의 특수성과 전문성을 갖고 결합했다. 한국 근대사를 일관되게 경험해온 노인들도 결합했다. 촛불봉기는 글자그대로 잡색부대[5]

---

[5]. 라인보우와 레디커는 잡색부대를 이렇게 설명한다 : "우리는 개버딘 망토 아래에서 이루어진 캘리번과 트린큘로의 회합이 저 잡색motley 집단의 시작이라고 말한 셈이다. 우리는 이 용어의 의의를 설명해야 할 것이다. 르네상스기 잉글랜드에서 왕족의 복장들 중에 'motley'(얼룩덜룩한 광대옷)는 왕에 의해서 권력자에게 농담을 하고 심지어는 진실을 말할 수 있도록 허용받은 광대가 입는 여러 색으로 된 옷 혹은 종종 모자였다. 하나의 상징으로서 'motley'는 무질서와 전복에 대한 축제적 기대들을 가져오는 것 즉 조그만 울분풀이였다. 더 확대하면, 'motley'는 또한 여러 색깔의 옷들이 어울려서 흥미로움을 유발하는 군중처럼, 여러 색깔의 사람들의 집합을 가리킬 수 있었다. 잡색의 군중은 누더기를 입은 집단 혹은 '룸펜'프롤레타리아(룸펜은 '넝마'를 의미하는 독일어에서 왔다)일 가능성이 컸다." 또 "우리의 목적을 위해 '잡색부대'의 구별되는 두 의미가 정의되어야 할 것이다. 첫째는 조직된 노동자집단, 즉 유사한 업무를 수행하거나 아니면 단일한 목표를 가진 상이한 업무들을 수행하는 사람들의 무리를 가리킨다. 담배 및 사탕수수농장의 일꾼 집단은 초기 아메리카에서의 부의 축적에 필수적이었다. 마찬가지로 필수적이었던 것이 배를 조종한다든가 상륙공격을 한다든가 아니면 나무와 물을 구하는 일과 같은 특별하고 임시적인 목적을 위해 배의 승무원 혹은 배의 일꾼들 중에서 차출된 부대이다. 이 무리들은 모이는 법, 함께 행동하는 법을 알았는데, 채찍을 맞아가며 노동을 한 것이 다른 것 못지않은 이유였다. 그렇다면 첫째 의미는 전문적인 것으로 농장과 해상의 노동과정에 해당하는 것이다. 18세기 대서양 지역의 경제는 이러한 단위의 인간협력에 의존했다. 둘째 의미는 18세기 항구 혹은 도시의 사회경제적 구성체를 지칭한다. 이러한 의미에서의 '잡색 부대'란 도시의 시위대 및 혁명적 대중과 긴밀하게 연관되어 있다. 곧 보게 될 것이지만, 도시의 시위대와 혁명적 대중은 보통 다양한 무리와 도당徒黨의 응집으로서 고유한 운동성을 가지고 있고 종종 위에서 부과되는 지도로부터 독립적이다. 그들은 <인지조례> 위기에서부터 '윌크스와 자유'봉기 그리고 일련의 아메리

이며 생각, 욕망, 성향, 기질, 경험의 엄청난 다양성을 갖고 있다. 촛불운동이 단일한 목적과 방향을 갖기 어려울 뿐만 아니라 심지어 불가능한 것은 이 때문이다. 그러므로 촛불들의 이 다양함과 특이함에도 불구하고, 아니 그 다양성과 특이함을 넘어서 서로를 이어주는 공통지반을 찾아내고 이 잡색부대가 매일매일의 촛불의 삶을 통해 서로 소통하고 연결될 수 있는 공통되기의 물질적 과정을 창출하는 것이 절실한 문제로 제기된다.

카 혁명 봉기들에 추동력을 제공했다. 18세기 대서양 지역의 반란들은 이러한 더 광범한 형태의 사회적 협력에 의존하였던 것이다. 부대가 잡색이라고 말할 때 우리는 다민족적임을 의미한다. 이는 우리가 주목했듯이 크롬웰 아래서 해양국가가 확장하던 시기와 그 이후에 배의 승무원들을 차출하는 데 있어서의 특징이었다. 이러한 다양성은 잡색부대의 패배의 표현이었다. (노예선들의 인원배분에서 언어들과 민족들을 일부러 혼합하는 것을 생각해 보라.) 그러나 여러 민족들과 문화들로부터 처음에는 범아프리카인 정체성이 그리고 그 다음에는 아프리카계 아메리카인의 정체성이 형성될 때처럼 이 패배는 능동적 행위에 의해서 힘으로 전환되었다. 따라서 곧 소개하게 될 아프리카인 선원 올로다 에퀴아노에 대한 우리의 연구가 보여주듯이, '자유롭게 태어난 영국인'과 같이 원래는 '민족적인' 지칭어들이 일반화될 수 있었다. 시간이 지나면서 첫째의 (전문적인) 의미로부터 둘째의 (정치적) 의미가 출현하여 협력을 확대하고 활동의 범위를 넓혔으며 명령권을 감독자들이나 하급 간부들로부터 집단 자체에게로 이전하였다. 이러한 이전은 항구도시 거리들에서 보이는 잡색부대들의 행동들에서 명백히 드러났다. 선원들은 배에서 해변으로 이동하면서 부두노동자들, 짐꾼들, 일반 노동자들, 자유를 찾는 노예들, 시골에서 온 자유로운 젊은이들, 다양한 종류의 도망자들이 선창가 공동체들에 합류하였다. 항구 도시들의 '민중봉기들', 아프리카계 아메리카 노예들의 저항, 전선에서의 인도인들의 저항 ─이 셋이 동시에 일어나거나 혹은 실제적으로 서로 연결되어 일어나는 것이 잡색 부대가 가진 혁명적 가능성의 정점이라고 볼 수 있다. 톰 페인은 바로 이러한 결합을 두려워하였는데, 이 가능성이 실제로 실현된 적은 없었다. 반대로, 혁명적 동력학이 전도되어 테르미도르를 향하게 되어 피난민들, 표류 난민들, 소개(疏開)된 자들, 죄수들이 패배의 인간적 형상을 나타내게 됨에 따라 이제 잡색부대의 환경은 변모하게 되었다."(피터 라인보우·마커스 레디커, 『히드라』, 갈무리, 2008)

단일한 목적과 방향, 단일한 조직, 단일한 투쟁방식에 대한 거부

지금까지의 민중운동은 운동의 목적과 방향에서 대개는 단일한 목적, 단일한 방향을 추구해 왔다. 사회주의로의 이행이라는 뚜렷한 방향설정과 이를 위한 민중의 국가권력 장악이 그것이다. 그것은 대중의 자발적 투쟁과 당의 지도를 이상적인 것으로 사고했고 당의 지도에 대중의 운동이 복종하는 것이 필요하다고 보았다. 노동조합들, 농민조직들, 학생조직, 빈민조직들 등이 일사분란하게 당의 지도를 따를 수 있는 통일된 조직구조로 배치되는 것이 또한 필요했다. 시민운동은 민중운동에 비해 다양한 조직형식을 허용하고 단체 사이에 단일한 목적을 공유하지는 않았지만 대체로 운동을 통한 국가개혁이라는 단일목적 아래로 그 활동들은 수렴되었다.

촛불운동은 어떠한가? 촛불운동은 광우병 쇠고기 수입에 대한 반대에서 시작되었지만 즉각 '미친 교육' 중단과 결합되었고 다시 대운하건설과 민영화로 대표되는 이명박 정부의 여러 정책들, 부자편중의 신자유주의 정책들에 대한 집단적 거부로 연결되었다. 요구들, 거부들, 불만들의 거대한 합류가 이루어지고 그것들이 서로의 문제로 빠르게 공유되어 갔다. 그것은 재협상 운동으로 한정되기를 거부하면서 계속 그 목적들을 증폭시켰다. 그렇다면 이명박 퇴진은 촛불봉기의 단일한 목적으로 될 수 있는가? 재협상이라는 목적보다 이명박 퇴진이라는 목적은 일거에 많은 것을 해결할 수 있는 특징을 갖고 있지만 촛불봉기가 이미 전 지구적인 자본주의 체제, 문화, 주권의 현 단계의 발전에 의해 발생되고 있는 만큼 이명박 정부의 퇴진만으로 그 원인 전체를 해소한다는 것은 불가능하다.

생명을 위태롭게 하는 권력에 대한 항의에서 출발한 2008년 촛불봉기는 2002년 이후 이어져온 미군에 의한 무고한 죽음에 대한 항의, 전쟁에 대한 반대와 파병에 대한 반대, 보수적 의회권력의 횡포에 대한 항의 등과 연결되어 있다. 이것들이 보여주듯이, 촛불은 단일쟁점 운동인 듯 보이면서도 실제로는 우리 시대의 어둠을 고발하고 규탄하고 해결하려는 존엄의 운동이다. 이 운동은 누구나가 동의할 수 있고 사전에 규정되어 있는 어떤 정치적 목적에 의해 규정되기보다 개개의 사안 속에서 목적과 방향을 생산하고 발명해 나가는 역동적 성격을 갖는다.

이런 시각에서 볼 때 국민대토론회는 이중성을 가졌다. 한편에서 그것은 촛불봉기에서 제기한 다양한 목적들과 방향들을 합류시키는 기능을 할 수 있고 촛불들이 무엇을 위해 싸우고 있는가를 다시 한 번 점검해 보는 전황점검의 자리가 될 수 있었다. 다른 한편에서 그것은 본질적으로 어떤 단일한 정치적 목적으로 환원되기 어려운 다양한 목적과 방향을 갖고 있는 촛불운동을 단일한 정치적 목적으로 한정지으면서 전통적 사회운동이나 시민운동의 상 아래로 촛불운동을 포섭하는 효과를 가져올 수도 있다. 단일한 전략, 단일한 전술이라는 관념은 위험하다. 개인들, 소모임들, 단체들 각각이 각기의 생각과 필요에 따라 자유롭게 전술들을 구사할 수 있는 분위기와 문화의 조성이 단일한 전략, 전술의 설정보다 훨씬 더 중요하며 촛불의 잠재력을 살려나가는 길이다. 이 공통관계를 해치지 않는 한에서는 대립적인 전술들과 행위들까지 관용되는 것이 필요하다. 촛불들이 지금까지 제기한 문제들과 쟁점들에 비추어 볼 때 그것은 재협상으로도, 이명박 퇴진으로도 충분히 풀릴 수 있는 것들이 아니다. 촛불들은 지금까지 민중운동과 시민운동의 한계를 넘어 그것들이 풀 수 없는 근원적 생명존엄의 문제를 제기하는 것에 그 고유성이 있다. 촛불봉기의 요구들을 잠재적 차원까지 고려할 때 촛불들은 자신을 제헌권력으로, 준-권력으로 자각하고 또 그것을 실제로 행사하는 영구적 과정을 통해서만 자신의 내재적 목적을 실현할 수 있을 것으로 보이기 때문이다.

촛불의 권력

촛불의 권력의지 ― 이것은 결코 국가권력에의 의지와 동일한 것이 아닌 반권력 혹은 준권력의 의지이다 ― 는 잠재되어 있고 분산되어 있고 간헐적으로 표현된다. 지금 그것은 '대한민국의 모든 권력은 국민으로부터 나온다'라는 헌법 1조에 의지해서 협소하게 그러나 맹아적으로 표현되고 있다.[6] 아직까지 촛불의 권력의지는 대한민국이라는 국가권력의 틀 속에 갇혀 있다. 스스로를 이명박을 퇴진시키거나 탄핵할 수 있는 권력주체로 사고하고 대통령, 국회의원 등의 대표자들을 소환할 수 있는 주체로 정립하고자 하는 노력들은 촛불의 자기 권력의지의 표현들이다. 신임연계 국민투표나 심지어는 차기 선거에서 한나라당을 심판하자는 주장들도 촛불의 권력의지를 부분적으로는 담고 있다. 촛불봉기에서 제기되는 권력에 대한 현실적 생각들은 국가권력으로 집약되는 대의주의의 틀을 크게 벗어나지 않는다.

그러나 촛불의 권력의지는 대의주의의 틀을 넘어서는 많은 잠재력들을 갖고 있다. 수십일 넘게 매일매일 지속되고 있는 촛불봉기 자체가 실

---

6. 6월 어느 날 시위대가 서대문경찰서를 타격하고 돌아간 후 그곳에 남아 있었던 한 시민은 도열해 있는 전경들을 향해 "국민의 이름으로 명령한다. 어청수를 체포하라. 어청수를 연행하라."고 반복해서 외쳤다.

제로는 현존하는 국가권력을 제한하면서 스스로 행사되는 준권력이다. 그것은 기존의 국가기구를 해체하자는 맹아적 생각들로 나아가고 있다. 조중동은 오늘날의 부르주아 권력을 떠받치는 대표적인 이데올로기적 국가기구이다. 조중동을 폐간시키자는 생각은 국가기구를 해체하자는 생각에 다름 아니다. 전경과 같은 억압적 국가기구를 해체하라는 주장도 나오고 있다. 그런데 부르주아 국가기구의 총체적 해체 없이 생명을 지키고 존엄을 되찾고자 하는 촛불의 취지가 실현되기는 어려울 것이라는 생각은 오직 잠재되어 있을 뿐 적극적으로 표현되고 있지는 않다.

윤리정치적 우위성, 해학, 그리고 폭력의 최소화

지금의 다중들은 적대에 대한 새로운 인식을 드러낸다. 비대칭적 적대, 절대적 우월함 속에서 적대를 표현하고 있다. 자신을 밀어붙이던 전경들에게 쉴 때에는 물과 먹을 것을 나눠 주기도 한다. 시위의 전체 분위기는 축제적이며 자유스럽다. 비장함보다는 즐거움. 막히면 돌아가는 방황 행진. 이러저리 움직이며 사람들을 결합시키고 또 새롭게 배치한다. 이것은 역량들의 새로운 배치를 생산한다.

촛불봉기의 참가자들은 분명히 자신들을 현존하는 권력들과는 다를 뿐만 아니라 절대적 우위에 있는 새로운 유형의 권력으로 느끼고 또 생각하고 있음이 분명하다. 그것은 집회와 시위에서 나타나는 집단적 해학과 익살에서도 명확하게 나타난다. 행정권력의 이명박, 경찰권력의 어청수, 언론권력의 최시중 등은 쥐들로 조롱되며 낮은 지력과 윤리적 감각을 가진 존재로 통렬하게 풍자된다. 부패와 폭압과 기만에 대한 분노는 해학과 익살로 승화되어 촛불봉기는 웃음과 즐거움으로 가득한 한바탕의 축제처럼 발전된다. 집회대와 시위대가 외치는 구호 중에서 많은 것들은 현장에서의 상황을 놀랄 만큼 깊이 통찰하는 예리한 풍자와 비판의 능력을 보여주었다. 이 과정에서 각각의 참가자들은 다른 참가자들이 보여주는 특이성과 능력에 놀라면서 자신들의 잠재력을 이끌어내고 이것들의 상승작용이 수많은 사람들을 광장과 거리와 온라인 커뮤니티 앞으로 끌어 모은다. 6월 21일 청와대로 가기 위해 '비폭력, 비타협, 한 발 더 전진!'을 주장하며 전경차 바리케이드를 넘었던 소금사탕은 즉시 경찰에 연행되었다. 이틀 후 석방된 후 그가 아고라에 자신의 석방 소식을 알리면서 남긴 다음의 질문7은 촛불봉기자들의 특성을 간결하고도 깊이 있게 이해하도록 만든다.

그런데, 제가 정말 궁금한 게 있는데요.
님들! 어쩜 그렇게 재기발랄하고 유쾌할 수 있나요? ^^ 물대포를 맞고도, 군홧발과 방패에 짓이겨 져도, 닭장차에 실려갈 때도, 폭우 속에서도 …… 그 낙천성의 기반은 무엇인가요? 폭넓게 발굴되고, 순식간에 공유되는 정보들, 날카로운 분석과 과학적인 전망들 …… 그 지혜는 어디서 오는 것이죠? 아무도 시키지 않아도, 내 돈 내가며, 뜬 눈으로 밤을 새워가며 애씁니다. 목은 쉴 대로 쉬고, 땀에 흠뻑 젖어 몸은 녹초가 됩니다. 인터넷 정보 검색하랴, 숙제하랴, 직장에서 일하랴, 살림하랴, 애기들 키우랴, 교육하랴, 거리 시위하랴, 전경들이랑 몸싸움하랴, 몸이 열 개라도 모자랍니다. 온갖 손해와 불이익을 기꺼이 감수 합니다. 그 열정은 어디

---

7. 이것은, 사실, 질문이라기보다, 한용운의 「님의 침묵」의 분위기를 연상시키는 한 편의 시에 더 가깝다.

에서 나오는 것 입니까? 어떻게 그렇게 밑도 끝도 없이 착해 빠질 수 있나요? 폼 나게 "재협상 즉각 실시! 명박퇴진!" 구호 한 번 외치지 않고, 시위 처음부터 끝까지 봉투를 들고 거리의 담배꽁초와 쓰레기를 줍는 님들, 모두가 떠나고 없는 자리에서 바닥에 떨어진 촛농을 긁어내고 있는 님들, 실신해서 실려 갈 정도로 시위대를 보위해 주는 예비역님들, 밤새워 준비한 듯 한 김밥과 주먹밥들…… 하루 이틀 새에 모여지는 수천만 원의 광고비, 병원비, 행사관련 비용들…… 그렇게 순수하고 헌신적일 수 있는 그 비결이 뭔가요? 그 힘의 원천은 무엇인가요?
님들은 어디 숨어 있다가 이렇듯 갑자기 나타났습니까?

만약 이 힘들에 어떤 원천이 있다면 서로가 배우면서 차이들을 합류시키고 공통되어 나가는 혁명적 협력의 구성과정일 것이다. 공통되는 힘들, 제헌의 힘들은 이미 제정된 것들의 경직성을 넘어 측정될 수 없고 불가해한 능력으로 그 절대적 우위성을 보여준다. 이 촛불의 제헌권력은 낙천성의 원천이며 새로운 과학의 원천이고 새로운 윤리를 정초하는 바탕이며 새로운 삶을 열어내는 신성한 힘이다.

촛불봉기에서 일반화된 구호인 비폭력은 이 신성하고 절대적으로 우위인 힘의 절대적 폭력을 표현했던 한 방식이었던 것인가? 권력의 폭력 진압 앞에서 그것은 서서히 저항적 비폭력으로, 방어폭력으로 발전할 조짐을 보이고 있다. 절대적 폭력의 비폭력 형태나 저항적 비폭력 형태 혹은 방어폭력의 형태는 권력이 항시적으로 사용하는 선제폭력(현존하는 부르주아적 권력체제 그 자체가 구조적으로 실존하는 선제폭력의 형태이다)과 결코 대칭적인 것이 아니다. 대칭적이고 대항적인 폭력의 구사가 현존하는 폭력에 대한 부분적 부정일 뿐이라면 비폭력이나 저항적 비폭력, 그리고 그것의 높은 수준인 방어폭력은 절대적 폭력에 기초하면서 다중의 공통된 힘이 상황에 따라 표출되는 현상형태이다. 절대적 폭력은, 결코 행사됨이 없는 상태에서 국지적 폭력을 억제하고 극복할 수 있는 절대적 우위의 폭력, 신성하고 자연적인 폭력을 의미하는 것이 아닐까? 그것은 어떠한 저항이나 방어도 없는 굴복의 태도를 의미하는 것이 아니라 현존하는 모든 폭력들이 결국 이 절대적 폭력 앞에서는 무력하다는 엄중한 선언이 아닐까? 절대적 폭력은 모든 시민상태들을 근본에서 규정하는 자연상태이다. 그것은 행동하고 저항하고 투쟁하기를 멈추지 않으면서도 자신을 선제폭력으로 표현하는 것을 거부한다. 그것은 상황에 따라 비폭력, 저항적 비폭력, 방어폭력 등으로 현현하면서 자신을 생명의 존엄과 삶의 (비록 잠재적일지라도) 절대적 공동체로, 생명들 사이의 혁명적 협력을 가능케 하는 절대적 폭력으로서 선언하고 있는 것이 아닐까? 촛불은 총과 다르다. 그것은 국가정치와는 질적으로 구분되는 삶정치의 무기이자 절대적 폭력에 기초하여 발생한 모든 사람의 보편적 협력, 공통되기이며 인류 공동체의 실재성을 알리는 상징이 아닌가?

새로운 민주주의

촛불봉기는 직접민주주의를 표현한다는 것이 일반화된 해석이다. 확실히 봉기자들은 일체의 대의자들을 불신하면서 자신의 목소리로 자신의 정치적 열망을 직접적으로 표현하고 있다. 인터넷과 핸드폰은 직접민주주의에 광대한 에너지를 제공하고 있다. 대의민주주의의 붕괴는 더 이상 돌이킬 수 없는 것으로 된다. 하지만 이 절대적 폭력으로서의 제헌권력에게 직접민주주의와 대의민주주의 사이의 구분은 의미를 잃는다. 대의는 때로는 직접적인 정치적 표현의 수단으로 사용될 수 있다. 주목해야 할 것은 촛불봉기에서 나타나는 팬fan 민주주의 혹은 서포터supporter 민주주의 현상이다. 봉기자들은 자신에게 필요한 것들을 지키기 위해 직접적으로 행동한다. YTN, KBS, MBC 등을 지키기 위해 노조원들과 밤샘을 함께 하며 용역과 노조원들이 몸싸움을 할 때 구호와 박수, 으 으 로 노조원들을 응원한다. 조계사 수배자들을 지키고 민주노총의 수배자들을 지키기 위해 밤을 새는 것을 마다하지 않는다. 이것은 월드컵 경기에서의 문화적 서포터나 노사모에서 나타난 정치적 팬클럽 현상이 민주주의의 한 계기로 접목되고 있는 것이다. 서포터들로 자신을 나타내는 봉기자들은 얼핏보면 재현기구들에 불과한 기구나 인물들을 자신의 삶과 직접행동의 일부라고 파악하면서 그것을 지킨다. '사랑한다!', '힘내라!' 라는 구호는 결코 단순한 구경꾼의 언어가 아니다. 이러한 구호 끝에 봉기자들이 직접 대치전선에 직접 뛰어드는 경우는 허다하다. 서포터가 주인이라는 의식 속에서 전개되는 서포터 민주주의는 대한민국의 모든 권력은 국민으로부터 나온다는 헌법 1조의 의식과 어떤 모순도 없이 결합된다. 이것은 다른 한편에서 자신의 통제를 벗어난 대의자에 대한 소환, 탄핵 등의 주장과 결합되면서 직접민주주의와 대의민주주의의 묘한 결합을 보여주며 향후 민주주의가 발전해 나갈 진화의 잠재태를 보여주는 것으로 느껴진다.

그러므로 대의민주주의를 직접민주주의로 대체하는 것이 촛불운동의 목표가 아니라 절대적 제헌권력의 실재성을 입증하고 그것을 확장적으로 구축하며 그에 걸맞는 정치적 제헌양식을 창출하는 것이 목적이다. 이런 상황에서 대의민주주의로의 수렴론은 반혁명적이다. 반면 대의민주주의가 아닌 직접민주주의로의 복귀 주장은 낮동안의 노동에 이은 밤시간의 야간집회를 항구화해야 하는 떠안기 어려운 부담을 준다. 직접인가 대의인가가 쟁점이 아니라 다중의 절대적 구성역능과 제헌권력의 압도적 우위를 승인하는 것이 문제이고 이것에 걸맞는 제헌의 기술을 창출하는 것이 목표이다. 모든 사람이 스스로 자기 삶의 운영자로 될 수 있는 민주주의가 어떻게 가능한가는 지금 대의민주주의를 넘어서는 직접민주주의의 현장에서 발명되어 나와야 할 절대민주주의적 과제이다.

승리라는 신화의 창조

촛불봉기에서 가장 자주 외쳐지는 구호 중의 하나는 '촛불이 승리한다!'이다. 촛불이 수세에 몰리고 위기에 처할수록 이 구호는 더욱 자주 외쳐지고 있다. 만약 이때 승리라는 말이 실제의 성과로서의 승리를 의미한다면 현실은 그것을 입증해 주지도 뒷받침해주지도 않는다. 오히려 시간이 감에 따라 권력의 물리적 법적 화폐적 압박은 거세졌고 그만큼 촛불의 수는 줄어들었으며 패배가 임박한 듯하다. 그러므로 '승리'는 군사적 실력적 승리를 의미할 수 없다. 오히려 그것은 자신의 주인됨, 궁극적 주체성에 대한 직관적 통찰이자 그것의 언표이다. 그것은 정당성이 취약한 이명박 정권의 필연적인 좌초를 예고하면서 다중적인 대안적 가능성들의 승리의 불가피성을 알리는 일종의 신화이다. 촛불봉기는 다중의 잠재력에 대한 무한한 승인을 내포하는 이러한 신화의 창조를 통해 미래를 투시한다. 그것은 측정이나 계산을 통해서 도달한 과학적 진리의 선언이 아니라 삶과 시간에 대한 총체적 직관을 통해 도달한 신화적 진실의 표명이다. 승리는 그러므로 권력의 순간성과 촛불의 영원성에 대한 단언이다.

집단지성과 봉기의 새로운 기술

촛불 자체가 봉기의 새로운 기술이다. 촛불은 생명의 소망과 기원을 의미한다. 이러한 점에서 그것은 파괴와 죽음을 의미하는 총과 대립한다. 촛불은 총과는 달리 어떤 위계도 생산함이 없이 모든 사람들을 수평적으로 연결하는 삶정치적 무기로 기능한다. 촛불은 서로 옮겨 붙으면서 전염하는 점에서 대도시에서 가능한 들불과 같다.

온라인 게시물들도 권위를 창출하기보다 생산되고 전염된다. 그것들은 논리적이기보다 감성적이다. 100여 년 전 레닌은 전국적 정치신문의 발행이 혁명의 선전가와 선동가요 조직가가 될 것이라고 주장했고 그것의 실현인 『이스크라』는 실제로 중요한 기능을 수행했다. 오늘날 촛불봉기의 전국적 전 세계적 신문이 있다면 그것은 아고라이다. 아고라는 그러나 선전과 선동의 매체가 아니라 정보의 취합과 토론, 그리고 결정의 생산 공간으로 기능한다. 투쟁의 대의와 목적과 방향과 기술 모두가 이 인터넷 토론을 통해 결정되어 나온다. 그것은 다양한 온라인 커뮤니티들로 펌질되어 전파된다. 아고라는 우리 시대의 다중지성, 집단지성의 코뮌으로 기능한다. 물론 아고라에서의 결정은 결코 최종적이지 않으며 권위를 갖지도 않는다. 오프라인 집회나 시위 공간에서 새로운 견해에 직면할 때, 새로운 문제에 봉착할 때 즉석에서 다시 토론되어지며 새로운 결정을 생산한다. 오프라인에서의 새로운 결정들은 다시 아고라에 전송되고 토의에 붙여지며 새로운 피드백을 생산한다. 봉기의 기술이, 선전과 선동을 통한 조직화의 기술에서, 토론을 통한 결정과 그 결정들을 네트워킹하는 기술로 진화하고 있는 것이다.

생중계 방송은 아고라와는 다른 방식으로 오프라인과 온라인을 연결하는 중요한 기능을 수행하고 있다. 오프라인 공간에서의 운동이 온라인으로 직접 생중계됨으로써 봉기는 공간을 건너뛰어 생중계를 보는 시청자들의 사건으로 실시간으로 작용했다. 그것은 봉기의 힘을 수배나 증폭시켰다. 생중계 방송의 시청자는 단순한 구경꾼이 아니다. 그들은 채팅창을 통해 집회나 시위를 지지하는 여론을 생산하고 그것을 평가하면서 새로운 대안을 제시하는 디지털 봉기자로 사건에 참가하는 주체들이었다. 이들은 모니터 앞의 단순한 유저가 아니라 실시간으로 소통하고 행동하는 사람들이었다. 생중계는 사건의 현장을 알려주면서 시청자가 언제 어디로 이동하여 오프라인 운동에 합류할 수 있는지를 안내했다. 그리하여 운동이 활동과 휴식의 분업을 통해 장기적으로 지속될 수 있도록 만들었다. 2008년 아마도 한국에서 최초로 이루어진 것으로 보이는 **봉기의 생중계**는 아마도 세계 최초로 혁명이 생중계된 사례일 것이다. 2003년 CNN에 의한 **전쟁의 생중계**는 전쟁을 스펙타클한 컴퓨터 게임으로 만들면서 이라크 민중의 신체의 찢김과 피와 죽음을 삭제시켰다. 인공위성에서 실시간으로 촬영해서 생중계된 전쟁은 최신무기의 시연장이며 군사과학의 경이로운 발전에 대한 찬탄을 불러일으키는 제국의 기관이었다. 단 한 방울의 피도 화면을 물들이지 않으면서 1개월 가량 계속된 전쟁 생중계는 일상의 한 가운데 그것의 무료를 달래는 스펙타클로 자리잡았다. 하지만 아프리카 방송, 라디오 21, 민중의 소리, 6.15TV, 오마이TV 등을 통해 생중계된 혁명은 이와 정반대의 효과를 생산했다. 방패로 머리를 찍고 군화로 여학생을 밟는 폭력적 동작 하나하나가 생중계되면서 폭력경찰과 권력의 폭력에 대한 공분을 불러일으켰다. 그것은 다중들을 지속적으로 결집시키고 대류시키는 삶정치적 디지털무기로 기능했다.

개개인이 들고 나온 카메라나 핸드폰카메라 역시 현장을 생중계하는 역할을 수행했다. 그것들은 생중계 TV의 대형 카메라와 협동하여 억압권력의 행동을 제한했고 최소폭력적인 봉기의 실재와 그 대의를 널리 확산시켰다. 카메라와 캠코더의 힘은 수천만의 눈을 혁명의 현장에 이끌고 와서 그 감시자가 되도록 함으로써 지금까지 3개월여에 걸친 항쟁의 지속에도 불구하고 확인된 사망자가 아직은 없는 유례없는 무혈 혁명운동을 창출하는데 기여하고 있다. 이것은 모든 감시의 시선이 계엄군에 의해 차단된 상태에서 고립적으로 포위된 광주 시민들에게 무차별적인 폭력이 행사되었고 엄청난 생명이 희생되었던 것과 비교될 수 있는 것이다.

이전에 시위대들을 일사분란한 대오로 편성하고 소속에 따라 대오를 결집하는 기능을 수행했던 깃발들의 기능은 퇴화한 반면 개개인들이 만들어온 개성적인 피켓들이 봉기집단 내부에 흥미와 연대감을 가져오는 것으로 기능했다. 대중화된 포스터잇을 이용한 자유메모 게시판도 눈에 띄게 많이 확산되었다. 여기에 농악대, 관악단, 록밴드, 자유드럼대 등이 뒤섞여 봉기에 예술적 흥취를 더했다. 특히 시민악대는 장시간의 거리행진과 대치현장에서 지친 시위대들에게 힘을 주면서 시위의 불가분한 일부로 기능했다.

봉기의 방법들로 가장 일상적이었던 것은 집회이다. 집회는 초기의 자율집회로부터, 대책회의가 꾸민 연단을 활용하는 것으로 나아갔지만[8]

그 연사는 단체의 간부들이나 실무자 중심이었던 이전과는 달리 일관되게 중고등학생, 대학생, 회사원, 주부, 할아버지 등 일반시민들로 구성되었다. 자유발언들은 다양한 의제들이 참가자들에게 공유되는 시간으로 기능했다. 5월 24일부터 시작된 거리시위는 합법의 틀 내에서 전개되는 집회의 한계를 뛰어 넘으면서 도로를 점거하여 행진하는 것이었고 이것은 집회 참가자들에게 커다란 자신감을 불어넣어 주는 것으로 작용했다. 거리행진은 연도에서 관망하던 많은 사람들을 시위에 합류시켰다. 거리행진은 결국은 어떤 순간에 경찰 및 전경과의 대치로 이끌었는데 여기에서 벌어진 시간이 오래 걸리는 싸움은 생중계와 현장 사진을 통해 유통되면서 촛불봉기를 사회적 이슈로 만들어내는 것으로 기능했다. 특히 5월 31일에서 6월 1일의 거리시위와 대치에서 발생한 경찰폭력은 이명박 정부를 고립시켰고, 6월 10~11일까지 명박산성 앞에서 전개된 스치로폼 투쟁과 그를 둘러싼 논쟁, 그리고 6월 21~22일 국민토성을 통한 바리케이드 넘기 등은 법질서 그 자체가 사람들의 삶을 제약하고 있는 거대한 폭력체제임을 고발했다. 6월 5일에서 8일까지 이어진 72시간 릴레이 촛불집회와 6월 21~22일까지 이어진 48시간 국민행동은 참가자들의 정서적 연대감을 고취시켜 내는 데 기여했다. 또 6월 19일과 6월 24일에 있었던 국민대토론회는 정부의 배후 주장이 얼마나 근거 없는 것인가를 공개리에 반박하면서 봉기의 발전을 위해 더 큰 지혜와 지성과 지식이 필요함을 느끼도록 만들었다.

    촛불집회는 6월 5일을 전후하여 대학생들의 동맹휴업을 이끌어 냈고 6월 13일에는 화물연대의 파업과 결합되었다. 그리고 6월 16일에는 다시

---

8. 아고라의 경우 동화면세점 앞에서 독자 집회를 지속적으로 꾸려 나갔다.

건설노조의 파업과 결합되었고 이것은 학생이나 노동자와 같은 전통적 사회계급이 촛불봉기와 결합하는 계기가 되었다. 촛불봉기를 계기로 민주노총의 총파업 계획도 힘을 받고 있는 중이다.

무엇보다도 눈에 띄는 것은 소비자운동의 주무기인 불매운동이다. 조중동에 대한 네티즌들, 주부들의 불매운동은 이들 신문에 대한 광고게재 기업들에 대한 불매운동으로까지 이어지면서 (광고게재를 철회한 기업들에 대한 매매운동도 결합되었다) 이들 신문의 일일 발행면을 실제로 줄이지 않을 수 없도록 압박했다. 소비자 운동적 관점은 권력에 대한 소환(리콜) 요구로까지 연결되었다.

촛불봉기에서는 거대한 연대와 공통화의 힘이 솟구쳐 나왔다. 대책회의를 위한 모금은 물론이고 부상자를 위한 모금운동이 빠르게 가동되었다. 시위대를 위해 물, 김밥, 우의, 빵, 라면, 커피를 제공하려는 자발적 기부운동이 놀랄 만큼 강렬하게 작동했다. 아예 라면과 떡볶이를 팔던 노점상 다인아빠(김경민)는 촛불집회 시간에는 아예 철시를 하고 시위대에게 라면과 커피를 무료로 제공했다. 촛불다방은 커피와 라면을 제공했을 뿐만 아니라 때로는 시위의 방향제시를 하는 안내자로 참여했다. 경찰의 보복행위로 볼 수밖에 없었던 촛불다방 차량의 압수견인과 사장 연행은 시위에 먹을 것을 공급하는 활동이 얼마나 중요한가를 반증하는 것이었다. 봉기대오는 마치 그것이 이미 현존하던 공동체였던 것처럼 그 헤아릴 수 없는 이질성에도 불구하고 서로간의 깊은 협동능력을 보여주었다.

촛불권력의 현재적 장애와 한계

촛불권력은 부단히 자신을 열어가는 생성중인 권력이며 상황에 따라서는 자신을 잠재력으로 닫을 제헌권력이다. 그러므로 이 권력의 시작과 끝은 가시적이지 않으며 명확하지도 않다. 그렇지만 촛불권력은 무에서 생성되는 권력이 아니라 부르주아 사회의 태내에서 생성되고 있다. 거기에는 실험과 창조의 광대한 시공간이 열려있지만 어떠한 보장도 존재하지 않는다. 촛불권력은 역사의 흔적들을 강하게 간직하고 있으며 그 생성의 강도가 약할 때에는 과거가 그것을 덮쳐 그 새로움을 전적으로 회수할 수 있다. 과거의 역사는 그것에 장애로 다가오고 현재의 생산은 그것에 가능성과 더불어 한계를 부여한다. 여기서 그것이 직면해 있는 몇 가지 장애와 한계를 살펴보자.

우리는 촛불권력의 자발성과 자율성에 대해 앞서 언급했다. 자발성은 자율성의 의지를 갖추고 그것을 물질적 제도로서 구축할 때에, 그리하여 그것으로 낡은 것을 해체하고 또 대체할 때에 확실한 전진을 이룰 수 있다. 촛불권력은 어떠한가? 분명히 촛불은 상당히 확실한 권력적 실재성을 갖추었음에도 불구하고 자신을 실재적 권력으로 느끼고 그것을 행사하는 단계로까지 나아가지는 않았다. 대리주의/대의주의적 정서와 의식이 촛불봉기 속에 광범위하게 존재하고 있다. 촛불봉기는 많은 경우에 자신을 국가권력을 순화시킬 압력운동으로 생각하며 차기선거에서 투표를 통해 실효를 거둘 예비행동으로 생각한다. 현 정권을 퇴진시키고자 하는 사람들도 그 빈 공간에 자신을 더 잘 대의할 새로운 권력자를 앉혀야 하는 것이 아닌가 생각한다. 직접민주주의는 대의민주주의의 보충물일 뿐 그 자체로 자립적인 것이 아니라는 생각은 촛불봉기의 '영웅' 진중권에 의해서도 공공연히 발언되고 있다. 촛불은 투쟁의 기관, 봉기의 기관일 수는 있어도 권력의 기관일 수 없다는 오랜 대의주의의 유산이 촛불을 짓누르고 있다. 그래서 제도권, 의회 속으로 촛불의 의제를 가져가야 한다는 최장집의 주장은 심각한 도전 없이 유통되며 심지어 『경향신문』과 『한겨레』까지 그의 입장을 주목해야 할 입장으로 대서특필한다. 그러나 대리주의/대의주의는 강력한 자발성과 자율성을 갖는 촛불의 생리와 융합될 수 없다. 대의주의 경향은 촛불의 침식과 소거를 가져올 위험성으로 봉기 내부에 상존하고 있다.

촛불이 자신을 어떤 형태로 권력화할 것인가 하는 문제는 잠복되어 있을 뿐 아직 충분히 현실화되지 않고 있다. 현실화된 최대의 권력화 형태가 기존의 정치적 문화적 권력형태들에 대한 서포터나 팬, 소비자로서의 권리행사이다. 왜 좀 더 적극적인 권력형태에 대한 추구가 나타나지 않는 것일까? 우선 외부적인 원인을 생각해 볼 수 있다. 촛불은 순수한 것이며 정치적인 것이 아니라는 이미지는 조중동을 비롯한 언론권력들을 통해 수 없이 반복된다. 그것이 정치적인 것이 될 때에는 배후의 조작이 있는 것이라는 선동이 그것이다. 이들은 끊임없이 촛불의 정치적 진화를 '변질'로 악평한다. 이것은 촛불을 든 사람들 속에 잔존하고 있는 낡은 정서들을 자극하여 어린이나 청소년이나 여성을 보호의 대상으로 삼는 가부장적 감정을 발동시킨다. 이것은 다른 유형의 대리주의이다. 그리하여 봉기에 나선 촛불들 내부에 위계와 구별을 도입하고 촛불들 일부를 대상화하면서 각자 특이한 촛불들의 자기가치화와 자기조직화의 가능성을 침식한다.

이러한 대상화는 자기자신에 대해서도 작용한다. 이미 인터넷에는 무수한 코뮌들이 존재한다. 아고라는 촛불봉기를 통해 그 실재하는 코뮌들의 합류점, 네트워크들의 네크워크로 떠올랐다. 그런데 이러한 실재하는 맹아적 코뮌들의 권력적 잠재력이 저평가되며[9] 이 코뮌적 잠재력의 연결을 통해 촛불자신의 권력화(실제로는 준권력화이다)가 가능하다는 생각은 힘을 얻지 못한다. 이것은 자기자신에 대한 대상화이다. 여기에 자신을 비정치적 존재로 혹은 정치적으로 무력한 존재로 여기는 낡은 사고패턴이 작동한다. 촛불의 지역적 국제적 확산을 통한 촛불의 정부화의 가능성이 있음에도 불구하고 그 가능성은 이러한 자기대상화를 통해 억제된다. 그래서 촛불은, 어떻게 권력으로 자신을 구성할 수 있고 그 권력은 근대의 국가의 권력과 어떻게 달라야 하는가라는 당면한 문제는 은폐되거나 유예된다. 이리하여 이것은 현재의 쟁점을 부단히 국가권력 문제로, 아니 현존하는 정부를 동일한 권력 구조 위에서 다른 정부로 대체하는 문제로 환원하는 한계로 작용한다. 촛불이 제기했던 국민소환제 요구는 대표자에 대한 소환과 해임을 통해 권력이 대표자에게 귀속되지 않고 선출자에게 귀속되는 권력에 대한 상상을 표현한 것이었다. 이것은 촛불정부가 갖추어야 할 제도들에 대한 예상들의 일부이다.

촛불봉기가 제기하고 있는 문제들, 생명의 안전을 비롯하여 사회적 삶의 안전과 행복과 존엄을 회복하는 문제들은 현재의 세계자본주의 질서에서 일국적 방식으로는 결코 풀릴 수 없는 문제이다. 그만큼 문제의 폭은 깊고 넓다. 미국산 쇠고기가 아니라 하더라도 동물성 사료를 먹이고 있는 모든 소들은 생명을 위협한다. 오늘날 먹거리 중에서 과연 생명

---

9. 평의회 건설을 주장하는 사람들도 현존하는 코뮌들의 잠재력에 대해서 눈돌리지 않음으로써 촛불에 대한 과소평가, 자기대상화를 조장하는 경향이 있다.

을 위태롭게 하지 않는 것이 단 하나라도 존재하는가 의문이 들 정도로 우리의 생명은 위험에 적나라하게 노출되어 있다. 그러므로 촛불의 문제의식은 그 근본에서 인류적이며 보편적인 것이다. 촛불이 대한민국이라는 국가의 문제만을 제기하고 있는 것이 아니라는 점을 고려할 때 대한민국에 대한 반복되는 호소, 태극기의 사용, 국민주권에 대한 잦은 호소, 애국주의적이고 민족주의적인 선동구호 등은 투쟁력을 결집하는 장점이 있는 반면에 다시 그 투쟁의 전 지구적 확산을 가로막는 한계로 작용한다. 촛불봉기가 국내에 살고 있는 비시민들, 비국민들의 자유로운 참여를 가능케 하려면 그리고 투쟁의 전 지구적 확산 속에서 인류인적 연대를 생산할 수 있으려면 봉기의 잠재적 주체들 사이에 경계를 도입하는 구호들, 상징들의 사용을 자제하면서, 그리고 전 세계인의 삶정치적 연대를 호소하는 구호나 상징들을 더 많이 사용하면서 헤아릴 수 없을 만큼 다원적인 주체들 사이에 주권이나 국가와 같은 전통적 통일수단을 빌리지 않는 새로운 공통화의 수단들, 무기들, 장치들을 더 많이 확보해야 할 것이다.

촛불봉기의 쟁점과 새로운 과학

봉기의 주체성 : 다중

촛불봉기 참가자들이 서로를 호명하는 주된 이름은 국민이다. 시민이라는 이름도 널리 쓰인다. 민중이라는 용어는 드물게만 사용된다. 노동자, 학생, 주부 등의 직업명이 사용되기도 하고 어린이, 청소년 등의 세대명이 사용되기도 한다. 서민이라는 계층명이 사용되기도 한다. 여성 남성 등의 성별 이름이 사용되기도 한다. 이들 중에서 온라인에서 활동하고 서로 연결되는 사람들은 네티즌이라고 불린다. 그렇다면 네티즌은 국민인가? 네티즌이 전 지구적 온라인 연결망인 인터넷에 접속되어 있는 한에서 네티즌은 국민의 경계를 넘어선다. 설령 한국어 사이트만을 방문하는 사람들이라 할지라도 그 이름은 국민이라는 용어로 환원될 수 없는 잉여를 갖는다. 여성 남성 어린이 청소년 등도 국민으로 환원될 수 없다. 그렇다면 이 다양한 세대들, 계층들, 직업들을 포함하고 있는 이들, 촛불봉기의 주체들은 누구인가?

이들은 대한민국의 국민인가? 한편에서는 그렇다. 이들은 대한민국 헌법 1조의 실효화實效化를 주장하고 있으며 이명박 정부가 미친소 수입을 결정한 것을 미국에게 주권을 양도한 것으로 규탄한다는 점에서, 다시 말해 검역주권을 비롯한 주권들의 회복을 주장하는 점에서 대한민국의 진성 국민이다. 하지만 다른 한편에서 이들은 국민이 아니다. 왜냐하면 이들은 국민으로서 국가로부터 보장받아야 할 여러 권리들(생명권, 건강권 등)[10]을 정면에서 거부당하고 있다는 점에서 더 이상 국민이 아니다. 이들은 국가로부터 쫓겨난 망명자들이며 스스로 제헌의 주체로 나서지 않고는 생명조차 보장받을 수 없는 사람들이라는 점에서 국가 없는 국민이다. 국가 없는 국민은 더 이상 국민이 아니며 새로운 유형의 권력을 창출함으로써만 해방될 수 있는 다수의 사람들인 다중이다. 이들은 대중인가? 거리와 광장에서 서성거리고 있는 많은 사람들이라는 의미에

---

10. "원치 않아도 고시에 의해 수입된 미국산 쇠고기를 먹을 수밖에 없고 이로 인해 '인간 광우병'을 발생시킬 가능성이 현저히 증가하기 때문에 헌법이 보장한 생명권, 신체불훼손권, 행복추구권, 보건권을 침해하는 것이다"(심상정).

서 이들은 분명 대중이다. 이름 없는 사람들의 집합이라는 점에서 이들은 분명 대중이다. 하지만 이들은 전위를 거부하며, 지도를 거부하며, 배후를 거부하고 자신이 곧 배후이고 각자가 스스로의 지도자이고 모두가 서로의 지도자라는 점에서 대중이 아니다. 이들은 그 어떤 자임하는 전위들보다 먼저 누웠다는 점에서 대중이지만 새로운 시간을 맞아 그 어떤 자임하는 전위들보다 먼저 일어서서 촛불을 든다는 점에서 전위이다. 이들은 대중이기도 하고 전위이기도 한 저 풀같은 투사들로 나타나고 있다. 이들은 대중들이지만 일반적인 대중과는 달리 무차별적인 양적 집합이 아니다. 이들은 피켓에 고유한 자신의 목소리를 담고자하며 자신의 행동 하나하나에 자신의 개성과 특이성을 담고자 하고 또 봉기에의 참가, 참가후의 활동, 귀가의 시점, 여론에 대한 분석과 해석 등을 스스로 하고 또 이후의 활동을 스스로 결정한다는 점 등등에서 특이한 사람들의 공동체인 다중이다. 그렇다면 이들은 계급인가? 분명 이들은 미국과 한국의 권력자들과 부자들을 조롱하고 그들로부터 자신을 구분지으며 그들에 대한 적대와 분노를 표현한다는 점에서 하나의 계급이다. 그러나 이들은 결코 경제적으로 규정된 객관적 통일성을 갖는 계급은 아니다. 무수히 많은 계급들이 하나의 공통의 의제 앞에서 정치적으로 결집된 무리라는 점에서 이들은 다중이다. 국가에 저항하는 국민, 이것은 더 이상 국민이 아니며 자연상태로의 복귀(존재론적 다중) 위에서 새로운 공통되기를 모색하고 있는 다중(정치적 다중)이다. 요컨대 지금의 봉기에서 다중이라는 새로운 정치적 주체가 명확하게 등장하고 있다고 할 수 있다. 유모차에 아이를 태운 아주머니들, 야자(야간자율학습)에서 도망나온 중고등학생들, 예비군복을 입은 민간인들, 민주노총의 조합원들, 대학생들, 회사원들, 실업자들, 농민들······. 등등. 주권에 대항해 저항하는 시민들,

국민들, 노동자들, 이들은 공통되기의 과정 속에 있는 특이성들로서의 다중이다.

권력과 다중의 비대칭성

전통적 항쟁에서 민중은 권력과 대칭적인 전략과 전술을 구사했다. 하지만 다중은 권력과 전적으로 비대칭적이다. 권력은 명령하기를 원하지만 다중은 소통을 원한다. 권력은 일사분란한 군사적 구조를 갖지만 다중은 잡색이며 춤추는 듯한 미학적 구조를 갖는다. 권력은 진지를 방어하고 이윤 체제의 사수라는 뚜렷한 목표를 갖지만 다중은 뚜렷한 장소 없이 이리저리 흐르며 필요한 경우 우회한다. 권력은 경직된 얼굴로 다중과 대치하지만 다중은 그 대치를 즐긴다. 권력은 유한하고 측정가능한 시간 속에서 움직이지만(즉 권력에게는 출퇴근 시간이 있지만) 다중은 무한하고 불가측한 시간 속에서 움직인다(다중의 봉기는 시작도 끝도 없다).[11] 완전히 사라졌다고 생각하는 순간에 다시 나타나는 것이 바로 다중의 봉기이기 때문이다. 한바탕 전쟁이 소강에 접어들고 긴 대치가 계속될 때 권력의 군대는 지루함과 피곤과 고통에 졸며 떨고 있고 다중의 군대는 기차놀이와 군무 그리고 노래로 거룩하다는 말 이외에 다른 표현이 불가능할 축제와 향연의 한 판을 벌인다. 이토록 비대칭적인 두 개의 군대, 두 개의 존재가 있을 수 있을까?

---

11. 그래서 시위대는 전경대를 향해 '퇴근하라!'고 외치면서 봉기를 놀이로서 즐긴다.

봉기의 소수자화

전통적 항쟁들은 권력에 도전하는 것이었음에도 불구하고 그 선두에는 남성, 학생, 노동자들이 서 있었다. 그러나 촛불봉기에서 그 역할은 뒤바뀐다. 봉기 대오 전체에서 여성 참가자가 현저히 늘어나 남성을 압도했으며 경찰과의 대치선에서조차 여성들이 상당한 수를 차지하고 있었다. 전경차에 오르거나 빼는 과정에서도 여성의 참가는 남성에 못지않았다. 그래서 일부 남성들의 입에서 '여성들은 위험하니 뒤로 빠져달라'는 호소가 나오기도 했다. 물론 그러한 호소는 일축되었다. 유모차 부대나 패션, 요리, 인테리어 동호회의 집단참가에서는 거의 전적으로 여성으로 구성된 부대가 출현하기도 했다.

한국 사회의 소외층 중의 소외층인 청소년은 촛불봉기의 초동 주체이면서 봉기에 일관된 역동감을 부여한 주체였다. 청소년들은 자신들을 보호받을 대상으로 간주하는 시선으로 보지 말아달라는 대자보를 세종로 도로바닥에 전시하기도 했다. 차벽에서 차량을 빼내는 대오 한 가운데에서 온몸으로 밧줄을 당기는 어린이를 발견하는 것도 어렵지 않았다. 자유발언에서는 청소년들 외에 노인들의 활약이 두드러졌다. 서대문으로 향하는 거리에서 한 여고생은 조끼를 입고 앉아 있는 노동자들을 대상으로 '노동자들이 촛불집회에 열심히 참가해야 우리가 승리할 수 있다'고 선동하기도 했다. 노동자 헤게모니에서 청소년 헤게모니로의 역전이 나타나는 순간이다. 집회, 시위, 행진, 대치에 이르는 봉기의 전 과정이 소수자화하면서 봉기는 사회의 기존 역관계 및 역할관계를 전복하고 뒤바꾸는 혁명적 역할을 수행했다.

정당 및 정치조직들의 역할 변화

정당들의 위상과 역할도 급격하게 바뀌고 있다. 전통적으로 정당은 대중의 위에서 대중을 이끈다는 목표를 갖고 움직여 왔다. 그러나 이번 봉기의 진행과정에서 한나라당은 대중에 대한 지도는커녕 이명박과 더불어 소환되고 해체되어야 할 정당으로 낙인찍혔다. 민주당은 뒤늦게 장외투쟁한다면서 합류하여 봉기의 성과를 가로채려 했으나 실패한 후 다시 가장 빨리 등원하면서 촛불전선에서 이탈하고 있다.[12] 박사모 역시 늦게 봉기 대오에 합류하여 촛불의 힘을 찬탈하여 복당의 성과를 끌어내고는 이제 촛불을 끌 때라며 재빠르게 촛불에 대립하는 입장으로 돌아섰다. 민주노동당의 강기갑 의원은 쇠고기 정국의 중심에서 대중의 호감을 얻었다. 하지만 당 차원에서 진행한 단식투쟁은 촛불봉기의 진화과정에 묻히고 뒤쳐져 실효 없는 투쟁으로 끝나고 말았다. 민주노동당의 다함께는 앞서 이야기한 것처럼 대중을 지도할 목적으로 행진대오를 이끌다가 참가자들의 불신을 샀다. 이 경험은 이후 다함께가 시위의 적극적 일부로 참여하도록 만드는 계기가 되었던 것으로 보인다. 진보신당의 변신은 흥미롭다. 진보신당은 칼라TV를 통해 봉기의 중심으로 뛰어들어 생중계를 하는 것에 당력을 집중했다. 참가자들의 참가동기에 대한 인터뷰, 대치 상황에서 일어나는 경찰의 폭행을 생중계로 고발하기 등 때로는 시청자들로부터의 정보를 받아들여 신속하고 발빠른 대응으로 봉기의 여러 면모를 신속하고 생생하게 전달함으로써 봉기자들로부터 사랑을 얻었다. 지도에서 중계(매개)로의 진보정당의 이러한 역할 재설정은 변화하는 상

---

12. 이들은 5월 27일부터 다시 대치선으로 복귀하여 물대포나 소화기를 맞는 등 봉기에 몸을 대주는 것으로 자신들의 잃어버린 정치적 권위를 되찾으려 시도했다.

황에서 정당이 어떤 역할을 수행해야 하는가, 어떤 방식으로 진화해야 하는가에 대한 문제를 사고해 나감에 있어 하나의 실험적이고 중요한 참고자료가 될 수 있을 것이다. 이외에 대안권력으로서의 평의회를 건설하자거나 촛불봉기 외부에서 좌파연합을 통한 지도부를 건설하자는 주장들이 있었지만 촛불 그 자체에 대한 내재적 독해와 평가의 부족, 그리고 투쟁경험을 공유하기위한 노력과 그 공유의 수준의 일천함으로 인하여 촛불봉기의 내재적이고 자율적인 지도력을 구축하려는 봉기 대오와 접속하지 못한 채 그 자체로는 중요한 의미를 담는 목소리임에도 불구하고 실제로는 공허한 외침으로 되고 말았다. 이것은 필연적이다. 왜냐하면 촛불의 힘이 무수하게 특이적인 힘들의 접속과 소통, 신뢰와 사랑의 축적을 통해 형성되어 나오는 것이기 때문이다. 그 지도력 역시 그 내부로부터, 때로는 누적적인 방식으로 때로는 돌발적인 방식으로, 형성되어 나오지 않을 수 없기 때문이다. 봉기의 과정 속에서 참가한 다중들과 단단하게 마디로 결합되지 않는 한에서는 아무리 좋은 생각들도 실효를 가질 수 없기 때문이다.

    대책회의의 경우는 어떤가? 대책회의 역시 초기에는 촛불의 특질이 무엇인지 알지 못했고 촛불과의 정확한 접속의 방식을 알지 못했다. 아고라를 비롯한 많은 부분에서 대책회의에 대한 비판이 봇물을 이루었던 것은 이 때문이다. 대책회의는 촛불봉기의 발전과정을 늘 뒤쫓아 가야 했다. 처음에는 집회에 설치한 연단과 마이크부터가 집회의 자발성을 억제한다고 비판되었다. 대량제작되어 뿌려진 손피켓도 같은 이유로 비판되었다. 거리행진에 선도차를 배치하여 시위대를 이끌려는 노력은 시위대를 통제하려 한다는 비판을 받았다. 6월 이후 투쟁이 격화된 상황에서도 자유발언-거리행진-해산으로 이어지는 상투화된 집회방식을 관성적으로 유지함으로써 봉기참가자들의 역동성과 자발성을 억제하고 심지어 투쟁을 침식한다는 비판을 받았다. 실제로 대치의 상황을 회피한 것, 강력한 대치와 돌파가 필요한 상황에서도 확성기로 인위적으로 축제적 분위기를 조성함으로써 역량의 자연스런 재배치를 저해한 것, 6월 21일 경찰과의 대치선에서 일부의 시위대를 빼내어 시청으로 돌아간 것, 7월 5일 시청에 모인 수십만의 사람들에게 실제로는 허구적인 국민승리를 선언하고 적극적 대치를 저지함으로써 무력감을 느끼게 만든 것 등 대책회의가 받은 비판의 종류는 많다. 하지만 대책회의는 이 비판들을 받아들여 나름대로 자신을 변화시키는 노력을 느리지만 계속했다. 특히 6월 13일과 23일에는 여의도 KBS 앞으로 시위대와 함께 이동하여 보수단체들의 폭력에서 촛불들을 지켜내려는 노력을 보였고 6월 21일에는 다음날 아침까지 시위대와 함께 대치투쟁을 계속하는 모습을 보였다.[13] 국민대토론회와 여론수렴모임을 통해 봉기자들의 의견을 경청하려는 노력도 보였다. 이렇게 함께 투쟁하고 아래로부터의 의견을 받아들이려는 느리고도 부분적인 노력만으로도 대책회의를 촛불봉기의 내생적 지도력으로 받아들이려는 분위기가 고조되곤 했다.

촛불봉기는 무엇을 바꾸고 있는가?

촛불봉기는 이명박 정부의 신자유주의 정책들에 대한 강한 거부감을 대중화시키고 있다. 수개월에 걸친 촛불봉기의 지속을 통해 이명박 정부

---

13. 2008년 6월 28~29일의 투쟁에서도 이와 같은 노력을 보여주었다.

의 정책들의 반다중적 친자본적 성격은 백일하에 드러났다. 그러므로 그 정책들이 앞으로 추진된다고 하더라도 그것은 사회적 동의나 합의하에서 이루어질 수는 없을 것이고 오직 강제력에 의지할 수밖에 없을 정도로 되었다. 이명박 정부의 정당성은 돌이킬 수 없이 훼손되었고 신자유주의적 자본주의에 대한 반대는 광범한 사회심리로 자리잡아 가고 있다.

촛불봉기는 수구적인 이데올로기적 권력기구인 조중동의 권력을 크게 침식했다. 조중동은 그간 한국 사회의 보수화를 이끌어온 기관차들이다. 촛불봉기는 매일매일 조중동의 언론행동을 폭로함으로써 조중동의 영토를 현저히 축소시켰고 그 신뢰를 실추시켰다. 봉기기간 동안 광고주들의 광고회피로 『조선일보』의 지면은 대폭 줄어들었다. 촛불봉기는 몇 년에 걸친 안티조선운동이 이루지 못한 것을 불과 몇 개월만에 단번에 달성했다.

촛불봉기는 국가권력과 지배계급 내부에 지배를 둘러싼 경쟁을 야기했다. 강경한 억압노선에 대한 반대가 지배계급 내부에서도 공공연히 나타나고 있으며 현정권의 정책에 대한 의문이 지배계급 내부에서도 증폭되고 있다. 현 정권과 함께 하는 것이 자기가 속한 파벌을 이롭게 할 것인가라는 자기회의가 곳곳에서 드러나고 있다. 현 정권이 궁극적으로는 착취의 안정성을 보장할 수 있는 유효한 길인가에 대한 자문과 회의가 야기되고 있는 것이다. 요컨대 촛불봉기는 새로운 삶의 가능성이 열릴 균열을 만들어 내고 있다.

촛불봉기는 내부적으로 이질적이며 다양한 욕망과 필요를 갖고 있는 사회 각계각층을 반이명박 전선으로 결집시키고 있다. 이러한 상황에서 자행되는 권력의 보수적이고 억압적인 대응은 초기의 시민불복종적 요구를 권력에 대한 저항권적 행동으로 촉발시키고 있다. 이런 가운데 국민총파업이라는 집단행동의 필요성에 대한 주장이 날로 늘어가고 있다. 국민총파업은 노동자 파업을 넘어서 주부, 여성, 회사원, 실업자 등 사실상 노동하고 있는 시민들 전체의 파업일 것이다. 이 삶정치적 총파업은 자본에게는 파국적일 것이며 다중들에게는 (그것이 고통을 수반한다 할지라도) 해방적일 것이다.

촛불봉기는 마치 똑같이 반복되는 듯하면서도 하루가 다르게 진화한다. 매 시간마다 새로운 과제가 주어지고 저항의 새로운 영역들, 차원들이 열리기 때문이다. 촛불봉기가 갖는 이 잠재적으로 전면적인 성격으로 인하여 매일매일 새로운 항쟁의 주체들이 생산되고 있다.

권력의 대응이 위에서 언급한 것처럼 다변화되면서 이에 대응할 수 있는 새로운 방법이 강구되지 않을 수 없고 봉기의 새로운 기술들은 초기의 문화적 차원을 넘어, 군사적 기동적 차원까지 가미하면서 매일 매일 새롭게 갱신되고 있다. 도시 게릴라 같은 시위기술들은 더욱 적극적으로 강구되고 있다.

이 모든 것이 결합되어 제도의 생산자이면서도 제도 바깥에 소외되어 있었던 다중들이 정치의 근원적 주체성이자 힘이며 모든 제도적인 것들은 기존의 상식과는 달리 이 힘에 의존하고 있다는 사실이 매일매일의 실천들을 통해 확증되고 있다.

맺음말 : 미래 운동의 새로운 로두스

촛불봉기는 한국에서 발생하여 전 세계에 유통되고 있고 또 주목을 받고 있는 항쟁의 새로운 형식이다. 촛불봉기는 가장 개인적인 의지들이 모여 가장 정치적인 것을 구성하는 방식이다. 이것은 사전에 조직된 어떤 힘들의 진출이 아니라 아주 미세한 개인적 결의들의 상황적 접속이다. 여기에는 사전에 결정된 어떤 계획도 없고 그렇기 때문에 예정되어 있는 어떤 방향이나 미래도 없다. 공동체의 수준에서 느끼는 굴욕감과 수치심, 권력의 뻔뻔스러움과 기만과 폭력에 대한 분노, 잘못된 권력을 생산한 데 책임이 있는 자로서의 자책, 소수자들과 약자들이 앞장서서 진리를 생산하고 그것을 위해 투쟁하고 있는 데 대한 양심의 가책, 함께 투쟁하는 자들 사이의 끈끈한 사랑 등의 정동이 봉기를 지금까지 세 달이 넘도록 하루도 쉬지 않고 끌고 나오고 있는 원동력이며 수많은 다중들이 항쟁의 체험 속에서 창출하는 집단지성이 이 정서적 공동체를 지성적이고 윤리정치적인 주체성으로 가공하고 있다. 그리고 이 주체성은 아주 오래된 불빛인 촛불을 든 절대적 폭력의 (그래서 상대적 최소폭력을 지향하는) 부대이고 어떤 지도부도 없이 매순간 자기결정을 내리는 다수로 구성된 잡색부대이지만 컴퓨터와 인터넷과 핸드폰으로 서로 접속되고 소통되는 최첨단의 정보부대이다.

이러한 공동체적 주체성이 지금 갑자기 출현한 것은 분명하다. 하지만 이러한 주체성은 탈근대적 생산활동 속에서 이러한 출현을 가능케 할 오랜 예행연습을 거쳤음도 분명하다. 이들의 소통능력은 투쟁의 현장에서 처음 실험해 보는 낯설고 초보적인 것이 아니다. 이들은 공장, 학교,

사무실, 가정 등으로 대표되는 현대의 생산적 삶 속에서 반복적으로 정보적 소통을 연습해 왔고 오늘 그것을 투쟁의 능력으로 전환시키고 있을 뿐이다. 탈근대의 생산은, 근대의 생산에서와는 달리, 구상과 실행의 분리 위에서 위계적 방식으로 이루어지는 것이 아니라 개개인들의 능력을 최대한으로 발휘하게 만드는 방식으로 이루어진다. 이 과정에서 사람들은 스스로가 상황파악, 분석, 계획, 그리고 결정의 주체가 되도록 요구받는다. 요컨대 탈근대적 생산의 과정은 개인들에게 수동적 대중이 아니라 수동적이면서 동시에 능동적인 전인(全人)이 되도록 요구한다. 항쟁의 현장에서 무수한 사람들은 타인의 말을 들으며 정보를 수집하고 자신의 생각을 이야기하면서 지성적 집단을 꾸려내고 구호를 함께 외치면서 투쟁의 공동체를 형성하고 대치, 몸싸움, 퇴각, 도주, 재결집 등의 매 순간마다 스스로 상황을 파악하고 목표를 정하고 물러날 때를 결정하고 다시 모일 때를 기획하는 총체적 인간으로 움직인다. 이런 의미에서 촛불봉기는 탈근대적 생산의 탈근대적 항쟁으로의 역전이다. 이 탈근대적 항쟁이 폭력과 파괴를 최소화하려는 윤리정치적 감각에 의해 이끌리고 있는 것은 우리들이 오늘날 생산 속에서 생명과 소통의 공동체를 만들고 있고 혁명은 폭력적 권력과 강탈적 자본에의 예속상태에 놓여 있는 이 생명과 소통의 공동체를 자립적으로 분리시켜내는 것에 다름 아니라는 자각을 보여주는 것이 아닐까? 촛불은 바로 자본관계에 예속되어 있지만 엄연히 실재하는 이 잠재적 공동체를 비추어 보여주는 삶정치적 무기가 아닐까? 이런 의미에서 볼 때, 앞서 분석한 바 촛불봉기에서 나타나는 여러 가지 특질들은 결코 우연적인 것이 아니다. 그것은 근대적인 것들로 되돌릴 수 있는 것이 아니다. 오히려 그것은 아직 많은 약점들을 갖고 있지만 새로운 삶, 새로운 운동, 새로운 혁명이 자라나와야 할 필연적이고 비가

역적인 터전이다. 정동과 지성의 결합체인 다중지성과 그것의 운동은 운동의 하나의 방법이 아니라 탈근대적 운동의 토대이고 조건이다. 이것은 우리 시대의 모든 진지한 운동들이 발딛고 있는 로두스다. 여기에서 뛰는 길 이외에 어떤 길도 지금은 주어져 있지 않다.

금융위기와 촛불의 시간

미국발 금융위기와 국유화

　미국 주택대출의 절반가량인 5조 3천억 달러가량의 모기지를 보유하거나 보증한 패니메이Fannie Mae와 프레디맥Freddie Mac은 미국 주택시장을 지탱하는 기둥이다. 패니메이는 1938년 주택시장 활성화를 위해 미연방정부에 의해 만들어 졌다. 이후 은행들이 주택담보를 해주면 다시 이를 토대로 증권과 채권을 국내외에 발행하는 방식으로 패니메이의 사업은 운영되었다. 1968년 베트남전으로 재정위기가 오자 패니메이는 **민영화되**었고 패니메이의 독점을 막으려 세운 프레디맥도 민영화되었다. 정부보증기업으로 급성장한 이 두 기업은 12조 달러 수준의 미국 전체 모기지 시장의 절반인 5조5천억 달러를 보증하는 거대기업으로 부상했다.
　최근의 위기는 이 시계를 거꾸로 돌리고 있다. 미국 정부는 패니메이와 프레디맥의 경영을 맡고 자본을 투입하면서 연방주택금융지원국FHFA이 관리인을 파견해 두 업체의 경영을 잠정적으로 책임지기로 했기 때문이다. 두 업체의 재무상태 개선을 위해 미국 정부가 두 회사에 최대 2천억 달러를 투입, 특별 우선주를 매입하기로 한 것은 패니메이와 프레디맥이 다시 미국 정부 관리체제로 들어가게 된 것을 의미한다. 위기 타개조치로 공적 자금을 투입함으로써 신자유주의적 민영화와 반대되는 **국유화** 정책이 다시 도입되고 있다. 그리고 이 국유화 조치는 다른 은행들과 기업들에까지 확대적용되었다. 이러한 조치는 부실화된 금융기관들, 기업들의 부채를 납세자인 미국 국민들에게 전가하는 것에 다름아니다.

언제나 그랬듯이 위기 극복 전략들이 위기를 확대재생산한다. 물질 산업 체제에 대한 아래로부터의 저항이 위기를 불러왔을 때 자본은 지식, 정보, 소통, 정동을 산업의 일부로 포섭하는 전략을 통해 이를 극복하려 했다. 하지만 정보산업은 이른바 '신경제' 하에서 IT 버블을 키우면서 더 큰 위기로 귀착되었다. 이 위기를 극복하기 위한 전략으로 채택된 주택과 토지에 대한 투기 붐(주택담보대출과 그것의 증권화를 통한 경제성장)은 오늘날 전 세계적 금융위기를 불러오고 있는 서브프라임 위기로 폭발했다. 이제 이 위기를 극복하기 위해 석유와 곡물에 대한 투기로의 전환 조짐이 나타나고 있다. 정보, 토지에 이어 에너지가 다시 한 번(그 첫 번째는 1970년 중반의 석유위기였다) 위기극복을 위한 소재로 호출되고 있는 것이다. 하지만 이것이, 위기 극복의 전략들이 더 큰 위기를 불러온다는 지금까지 되풀이된 결과를 벗어나기란 어려울 것이다.

자본주의 위기의 역사 속에서 서브프라임 위기

그렇다면 신자유주의가 수명을 다하고 있는 것일까? 신자유주의의 위기는 자본주의 위기의 역사의 일부이며 모든 위기는 자본주의 질서에 대항하는 아래로부터의 투쟁과 연결되어 있다. 우리는 20세기 이후 세 번의 커다란 위기가 (이윤율의 자기운동의 결과로서가 아니라) 투쟁들과의 관계 속에서 찾아왔음을 확인할 수 있다. 첫째로, 1917년 볼셰비키 혁명과 그에 연동된 유럽혁명은 조금 뒤에 1929년의 공황을 폭발시켰고 이것은 국가자본의 부상을 가져왔다. 이 변화가 자유주의의 붕괴에 이어 동구에서 사회주의를, 서구에서 케인즈주의를, 그리고 제3세계에서 발전주의적 권위주의를 뒷받침한 동력이었다. 둘째로 1968년 케인즈주의에 대항한 전 지구적 운동과 투쟁들은 1974년 공황과 초국적 금융자본의 부상을 가져왔다. 이것이 동구에서 사회주의의 붕괴를, 서구에서 케인즈주의의 붕괴를, 제3세계에서 권위주의의 붕괴를 가져오고 전 세계의 신자유주의적 제국 체제로의 수렴을 가져온 동력이다. 셋째로 1990년대에 들어 1994년의 사빠띠스따 봉기, 1995/6년 프랑스와 독일 공공부문 노동자 총파업, 1996/7년 한국 반신자유주의 총파업, 1999년 이후 일련의 대항지구화 운동, 2001년 9/11 사태, 2001년 아르헨티나 피께떼로 투쟁과 구역의회 및 자주관리 공장들, 2003년의 반전평화운동, 남미의 탈식민적 좌파 블럭화, 2005년 프랑스 벙리외 봉기, 2006년 CPE에 대항했던 프랑스 학생 투쟁, 한국에서의 반신자유주의 촛불봉기 등 일련의 반신자유주의 운동과 이에 따라온 2008년 공황은 지금 신자유주의의 지배를 지속불가능한 것으로 만들고 있다.

지금까지 신자유주의적 제국의 위기는 제국 피라미드의 하층에서 표출되었다. 1982년의 멕시코, 1990년 이후의 일본, 1997년의 동남아, 한국, 브라질, 러시아, 2000년의 아르헨티나 등이 그것이다. 상대적으로 제국의 상층에 놓인 유럽과 제국의 군주국인 미국은 이곳들의 위기를 먹고 성장해 왔다. 미국은 제국의 군대로서 위기를 진압하기 위해 막대한 재정을 지출했다. 그것의 효과는 이중적이었다. 한편에서는 전비지출의 증대로 인한 막대한 재정적자가 나타났다. 다른 한편에서는 미국이 세계를 통합할 수 있다는 국제적 믿음의 증대로 인해 **발권을 통한 부채상계와 국채판매를 통한 달러환류**가 가능해졌다.

미국의 경제는 어떠했는가? 미국은 일본이 침체에 빠진 1990년대에 정보화에 기초한 신경제를 통해 호황을 누렸다. 그러나 2001년 닷컴버블이 붕괴하고 9/11로 인해 경제침체가 심화되자 경기침체를 극복하기 위해 저금리정책과 주택경기 부양정책을 시행했다. 주택경기 부양책은 주택가격을 끌어올렸고 낮은 금리를 조건으로 지금까지 신용에서 배제되었던 소외계층에게까지 신용이 주어졌다. 주택구입 열풍이 불고 주택수요가 많아지자 주택가격이 다시 오르는 순환이 반복되었다.

비우량계층(즉 하층민)에게 주어진 대출금은 어디서 나올 수 있었던 것일까? 새로운 신용공학의 산물인 파생상품기술이 새로운 대출금을 조성하는 기반이 되었다. 이 금융공학은 부채의 증권화와 비이자수입으로의 수입선 다변화, 증권화의 파생적 증폭, 위험의 보험화라는 세 가지 차원을 갖는다.

부채의 증권화란 무엇인가? 증권화란 부채를 상환받을 권리인 대출자산을 거래 가능한 증권으로 변경시켜 자본시장에 판매하는 것이다. 예컨대 은행이 주택을 담보로 채무자에게 자금을 빌려주었다면 은행의 자산계정에는 대출이라는 부채자산이 나타나게 되며, 이 대출자산은 약정된 이자와 원금을 회수하기 이전에는 은행의 대차대조표에 묶여 있어야 할 비유동적 자산이다. 그러나 채무자에게 원금과 이자를 받을 이 권리, 즉 대출자산을 누군가에게 판매할 수 있다면 대출 회수 이전에 은행은 대출을 현금화할 수 있게 될 것이고 또 다른 누구에게 추가로 대출할 능력을 갖게 될 것이다. 이렇게 전통적으로는 은행이 발행하고 보유했던 비유동적 대출(부채자산)을 증권시장에 판매하고 유통시키는 행위가 곧 증권화이다. 증권화는 이렇게 아직 발생하지 않은 가치(부채자산)를 상품화하고 판매할 수 있게 한다.

증권화 과정에서 은행 등이 매각한 기초자산인 주택담보대출(모기지)은 유사한 종류의 다른 대출과 함께 재구성되어 이를 담보로 주택담보부증권MBS, 부채담보부증권CDO 등과 같은 일종의 구조화된 채권이 발행된다. 이렇게 해서 증권화는 은행의 자산 및 부채구조에 영향을 주게 된다. 또한 증권화는 은행의 수익구조와 역할에도 영향을 미친다. 은행이 이제 전통적인 예대업무에서 발생되는 이자수익보다는 부채를 가공해 만들어내는 증권의 발행과 판매에서 발생하는 수수료를 주요한 수입수단으로 삼게 된다. 미국 상업은행의 영업수입 중 비이자수입의 비중이 1980년대에 20%이다가 지속적으로 상승하여 45%까지 치솟기도 했다. 그 중 많은 부분이 증권화와 관련되어 있음을 물론이다.

대다수의 선진 은행들은 금융산업의 통합financial convergence이라는 시대적 조류에 편승하여, 전통적인 예대마진 중심에서 수수료 기반의 상품/서비스, 비은행 금융상품 및 복합 금융상품 등으로 수익구조를 다변화하기 시작했다. 그 결과 미국 은행의 경우 1990년대 총수입대비 비이자 수입은 연평균 9.4%씩 성장하였고, 전체 수익에서 차지하는 비중도 점진적으로 확대되었다.[1]

서브프라임 모기지의 부실을 금융전반의 위기로 확산시키고, 투자은행의 파산을 몰고 온 주범이라 할 수 있는 증권화로 투자은행은 막대한 수수료 수입을 챙겼다. 중요한 것은 이 증권화 과정이 한 차례로 끝난 것이 아니라 2차, 3차로 확대되고 증폭되었다는 것이다. 서브프라임 위기 확산의 주범은 2차 증권화 과정에서 새롭게 발행된 CDO의 부실이다. 1차 증권화 과정에서 발행된 MBS에 카드대출, 자동차대출, 기업대출, 학자금대출 등을 담보로 발행된 다른 증권을 섞어 기원을 알기 어렵게 만든 것이 CDO다. 투자은행들은 CDO를 발행하고 매각할 때 막대한 수수료 수입을 얻을 수 있어서 앞 다투어 CDO의 발행과 인수, 판매에 뛰어들었다. 또 투자은행들은 이 CDO를 또 다른 자산담보부증권ABS과 섞어 3차 증권을 발행했다.

하지만 높은 수익 추구가 높은 위험을 수반하는 것은 필연적이다. 여러 차례에 걸친 증권화 과정을 거치면서 원자산인 서브프라임 모기지가 갖고 있는 위험이 구조적으로 은폐되었을 뿐이다. 따라서 CDO를 발행, 인수, 판매한 투자은행들은 CDO의 채무불이행 위험에 대비하여 채권보증회사(모노라인)와 일종의 보험계약을 체결한다. 이것이 바로 신용파산스왑CDS계약이다. 투자은행이 채권보증회사에 보험료를 내면, CDO에 발생할 수 있는 채무불이행 위험에 대해 채권보증회사가 원리금의 지불을 보증한다. 이제 CDO의 원자산인 서브프라임 모기지에서 부실이 발생하고 채무불이행이 늘어나면, 채권보증회사의 원리금 지불 보증금액이 증가할

---

1. 그러나, 2000년대 들어 과거 10년간의 주요 수익원이었던 비이자 수입비율이 점차 보합세를 보이기 시작했다. 총수입대비 비이자수입 비율이 1999년 25.8%를 정점으로 하여 2000년 이후에는 25%대에서 정체되고 있다. 이러한 경향은 미국 이외의 선진은행 사례에서도 나타나고 있는데, 영국 40%, 독일 20%, 호주 55%대로 주요 선진국 은행의 비이자 수입 비중이 점차 정체되는 상황이다.

수밖에 없고 결국 그것은 채권보증회사의 부실로 귀결되지 않을 수 없다. 이 과정의 누적 속에서 채권보증회사의 보증능력에 대한 불안이 고조됨에 따라 그 회사의 신용등급이 하향조정되고 채권보증회사와 계약했던 CDS 계약의 가치가 재평가되어 결국에는 손실로 계상된다. 이것이 바로 CDS의 평가손이다. 2008년 9월 16일 금융위기의 폭발 이후에도 금융기관들에서 CDS 같은 신용파생상품의 평가손은 계속 늘어나고 있다. 채권채무 관계망의 엄청난 복잡성으로 인해 금융기관들의 추가부실과 추가도산이 언제 어디에서 발생할지도 예측하기 어렵다.

서브프라이머의 입장에서 본 금융위기

이상의 것은 언론과 연구소들에 의해 널리 소개되어 이제 금융위기에 대한 상식으로 통하는 인식양식이다. 다시 말해 이것은 자본의 입장에서 본 금융위기의 메커니즘이다. 이 시각은 서브프라이머들[2]에 대출하는 '위험한' 일을 저지른 금융기관들의 방만함을 꾸짖는 것으로, 그리하여 은행에 대한 관리와 규제의 필요성을 촉구하는 것으로, 그 집약으로서의 은행 국유화 정책으로 귀결되었다. 그런데 서브프라이머의 시각에서 보면 어떨까? 우선 은행의 활동양식을 바꾼 저 수 차례의 증권화가 어떻게 가능해졌는가를 살펴보자.

그것은 우선 서브프라이머들의 형성과 관계되어 있다. 이것은 몇 가

---

2. 이것은 신용위계의 최하층에 있는 사람들을 지칭한다. 그 위에 Alt-A, 그리고 다시 그 위에 프라이머들이 있다.

지 과정들에 의해 촉진되었다. 우선 신자유주의가 중산층을 공격하여 저소득층화하면서 맞벌이 부부가 증가하고 실업자가 증가했다. 여기에 인종차별이 더해졌다. 위계적 인종구조를 창출하는 삶권력 하에서 하층으로 가면 갈수록 신용을 잃어버린 서브프라이머들이 늘어난다. 안정적인 주거를 갖지 못하고 불안과 위험 속에 방치되어 있는 이들의 삶의 안전에 대한 욕망이 모기지에 대한 잠재적 에너지로 축적되어 있었다. 두번째로 신용의 정보화와 위험평가기술의 발전이 증권화(가공자본화)를 촉진한다. 컴퓨터 공학의 발전과 정보화는 신용평가의 기술을 증대시킨다. 정보독점은 점차 (무디스, 스탠다드 앤 푸어스, 피치 등의) 신용평가기관을 권력화한다. 불확실성과 리스크가 점점 증가되는 시기에는 구매자와 판매자들 간의 거래를 용이하게 만드는 기관들의 역할이 더욱 증가되고 점차 이들이 시장을 조직하고 세계를 지배하는 힘을 갖게 된다. 신용평가기관들은 주어진 상황에서 금융행위자들의 집단적 이해를 강화하는 경향이 있다. 이들은 위험에 대한 계측을 가능케 하여 저소득층을 대부시장으로 흡수하는 역할을 떠맡는다. 클린턴 시대에 제창된 이른바 '신용의 민주화'는 이 과정을 표현한다. 증권화는 위험을 분산시킬 수 있는 기술과 조건을 필요로 했을 뿐만 아니라 그 자체가 위험 분산 기술을 내장하고 있었다. 증권화와 복합화, 그리고 보험화가 결합하면서 위험은 인지하기 어려운 저층으로 깊이 은폐되었고 신용평가기관의 권력화를 매개로 이것은 세계시장 전체에 유통되었다. 사실상 서브프라임 모기지와 연계된 증권시장의 전 세계적 확장은 1980년대 이후 고조된 미국(아니 전 세계) 저소득층 가계의 경제적 어려움의 시장화이기도 하다. 서브프라임 모기지 대출자들의 58%에서 채무는 1)과거의 누적 주택지분을 담보로 한 현금대출 2)주택가격 상승분을 근거로 한 추가 대출 3)과거 부채의 모기지로의 통합 등에서 발생한다. 이는 자신의 주택지분을 은퇴하기 이전에 현재의 소비를 위해서 사용한다는 의미이다. 셋째, 정보산업의 버블 붕괴라는 조건 하에서 주택과 토지가 투기의 대상으로 본격적으로 등장한 것이 증권화를 재촉한다. 이것이 미국내 주택수요를 증대시키고 프라임 외에 서브프라임 모기지의 상품화를 가져온다.

이렇게 해서 가능해진 증권화가 위험을 세계화한다. 돌아보면 위험의 세계화는 태환능력을 상실한 달러가 국제화폐로 등장한 것에서 본격화되었다. 이때부터 미국의 발권특권은 세계경제의 핵심문제로 등장했다. 이런 조건에서 미국 헤게모니가 지속되면서 아시아 및 유럽의 경제성장은 미국의 소비증가와 맞물렸다. 미국의 소비가 각 지역들(특히 중국)의 생산을 지탱하고 다시 그 지역들에서 창출된 잉여가 미국의 채권과 증권을 구입함으로써 달러를 미국으로 실어보내는 순환 고리를 형성한 것이다. 이제 미국의 주택금융시장이 세계자본시장과 연결됨으로써 위험 세계화의 새로운 형태가 나타난다. 미국내 투자회사들이 주택을 유동화시켰지만 그 상당부분은 국제자본시장에서 국제적 투자가들에게 판매되었다. 2001년 주식버블이 꺼진 후 미국주택담보대출에 대한 외국인 투자(기관투자가, 연기금운영자, 각국의 상업은행 등)가 급속하게 상승했다. 신용접근을 제한당했던 계층에게 유동성을 제공할 수 있었던 것은 이렇게 하층민의 채무불이행 위험을 체계적으로 구조화해서 세계자본시장에 판매할 수 있었기 때문이다. 세계시장에서 유통되는 주식, 채권 등 거의 대부분의 복잡한 금융증서들은 가공자본의 특징을 지닌다. 그것은 실현될 수도 있고 그렇지 않을 수도 있는 미래 수익에 돈이 지불된다는 것을 의미한다. 신용자본, 가공자본이 금융자본에 의해 매개되는 한, 부실과 파산의 위험은 피할 수 없다. MBS가 새로운 유형의 가공자본이라면, CDS나

CDO는 가공자본의 가공자본에 해당한다.

이른바 '위험의 세계화'를 서브프라이머들의 입장에서 바라보면 어떻게 보일까? 신용에서 배제되었던 사람들이 신용에 접근할 수 있게 된 것은 급진적인 변화의 일부이다. 지금까지 신용체제에서 철저히 배제되었던 가난한 사람들도 신규주택을 저리로 구입하여 살 수 있게 된 것이다. 서브프라이머들에게 이것은 주거생활의 안정을 가져올 수 있다. 게다가 주택가격이 상승한다면 추가대출을 받아 생활비로 쓸 수도 있다. 문제는 주택가격이 하락하면 더 많은 노동을 해서 갚아야 하며 금리가 인상되어도 더 많은 노동을 해서 갚아야 한다는 것이다. 이것이 2006년 이후 실제로 나타날 사태이다. 거대한 수의 서브프라이머들이 파산선고를 받고 주택을 압류당하고 거리로 나앉는다. 이 때 부채관계망에서 서브프라이머의 대극에 있는 금융자본은 국가권력을 이용하여 이 위기의 부담을 국민들(서브프라이머들, 프라이머들 등)에게 전가할 것이다.

신용은 한 사람을 공동체의 성원으로 인정한다는 뜻이며 공동의 사회적 노동관계의 마디로 인정한다는 뜻이다. 신용은 창조될 수 있고 또 창조된다. 이것은 인간들의 공동체, 사회적 노동이 부를 생산할 수 있는 능력의 증폭을 반영한다. 그런데 자본주의 하에서 신용은 사회에 의해 매개되는 것이 아니라 사적(국영이라 할지라도 국가가 지배계급의 이익을 돌보는 사적 기관인 한에서는 사적이다) 금융기관들에 의해 매개된다. 이 때문에 신용은 사회 공동체를 순환시키는 피의 역할을 수행하지 못한다. 신용의 순환이 부단히 사회적 적대를 확대재생산한다. 서브프라이머들의 양산, 억압, 퇴출의 주기적 반복은 그것의 결과이다. 자본의 위험에 대한 보장 방법(이번의 경우 전 세계적인 공동대응으로서의 금리인하)은 일본의 부동산, 동아시아의 주식, 미국의 닷컴, 미국 부동산 등에서 매번 중앙은행들이 화폐를 발행해 채무를 증대시키는 인플레정책으로 나타났다. 인플레이션은 생산되지 않은 부를 분배하는 것이다. 그 분배는 극히 불균형적이다. 이번의 위기 대처 과정에서도 확인된 것처럼 소수의 은행가들, 기업가들이 대부분을 분배받고 국민들이 그 나머지를 분배받는다. 인플레이션은 물가를 상승시킬 수밖에 없는데 그 고통은 노동계급과 빈민, 즉 다중이 전적으로 짊어지게 된다. 그렇다면 대안이 있는가? 금융기관이 매개하는 신용기능을 공동체가 담당하는 길이다. 현재의 은행국유화는 다중들의 희생 위에서 자본의 이윤만을 보장하는 방법에 지나지 않는다.

신자유주의의 위기와 촛불

지금까지 살펴본 것처럼 기층의 서브프라임 다중들이 대출금의 원리금을 상환하지 못하게 될 위험이 상존하는 상태에서 자산은 몇 배로 의제되어 팽창하고 그만큼 위험은 증폭되고 확산된다. 팽창된 금융자본의 부는 다중들이 대출금을 실제적으로 상환하는가 하지 못하는가에 의존하는 것이다. 그것은 다중들의 노동, 협력, 복종을 주춧돌로 삼는 자본이며 민중들의 생산공동체를 살려 낼 수 있는가 없는가에 의존하는 자본이다. 이 금융자본은 파생금융기술의 전 세계적 확산으로 인해 지구 전체에 전염적으로 확산된다. 금융자본의 재생산은 이제 전 세계적 다중들의 생산적 협력을 가치 메커니즘에 포획할 수 있는가 없는가에 달려 있게 된다.

그럼에도 불구하고 신자유주의는 다중들을 끊임없이 생산에서 추방하면서 탈가치화하는 경향을 갖는다. 다시 말해 부채를 진 다중들의 원리금 상환능력이 점점 취약해지도록 만드는 경향이 있다. 그리하여 주택담보대출은 점점 생활비로 소진되는 경향을 갖고 금융적 부는 그만큼 더 큰 위기에 놓이게 된다.

미국의 경우 2005년 주택경기 과열을 저지하기 위해 금리를 올리자 연체율은 높아지고 주택경기는 얼어붙고 모기지은행들은 부실화되며 파생상품에 투자한 투자회사가 위태로워지기 시작했다. 2007년 8월 1일부터 17일까지는 '경악의 17일간'이라고 불리는 서브프라임 모기지 사태의 클라이맥스였다. 2008년 9월 16일부터 약 1주일간은 그것이 투자은행의 붕괴와 모노라인의 붕괴라는 쓰나미로 밀어닥친 시기였다.

이제 이 미국발 쓰나미는 2008년 10월 현재 유럽과 한국, 브라질과 러시아, 심지어 중국으로까지 몰려가고 있다. 1929년 공황과 맞먹는 급격한 파국이 신자유주의 제국의 밑바닥을 흔들고 있다. 달러로부터의 탈출은 그 징후이다. 미국의 화폐주조권seigniorage ; 화폐주조세, 군주의 특권에 대한 도전이 나타나고 있다. 지불준비금(유로 25%), 결재수단(유로 39%, 달러 43%), 채권표기(유로 49%, 달러 37%) 등에서 유로화로의 이탈이 나타나고 있다. 위안화의 도전도 또 다른 변수이다. 새로운 세계통화 없이 세계경제 안정은 불가능하다는 목소리도 점점 높아지고 있다. 이러한 변화의 근저에는 신자유주의 제국이 다중들을 생산적 공동체로 조직하는 데 실패하고 있다는 사실, 역으로 말해 다중이 신자유주의 제국 체제의 외부로 탈주하고 있다는 사실이 있다. 그 탈주가 추방과 배제의 결과인가 선택적 도주의 결과인가는 중요치 않다. 한국의 서브프라이머들이 켠 촛불은 위기를 밝히는 힘이자 동시에 위기의 힘이다. 그렇기 때문에 촛불은 위기를 회피할 것이 아니라 위기 속에서 자신의 힘을 확인하고 세계를 변형시키는 자신의 힘이 그 속에서 전진적으로 움직이고 있음을 주목해야 한다. 위기는 새로운 세계를 발명하라는 요청이다. 이제 촛불-다중은 이 위기를 미봉하는 것을 거부하면서 이것을 새로운 삶, 새로운 권력을 구성할 계기로 만들어야 한다. 과거가 우리에게 줄 수 있는 모델은 없다. 촛불-다중의 시간을 상상력이 이끌도록 하자.

2부

촛불 현장에서: 기록과 성찰
뉴라이트 한국과 촛불
사회운동의 새로운 순환과 촛불
촛불봉기의 주체성
촛불봉기의 특이성
촛불의 헤게모니와 민주주의의 전망
촛불의 쟁점들

뉴라이트 한국과 촛불

현대의 자본순환과 뉴라이트

    2008년 9월 9일 조계사 밤 10시 경. 서울역에서 집회를 마친 비정규직 노동자들이 회칼테러가 있었던 조계사로 왔다. 하지만 그 시간에 조계사에 있던 사람들은 이른바 '대통령과의 대화'라는 TV 프로그램을 보기로 했고 이 때문에 집회 대오는 삼삼오오로 흩어져 있었다. 비정규직 노동자들은 조계사 입구 공터에서 간단한 정리 집회를 갖고 다시 돌아갔다. 촛불과 비정규직노동자들은 이렇게 대화를 나누지 못한 채 스쳐 지나가게 되었다. 촛불운동과 비정규직 노동자 운동의 관계, 그 단면을 보여주는 한 장면이다. 지난 수개월 노동운동과 촛불운동의 상호이해가 심화되어 온 것은 사실이고 이것은 이후에 중요한 자산으로 기능할 것이다. 하지만 아직 두 개의 운동 사이는 서먹서먹하다. 왜 그럴까?

두 운동의 공통지반이 발견되지 않고 있고 실질적 연대의 차원이 구축되지 않고 있기 때문이다. 지배당하는 자와 추방당한 자 사이의 심리적 연민은 형성되어 있지만 두 운동을 잇는 실제적 다리가 발견되지 않고 있기 때문이다. 투쟁의 수준에서 이 두 개의 운동이 순환관계를 구축하고 있지 못하기 때문이다. 그렇다면 이 두 운동은 본래 순환관계에 있지 않은 운동인가? 그렇지 않다. 운동을 근거 짓는 자본의 순환에서 이 둘을 살펴보자. 매우 거시적인 시각을 요구하는 것이므로 장황해지지 않도록 최대한 간결하게 서술하자.

전 지구적 뉴라이트는 신자유주의/신보수주의이다. 이것은 공장을 축적 기반으로 하기보다 (공장을 그 일부로 삼는) 사회를 축적기반으로 하는 초국적 금융자본 주도의 자본주의이다. 화폐(달러, 유로, 엔, 위안 등), 금리, 환율, 주가 등은 뉴라이트 정치의 핵심적 무기이다. 화폐정치가 뉴라이트 정치의 본령이다. 올드라이트 중에서 케인즈주의 정치는 조세와 재정을 핵심적 무기로 삼았고 자유주의 정치는 공장착취를 핵심적 무기로 삼았다. 뉴라이트 정치에서 올드라이트 정치의 두 무기들이 사라지는 것은 아니다. 그것들은 재배치되어 금융축적의 밑바닥에 놓이게 된다. 뉴라이트는 노골적으로 부자들과 자본가들을 위하는 정치이다. 삶의 모든 것을 사고 팔 수 있는 것으로 만들면서 그 매매행위에 축적의 논리를 부과한다. 모든 교환 행위, 매매행위, 소통행위에는 이자$_{interest}$가 발생해야 한다. 소통으로서의 삶이 이자 체제에 포획된다. 신자유주의적 축적은 삶의 위기를 먹고산다.

미국은 뉴라이트 정치에서 태풍의 눈이다. 달러 기축을 유지함으로써 세계자본의 순환을 보장하기 때문이다. 달러기축을 유지하는 방법은 전쟁을 하는 것이다. 미국의 전쟁비용은 군수물자를 통해 벌어들이는 수입보다 훨씬 더 크며 승전을 통해 확보하는 전리품(석유, 광산자원 등)의 가치보다 훨씬 더 크다. 전쟁은 달러에 대한 믿음, 달러에 대한 전 지구적 복종을 구축하는 방법이다. 이로 인해 국가로서의 미국의 경제는 끝없는 위기를 겪고 있다. 재정적자, 무역적자, 이른바 쌍둥이 적자. 천문학적 적자가 누적되어감에도 불구하고 미국이 버틸 수 있는 동력이 바로 달러에 대한 믿음, 달러에 대한 세계 화폐들의 복종에서 나온다. 미국은 국채의 판매를 통해 적자를 메운다. 국채는 그 국가의 존재에 대한 신용(믿음)을 근거로 한다. 권력에서 기인하는 검은 돈들, 노동자들의 소득에서 기인하는 보험금들(국민연금, 건강보험 등)이 미국의 국채를 사들이고 이를 토대로 달러가치가 유지되며 이로써 미국의 적자를 그때그때 보전할 달러가 확보되어 왔다.

서브프라임 모기지(비우량 주택담보대출) 사태는 이 위기의 표현방식이다. 국가보증기업 프레디맥과 페니메이의 부실은 확실해졌다. 미국 정부는 두 기업에 2천억 달러의 긴급공적자금을 투입함으로써 부도를 막으려 한다. 5조 3천억 달러의 거대한 부실을 안고 있는 두 기업의 부도를 국가의 신용으로 막으려 할 때 미국 정부의 부실이 따라올 것이고 이것은 미국의 신용을 크게 떨어뜨릴 것이며 미국 국채의 판매는 급감될 것이다. 유로화를 비롯한 다른 화폐로의 전환이 불을 보듯 뻔하다. 군사적 군주국으로 제국체제, 즉 신자유주의적 세계자본주의를 유지하는 미국은 심각한 위기에 빠져 있다.

FTA는 위기에 빠진 미국이 동맹국이나 주변국의 자산과 노동을 미국의 경제위기를 극복하기 위한 자원으로 끌어들이는 방식이다. 모든 장벽의 철거를 통해 노동, 상품, 원료, 자본의 자유로운 이동을 보장함으로써 FTA는 위기경제의 영역을 확대하고 위기의 폭발을 유예하며 위기를 더 큰 규모에서 생산한다. 한미FTA는 그 작업의 일환이다. 한국 정부는 더 많은 돈을 끌어들이기 위해 (그러나 금융자본의 유입은 항상 불안정하며 단기계약 이후에는 언제든지 떠날 수 있다), 그래서 더 폭넓은 이자행위를 하기 위해 FTA를 원한다. 지금 수익을 남기는 데 큰 공헌을 하지 못하고 있는 모든 산업들(농업, 교육투자)과 그 종사자의 삶의 희생 같은 것은 관심 밖이다. 생명, 사회정의, 윤리, 평등, 자유 등등의 모든 가치는 관심 밖이다. 미국 경제만이 위기가 아니라 세계의 경제가 항상 위기이다. 위기는 신자유주의 경제의 생리이다. 위기를 넘어서야 한다는 명령은 매 시기에 모든 자본에게 부과된다. 그래서 한국의 대자본도 FTA를 원한다. 이렇게 해서 약육강식의 논리가 세계적 규모에 확대된다.

이런 점에서 일국적 뉴라이트는 전 지구적 뉴라이트의 기능마디이다. 이명박 정부는 쇠고기 수입을 통해 FTA를 향한 발걸음을 재촉했다. 쇠고기 수입재개는 한미FTA 4대 선결과제(쇠고기 수입재개, 약값 재평가제도 개정중단, 자동차 배출가스 기준강화 방침취소, 스크린쿼터 146일에서 73일로 축소)의 일부이다. 4대 선결과제의 해결이란 먹고 치료하고 타고 보는 것에 설치된 안전망을 철거하라는 것이다. FTA는 광범한 민영화조치를 수반할 것인바, 이에 앞서 이명박 정부는 6대 생필품(수도, 전기, 가스, 의료, 철도, 교육)의 민영화를 정권의 운명을 걸고 추진하고 있다. 촛불이 폭발한 지점은 바로 이 **자본순환의 고리**에서였다. 촛불은 생명의 안전과 건강을 위협하는 **자본의 세계화**에 대한 불안과 불만이 쇠고기를 기폭제로 하여 터져 나온 것이다.

신자유주의 정책들이 촛불저항에 직면하여 실현되기 어렵게 되자 뉴라이트 권력은 자신의 도달범위를 넓히고 영역을 다원화하며 강도를 높이기 위한 작업을 본격화했다. 입법권력인 의회에서 한나라당의 영향력을 강화하고(의원수 증가, 복당조치, 보수당들 간의 야합관계 강화) 행정 권력의 핵심인 경찰영역을 강화(경찰기동대 배치, 마일리지제 도입)하고, 사법권력을 종속시키고(검찰과 법원의 행정시녀화), 언론권력을 장악(방송통신위원회, YTN, KBS 장악과 직계인물 배치, PD수첩 시사투나잇 등 정론프로 폐지, MBC 민영화 시도 등등)하고, 국가보안법을 재사용하며, 국정원의 권력을 강화하고 있다.

　이와 더불어 부자들을 위한 정책선물들을 제공하여 지지층의 결속을 강화했다. 상속세, 증여세 등에 대한 감세, 고가주택 소유자를 위한 양도세 감축 등. 촛불에 밀려 잠시 뒤로 미뤄두었던 대운하, 민영화 조치를 시도함으로써 이에 이해관계를 갖고 있는 상층 시민들의 뉴라이트 권력에 대한 지지를 끌어낸다. 이를 바탕으로 촛불을 경제위기의 원인으로 공격하고 좌익, 빨갱이의 소동으로 매도함으로써 촛불에 대항하는 시민전선을 형성한다. 촛불에 대한 민간테러는 이 순환지점에서 발생한다.

　비정규직 투쟁은 그렇다면 어떤 순환지점에서 발생하는 것인가? 비정규직화의 두 가지 조건이 있다. 하나는 경제의 차원에서 이루어지는 비정규직화 드라이브이며 또 하나는 정치의 차원에서 전개되는 비정규직화 드라이브이다. 전자는 기계화와 정보화의 효과이다. 정보화와 기계화는 전통산업의 인력에의 의존도를 낮추고 불필요한 인력을 방출한다. 새로운 비물질적 산업들은 인력에 의존하지만 출퇴근 시간이라는 기계적 시간이나 공장이라는 고정된 장소에 덜 의존한다. 비물질노동은 삶의 노동이기 때문에 24시간 가동되는 경향이 있으며 장소가 사회 전체로 확장되는 경향이 있다. 그래서 출퇴근 시간을 명확히 갖고 공장을 현장으로 갖는 정규직 노동형태가 축소되고 **자유로운** 노동형태가 확대된다. 정확하게 표현하면, 자유로운 노동형태가 평균적이고 정규적인 노동형태로 되는 것이다. 이것이 비정규직화 현상의 전부가 아니다. 위기상황에서 자본은 과잉공급 상태에 이른다. 이 때 과잉에 이른 노동자들을 배출해야만 자본은 위기를 넘기고 새로운 순환을 준비할 수 있다. 1998년 김대중 정부는 IMF 위기를 이용하여 수백만의 사람들을 정리해고 했고 위기의 지속은 이 경향을 지속시켰다. 이후 새로운 자본순환 국면에서 해고된 사람들 중의 일부는 다시 원직에 복직될 수 있었는데 정규고용된 형태로가 아니라 언제든지 해고될 수 있는 비정규직의 형태로였다. 비정규직의 유지는 자본에게는 두 가지 이점을 준다. 첫째, 주기적으로 찾아오는 위기 상황에서 저항 없이 인력을 감축함으로써 자본위기에 대한 대처능력을 키울 수 있다. 둘째, 노동자들을 두 개의 그룹으로써 분할함으로써 노동의 계급적 결속을 저지하고 저항력을 축소시킬 수 있다. 이 순환지점에서 비정규직 노동자 운동이 발생한다.

뉴라이트 정치는 비정규직의 일반화를 통해 살아간다. 그러므로 비정규직 운동 역시 뉴라이트 권력과 적대하고 있다. 촛불과 비정규직운동은 공통의 적을 갖는다. 그런데 왜 두 운동은 서먹한 관계 속에 머물러 있는가? 그것은 현재 두 운동을 이끄는 정치적 방향성 때문이다. 촛불의 안티뉴라이트 투쟁은 시간이 흐를수록 애국, 민족, 겨레, 민족혼 등 낡은 민족주의적 어휘에 잠식되고 있다. 초기촛불에서 보였던 이념적 다양성은 크게 사라졌고 생태주의, 아나키즘, 사회주의 등의 조류는 전선의 주변부로 밀려 나 있는 상태이다. 민족주의는 촛불운동의 세계성, 인류성의 확보를 저해한다. 친일, 매국 척살의 논리는 전 세계 다중의 인류인주의적 연대를 불가능하게 만드는 정치학이다. 비정규직운동은 정리해고된 비정규직 노동자들의 원직복직, 직접고용을 요구하는 당사자 운동으로 되어 있다. 이 운동은 정규직이라는 전통적 고용형태에 대한 애착을 보여준다. 과거에 정규직 고용은 생명안전의 일차적 조건이었음에 틀림없다. 그러나 생명안전은 피고용을 통해서만 보장될 수 있는 것은 아니지 않는가? 소득이 고용을 통해서만 보장될 수 있는 것은 아니라는 것, 노동과 소득은 아무런 상관도 없다는 것은 지난 세기에 케인즈주의 사회들에서 입증되었다. 만약 실업이나 비정규 고용상태에 있다고 해도(사실 이것이 비정규직 노동자수가 정규직 노동자보다 많아진 우리 시대의 정상적 고용양식이다) 소득을 보장받을 수 있다면, 생명안전을 구태여 정규직으로 고용되기를 통해 해결해야할 필요는 없을 것이다. 그러므로 무조건적 소득보장 요구는 비정규직의 생명불안의 문제를 해결하는 수단일 뿐만 아니라 정규직의 해고불안을 해소하는 수단일 것이며 정규직/비정규직의 분할을 통해 지배하는 자본의 통치를 파괴하는 방식일 것이다. 촛불이 민족주의를 넘어서고, 비정규직 노동이 과거에서 투쟁의 꿈을 빌려오는 당사자운동으로서의 성격을 넘어설 때 촛불과 비정규직노동자의 투쟁은 서로 긴밀하게 연결될 수 있을 것이다. 이렇게 해서 이들 두 개의 운동은 투쟁의 선순환 흐름을 구축할 수 있을 것이다.

뉴라이트 우파 정부의 성격 : 순수자본독재

이명박 정부는 모든 것을 다른 그 어떤 것도 아닌 자본의 논리에 따라 재조직하고자 하는 것으로 보인다. 이윤과 수익에 도움이 되지 않는 모든 것, 자본의 입장에서 보면 낭비이자 비효율인 모든 것, 공공적인 모든 것을 해체하고자 한다. 수도, 의료, 건강보험, 철도 등등 모든 국영 혹은 준국영의 기업들도 민간 자본가에게 팔아서 수익을 남길 수 있게 해야 한다는 것이 이명박의 기획이다. 쇠고기 문제를 가격(값싸다) 문제로 환원시켰던 것에서 이미 나타났던 것이다. 생명, 건강, 안전, 행복 등등의 질적 술어는 그에게는 우스갯소리 이상이 아니다. 중요한 것은 경제, 돈, 이윤, 이자, 부, 성장 등 자본의 생명, 자본의 건강, 자본의 안전, 자본의 행복뿐이다. 철저한 자본가가 나타났다. 전두환이 철저한 군사독재의 정치가였다면 이명박은 철저한 자본독재의 정치가이다. 김영삼, 김대중, 노무현은 자본독재의 입장에 섰지만 철저하지는 못했고 어중간한 입장을 취했다. 그 어중간함의 한계가 적나라하게 드러난 것이 노무현 정부에서였다. 이른바 '좌파 신자유주의'! 이명박이 선언한바 경제 대통령이라는 말은 이 어중간함, 기회주의를 떨쳐버리겠다는 의사표현이며 전일적으로 자본의 대통령이 되겠다는 말이며 권력을 철저히 자본주의적인 것으로 행사하겠다는 의지의 표현이다. 오늘날 지배적 자본인 초국적 자본의 입장에서 세상을 바라보는 그에게 국경이라는 것도 장애물이며 국가 그 자체도 수익성 자원 이상이 아니다. 집을 사고파는 것처럼 영토도 사고팔 수 있어야 한다고 생각한다. 이러한 사고법 속에서는 독도도 팔고 제주도도 팔고 한반도도 팔고 그곳에 거주하는 노동력, 즉 국민도 팔 수 있는 것이다. 수익만 남길 수 있다면 그것은 성공한 정책으로 평가될 수 있기 때문이다. 검찰이 수익에 방해가 되는 것(불매운동)을 가장 큰 죄로 '일벌백계'(홍준표)해야 한다는 생각이 나오고 있는 것은 바로 이러한 가치관에서가 아닐까? 만약 그렇다면 오늘날 모든 국가기관은 기업들의 이윤을 지키는 사적 기관이라는 의미일 것이다. 국민들이, 검찰은 국민을 위해 존재하는 것이 아니라 조중동을 비롯한 기업들과 그들의 이윤을 위해서 존재한다고 말할 때 혹시 검찰들은 '그런 지당한 말을 해서 뭐해?'

라고 내심 비웃고 있는 것은 아닐까? 그러므로 이명박 정부에 대한 시각 전환이 필요한 것이 아닐까? 보수주의라거나 '친일파'라거나 민족 '반역자'라거나 '쪽발이'라거나 '독재자'라거나 '무식자'라거나 '쥐'라거나 하는 감성적 접근들을 넘어서 '너무나 자본주의적인 정부', '순수 자본가 정부', 모든 것을 수익성에 종속시킴에 있어 그 어떤 양보도 할 의사가 없는 정부, 우리가 마침내 발견한 '철저히 자본주의적인 정부'로 이명박 정부를 이해해야 하는 것이 아닐까? 이 정부가 동원하는 공격으로서의 빨갱이 카드는 그저 경제의 순수한 발전을 저해하는 위험한 사람들 정도의 의미를 갖는 것이 아닐까? 그의 원천봉쇄, 그의 전경, 그의 정치는 도덕, 민족, 국가, 반공 등의 우파적 이념들과도 무관하며 평등, 자유, 연대 등의 좌파적 이념들과도 무관하고 생명, 생태, 자율 등의 탈근대적 이념들과도 무관한 것, 순수히 반이념적인 '수익성주의－자본주의'를 보여주는 것은 아닐까? 뉴라이트의 정체가 바로 이것인 것은 아닐까? 오늘 내게는 이명박의 정책들 전체를 이러한 시각에서 진지하게 검토하는 것이 반드시 필요한 것으로 느껴진다. 만약 이러한 가정이 옳다면 촛불의 투쟁목표와 투쟁방식과 투쟁주체의 결정에서, 선전과 선동의 방향에서 중대한 변화가 요청되고 있다고 보아야 할 것이다. 민족주의, 애국주의, 민중주의 등의 근대적 정치학과 철저히 결별하면서 자본과, 자본에 의한 국가 해체와, 자본에 의한 공동체 파괴와 어떻게 싸울 것인가를 우리 시대에 걸맞은 방식으로 강구하는 방향으로 나아가는 것. 하지만 철저히 자본가적인 권력과 싸운다는 것은 어떤 것이어야 하는 것일까? 싸움이 지금과 어떻게 달라야 하는 것일까? 이 피할 수 없는 질문 앞에서 우리는 무엇을 해야 하는 것일까? 우리는 지금까지 얼마나 자본관계를 침식했는가? 아니 우리는 지금까지의 싸움에서 자본관계를 공고히 해오지는 않았던가?

우리는 자본주의로서는 어중간했던 김영삼, 김대중, 노무현 권력에 대한 향수에서 벗어날 충분한 준비를 갖추고 있는가? 박정희나 일제 시대 향수에 대해서는 어떤가?

떠오르는 대로 펼쳐놓은 생각들을 정리해 보면 다음과 같다.

우리가 이명박과 뉴라이트, 한나라당, 조중동을 쪽바리, 친일파(민족주의), 매국노(애국주의) 등으로 비판하거나 독재자, 무능력자, 거짓말쟁이(민주주의), 쥐새끼, 쓰레기(경멸) 등으로 비난하고 있을 때, 정작 이들의 진짜 얼굴(친자파를 넘는 순수 자본권력)을 놓치게 되는 것은 아닐까? 그리하여 그들이 얼굴을 숨긴 채 자신들의 권력기획을 성공시키도록 무의식적으로 돕고 있는 것은 아닐까? 우리가 비판, 비난, 욕하고 있는 이명박 정권의 저 특질들 모두가 총화를 이루면서 다른 것을 전혀 돌보지 않는 자본의 수호자로 되어 있는데 만약 우리가 핵심을 놓치고 지엽만을 다룬다면 우리의 싸움은 자다가 봉창 두드리는 엉뚱함으로 그치게 되는 것은 아닐까?

이명박 정부의 반혁명

신자유주의 반혁명

이명박 정권의 반격이 거세다. 입법, 행정, 사법 3권을 이미 장악한 상태에서 자신이 충분히 장악하지 못한 새로운 권력, 즉 언론권력을 장악하기 위해 총력을 기울이고 있다. YTN에 구본홍을 앉힌 데 이어 KBS 신태섭 이사를 축출하고 이 자리에, 2008년 부산 금정구 한나라당 공천

희망자인데다 2007년 한나라당 박근혜 선거대책본부 정책자문단장을 맡았고, 2006년 지방선거 때 한나라당 부산시당 공천심사부위원장을 지낸 부산대 강성철 교수를 앉히려 하고 있다. 이후 정연주 사장 해임이 뒤따르리라는 것은 이미 주지되어있는 것이다.

치안권력의 강화도 보도되고 있다. 2007년 12월부터 훈련시켜온 경찰 기동대(부활한 '백골단') 13개 중대 780여 명이 2008년 7월 25일 전후하여 시위진압 현장에 배치된다는 것이다. 이미 과잉인 상태의 전경과 체포조에 이들이 더해진다면 어떻게 될까? 시위진압은 훨씬 폭력적으로 변할 것이고 만약 시민들의 저항이 계속된다면 그 저항 역시 폭력적으로 바뀌지 않을 수 없을 것이다.

어제 문화제를 진행 중인 청계광장에서도 경찰들의 도발이 계속되었다. 문화제에 참가한 불과 수백 명의 참가자를 앞과 옆으로 완전히 포위한 억압적 분위기에서 문화제가 시작되었던 것만이 아니다. 문화제 도중에 확성기를 장착한 경찰차 한 대에서 종로경찰서 경비과장임을 자처하면서 아고라, 대책회의, 다함께 등을 지목하면서 "아고라, 다함께, 대책위 깃발 여러분은 지금 불법집회를 진행하고 있습니다 자진해산하세요!"라고 명령하는 방송을 했고 야유를 받고 물러갔다가는 다시 더 큰 방송차를 끌고 와 동일한 내용의 방송을 했다. 명확한 표적을 설정한 두 번의 경고가 나온 뒤 다함께와 아고라의 깃발은 사라졌다. 상당수가 노약자와 여성인 문화제인데다가 만약 포위상태에서 침탈한다면 연행이 불가피한 억압적 상황이었기 때문일 것이다.

촛불의 숫자가 줄어들면서 촛불에 반대해온 보수 경향의 시민들의 도발도 잦아지고 있다. 어제 문화제에서 술 취한 한 남성은 '이게 뭐하는 짓이냐!'고 소리치고 스크린을 흔들며 촛불영화제를 방해했다. 그 전날인

일요일 문화제 후에 시도한 거리시위는 청계광장에서 경찰에 의해 막혔고 월요일에는 시도조차 하지 못했다. 주위에 전경이 널린 상태에서 영화제를 방해하다 쓰러진 이 남자를 데리러 달려온 것은 정복경찰만이 아니었고 가죽장갑을 낀 사복경찰들도 있었다. 대부분 귀가하고 몇 남지 않은 시민들에게 이들은 폭행을 할 듯한 거친 표정과 도발적인 언어, 그리고 가죽장갑을 다잡는 몸짓으로 공포심을 조성했다. 한 중년의 시민은 "그래? 때릴 테면 때려봐!"라며 머리를 사복경찰 쪽으로 내밀며 항의했다. 불과 며칠 전만 하더라도 상상할 수 없는 일들이 서울 시내 한 복판에서 벌어지고 있다.

요컨대 이명박의 치안권력은 하루가 다르게 사나워지고 있다. 언론권력이 자신의 수중에 완전히 떨어진다면 의회의 절대다수를 차지한 한나라당을 이용하여 개헌을 시도하리라는 예상들이 여기저기서 나오고 있다. 1972년 박정희는 10월 유신을 단행했다. 그것은 9년을 지속했고 그의 죽음으로 막을 내렸다. 그 후에도 전두환의 강권통치 7년이 이어졌다. 새로운 유신이 멀지 않은 것일까? 시민들이 그것을 순순히 받아들일 것인가? 10월 유신을 시민들이 받아들였던 것은 단지 군사적 억압 때문만은 아니었고 고용 및 소득의 증대를 가져온 경제발전이라는 강력한 유인이 있었기 때문이다. 하지만 신新유신을 위한 정치를 뒷받침할 실질적 유인들이 존재하는가? 물리적 폭력과 법적 폭력 외에 그것을 추동할 힘이 존재하는가?

뉴라이트 한국 20년 결산

세계화로 한국이 제국의 마디로 편입되다.
금융화로 금리, 환율, 주가 등이 지배의 핵심수단으로 등장하다.
사유화로 모든 부가 소수의 수중으로 집중되다.
정보화로 모든 삶이 노동으로 편입되다.
유연화로 비정규직, 실업자가 양산되다.
양극화로 한 편에 거대한 부, 다른 편에 거대한 가난이 축적되다.
그리하여 위기가 반복되다. 1997년 외채위기, 2008년 금융위기.
마침내 촛불이 타오르고 철거민들이 죽음을 무릅쓰고 망루에 오르다.

"작전중"

2008년 7월 10일 밤. 을지로 1가역 입구. 수십 명이 포위되었다. 포위망을 밀어 뚫고 나온 사람들은 다시 쌈을 싼 포위망 바깥에서 평화시위 보장하라, 통행권을 보장하라, 폭력경찰 물러가라고 외친다. 하위 명령권자로 보이는 사람이 다가와 선동하지 말라고 말한다. 왜 시민들이 지나가지 못하도록 인도를 가로막는가? 라고 항의한다. 그의 대답은 주목할 만한 것이다. "지금 작전중이니 저쪽으로 돌아가요!" 그가 가리키는 '저쪽'은 체포조가 도열해 있는 도로였다. 경찰은 작전作戰, 즉 전쟁을 하고 있다고 확신하고 있다. 전쟁은 혼자 하는 것이 아니다. 전쟁은 적과의 싸움이다. 촛불시위 참가자들은 자신이 원하든 원치 않든 이미 전쟁에 연루되어 있다. 시민은 공권력의 적이 되어 있다. 공권력의 눈에 시민들은 더 이상 아군이 아니다. 공권력은 내전을 시작하고 있다. 그 작전의 내용은 곧 확인되었다. 6명의 시민들, 아니 "피켓, 촛불, 깃발 든 놈들"을 닭장차에 강제로 집어넣고 용산경찰서로 연행해 간 것이다. 만약 공권력의 적이 되기를 원치 않는다면 집회와 시위를 중단해야 할 것이다. 그렇지 않고 공권력에 대한 전쟁을 통해서라도 자신의 요구사항을 쟁취하고자 한다면 전쟁에 걸맞은 심리, 의지, 기술, 조직, 논리를, 한 마디로 실력을 갖추어야 할 것이다. 설마 경찰이 나를! 이라는 생각에서 벗어나야 할 것이다.

무력

2008년 7월, 무력진압의 강도높이기

서울경찰청장 한진희가 경질되고 최시중의 고교동문으로 알려진 김석기로 교체되었다. 이 갑작스런 경질의 이유는 '촛불시위 초동대처에 불철저했다'는 것으로 해석되고 있다. 이것은 무엇을 의미하는가? 2008년 5월 2일 이후 청소년들이 주도한 집회가 5월 24일 거리시위로 확산되도록 허용했던 것, 그리하여 이후 6.10이나 6.28과 같은 거대규모의 집회로 나아가도록 허용했던 것에 대한 문책이 아닌가?

시위에 나선 사람들은 한진희 경찰청장 당시의 경찰개입만으로도 과잉대응이라고 느끼고 있다. 그런데 이명박 정권은 당시의 경찰대응이 과소대응이었던 것으로 보고 있는 듯하다. 최근 시청을 원천봉쇄한 데 이어 청계광장에서 점차 더 강하게 압박해 들어오고 있는 경찰대응은 이를 뒷받침해준다. 수백의 시위대에 수천의 경찰이 대응하고 있다. 그간 양성된 수백 명 강성의 기동경찰대의 시위현장배치도 예고되어 있다.

이 사실은 현 정권이 향후 어떠한 형태의 촛불문화제에 대해서도 현재보다 더 강도 높은 강압적 방식을 쓸 것임을 예고하는 것이다. 천 수백 명의 연행자에 수십 명의 구속자, 헤아릴 수 없는 부상자를 낳고 앰네스티로부터 인권침해가 있었다는 경고를 받은 지금까지의 대응방식보다 더 강도 높은 대응이 우리를 기다리고 있다면 공포정치를 하겠다는 의미 외에 무엇이겠는가?

공포를 조성하는 대응은 일시적으로 시민들을 위축시킬 수 있을지 모른다. 그러나 장기적으로 그것은 현재 불복종의 형태로 진행되는 문화적 윤리적 성격의 시위를 삶정치적인 총파업으로 발전시키는 촉매제가 될 가능성이 더 높다. 이미 많은 사람들이 개인적인 수준에서의 삶정치적 파업들을 결행하고 있다. 이 삶정치적 파업들의 연쇄와 집결이 장기화되어 삶정치적 총파업으로 발전하고 그럼에도 불구하고 문제가 해결되지 않아 다른 어떤 방법으로도 자신들의 요구가 수용될 수 없고 불만이 해소될 수 없다고 생각하는 시점에서 이 총파업은 지금까지 운동에 극도의 절제를 요구해온 비폭력이라는 마개를 뽑아버릴지도 모른다. 지금까지 차벽 앞에서 이루어졌던 거친 불만의 표현들은 그러한 잠재력과 경향이 있음을 보여주는 아주 작은 조짐 정도로 해석되어야 할 것이다. 비폭력의 마개가 뽑혔을 때 다중이 절대적이고 순수한 폭력 이외에 다른 방법으로 자신을 드러낼 길이 있을까? 다중의 절대적 폭력은 경찰력으로도, 군사력으로도 저지할 수 있는 것이 아니다. 그것은 태풍이나 지진과 같은 자연력이며 모든 것을 절멸시키는 거대한 죽음충동이기 때문이다.

진압에서의 성과제

　2008년 8월 5일 경찰은 150명이 넘는 시민을 연행하여 하루 연행자로는 최고를 기록했다. 경찰은 8월 2일 밀리오레 앞에서 시도했던 잡고 빠지고 다시 잡는 토끼몰이 전술을 확대 적용했다. 서울경찰청장은 단순연행자 2만원, 구속대상연행자 5만원이라는 포상금을 걸어 시민이 낸 세금으로 시민을 잡아들이겠다는 이이제이以夷制夷식의 기가 막히는 처방을 내놓았다. 이제 진압경쟁이 치열해질 것이다. 경찰의 입장에서 군사적 승리는 이제 당연한 것으로 생각되는 모양이다. 여기에 경제적 압박을 가해 촛불에 찬물을 끼얹으려는 것이리라. 시민을 잡은 경찰이 환호를 하고 V를 그리는 모습. 진압노동에서의 성과급. 진압에서의 신자유주의. 인간성의 종말. 정글 대한민국.

법

법치

　연합뉴스는 이명박이 법치를 강조했다고 전한다. 그 기사는 다음과 같은 내용을 담고 있다.

　이명박 대통령은 25일 오전 삼성동 코엑스COEX에서 열린 제6회 한국법률가대회에서 "어떤 이유에서든 법치를 무력화하려는 행동은 더 이상 용인하지 않을 것"이라고 말했다. 이 대통령은 이날 축사를 통해 "저는 법치를 국정운영의 3대 중심축의 하나로 삼아 흔들림 없는 확고한 의지를 갖고 법치를 확립코자 한다"면서 이같이 강조했다. 이와 관련, 이 대통령은 "아직도 우리 사회에서 법과 질서를 준수하는 준법정신은 취약하다"고 지적한 뒤 "민주화의 상당한 성과에도 불구하고 선동적 포퓰리즘의 폐해가 심각하다"며 "법과 절차를 무시하고 떼를 쓰면 된다고 생각하는 의식도 아직 가시지 않고 있다"고 말했다. 또 "거짓과 비방, 왜곡과 허위가 조장되기도 한다"면서 "국가의 존재 의의와 공권력의 권위를 무력화시키고 주권자인 국민이 정한 자유민주적 기본질서를 파괴하려는 행동도 있다"고 비판했다. 미국산 쇠고기 수입에 반대하는 촛불집회가 일부과격화 양상으로 변질되고, 최근 온·오프 라인에서 공권력이 흔들리는 사태가 잇따르고 있는 데 대해 우려감을 표시하면서 법질서확립 차원에서 이런 불법행위에 대해서는 엄정하게 대처하겠다는 의지를 표명한 것으로 해석됐다.

최근 부쩍 강도 높아지는 무력행사를 법치를 위한 무력행사로 정당화하겠다는 의지가 표명된 셈이다. 그런데 법치를 무너뜨린 것은 이명박 정부 자신이다. 실제로 그는 "사실 그동안 법치가 확고하지 못했던 데에는 지도층에 일정한 책임이 있음을 인정하지 않을 수 없다"면서 그 사실을 인정했다. 정계와 재계와 언론계의 부패와 탈법은 어제 오늘의 일이 아니지 않은가? 촛불집회에서도 탈법을 지속적으로 일삼고 있는 것은 진압하는 경찰, 전경, 의경들이다. 국민들과 시민들은 경찰이 탈법을 선도하는 것에 경악하며 분노를 금치 못하고 있다. 코에 걸면 코걸이요 귀에 걸면 귀걸이인 것이 바로 법이라는 인식이 다중 사이에 광범위하게 확산되고 있다. 법이 가진 자들과 힘센 자들을 지키는 무기라는 인식이 확산되고 있는 것이다. 최근 몇 개월만큼 무력이 바로 법이며 법은 총구에서 나온다는 것을 분명히 보여준 시기가 있었던가? 그렇기 때문에 법치에 대한 이명박의 강조는 그냥 무력으로 다스리겠다는 의지의 표명 이상으로 작용하기 힘들 것이다. 그러나 그 의지는 불법과 탈법에 의지하지 않고는 하루도 버티기 힘든 뉴라이트 신자유주의 권력에게 부메랑으로 돌아가고 말 것이다.

위법을 정의하기 위한 방법으로서의 법

2008년 7월 22일 저녁 7시 청계광장에 도착하니 시민들이 아니라 전경들이 광장을 점거하고 있다. 25분경 전경들은 슬며시 철수했다. 무슨 일이 있었냐고 물어보니 이들이 들이닥쳐 아고라의 깃대를 빼앗아 꺾고 방송장비를 훼손했다고 한다. 전경이 철수한 후에도 방송차가 남아 연형석 가수가 노래를 부를 때에 아고라 깃발 치우라느니, 불법집회 해산하라느니 방해를 한다.

집시법 제15조는 "(적용의 배제) 학문, 예술, 체육, 종교, 의식, 친목, 오락, 관혼상제冠婚喪祭 및 국경행사國慶行事에 관한 집회에는 제6조부터 제12조까지의 규정을 적용하지 아니한다."고 되어 있다. 즉 촛불집회가 문화제일 때에는 6조(신고의무) 8조(허가처분) 10조(야간시간금지) 11조(청사주변금지) 12조(도로점거금지) 등이 모두 적용되지 않는 것이다.

불법을 하고 있는 것은 경찰이 아닌가. 법에 허용되지 않은 채증을 하고 문화제를 방해하는 것이 불법이 아닌가. 시민들의 눈에 명백히 법을 어기고 있는 것으로 여겨지는 사람들이, 경찰이라는 이름으로, 합법적 행위를 하는 시민들을 불법행위를 하고 있다고 위협한다. 그들은 범법자를 만들어내고 그들을 연행, 체포함으로써 생계를 유지하는 존재들이다. 경찰의 존재 이유는 범법, 위법이고 그들의 시선은 모든 것을 최대한 범법의 방향으로 밀어붙이는 것에 있다. 우리에게 양심과 정치인 문제가 그들에게는 생계의 문제로 되어 있다. 즉 그들이 살아남기 위해서는 법이 존재해야 하고 법은 위법을 정의하는 방법에 다름 아니다. 법은 권력을 쥔 자들이 사람들의 삶을 구속하고 자유를 제약하기 위해 만들어진 폭력장치에 다름 아니라는 말이 설득력을 갖는 시대에 우리는 살고 있다.

공안탄압

국가보안법에 의한 사노련, 실천연대 탄압

2006년에 국정원이 일심회를 잡아넣더니 2008년 8월 26일에는 경찰이 사회주의노동자연합(사노련)을 체포했다. 사노련은 오세철 연세대 명예교수가 운영위원장으로 있는 단체이다. 촛불시위연행자가 1500명이 넘고 그 중 일부는 구속된 바 있음을 상기해 보면 이명박 정부가 유치장과 감옥을 정권유지의 도구로 얼마나 굳게 믿고 있는지가 실감난다. 촛불시위자에 대한 처벌법규가 집시법, 도로교통법, 형법 등 이름을 떠올리기도 벅찰 정도로 많다는 것을 상기하면 법률에 대한 현 정부의 믿음도 넘쳐나는 것이 분명하다.

국가보안법이라! 반공법 당시 박정희가 애용했고 전두환과 노태우가 이름을 바꿔 전가의 보도처럼 사용했던 법. 김대중, 노무현 정부에서 녹슬더니 이제 다시 이명박 정부가 꺼내 녹을 닦고 보란 듯이 사람들의 목을 치기 시작한다. 언제 국보법을 꺼내들 것인가 했다. 계엄령을 언제 꺼낼 것인지 궁금하듯이 말이다. 권력이 한 사람, 하나의 정당에 주어지는 것은 이토록 위험한 것이다. 일자의 지배를 의미하는 주권이 구성되고 나면 모든 사람은 노예의 신세를 면치 못한다.

　이적단체라! 사노련이 무엇을 이롭게 했을까? 국보법은 주적을 북한으로 규정하고 있으니 북한을 이롭게 했다는 뜻이렸다. 그런데 사노련은 북한을 타도해야할 정치체제로 규정하고 있지 않은가? 북한은 사노련의 적이다. 그렇다면 경찰과 이명박 정부가 북한의 친구인가? 그래서 자신의 친구를 타도해야 한다고 주장하는 사노련이 경찰과 이명박 정부의 적인가? 노무현 정부는 북한의 친구라는 이유로 일심회를 검거했었는데 …… 이명박과 한나라당은 노무현 정부를 빨갱이 좌파 정부로 말하고 …… 당최 보통머리로는 뭐가 뭔지 알 수 없는 세상이다. 그렇지만 복잡하게 생각하지 말고 간단하게 생각해 보면 이해가 안 가는 것도 아니다. 이적단체란, 북한을 이롭게 하는 것도 아니요 미국을 이롭게 하는 것도 아니요 그저 내가 싫어하는 단체, 그러니까 지금의 주권집단인 이명박 정권이 싫어하는 단체이다. 그래서 그 단체를 체포 구금 구속 처벌하는 것이 정권 유지에 도움이 되는 단체이다. 그러니 조심하도록 하자. 정권은 누구든지 자신이 싫어질 때 그것을 이적단체로 만들 수 있고 범죄자로 만들 수 있다. 파시스트 괴벨이 말하지 않았던가! '그에 관해 한 문장만 말해 보라, 그러면 그를 범죄자로 만들어낼 수 있다고.

　조중동, 한나라당, 이명박 정부. 이 신자유주의 트리오, 뉴트리오 라이트를 방해하는 자들이 이적단체이다. 그러니 촛불전체가 이적집단이고 이적단체이다. 촛불을 들었던 안 들었던 술자리에서 이명박을 욕하는, 아니 마음속에서 이 뉴트리오에 대한 반감을 갖고 있는 사람들 모두가 이

적행위자이다. 오세철과 사노련만이 아니라 이명박을 지지하지 않는 80%에 육박하는 국민들이 모두 이적집단이다.

좀 더 크게 보자. 뉴트리오는 국적을 불문한 초국적 자본가들의 정치적 이데올로기적 용역이다. 국적을 불문한 모든 자본으로부터 착취당하면서 그것에 저항하는 모든 사람들, 지구상 인구의 90% 이상이 이들에게는 이적집단이다. 10 대 90의 사회에서 10에 속하지 않는 세계시민들 모두가 잠재적 이적집단이다.

사노련 사건이 분명하게 말해주는 것이 하나있다. 그것은 대한민국 국민의 대다수를 적으로 느끼고 있는 뉴라이트 트리오가 우리 시대의 가난한 사람들 모두의 공적이라는 사실이다. 국가보안법은 이들의 도구이지만 가난한 다중들에게는 돈도, 법도, 경찰도, 군대도 없다. 오직 서로의 사랑과 연대만이 돈, 법, 신문, 군대를 자신의 지배수단으로 삼는 전 세계 뉴라이트들에 대항할 수 있는 힘일 뿐이다. 만국의 다중들이여 접속하자! 오세철과 사노련을, 그리고 구금되고 구속된 촛불시민들을 구출하자.[1]

불온서적 단속

국방부가 불온서적 반입을 저지하기 위해 불온의 기준으로 내세운 것은 세 가지이다. 1)반정부 2)반미 3)반자본주의. 오늘날 반정부는 반미와 통하며 그것은 반자본주의로 향할 수밖에 없다는 것, 정부와 미국과

---

1. 2008년 8월 28일 사노련 구속자들은 소명자료 부족으로 영장이 기각되어 석방되었다.

자본주의가 한 묶음, 한 세트라는 것. 이것이 보안사의 직관이자 무의식이다. 이것은 정확히 자본의 무의식이다. 이 세 가지는 분리될 수 없는 한 묶음이라는 것. 반정부를 하고자 하면 반미를 하라, 반미를 하고자 하면 반자본주의를 하라, 반정부를 하고자 하면 반자본주의를 하라. 이것인 보안사가 가리키는 안내서이다. 그런데 우리들은 이 각각을 따로 셈하는 경우가 얼마나 많은가! 반정부 하면서 반자본주의가 아니라고, 반미를 하면서 반자본주의가 아니라고 변명을 하는 경우가 얼마나 많은가? 반자본주의가 반정부 없이 가능하다고, 반미가 반정부 없이 가능하다고 얼마나 많이 착각하는가?

언론과 문화

언론장악 : 방통위, YTN, KBS 장악과 피디수첩 중징계

여야 합의 원구성을 통해 부르주아제도의 안정화를 이루고 갈등의 지대를 거리로부터 의회로 전환시키는 데 일정하게 성공한 이후 마침내 이명박 정권은 검찰을 동원하여 PD수첩에 대한 중징계(시청자에 대한 사과명령)를 내렸다. 용역을 동원하여 YTN에 구본홍을 앉히는 것과 동시에 말이다. 자신의 책임인 쇠고기 협상의 잘못을 엉뚱하게 MBC에게 뒤집어씌우는 일이 아닐 수 없다. 스카이라이프(이몽룡), 아리랑TV(정국록), 한국방송광고공사(양휘부), YTN(구본홍)이 이미 정권의 수중에 들어갔다. 방통위(최시중)가 그렇게 된 것은 말할 것도 없다. 언론방송을 장악하여 담론세계를 명확한 국가기구로 만든 후에 그는 무엇을 하려고

하는 것일까? 사르코지형 파시즘? 아직 거대언론과 거대방송의 힘이 막강한 것은 사실이지만 시민들이 그것에 의해 눈과 귀가 멀어지는 시대는 이미 물 건너가지 않았는가?

대안 국사교과서

역사 교과서의 대안, 이른바 '대안 국사 교과서'가 내놓는 대안적 생각들은 이런 것들이다. '일제 식민 지배는 근대화의 바탕이다.' '위안부 강제동원은 없었다.' '4.19는 학생운동이며 5.16은 혁명이었다.' '긴급조치와 유신은 효율적인 국가자원 동원 체제였다.' 얼마나 놀라운 대안인가!

인터넷 포털 및 인터넷 방송에 대한 탄압

한 때 진보 논객이다가 보수로 전향한 인터넷미디어협회 변희재 정책위원장은 2008년 7월 24일 명동 은행회관에서 선진화포럼이 주최한 '인터넷 선진화를 위한 문제점과 해결방안' 토론회에서 주제발표를 통해 "지금처럼 포털이 여론 조성 기능을 독점한다면 인터넷상의 시장경제와 민주주의는 파괴될 수밖에 없다"고 주장했다. 미국의 경우 '인터넷도 현실과 똑같은 법을 적용받아야 한다'는 원칙으로 정책을 집행한 덕분에 인터넷을 기반으로 한 시장경제가 눈부시게 발전하면서도 인터넷으로 인한 명예훼손 사건은 벌어지지 않고 있다고 그는 주장했다. 그는 "노무현 정부가 포털의 저작권 침해 등에 대해 소극적으로 대응했고 그 결과 포털이 막강한 권력을 얻었다"며 "이제부터라도 인터넷포털에 대해 세부적인 입법활동이 뒤따라야 한다"고 강조했다. 이에 이어진 것이 다음에 대한 압수수색, 나우누리 문용식 대표에 대한 구속, 그리고 이른바 최진실법이라 불리는 악플법의 제정시도임을 우리는 알고 있다.

국민형성의 문화정치

    2008년 8월 25일 오후 7시경. 올림픽 선수단이 두 개의 폴리스 라인으로 형성된 길을 따라 행진하고 열광한 시민들이 뒤를 따라간 후, 어스름이 내리는 광화문 네거리. 동아일보사 전광판은 행진대의 행진모습과 시청광장의 축제모습을 화면분할을 통해 보여준다. 사회자들의 멘트 하나하나가 대한민국을 자랑스러워하고 대한민국의 국민임을 보람되게 여기라는 메시지를 담고 있다. 그 대각선에 위치한 조선일보사 전광판. "장미란, 당신이 들어 올린 것은 희망입니다"라는 문구가 비장한 음악, 클로즈업된 역도장면과 함께 선명히 새겨진다. 이어 흐르는 것은 "박태환, 당신이 가른 것은 절망입니다."라는 문구와 더불어 물살을 가르는 박태환의 모습.

    '당신들이 구한 것은 정권입니다'라는 문구를 새기지는 않았지만 이 시적 문구들은 대각선에 위치한 동아일보사 전광판과 마주 어울리며 올림픽 선수단의 귀국 퍼레이드가 북경 올림픽 덕분에 촛불을 잠재우고 위기를 벗어날 수 있었던 정권의 자축연임을 너무나 웅장하게 보여주고 있었다. 전광판의 거대한 영상들은 다른 생각을 가질 겨를을 주지 않으면서, 아니 다른 생각을 갖지 못하도록 억제하면서 광화문 네거리에서 시민들의 시선을 빼앗는다. 자본의 영상은 네거리의 상공을 점거하고 있다.

자본의 거리정치는 이렇게 영상을 통해 밤낮으로 어떤 제지도 받지 않고 계속되고 있다. 촛불의 거리투쟁이 살수, 체포, 연행, 구금, 구속, 구타, 협박의 소나기를 맞으면서 피난의 행진을 하는 것과는 달리.

화폐정치

주요 수입국이었던 미국경제가 위기에 빠지고 중국과의 경쟁이 치열해지면서 한국경제는 비틀대고 있다. 주가폭락, 환율폭등으로 이명박 정부를 뒷받침해줄 자본세력의 힘이 극도로 취약해지고 있다. 상위 중산층과 부르주아지가 지금 이명박 정부를 떠받치고 있지만 축적이 위기에 처하면 쉽게 이반하는 사람들이 바로 이들이다. 지금 이명박 정부의 지지층들은 정권이 국민들을 더 짓눌러서 자신들에게 돌아올 몫을 늘려줄 수 있으리라 기대한다. 그리고 현 정부는 그러한 요구에 부응하여 촛불세력의 목을 죄고 있는 중이다. 하지만 이 얼마나 위험한 방책인가? 적대의 심화는 폭발을 준비하는 과정일 것이기 때문이다.

뉴라이트 정부는 결코 다수 국민들로부터 지지를 받고 있지 못하다. 여론형성에서 실패하고 있다. 현 정부는 강남과 영남을 지역기반으로, 기독교를 종교기반으로 하면서 이른바 '고소영' 정권으로 불릴 만큼 심한 편향성을 드러낸다. 불교도대회의 함성소리가 채 그치기도 전에 이명박이 뉴라이트 목사들과 청와대만찬을 가진 것은 현 정부가 자제력을 잃고 있음을 의미한다. 뉴라이트의 김진홍 목사는 서울시장 당시의 이명박으로부터 2억 8천만 원의 돈을 받고 뉴라이트 전국연합을 결성했다는 의혹을 받고 있는 그 사람이 아닌가?

그렇다면 정권이 촛불을 진압하는 데 사용하는 주요수단은 무엇인가? 돈이다. 175개에 달하는 뉴라이트 전국조직을 단시간에 구축한 힘은 당연히 돈이다. 촛불시위를 진압하기 위해 정권은 마일리지 제도를 도입했다. 이것은 경찰병력을 돈으로 산다는 의미를 갖는다. 성과급 진압제도랄까! 인터넷에 널려 있는 이른바 '알바' 군대는 저항적 여론형성에 오물을 뿌림으로써 그것을 저지한다. 시위에 참가한 사람들에 대한 주요한 제재수단도 돈이다. 범행을 입증할 수도 없는 많은 사람들(1,600여 명)을 이미 연행했고 그중 대다수에게 벌금형을 언도하겠다고 협박하고 있는 중이다. 돈으로 두뇌를 사고 무력을 사서 유지되는 정권은 이미 각종의 **용병에 의지하는 정권**이다.

모든 것을 매매하는 정부에 대항해서 싸우고 있는 촛불이 '순수'를 옹호하는 것은 어찌 보면 자연스러워 보인다. 그런데 순수나 정열이라는 가치는 민족, 애국 등의 전통적 민족주의 가치와 연결되기 쉽다. 뉴라이트는 민족은 부정하지만 애국은 옹호한다. 권력 대 촛불의 투쟁은 그래서 민족에 기반한 애국과 수익(국익)에 기반을 둔 애국의 대결처럼 보이곤 한다. 민족주의적 세계관은 화폐, 자본 등의 물신 개념을 비판할 능력이나 의지를 갖고 있지 않다. 민족주의는 화폐나 자본과 공존가능하며 심지어는 그것들에 의존하는 것이기도 하기 때문이다. 전통적으로 민족주의는 중소자본의 육성을 문제해결의 수단으로 사고해 왔다. 신자유주의에서 철저히 해체되고 기반을 잃고 있는 것이 바로 이 중소자본이다. 촛불에서 민족주의의 득세는 촛불의 운신기반을 좁히는 것으로 작용했고 특히 다양한 유형의 노동하는 사람들의 적극적 참가를 가로막는 것으로 기능해 왔다. 비정규직을 비롯한 다중의 삶의 문제는 민족주의를 통해 풀 수 있는 것이 아니기 때문이다. 특히 이주노동자들의 경우는 촛불 속에 민족주의적 뉘앙스를 갖는 '국민' 관념이 부상하면서 집회나 시위 참가에 어려움을 느껴왔다. 이들은 대한민국 시민권을 갖고 있지 못하기 때문이다. 촛불운동이 확장되기보다 축소된 것은 외부적으로는 권력의 탄압 때문이었겠지만 민족주의의 득세로 인한 촛불 내부의 이념과 전망의 협애화도 그 원인의 하나가 아닐까? 촛불의 다양성을 좀 더 실효적으로 연결하기 위해서는 민족주의와 같은 배제적인 관념보다 훨씬 개방적인 관념을 발명해야 한다.

점점 더 심각한 위기 속으로 내몰리고 있는 촛불이 이 위기를 극복하기 위해서는 신자유주의 뉴라이트에 대한 효과적 투쟁을 위해 필요한 것이 무엇인가가 총체적으로 재점검되어야 한다. (1)신자유주의적 자본주의는 무엇인가? (2)신자유주의를 민족주의를 통해 극복하는 것이 가능한가?(동학운동이나 3.1운동 등의 기억에서 조직화의 방안을 찾지 않기) (3)사회주의가 민족주의를 극복할 수 있는가?(역사적 사회주의 운동의 기억에서 벗어나기) (4)폭력은 배제되어야 하는가 혹은 폭력을 배제하는 것이 가능한가? (5)조직화되어야 할 것은 무엇이며 어떤 조직화가 유효하고 적실한 조직화인가? (6)문화제, 가투, 불매운동, 공영방송 지키기 등 현재까지의 투쟁형태들을 규제할 중심적 전술이 있는가? 있다면 그것은 무엇인가? (7)삶정치적 총파업의 기초, 의미, 그리고 예상되는 효과는?

테러

HID 테러

2008년 6월 5일. HID가 시청 광장에서 위령제를 지내는 방식으로 촛불집회를 훼방 놓던 날 시민과 HID 사이에 싸움이 있었다. 이를 생중계하던 진중권에게 "네 얼굴 꼭 기억해 두겠어!" 라고 하더니, 어제 드디어 진보신당 당사로 달려가 "빨갱이들 죽여 버리겠다!" "진중권 나오라!"고 고함을 치며 기물을 부수고 당직자를 때렸다.

이명박 정권이 촛불을 진압하기 위해 동원할 수 있는 세 개의 수단이 있다. 하나는 거짓말. 이른바 조중동 '찌라시'와 '대안 역사교과서'와 한기총 . 둘째는 돈과 그 법. 진압경찰에게는 성과급을 주고 촛불에게는 벌금을 때리기. 셋째는 직접적 폭력. HID와 고엽제 피해자 모임이 이 세 번째 역할을 담당하기로 한 것일까? 이번 사건을 주모한 오복섭은 HID 사무총장이고 이명박 대선캠프의 특위위원장이었다고 한다. 이제 이명박 정권이 테러집단으로 변신하고 있는 것인가? 커다란 폭력을 갖고 있고 대놓고 폭력을 행사하는 국가권력이 오히려 촛불을 든 시민들을 폭도라고 부른다. 이런 후안무치厚顔無恥와 적반하장賊反荷杖이야말로 현 정부가 가장 괴기스런 폭력집단임을 입증하는 증거가 아닐까?

차량돌진 테러

촛불 시위에 반대하는 극우 시민들의 테러가 경찰폭력과 함께 사용되기 시작했다. 이 조짐은 이미 평일의 청계광장에서도 나타났던 것이다.

술에 취한 사람들이 나타나 청계광장의 문화제를 계속 방해했다. 소리를 지르고 욕을 하고 기물을 발로 찬다. 공공연히 어깨로 시민들의 몸을 치며 싸움을 걸기도 한다. 2008년 7월 26일 탑골공원에서 게릴라 시위를 위해 대열을 정비할 때에 한 중년의 사내가 나타나 선창자의 머리를 손으로 때리기 시작했고 제지에 나선 사람들에게 '시위를 방해하러 왔다'고 공공연히 말하며 주먹을 휘둘렀다. 비슷한 일이 세운상가 부근에서도 벌어졌다고 한다. 이렇게 간헐적으로 저질러졌던 작은 테러들이 마침내 차량을 이용한 테러로 발전했다. 목격자의 증언에 따르면 종로 3가를 향해 가던 차가 급유턴을 해서 돌아와 연좌시위하고 있던 시민들 5~6명을 차례로 치었다는 것이다. 끔찍한 일이다. 2008년 7월 27일 '비상계엄령 선포를 요구하는 연합'(비선연)이라는 네이버 카페에 이 테러행위를 성공한 거사로 추켜세우고 범인을 돕기 위한 모금을 호소하는 게시물까지 올랐다. 카페의 공식적 부인에도 불구하고 이 단체의 조직적 테러가 아닌가 의심이 커져가고 있는 것은 이 때문이다. 지금 경찰폭력에 백색테러가 결합되고 있다는 말인가? 이것은 진보정당에 HID가 난입하여 기물을 부수고 사람을 때린 테러사건의 연장선상에 있는 것인가?

회칼 테러

하루 종일 머리에 칼이 꽂힌 듯한 끔찍한 느낌을 벗어날 수 없었다. 신성하다는 조계사 운정궁 공원은 화장실 앞에서부터 화단 옆길, 계단, 그리고 차도 옆 인도에 이르기까지 피로 얼룩져 있다. 많은 사람들이 상황설명과 자유발언을 들으며 분노의 눈물을 삼키고 있다.

생각이 다르다고, 자신의 생각을 비판한다고 회칼로 상대방을 내리치고, 베고, 찌르는 것이 가능한 것은 어떤 조건에서일까? 그러한 행위를 그런 사람들은 스스로 어떻게 정당화하고 있을까?

젠틀멘, 친구야놀자, 매국노저격수, 이 세 사람은 명동에서 뉴라이트의 정체를 알리는 홍보활동을 해온 사람들이다. 회칼은 뉴라이트를 비판하는 행위를 겨냥했고 그 행위에 난도질을 했다. 뉴라이트, 이것은 인간들의 집단이면서 동시에 수탈적인 인간관계이다. 소수의 권력자들과 자본가들이 다수의 가난한 사람들을 강제로 노동하게 만들고 그들의 강제노동과 가난 위에서 자신들의 부와 권력을 늘릴 수탈행위를 체제화하려는 탐욕과 생각을 지칭하며, 그리고 그것을 관철시키는 행위들의 체제가 뉴라이트이다. 이것이 뉴라이트 정치이다.

뉴라이트 정치는 촛불에 대한 원천봉쇄, 연행과 같은 치안폭력, 구금, 구속, 벌금과 같은 사법권력에 의해 매일매일 유지되었다. 뉴라이트 정치는 조중동을 통한 신문여론 조성을 통해 확산되었다. 뉴라이트 정치는 KBS, YTN 등의 방송권력 장악을 필요로 했다. 뉴라이트 정치는 의회 내 다수가 된 한나라당에 의해 입법된다. 뉴라이트 정치는 이명박 행정권력을 사령탑으로 삼는다. 이리하여 뉴라이트는 비정규직을 양산해서 자본가들의 임금지출을 줄여주고 부자들의 세금을 깎아주고 알짜 공기업을 국내외 부자들에게 팔아넘기고 심지어는 독도와 같은 국토까지 팔 수 있는 권력까지 갖는다. 돈이 된다면 무얼 못 팔겠는가?

정권에게는 이 입법, 행정, 사법, 언론 권력만으로 좀 모자라는 모양이다. 법도 마음대로 휘두를 수 있지만, 그것만으로는 부족하고 진보정당 사무실에 난입하여 기물을 부수고 진중권에게 주먹질을 하며 촛불시위대를 향해 차량을 돌진하고 집회에 와서 훼방을 놓고 정연주가 물러나지 않으면 KBS를 가스통으로 폭파하겠다고 위협하고 몽둥이로 여성 시위참가자를 내리치는 식의 뭔가 직접적인 주먹의 방법이 필요한 것이 틀림없다. 회칼로 안면과 목덜미를 긁고 이마에 그 칼을 꽂아 넣는 잔혹행위가 필요한 것이 틀림없다. 이미 전경들은 방패로 시민들의 머리를 내리치고 군화발로 시민을 짓이기는 행위를 통해 잔혹폭력이 치안행정의 일부임을 훌륭하게 보여주었다. 이 잔혹폭력, 즉 테러는 뉴라이트-신자유주의-신보수주의의 필수불가결한 일부임이 분명하게 드러나고 있다. 뉴라이트 체제에서 청와대, 의사당, 감옥, 신문사, 방송국은 다중을 물리적 정신적으로 억압하는 국가기구들이다. 여기에 또 하나의 국가기구가 덧붙여진다. 회칼테러와 직접적 잔혹폭력. 공식적 국가권력이 내밀하게 감추고 포장해 왔던 것. 자신의 이익을 침해하는 존재들에 대한 증오. 증오의 폭력 행사를 통한 앙갚음과 공포의 조성.

곰곰이 생각해 보면 '덧붙여진다'는 표현은 사태를 왜곡하는 것 같다. 자신의 이익을 방해하거나 침해하는 존재들에 대한 무조건적 맹목적 증오가 뉴라이트 정치의 고유한 정치심리학이며 입법, 행정, 사법, 언론 권력은 그 맹목적 증오를 감싸며 각종의 법, 치안, 처벌, 여론 등으로 형태 변환하는 수단들이라고 해야 정확할지 모른다.

명동에서 안티MB 회원들은 뉴라이트가 친일파의 후예라고 설명했다. 뉴라이트는 친일파였다. 그러나 그것만이 아니다. 식민지 시대에 친일파였던 이들은 해방 이후 신식민지 시대에 친미파였다. 만약 미국이 아니라 중국이 한반도를 지배한다면 이들은 친중파가 될 것이다. 만약 한국이 세계를 제패한다면 이들은 친한파가 될 것이다. 지배적인 것과의 친구됨, 아니 지배하기가 이들의 본성이자 욕망이다. 뉴라이트는 궁극적으로 친자본파, 친자파이다. 아니 자본 자체이다. 자유주의나 케인즈주의나 사회민주주의와는 달리 적나라하게 어떤 거리낌도 없이 자본을 편드는 정치가 뉴라이트이다. 그래서 뉴라이트는 제도화된 국가기구 외에 테러와 같은 비제도적 증오심리적 국가기구들을 불러오게 된다. 지금 시민들이 경찰이, 법원이, 검찰이 요컨대 국가권력이 테러를 감싸고돈다는 느낌을 받게 되는 것은 이러한 정치변화에 대한 극히 자연스런 감성적 인식이다.

지배의 피라미드와 촛불

지배의 피라미드형 지층을 상층에서 하층으로 열거하면서 촛불이 어느 지점에서 어떻게 대응했는지를 생각해 보자. 촛불투쟁이 드러낸 것과 덮은 것, 도전한 것과 회피한 것이 무엇인지를 조금 더 명확하게 이해하기 위하여 일정한 도식성(과 그것이 가져올 수 있는 폐해)은 무릅쓰기로 하자.

맨 위에 신자유주의 제국의 군주국 미국이 있다. 이 부분은 예외주의로서 나머지 이념들에서뿐만 아니라 신자유주의에 대해서도 자신을 예외로 간주한다. 미국은 스스로를 삶으로부터 완전히 독립적이고 자율적인 존재로 사고한다. 이때의 미국은 단순한 국민국가가 아니다.

촛불봉기에서 광우병대책회의의 주도적 부분은 이러한 미국을 강력한 제국주의적 국민국가로 간주했고 미국산 소고기 수입거부와 불매를 통해 제국주의 미국의 영향력을 제한하려 했다. 그것이 한국의 주권을 지키는 길이라고 보았기 때문이다. 민족해방파 민족주의가 이 흐름의 사상이다. 한국의 주권을 지키자는 생각은 촛불봉기의 참가주체들 사이에 매우 널리 공유되었다. 독도수호운동은 대일관계에서 나타난 국민주권론이다. 촛불가요 '대한민국 헌법 1조'조차도 주권재민론을 통한 대한민국 주권수호론으로 번역될 수 있었다.

그 아래에 신자유주의 우파가 있다. 국민국가 미국의 공화당과 부시, 프랑스의 대중운동연합UMP과 사르코지, 일본의 자민당과 아소 다로 등등이 국제적 차원에서 신자유주의 우파를 구성한다. 한국의 경우 그것은 이명박, 한나라당, 조중동 트리오로 유명해진 협의의 뉴라이트 정파이다. 이들은 자국의 거대자본의 이익을 국가의 이익과 동일시하며 그것을 지구적 수준에서 관철시키기 위하여 국내외의 초국적 자본과 협력한다. 오늘날 그것이 초국적 금융자본의 헤게모니를 받아들여 자본주의를 발전시키는 길이라고 생각한다.

촛불봉기에서 이러한 정치경향과의 투쟁은 주로 네티즌 모임들에 의해 강조되었다. 아고라, 민처협, 안티MB 등이 이에 대항한 싸움을 주도했다. 그런데 신자유주의 우파의 초국민성은 안타깝게도 매판성, 매국성으로 이해되었다. 이 때문에 국민국가에 대한 애착이 강화되었다. 잠재적 제국주의를 함축한 자생적 민족주의의 경향이 네티즌들의 투쟁 속으로 전파된 것이다. 독립적이고 강한 대한민국, 부국강병의 욕망이 투쟁의 은근한 지향으로 때로는 노골적인 지향으로 나타났다. 부국강병 민족주의라고 잠정적으로 칭하자.

그 아래에 신자유주의 좌파가 있다. 미국의 민주당과 옛 클린턴, 지금의 오바마. 한국의 경우 그것은 노무현과 민주당 등에 의해 그 정치적 표현을 얻는다. 국익을 거대자본의 이익과 동일시하지 않고 국가 내부의 산업연관을 고려한다는 점에서만 신자유주의 우파와 차이가 난다. 거대자본의 헤게모니를 인정하면서 그것이 국내적 산업연관을 파괴할 정도로 지나치지 않도록 제한한다는 점만이 다르다. 뉴라이트를 광의로 해석하면 이 흐름 역시 뉴라이트에 속한다.

촛불봉기에서 반이명박, 반뉴라이트 쟁점을 이끄는 흐름 중의 일부는 이 신자유주의 좌파를 지지하는 경향이 있다. 민족해방적 민족주의 흐름의 일부도 그러하다. 그래서 촛불봉기의 초기에 신자유주의 좌파 정파는 무시되었지만 촛불이 약화될수록 신자유주의 좌파에 대한 지지와 의존의 경향은 증대했다. 그래서 촛불 전체가 신자유주의 좌파 흐름과 은연중 동화되어가는 경향이 나타났다. 이에 대항해온 사회(민주)주의는 촛불봉기에서 한 발을 빼고 있었고 촛불을, 노동자 투쟁으로 이어질 전주곡으로만 볼 뿐 자신들이 뛰어야 할 로두스로 생각하지 않았다.

그 아래에 사회민주주의 흐름이 있다. 이 흐름도 세밀하게 나누면 우파와 좌파로 구분할 수 있다. 민주노총에 기반을 둔 민주노동당의 일부에 의해 표현되는 사회민주주의 우파는 한국적 특수성 때문에 민족주의 우파로 나타나기도 한다. 정규직 노동자, 농민, 지식인, 학생 등을 정치적 대의기반으로 삼는다. 이 정치경향은 촛불봉기에 참가했지만 적극적이지는 않았다. 그 아래에 사회민주주의 좌파가 있다. 사노련, 노동자의 힘, 노동해방실천연대 등이 이에 속한다. 진보정당은 사회민주주의 우파와 좌파가 혼재된 정파로 존재한다. 정규직/비정규직 선을 따라 노동계급 구성이 변화함에 따라 사회민주주의 좌파는 점점 비정규직 운동에 깊이 개입하는 것으로 사회민주주의 우파와 차별성을 띠는 경향이 있다. 촛불의 초기에 금속노조, 화물연대 등의 노동자운동이 촛불과 연결되었고 촛불봉기가 장기화되면서 기륭, KTX, 이랜드, 코스콤 등의 비정규직 노동자 투쟁이 촛불과 연결되는 경향을 보이지만 아직 확고한 것은 아니다. 그래서 사회민주주의 흐름은 촛불을 중간계급 운동으로 간주하는 경향이 있었다.

이상의 대의주의 정파들에 의해 대의되지 못하거나 혹은 그러한 대의를 거부하는 사회적 존재들이 있다. 이들은 사회학적 차원에서 노동의 공통되기에 기초한다. 이들의 이념은 주권, 자본, 국가, 민족, 사회학적 의미의 계급 등에 묶이지 않는다. 오히려 생명, 삶, 자유, 사랑 등이 이들의 이념을 더 잘 표현한다. 앞서의 대의 정치세력에 의해 대의되지 못하는 여성, 아이, 청소년, 노인, 다수의 네티즌 등은 물론이고 촛불봉기에 참가했던 이름 없는 무수한 사람들(이른바 '나홀로파') 중의 상당수가 자각적이든 무자각적이든 이러한 감성에 따라 움직였다. 직접행동주의적 아나키즘과 코뮤니즘은 이러한 경향을 정치화하려는 노력으로 나타났다.

사회운동의 새로운 순환과 촛불

촛불의 발생계기 : 삶정치적 복합문제로서의 광우병

 2002년에는 미선이 효순이의 죽음, 2003년에는 전쟁, 2004년에는 노무현에 대한 탄핵이 촛불의 계기가 되었는데 2008년에는 광우병 쇠고기 수입이 촛불봉기의 계기가 되었다. 쇠고기라고? 너무 사소한 문제가 아닐까? 그런데 다시 생각해보면 쇠고기는 결코 사소하고 단일한 쟁점이 아니다. 그것은 삶과 산업, 그리고 정치가 연결된 복합체이다. 어떤 차원들이 쇠고기 문제에 얽혀 있는지 생각해 보자.
 먼저 자연생물 차원의 연관성이 있다. 인간 생명의 대전제는 인간도 다른 생명체들처럼 살아가기 위해서는 먹어야 한다는 것이다. 인간은 자연으로부터 직접적으로 혹은 매개적으로 뭔가를 섭취하지 않고는 살아남을 수 없다. 이런 의미에서 인간은 자연존재이다.

둘째로 문화적 차원이 있다. 야생의 것들을 섭취하던 인간이 식물을 경작하기 시작하면서 지금의 사회적 인간으로 진화했다. 식물을 경작하기 시작한 인간은 동물을 동력으로서 사육한다. 노동력을 대체하거나 생명력으로 섭취하기 위하여 가축이 탄생한다. 인간이 소를 음식으로 선택한 것은 인간 진화의 한 경로이며 문화적 선택이다. 여기까지에서는 광우병이 문제되지 않는다. 동물우선 운동과 채식주의 운동은 이러한 진화 경로의 역전과 교체를 주장한다.

셋째로 사회역사적 차원의 연관성이 있다. 근대 자본주의에서 식용소의 사육은 농가에서 이루어지기보다 대규모 기업에 의해 이루어진다. 인간이 소, 돼지, 닭과 같은 가축동물을 먹는다는 사실에 기초해서 축산업이 대대적으로 발전한다. 자본주의적 축산업이 인간의 식생활을 매개한다.

축산업의 발전은 독점에 이르고 그것은 다른 식료품업과 네트워크화되고 카르텔을 형성하면서 인간의 생명이 산업과 자본에 의해 전적으로 매개된다. 종자, 재배와 사육, 보관과 유통, 마케팅 등에 이르는 음식산업의 카르텔적 네트워크는 더욱더 이윤의 논리에 따라 움직인다. 이윤을 위해 동물의 폐기부위까지 동물에게 먹인다. 그것이 쓰레기를 줄이는 친환경 산업이라는 이데올로기까지 동원하면서. 이 때문에 프리온 질병의 하나인 광우병이 발생한다. 이 차원은 전적으로 광우병의 사회적 차원, 즉 자본주의적 맥락이다. 광우병은 자본주의를 조건으로 한다. 안타깝게도 촛불은 이 차원을 드러내지 못했다. 이 문제가 툭툭 건드려지면서도 너무 거대한 문제이고 또 너무 깊은 문제이기 때문에 대부분의 사람들은 이 문제를 회피했다.

넷째로는 국내정치적 차원이다. 국가가 문제로 등장한다. 국민을 대의한다면서 실제로 국가가 대의하는 것은 산업이요 자본이다. 국가는 지금 어느 나라에서나 이윤과 이자와 지대를 지키는 첨병이다. 가령 한국의 자동차 산업과 반도체 산업의 발전을 위해 미국의 쇠고기를 광우병 위험이 있더라도 받아들이자고 말하는 국가가 그러하다. 국가는 광우병 위험을 은폐하거나 평가절하하면서, 미국소가 "값이 싸고 질도 좋다"고 속이면서 광우병 위험소의 수입을 국제협정으로 보장한다. 이것은 광우병 쇠고기 문제의 정치적 차원이다. 이 차원은 당연히 사회역사적 차원, 경제적 차원과 연결되어 있다. 촛불봉기에서 촛불들이 가장 광범하게 도전한 지점은 바로 이곳이다. 민주주의가 문제되는 곳이기 때문이다.

다섯째, 국제정치적 차원이 있다. 미국은 자국의 축산업이 생산한 소가 광우병 위험을 갖고 있음에도 불구하고 동물성 사료 사용금지를 미루거나, 전수검사를 거부하는 등 일본, 유럽을 비롯한 많은 나라들이 취하는 안전조치들을 취하지 않았다. 이명박 정부는 미국의 이러한 태도에 도전하기보다 그것에 굴종했다. 미국은 자신의 국제정치상의 예외적 지위(미국은 제국의 군주국이다)를 이용하여 광우병 위험소의 수입을 강제한다. 게다가 이 비대칭적이고 불균형적인 수출입구조를 일반화시키기 위해 되물을 수 없는 국제협정(FTA, WTO)을 체결하고자 하며 그에 따르지 않는 국가에 대한 처벌과 배제 메커니즘을 확립하고자 한다. 촛불은 이 차원에 대해서도 폭넓은 저항을 표현했고 앞으로 더 그렇게 될 전망이다.

이 여러 차원의 연관성이 결합된 결과는 무엇인가? 간단하다. 광우병을 비롯하여 생명을 위협하는 힘들이 전 세계적으로 확산된다는 것, 마침내 살고자 소를 먹기 시작한 인간이 그것으로 인해 죽게 된다는 것이다.

이상에서 살펴보건대 광우병 문제는 삶-산업-정치가 엮인 복합문제이다. 촛불은 이 중 네 번째와 다섯 번째의 차원에 집중해 왔다. 그나마 네 번째의 차원에 집중하려는 집단(민주적 민족주의)과 다섯 번째의 차원에 집중하려는 집단(민족해방 민족주의) 사이의 갈등으로 촛불은 분열되었다. 광우병 문제는 세 번째, 네 번째, 다섯 번째 차원이 동시적으로 문제되고 총체적인 해법을 발견하지 못하는 한 인간 존재의 항구적 문제로 남아 있을 것이다. 이 세 차원이 총체적으로 사고되고 그에 걸맞는 삶정치적 해법을 찾아 나가야 한다. 민족해방, 민족독립이라는 차원으로 세 번째의 문제는 풀 수 없으려니와 건드릴 수조차 없다. 네 번째와 다섯 번째 문제를 세 번째의 차원과의 밀접한 관계 속에서 사고해야 하고 세 번째의 차원을 해결하는 과정에서 네 번째와 다섯 번째의 문제를 풀어야 한다. 그것은 네 번째 차원에서 제기되는 민주주의 문제를 민족주의와 연결시키지 말고 전 지구적 코뮤니즘의 사유와 연결하는 길이다.

노동의 재구성과 촛불

촛불은 노동의 재구성과 긴밀히 연결되어 있는 사태이다. 그렇기 때문에 21세기에 들어서면서 노동문제의 초점이 임금문제와 노동시간 문제에서 비정규직 문제로 이동하고 있는 것에 주목해야 한다. 왜 이런 현상이 발생하는가? 촛불은 이 문제의 성격을 어떻게 파악하고 어떻게 대처해갈 것인가?

노동조합 조직과 많은 노동단체들은 비정규직 문제를 고용불안정성의 문제로 파악하고 고용안정(즉 비정규직의 정규직화)의 달성을 대안으로 내세운다. 이 주장을 뒷받침하기 위해 노동기본권이 논거로 동원된다. 비정규직이 위기의 삶을 의미하는 한에서 정규직화는 하나의 대안일 수 있겠지만 이것은 두 가지 점에서 문제적이다. 하나는 현재의 자본관계가 기술, 정보, 지식, 정동affect에 광범위하게 의존함으로써 직접적 노동(직접적 고용자)에 덜 의존하게 되었다는 사실이 고려되지 않는다는 점이다. 이런 한에서 더 많은 직접적 노동의 안정적 사용에 대한 요구는 탈근대자본주의를 근대의 산업자본주의로 복귀시키라는 요구를 의미하게 되어 비현실적 복고경향을 드러낸다. 둘째, 설령 이것이 현실적으로 가능하다고 할지라도 그 요구의 지향은 안정된 자본주의의 구축에 있게 되고 노동해방의 전망을 닫게 만든다. 즉 이 요구는 방어적이고 수동적인 요구이다.

현대의 비정규직문제는 고용불안정의 양상으로 나타나지만 그것의 실제적 본질은 삶의 불안정, 삶의 안보(안전보장)의 취약화의 문제이다. 다중은 고용되기를 원하고 있는 것이 아니라 삶의 안전을 보장받고 싶어한다. 고용에의 요구는 어쩔 수 없이 선택하는 방편에 지나지 않는다. 그러므로 고용요구는 실제로는 삶의 안전보장에 대한 요구로 이해되어야 한다. 닥쳐온 고용위기는 자본(관계)이 다중의 삶의 안전을 더 이상 보장할 능력이 없음을 보여주는 징후이다. 그러므로 자본관계와는 다른 방향에서 삶의 안전을 보장받고 삶의 행복을 추구할 방법을 찾는 것이 다중이 직면한 문제이다. 이 문제를 풀어나갈 바탕은 삶의 생산과 재생산 능력으로서의 노동이다.

오늘날 노동은 분산된 개인들의 활동이 아니라 전 사회적이며 전 지구적이고 공통적인 인류적 활동이다. 노동은 더욱더 깊이 네트워크화되고 있다. 오늘날 직접적으로 임금노동에 참여하는가 않는가는 더 이상 노동하는가 않는가를 가르는 지표일 수 없다. 노동의 비물질화, 지성화, 조직화, 정동화, 공통화로 인해 삶과 노동의 경계는 점점 흐려지고 있다. 우리가 확인하는 새로운 임금노동형태들(게임노동, 연구노동) 외에, 다양한 비임금 노동형태들이 이미 있어왔거나(가사노동, 아동노동, 가족구성원의 심부름, 히끼꼬모리) 새로이 대두하고 있다(자영의 소호, 생산자공동체나 협동조합, 불안정노동 형태인 파출부 노동, 배달노동, 프리터). 임금/비임금, 생산/재생산을 불문한 인간의 모든 활동들이 오늘날에는 네트워크화되고 공통화되어 인류 및 생태의 삶을 생산하고 재생산하는 총화적 활동으로 전화하고 있다. 정규적으로 고용된 사람은 물론이고 비정규적으로 고용된 사람들, 심지어 고용되지 않은 사람들도 이 총화적 노동활동에 참여하며 정규고용된 노동이 차지하는 비중은 점차 줄어든다. 오늘날은 착취도 이 공통화된 사회적 노동을 착취(노동시간의 절단에 근거하기보다 자본주의 공리에 의거한다는 점에서 실제로는 포획임)한다.

고용형태를 둘러싼 쟁점(비정규직, 즉 프리터, 아르바이트, 파견근로, 특수고용, 가사노동 등)은 생산의 문제라기보다 생산공동체 내부에 역할과 권력의 사다리를 형성하여 다중의 삶의 네트워크 내부에 위계를 도입하는 과정에서 발생하는 문제이다. 그리고 이 위계에 따라 공통노동의 성과물을 차별적으로 배분하는 것과 관련된 문제이다. 오늘날 착취는 사회화된 노동, 일반노동에 대한 착취이며 이런 의미에서 모든 사람은 자본관계에 이용되고 있다고 볼 수 있다. 우리가 일반적으로 피고용자라고 부르는 사람들(취업노동자)은 직접 고용되어 있지 않은 사람들을 자본이 이용하도록 만드는 역할, 즉 지주소작관계 하에서의 마름과 비슷한 역할을 떠맡아 가고 있다. 개별 자본에 직접 고용되지 않거나 불안정하게 고용된 사람들이 삶의 위기를 겪고 있는 정도가 높은 만큼 취업과 정규고용은 삶의 안전보장(보험)의 성격을 더 강하게 갖게 된다. 비정규직화는, 자본이 노동자에 대한 보장책임을 피하고 공통노동의 성과물을 독식하기 위한 제도적 장치이다. 이로부터 '일정하게 보장받는 직접고용 노동자'와 자본 사이에 비보장노동자에 대항하는 안보동맹이 맺어질 가능성은 그만큼 높다. 그 동맹은 주권적 안보동맹일 것이다.

그래서 오늘날의 고용안정쟁취 투쟁은 단순한 노동기본권의 요구를 넘는 것이며 삶의 안전을 보장받으려는 삶안보권의 문제이다. 그리고 이것은 다중 내부에 위계를 도입하는 것에 반대하고 다중의 연합을 추구하는 문제이다. 하지만 삶의 안보가 고용을 통해 쟁취될 수 있다는 생각은 아직은 자본의 게임룰을 벗어난 것이 아니다. 삶의 안보를 도모하기 위한 다른 방향이 가능하다. 그것은 **무조건적 보장소득**, 삶의 위기를 초래하는 현재의 고용제도와 분배제도에 반대하면서 다중이 삶의 안전을 무조건적으로 보장받는 방법이다. 이것은 오늘날의 생산조건과 부합한다. 다중의 일반노동이 현대의 생산과 재생산의 근거인 만큼 그 일반노동에 연결되어 있는 모든 사람들에게 삶의 안전이 무조건적으로 보장되어야 하는 것이다. 이것은 오늘날 다중의 정치적 연합을 달성하기 위한 제도적 장치이기도 하다. 오늘날 전 지구의 부가 무조건적 안전보장소득을 제공하기에 충분하지 않다고 생각하는 사람들은 많지 않다.

정규고용을 회피하면서 혹은 정규고용으로부터 배제되면서 '욕망하는 삶'을 살아보려고 하는 프리터들에게서 삶의 다른 형식이 실험되고 있다. 프리터의 확산은 오늘날 새로운 삶의 가능성이 무르익었음을 보여주는 징후이다. 하지만 프리터는 자본의 게임룰(고용/비고용, 정규/비정규, 취업/실업)에 도전하기보다 그것에 조응되는 방식으로 움직임으로써 자본의 발전을 돕는다는 다른 면을 갖기도 한다. 욕망하는 삶에 대한 개인적 추구는 자본관계에 쉽게 포섭된다. 오늘날 생산조건이 공통적인 한에서 욕망하는 삶에 대한 추구도 공통적이고 집단적일 때에만 실질적으로 충족될 수 있다. 이런 의미에서 프리터는 자본의 현행의 게임룰에 도전하면서 무조건적 보장소득과 자유로운 노동을 위해 투쟁함으로써 자신이 욕망하는 자유로운 삶을 집단적으로 달성할 수 있을 것이다.

이런 관점에서 볼 때 논란되고 있는 비정규직 법안은 다중의 연합을 파괴하고 다중 내부에 위계제를 도입하면서 소수의 안정된 고용노동자를 매개로 하여 다수의 비정규직 불안정노동자를 파견근로, 기간제 근로 등의 형태로 착취하려는 제도 구축 시도이다. 우리는 비정규직 제도를 더욱 확장하고 또 확고하게 안착시키려는 이 법적 시도의 나쁜 효과를 폭로하고 그것에 맞서면서 노동기본권에 기초한 고용안정이라는 방어적이고 복고적인 주장을 넘어설 수 있도록 준비해 나가야 한다. 그 디딤돌은 무조건적 보장소득 요구이다. 그것은 현행의 일반적 공통노동과는 더 이상 부합하지 않는 현재의 사적 자본관계를 척결하고 자본관계와는 완전히 다른 방향에서 삶의 안전보장을 이룰 관계를 새롭게 창출하기 위한 노력의 일부일 것이다. 이것은 촛불의 취지와 완전히 일치한다.

촛불과 욕구노동

"비정규직 없는 세상". 촛불 1기가 광우병 쇠고기에서 출발했다면 촛불 제2기가 비정규직에서 출발하고 있는 느낌이다. 그런데 "비정규직 없는 세상"이라는 말은 정규직을 정상적 고용형태로 파악하도록 자극한다. 비정규직이 일종의 '쓰레기'(지그문트 바우만) 노동자 만들기이며 신자유주의적 계급분할과 계급지배의 수단으로 사용되고 있다는 점에서 비정규직을 없애야 한다는 생각은 설득력과 타당성을 갖는다.

하지만 비정규직을 없애자는 주장이 정규직화라는 대안으로 귀착되는 한에서 그것은 문제의 해결이 아니라 문제의 지연이자 은폐로서 기능한다. 비정규직화는 신자유주의적 정책의 문제로 나타나지만 실제로는 현단계 자본주의의 존재양식이다. 첫째로 그것은 기계화와 정보화에 의해 규정된다. 기계화는 직접 노동인구에 대한 수요를 줄이고(많은 노동이 간접적으로 수행된다) 정보화는 노동형태의 비정규화를 일반화한다. 노동의 장소적 물질적 구속성을 제거하는 것이다. 전체적으로 노동의 비물질화는 노동 속에 비정규성을 강력하게 도입한다. 둘째로 신자유주의는 기술적 차원에서 전개되는 이 '노동해방'의 경향을 축적의 도구로 이용한다. 정규직을 비정규직을 통제하기 위한 마름으로 배치함으로써 자본은 노동계급을 분할하여 통제할 수 있게 된다. 그리하여 정규직은 경제적 임금 외의 정치적 임금을 추가로 수령하고 비정규직은 경제적 임금조차도 박탈당하는 불균형과 적대가 프롤레타리아 내부에 도입된다.

고전적 노동을 이상화하는 정규직화 대안은 위의 두 측면 중 두 번째 측면(비정규직화의 정치적 측면)에 대한 반응이다. 그런데 이것은 첫 번째 측면(비정규직화의 기술적 측면)에 기초하고 있다. 기계화와 정보화는 노동의 저항을 무찌르기 위해 자본이 도입하는 것이기는 하지만 인간 노동의 자연 제약성에서 벗어나고자 하는 노동자들의 욕구를 재현하는 것이기도 하다. 이런 의미에서 두 번째 측면 속에는 노동자들의 욕망과 투쟁이 아로새겨져 있다. 비정규직화가 낳는 문제는 두 번째 측면에 핵심이 있지 첫 번째 측면에 그 핵심이 있는 것이 아니다. 작업장에서의 직접 노동이 부차화되고 사회적이고 간접적인 협력노동이 주요한 것으로 되고 있는 노동의 진화는 되돌릴 수 있는 것이 아니며 또 되돌려야 할 것도 아니다. 해결해야 하고 싸워야 할 문제는 노동해방의 경향을 축적가속화의 수단으로 만들고 있는 자본의 책략이다. 노동은 작업장에서의 직접 노동뿐만 아니라 사회성원 전체의 공동노동으로 점점 더 깊이 전화하고 있다. 모든 사람은 작업장에 고용되어 있는가 없는가와는 무관하게 사회적 삶을 생산하고 재생산하는 활동에 참가한다. 노동이 점점 작업장에서의 정규적 고용형태를 빌리지 않게 되는 것은 이러한 경향이 현실화되는 양태이다. 필요한 것은 노동해방의 실제적 경향을 기술적 차원에서뿐만 아니라 정치적 차원에서도 현실화하는 것이다.

비정규직 없는 세상이 정규직 세상을 말하는 것이라면 그것은 전적으로 고전적 자본주의, 특히 케인즈주의나 사회주의적 자본주의를 대안으로 주장하는 것이다. 이것은 착취자와 피착취자의 구분, 피착취자의 피고용을 삶의 정상성으로 주장하는 효과를 갖는다. 비정규직이라는 문제를 해결하기 위해 자본주의라는 근본문제를 문제가 아닌 것으로, 정상성으로 내세우게 된다. 그래서 실제로는 자본가들을 편들게 된다.

비정규직 노동자들은 정규고용되고 싶다고, 해고자들은 원직복직되고 싶다고 말한다. 그러나 이것은 노동하고 싶다는 욕구가 결코 아니다. 정규고용이나 원직복직에 대한 욕구는 소득에 대한 욕구이다. 먹고 살기 위해서는 자기 몸을 팔아야 하고 그것도 정규적으로 팔아야 살 수 있도록 제약하고 있는 자본주의의 법적 제도적 정치적 조건 속에서 형식화되는 욕구이다.

자본주의는 두 가지 공리에 기초한다. 첫째, 소득(임금)을 얻으려면 노동을 해야 한다. 둘째, 노동하려면 고용되어야 한다. 첫째가 가치법칙이요 둘째가 (지금도 계속되고 있는) 본원적 축적이다. 첫째가 노동의 계량화, 시간화이며 둘째가 생산수단으로부터 분리된 노동자로서의 프롤레타리아트의 창출이다.

그런데 이 공리들은 자본가 예외주의에 기초하고 있다. 자본가들은 소득을 얻기 위해 어떤 노동도 하지 않는다. 자본가들이 노동하는 경우에도 그는 고용되지 않는다. 그리고 이 공리들은 케인즈주의에 의해 자기부정되었다. 케인즈주의는 노동하지 않는 사람들에게 소득을 주는 것을 국가의 원리로 삼음으로써 개별화된 노동과 개별화된 소득 사이에 아무런 연관이 없음을 국가적으로 승인했다. 이후 개별노동과 개별소득 사이에 필연적인 연관이 있다는 생각은 지배를 위한 이데올로기로서만 가동될 수 있었다(예컨대 블레어의 노동복지론, 노태우의 무노동무임금론).

오늘날 전 사회적 소득을 사회적 부와 동일시하는 한에서 부의 원천은 노동, 자연, 기계이다. 아니 이것들의 네트워킹이다. 여기서 노동은 사회적 협력이지 개별적으로 분할가능한 개인노동이 아니다. 또 그것은 계량화 가능한 것이 아닌 순수한 질이다. 노동에 (직접적으로건 간접적으로건) 참가하는 모든 사람은 무조건적으로 부의 분배에 참가할 권리가 있으며 자연과 기계도 부가 보호, 관리 등의 이유로 분배되어야 할 부분이다.

오늘날 생산수단은 공장기계만이 아니다. 정보화된 사회에서는 사회 자체가 생산수단으로 전화한다. 지적 정동적 소통들이 생산력이자 생산수단으로 된다. 노동하려면 고용되어야 한다는 전제는 낡았다. 고용되지 않고도 사람들과 기계들과 자연들은 매순간 노동하고 있다. 그럼에도 소득이 고용형태에 의존하고 있는 것은 완전히 인위적인 것이다. 그것은 부르주아지의 지배전술일 뿐 어떤 필연성도 토대도 갖지 못한다. 부의 생산이 전 지구적 공통체에 의존하는 만큼 부의 분배도 그것에 기초해야 한다. 모든 존재가 부의 생산에 참가하는 지금 모든 존재는 당연히 삶의 권리를 갖는다. 자연과 기계, 인간의 삶들은 무조건적으로 보장되어야 하며 그럴 때 총체적 부는 더욱 풍부해질 수 있다. 정규직 고용보장을 넘어 무조건적 소득보장을!

그러나 이것은 부르주아 정치체 속에서 충분히 달성될 수 있는 과업은 아니다. 부르주아 정치체는 생산자와 생산수단의 분할, 지배자와 피치자의 분할, 고용주와 피고용자의 분할, 이윤과 임금의 분할을 본성으로 하기 때문이다. 부르주아 정치체는 더 이상 현 단계의 인류사회를 광범한 동의하에 꾸려나갈 수 없다. 대다수 사람들을 생존선 이하의 비정규직으로 몰아넣고 소수의 사람들만이 이자와 이윤을, 그리고 일종의 마름 수당인 정치적 임금을 특혜적으로 받는 정규직으로 분할하고 있는 현재의 부르주아 정치만큼 그것을 더 분명하게 보여주는 것은 없다. 비정규직은 폐지되어야 한다. 정규직도 폐지되어야 한다. 모든 사람들이 자신의 욕망에 따라 자유롭게 일하면서 그 생산물이 자유롭게 분배될 수 있는 관계는 새로운 정치체에 의해서만, 다중지성의 코뮌에 의해서만 달성될 수 있다.

촛불과 코뮤니즘

광주에서 열린 촛불 토론회에서 권혁범 교수는 촛불집회가 민족주의적이라서 문제라고 비판한 바 있다. 쇠고기가 미국 쇠고기가 아니었으면 촛불집회가 발생이라도 했겠는가 의문을 표시할 정도였다. 한우도 미국 쇠고기와 동일한 위험에 처해 있는데 한우는 문제삼지 않고 미국 쇠고기만 문제삼는 것이 민족주의라고 말했다. 그의 발언은, 민족주의는 월드컵에서의 한국팀 응원에서 미선이 효순이를 친 미국장갑차에 대한 규탄을 거쳐 2008년의 촛불집회까지 촛불에 본질적인 그 무엇이라는 뉘앙스를 풍겼고 이러한 인식은 전반적으로 촛불로부터 거리를 두는 태도로 이어졌다. 우리는 촛불 속에 민족주의적 경향이 형성되어 있다는 것을 인정할 수 있다. 그렇다면 그의 대안은 무엇이었는가? 생태주의였다. 그런데 그것은 대의민주주의를 통해 가능하다는 것이었다. 민족주의 비판이 빠지는 길은 참으로 다양하기도 하다.

민족주의는 문제다. 그것은 민족이라는 환상적 공동체를 소환하면서 자신도 모르는 사이에 자본관계에 공모한다. 민족주의는 비판되어야 하고 극복되어야 한다. 그렇지만, 어떻게? 무엇에 입각해서? 어떤 방향으로?

1990년대 이후 포스트모더니즘의 도입과 더불어 한국 사회운동에서 민족주의 비판이 세를 얻었다. 이것은 이전의 사회운동에 내포되었던 민족주의들의 문제점에 대한 날카로운 비판들을 수반했다. 여기에는 여러 종류의 흐름이 합류했다. 지금 이 자리에서 그 역사를 자세히 서술할 필요는 없을 것이다. 어쨌건 오랜 논쟁이 지난 후 우리는 민족주의 비판의 도달점을 조망할 수 있는 자리에 섰다.

가장 중요한 것부터 먼저 언급하자. 민족주의 비판, 즉 반민족주의가 뉴라이트를 생산했다는 것이다. 뉴라이트는 신자유주의이다. 이것은 자본의 초국적화의 경향을 내면화한 민족주의 비판이다. 거대독점자본, 초국적화한 재벌들, 초국적 금융자본들이 힘을 얻기 위해서 민족주의를 걸러내야 했다. 뉴라이트는 민족이라는 단위가 오늘날 자본주의의 발전에 조응하지도 자본의 축적에 도움이 되지도 않는다는 사실을 주목했다. 뉴라이트의 반민족주의는 전적으로 자본축적의 논리학이다. 뉴라이트는 근대에 한 몸으로 결착되어 있던 민족과 국가를 분리시키고 민족주의 대신 애국주의를 옹호한다. 신자유주의적 세계자본은 국가를 폐지한 것이 아니라 자신의 축적을 위한 마디로 삼는다. 즉 국가는 세계자본주의에 필요하다. 뉴라이트는 바로 이 필요에 맞춰 애국을 주장한다. 뉴라이트에게 애국이란 국가를 자본축적의 지렛대로 이용한다는 의미이다. 해외자본을 더 많이 끌어들이면 그럴수록, 그러기 위해 국민들의 자유를 더 많이 억압하고 국민들의 생활을 더 열악하게 만들면 그럴수록 그래서 자본의 활동에 어떤 문턱도 없는 자유가 부과되면 될수록 국가가 부강해진다. 애국의 성공은 자본의 성공이며 그 역도 마찬가지이다. 민족주의 비판의 지배적 조류는 이렇게 머리끝에서 발끝까지 자본주의적인 애국주의 정치에 도달했다.

또 하나의 조류는 우리 안의 파시즘론을 거쳐 대중독재론으로 나아간 민족주의 비판 조류이다. 이 조류는 민족과 민중이라는 주체성이 파시즘과 독재에 어떻게 협력했는가를 성찰하도록 만들었다. 이러한 의미에서의 민족주의 비판은 지금도 유효하다. 그렇지만 대중독재론은 사회적 실천을 향해 문을 열어놓고 있지 않다. 역사학으로서의 대중독재론은 미래적 입장의 제시 없이 지난 시대의 주체성에 대한 비판만을 수행함으로써 오히려 정치적 허무주의를 생산해 내곤한다. 그것은 민족, 민중이 근대에 수행해온 적극적 역할을 설명하지 못할 뿐만 아니라 탈근대적 과정에서 그 주체성이 겪고 있는 변용(다중화)과 새로운 적실화의 방향을 설명하지도 못한다.

지금의 촛불에 민족주의가 커다란 동력을 제공하고 있다는 것, 뉴라이트 비판이 민족주의에 오염되어 있다는 것, 그래서 이주노동자에 대한 억압까지 정당화할 위험한 경향이 촛불 속에 내재한다는 것, 이런 조건 하에서 촛불이 정치적으로 승리한다고 하더라도 그것이 미래를 보장하는 것일 수 없다는 것은 분명하다. 그렇기 때문에 민족주의에 대한 비판은 촛불의 영원한 승리를 위한 중요한 과업임이 분명하다. 그런데 1990년대 이후 지금까지의 민족주의 비판이 오늘날 신자유주의를 낳거나 정치적 허무주의를 낳았다는 사실에 대한 주목은 오늘날 민족주의 비판이 가져야할 필수요건이다. 그렇지 않으면 그것은 자신도 모르는 사이에 자본의 정치에 동화될 수 있다. 그러면 그러한 비판은 어떤 입장, 어떤 전망을 가져야 하나? 이 문제에 대한 상세한 서술은 다른 기회로 미루고 여기에서는 주요한 테마만을 간략히 제시해 두도록 하자.

(1)민족은 혈연, 지연, 언어, 문화 등을 기반으로 구성되었으며 자본의 근대적 발전을 뒷받침했다. 민족적 자주성을 갖지 못했던 제3세계에서 민족은 근대 자본주의에 대항하는 힘을 발휘했지만 탈식민적 상황에서 그 역할은 중지되었다. 오늘날의 세계자본주의조차도 그러한 민족개념을 불편한 것으로 받아들이고 있다. 민족은 점점 더 보수적 정치개념으로 되고 있다.

(2)민족주의는 부르주아에 기반한 우파민족주의와 민중에 기반한 좌파민족주의로 분화되어왔다. 우파민족주의는 오늘날 신자유주의로 전향함으로써 세계자본주의의 발전에 자신을 적응시키고 있다. 민족과 분리된 단위로서의 국가만을 받아들인다. 좌파민족주의는 사회주의의 붕괴 이후 고립되었고 전망을 상실하였다. 그것의 기본 정조는 우울이다. 민족

주의는 자본의 횡포에 대한 분노를 느끼지만 전망의 부재로 인해 그것은 피해의식으로 누적된다.

(3)민족주의 비판이 세계주의라는 초국적 자본의 입장으로 추락하지 않기 위해서는 전 지구적 공통을 추구하되 그것을 자본의 입장이 아니라 전 지구적 다중의 입장에서 사고하는 것이다. 전 지구적 다중은 추상적 집합으로서의 인류가 아니다. 그것은 특이한 개인으로서 느끼고 행동하면서 국경을 넘는 타자와의 접속과 협력을 부단히 추구하는 인류이다.

(4)민족주의는 세계주의(=신자유주의)에 의해 극복될 수 없고 다중의 코뮤니즘에 의해서만 극복될 수 있다. 세계주의도 민족주의에 의해 극복될 수 없고 다중의 코뮤니즘에 의해서만 극복될 수 있다.

민민연과 애국촛불

2008년 10월 25일. 민주주의와 민생을 위한 새로운 연대기구(이하 '민민연')가 출범함과 동시에 촛불애국시민전국연대(이하 '촛불연대')가 발족한다. 민민연은 청계광장에서 촛불연대는 탑골공원에서 행사를 시작한다. 민민연은 문화제를, 촛불연대는 탑골에서 청계광장까지의 행진을 자신의 프로그램으로 선택했다. 2008년 5월 아고라가 동화면세점에서, 대책회의가 청계광장에서 분리된 집회를 가졌던 것을 상기하면 시즌 2에서 이 두 단체의 독자화는 새로운 현상이 아니다. 역관계는 크게 바뀌었다. 5월에 청계광장에 수천, 수만이 모일 때 동화면세점에 수십 명이 모여 집회를 했던 것과 비교해 보면 민민연은 쇠퇴기조 속에서, 촛불연대는 성장기조 속에서 연대조직을 발족하게 되었다. 다행스럽게도 두 조직은 선언문과 결의문을 앞 다투어 제출했다. 그 내용을 분석해 보기로 하자.

두 조직은 경쟁적으로 분리된 공간에서 다른 양식으로 출범하지만 민민연 선언문과 촛불연대 선언문이 보여주는 기본정신은 놀라울 정도로, 아니 동일하다고 해도 좋을 정도로 유사하다. 두 개의 선언문이 공히 '대한민국'이라는 국가의 건강회복을 지향하고 이를 위해 '국민'이라는 주체성에 호소하고 있는 것이다. '국민주권'과 그것의 완성이 두 개의 선언문을 관통하는 공동정신이다.

국민주권은 근대적 국가형성의 동력이고 근대적 국가간 체제의 근본 모델이다. 다시 말해 두 개의 선언문은 대한민국이라는 국가에서 나타나는 근대성의 내적 문제의 치유, 완성, 강화를 목적으로 하는 점에서 일치한다. 이 때문에 지난 수개월 동안의 촛불은 민민연의 경우에는 '국민촛불'로 명명되고 촛불연대의 경우에는 '애국촛불'로 정의되는데, 이 둘이 촛불의 역사에 대한 동일한 종합, 정리, 정의방식임은 너무나 명확하지 않은가? 이 동일성을 인식할 때, 우리는 양자가 서로를 비판할 때 지엽적이고 쇄말적인 문제를 전면에 내세울 수밖에 없는 이유를 알 수 있다. 민민연의 경우 촛불연대의 독자화를 무례하다고 비판한다(권위주의). 촛불연대는 민민연을 음모적이라거나 배타적이라고 비판한다(도덕주의). 무례함은 정치적인 것의 한 요소이다. 도전, 비판, 변화, 변혁, 혁명은 예의바름을 통해 달성할 수 없다. 그것은 오히려 무례를 통해 도달할 수 있다. 그럼에도 불구하고 타자에게 예의를 요구하는 것은 권위주의이다. 또한 정치적인 것은 전략과 전술(=음모와 배타)을 함축한다. 정치적인 것은 도덕적 착함에서 나오는 것이 아니라 변화의 방향을 꾸미고, 타파

할 것을 배척하는 것에서 시작한다. 음모적이지 말라 배타적이지 말라는 것은 정치적이지 말라는 것이고 정치적 행위에 이것을 강요하는 도덕주의는 무력함 이외에 어떤 것도 얻을 수 없다.

공통성의 문제로 다시 돌아가자. 국민, 국가, 애국은 촛불이 지지할 만한 가치인가? 촛불이 손에 들고 있는 양초에 불과한 것이 아니라면 그것은 무엇보다도 존엄의 등불이다. 모든 사람들의 삶의 존엄을 천명하는 에너지, 부패하고 썩은 것들을 규탄하고 제거하는 에너지, 억압하고 봉쇄하는 것들에 도전하는 에너지이다. 촛불은 모든 사람들의 창조적인 활력을 선언하고 주장하는 것이다. 이러한 촛불에 국경이 있을 수 없다. 삶을 분단시키는 국경을 자연스럽게 긍정하게 되는 국민, 국가, 애국이라는 용어들은 촛불의 정신을 침해한다. 대한민국의 모든 권력이 국민으로부터 나온다면, 다른 나라들의 권력도 그 나라의 국민으로부터 나오는 것이다. 그래서 논리적으로는 전 지구의 모든 권력은 복수의 국민들로부터 나오는 것이다. 그럼에도 불구하고 실제적으로 각국의 권력이 국민의 수중에 있지 않고 소수 지배자들에게 주어져 있는 것은 바로 국경과 국가로 나뉘어진 세계체제가 국민들을 서로 경쟁시키고 전쟁으로 내몰면서 경쟁과 전쟁을 지휘하는 사람들에게 모든 권력을 위임할 수밖에 없도록 강요하기 때문이다. 국가형태 속에서 국민은 논리적으로는 주권자이지만 실제로는 피지배자일 수밖에 없고 그것은 누가 구축한 어떤 국가에서도 마찬가지이다. 건강하고 부유한 국가일수록 국민의 지위는 상대적으로 더 열악하다고 말하는 편이 더 맞을지도 모른다.

국가는 국민이라는 이름으로 사람들을 호명하여 해당 사회의 구성원을 권력으로 종합하는 형식이며 애국(심)은 국민이 국가권력에 복종하는 정서이다. 국민으로 살고 애국하며 살 때 사람들은 국가의 노예로 사는 것이다. 국가의 노예로서의 국민은, 스스로 주권자라는 가상에 이끌려 경쟁에 열 올리고 전쟁에 앞장서며 국가를 위해 목숨을 바치기를 주저치 않는, 한없이 어리석은 생을 받아들인다. 작고한 권정생이 '애국자가 없는 세상'이 와야 한다고 노래하면서 애국자가 없다면 경쟁도 전쟁도 없으리라고 내다본 것(시 「애국자가 없는 세상」, 조약골이 노래로 만들기도 함)은 우리가 거듭 되새겨야 할 바이다.

역사적으로도 국가는 내부적으로 억압(치안)의 기관이었고 대외적으로는 전쟁의 기관이었다. 국가는 국민을 보호하지만 그 보호는 주어진 영토 위에 거주하는 사람들의 노동을 착취하여 부를 축적하고 그들을 국민으로 조직하여 착취의 영토를 확장하는 동력으로 사용하기 위한 것이었다. 보호와 억압은 국가라는 동전의 양면이다. 민민연 선언문이 자신의 정치학을 정부에 대한 기대가 붕괴된 것 위에 정립할 때, 그리고 촛불연대 선언문이 자신의 정치학을 대한민국의 국가적 존엄성의 위기 위에 정립할 때 이 두 선언문은 스스로 국가가 되려는 권력의지에 함몰하였거나 위기에 빠진 국가를 구제하려는 십자군 전쟁의 욕망에 사로잡혀 있는 것이다.

국가, 애국, 국민은 민민연이 주장하는 바의 진보적 가치도 아니며 촛불연대가 추구하는 바의 변혁적 가치도 아니다. 그것은 오히려 반동적이며 수구적인 가치이다. 이것은 나치즘, 파시즘, 일본군국주의, 네오콘 등에서 그 극단적 완성을 보게 되는 가치이며 근대의 이른바 '정상'국가들이 매일매일의 정치에서 착취와 수탈을 위해 끊임없이 동원하는 이데올로기들이다. 국가의 촉수인 텔레비전은 바로 우리 삶의 깊숙한 안방에 뻗쳐 들어와 잠시도 쉬지 않고 국가, 국민, 애국을 외친다. 우리는 꿈자리에까지 애국(가)를 끌어안고 가도록 강요당한다. 국가, 애국, 국민은 결코 촛불의 꿈이 아니다. 그것은 자본의 계략, 음모, 전술이며 그들의 꿈이다. 촛불이 국가, 애국, 국민의 가치를 집회, 시위, 가투의 이름으로 반복할 때, 촛불은 자본의 권력을 강화하고 사람들을 그것에 예속시키는 화려한 불꽃놀이로 전락할 것이다.

그러므로 나는 지금까지의 촛불이 국민촛불(민민연), 애국촛불(촛불연대)로 환원되고 종합되는 것에 반대한다. 촛불은 국민이나 애국보다 생명과 자유를 외쳤고 국민을 외칠 때조차 국가에 종속된 국민이 아니라 진정한 주권자, 진정한 독재자로서의 개인들, 자신들의 삶의 존엄을 스스로 지키고 발전시키는 사람들을 밝혀내려는 몸부림을 보였기 때문이다. 촛불이 국민, 애국, 국가의 가치에 함몰될 때 민생과 민주주의는 가능하지 않다. 이것들은 민생을 도탄에 빠뜨려온 주범이며 민주주의의 살을 파먹고 그것을 앙상한 껍질로 만들어 놓는 벌레들이기 때문이다. 국민은 국가의 주체성이 아니라 현재의 자본독재에 예속되어 있지만 그것에 저항하는 수많은 다중들의 주권과 존엄을 지칭할 때 의미를 가지며 애국은 대한민국 사랑이 아니라 공동으로 노동하며 서로 삶을 나누고 있는 사람들 사이의 사랑을 지칭할 때 의미를 갖는다. 국가는 우리가 목도하고 있는바 입법, 사법, 행정의 3권에 따라 정립된 정치체제를 지칭하지 않고 접속하여 협력하는 삶의 네트워크를 지칭할 때 의미를 갖는다. 민주주의는 국가형태 속에서 찾을 수 있는 가치가 아니다. 민주주의는 국가형태를 파괴하고 다중들 자신에 의한 다중들 자신을 위한 다중의 자치형태를 발견하는 힘을 지칭하기 때문이다. 모든 사람에 의한 모든 사람의 모든 사람을 위한 자기지배가 민주주의의 실제적 잠재력이다.

촛불연대 선언문에는 민민연 선언문에서는 찾아볼 수 없는 민족전통론이 나타난다.

우리 대한민국은 단군을 시조로 고구려와 신라 백제의 후손으로 고려 발해, 조선, 대한제국을 거쳐 3.1운동과 상해임시정부의 독립투쟁 정신과 법통을 이어받아 1945년 8월 15일 광복과 더불어 1948년 대한민국의 정부가 수립되었다. 4.19혁명과 5.18 광주민주항쟁, 그리고 1987년 6월 각성한 청년 학생들과 함께 한 간고한 반독재 민주시민항쟁은 이 땅에 형식적이나마 시민민주주의를 이루었다.

이 선언문에서 민족전통은 '대한민국 정체성'이라는 말로 표현된다. 전통과 연속성, 정체성에 대한 긍정과 추구는 권력에게 고유한 것이다. 권력은 사람들을 지배하기 위해, 분산된 개개인들에게 권력의 정체성을 주조하고 그것의 연속성을 위조해내며 그것을 전통과 역사의 이름으로 새로운 세대에게 주입한다. 기억과 역사가 지배의 도구인 것은 이 때문이다. 촛불연대가 진정으로 사회변혁운동으로 발전하기를 원한다면 정체성, 전통, 연속성, 역사의 이름으로 지배하는 권력의 간계를 통찰하고 변혁의 전망을 과거의 기억으로부터가 아니라 다중들의 약동하는 창조력으로부터 이끌어내는 데에서 출발해야 한다. 민민연은 "상상을 초월하는 국민의 창조성과 역동성, 열정과 해학과 풍자가 넘치는 창조의 광장"을 발견하지만 그것을 국민주권이라는 고루한 관념으로 봉합한다. 촛불연대는 모두의 "창조적이고 자발적"인 참여를 긍정하면서도 그것을 "진정한 조국 대한민국의 항구적인 발전과 조국의 영광된 미래"라는 몸서리치는 박정희 개발독재의 기억 속으로 가져간다.

또 촛불연대는 "촛불애국시민 전국연대의 중심은 이명박정권 퇴진과 부일매국노 세력 청산에 동의하는 모든 순수한 애국 시민으로 기존의 정치, 종교세력으로부터 독립한다."라고 쓰고 있다. 중심이 있고 이명박 퇴진, 부일매국노 청산을 목표로 한다면 그것은 이미 순수하지 않다. 이미 정치적인 목적을 설정해 두고 스스로를 탈정치적이라고, 순수하다고 정의하려 하는 것일까? 중심만이 정치적이고 그것을 따르는 애국시민은 순수해야 한다는 것일까? 기존의 정치, 종교세력으로부터의 독립! 이것은 실제로 정치적인 행위이며 정치적인 것의 고유한 장이다. 그런데 이것은 '순수한 애국시민'의 이름으로 달성될 수 있는 목표가 아니다. 독립의 이유와 근거가 명확해야 한다. 만약 그것이 위에서 말한 바와 같은 대한민국의 전통성, 정체성, 연속성에 대한 절대적 천명이고 기존의 정치, 종교세력이 불철저했던 것에 대한 비판이라면 실제로 촛불연대의 정치는 그 의도가 어떠하든 지금까지의 낡고 추악한 국가권력 정치의 저불순성, 기존의 정치, 종교세력의 품안으로 확고하게 안기는 결과를 가져올 것이다.

이 처럼 두 개의 선언문에 나타난 애국주의적이고 민족주의적이며 국가주의적인 발상에 나는 동의하지 않는다. 하지만, 두 선언문이 설정하는 당면의 정치적 과제들(민주주의, 민생, 이명박 정권 퇴진)은 많은 사람들의 공통의 것으로 위치지어질 수 있다. 생각의 차이가 행동의 연대를 가로막을 수는 없다. 최대한 독자적으로, 최대한 연대하는 것이 필요하다. 연대기구는 상위기구여서는 안 된다. 그것은 촛불들 위에 군림해서는 안 되며 촛불들 옆에서 또 하나의 촛불처럼 움직여야 한다. 촛불들은 연대기구가 자신들을 대의한다면서 개개 촛불들의 자율성을 훼손하지 않는지 주의를 기울여야 한다. 지금까지 살펴본 것처럼 두 개의 연대기구는 (1)촛불들의 활력을 살림으로써 (2)국가를 치유하고 강건하게 하려는 국가정신에 의해 조직되고 있다. 연대기구가 설정하고 있는 두 번째의 목적은 존엄의 촛불에 외부적인 것이며 국가와는 다른 유형의, 즉 코민 유형의 자율적 공동체 구축으로 대체되어야 할 것이다. 그러나 연대기구 조직화의 움직임은 촛불을 살림으로써만 가능한 것이다. 연대기구들이 정식화하고 있는 정신들은 퇴행적이지만 다중들은 촛불을 살린다는 첫 번째 이유 때문에 연대기구가 여는 시공간을 촛불의 자기목적, 즉 촛불의 자치를 위해 활용할 수 있다. 그리하여 그 시공간을 창조의 시공간으로 만들기 위해 노력하는 것은 촛불에서 국가주의적 권력정신을 해체하기 위해서라도, 흩어져 있던 촛불들이 서로 배우기 위해서라도, 또 촛불을 가르치기를 좋아하는 저 지도자들과 전위들을 가르치기 위해서라도 반드시 필요한 일이리라.

촛불봉기의 주체성

다중의 형상들

누리꾼

　『한겨레』의 기사가 밝혀주고 있듯이 2008년 7월 10일 집회는 누리꾼(네티즌)들이 시민단체와 연대해서 개최한 최초의 집회이다.

　이날 촛불문화제는 누리꾼 단체들을 주축으로 시민단체와 연대해 열렸다. 9일 저녁 조계사에 모여 회의를 연 인터넷 카페대표들은 "대책회의가 평일 집회 개최를 하지 않기 때문에 누리꾼이 주축이 돼 문화제를 열자"고 의견을 모았다. 지금까지 누리꾼 주축으로 촛불문화제가 개최된 것은 대책회의 출범 후 처음 있는 일이다.[1]

누리꾼, 그것은 기존의 방식으로는 조직되어 있지 않으나 네트워크의 방식으로 연결되어 있는 다중지성을 일컫는 이름이다. 누리꾼 주도성은 대책회의 주도에 밀려 억눌렸으나 이제 촛불의 스펙터클 거품이 걷어지고 있는 이 시간에 그 진정한 얼굴을 드러내려하고 있다.

청소년

2008년 7월 어느 날 저녁 7시. 홍대 앞 놀이터. 마포촛불연대의 집회 준비가 한창이다. 2008년 7월 30일 교육감 선거 유인물로 거대한 2MB OUT이라는 문자를 도안하고 그것을 촛불들로 장식했다. 시청에 갔다가 전경들이 에워싸고 있어 이곳으로 왔다는 아주머니도 있다. 촛불들을 찾는 절박한 걸음들.

제2차 마포촛불연대 촛불집회를 막 시작하려는데 얼굴에 깜찍한 페이스페인팅을 한 여학생이 말을 전한다. 사람들이 시청의 원천봉쇄에 항의하기 위해 종각에서 모인다는 문자를 받았다는 것이다. 나는 마포집회 쪽으로 상황을 전하겠다고 하고 여학생과 함께 바로 종각으로 출발했다.

종각에는 십수 명의 젊은이가 있었고 벤치와 보신각 부근에는 중장년으로 보이는 사람들이 흩어져 서 있었다. 아고라에 종각집회를 제안한 청년은 작은 노트북을 들고 다니면서 그 자리에서 글을 읽고 올리며 상황을 체크하고 있다. 우리가 대오 속에 앉자마자 전경차가 몰려오고 이백여 명의 전경들이 우리를 에워쌌다. 체포조 수십 명은 마치 링에 오르

---

1. http://www.hani.co.kr/arti/society/society_general/298228.html

는 권투선수처럼 가죽 장갑을 다잡으며 덤빌 듯한 자세로 도열했다. 아무 것도 하지 않은 상태에서 꼼짝없이 포위된 것이다. 해산 방송은 없었지만 이미 해산 협박이 시작되었다. 칼라TV가 잠깐 왔다가고 나서 우리는 탑골공원 앞으로 2차 장소를 정한 후 그곳을 빠져나왔다. 탑골공원에 집결한 사람은 10여 명. 함께 온 6.15TV와 간단한 인터뷰를 마친 후 우리는 다시 시청으로 향했다. 인상에 깊이 남는 것은 함께 종각으로 갔던 그 10대 여학생의 말이다.

> 조중동 읽고 그대로 읊조리는 친구들 보면 답답해요. 엄마아빠는 공부 안 하고 왜 촛불집회 다니냐고 해요. 어린아이를 안고 역사를 설명해 주는 부모들도 계시잖아요. 거리에서 실제로 많은 것을 배워요. 권력이 무엇인지도 배우구요. 오늘은 나가지 말아야지 생각하지만 어느새 촛불집회에 참석해 있는 자신을 발견해요. 사람이 많을 때는 안심이 되었는데 오늘처럼 사람이 적으면 나라도 참가해야지 하는 생각이 들어서 발길을 시청 쪽으로 돌리게 돼요.

그러면서 덧붙인 한 마디 말. "지금껏 살면서 가슴 속에 묻어둘 수밖에 없었던 생각과 말들을 촛불집회가 확 끌어내 준 것 같아요." 시인이 따로 있는 것일까?

권력은 법과 언론뿐만 아니라 부모를 통해서까지 자신의 의지를 관철시킨다. 그러나 그것에 저항하는 특이한 힘들도 있다. 거리에서 만나는 한 사람 한 사람의 진심을 들을 때마다 그 힘과 깊이와 에너지에 놀라지 않을 수 없다. 고은 시인은 『만인보』를 썼다. 그 형상들 중의 많은 것은 역사 속 인물들에서 나온다. 촛불 봉기에서 우리는 책에 글로써 쓰이는 것이 아니라, 거리에 몸과 말로써 쓰이는 제2의 '만인보'를 경험하고 있는 것인지도 모른다.

소수자

2008년 7월 8일 오후 7시. 프란체스코 교육회관에서 '촛불시대에 생각하는 레닌과 러시아혁명' 토론회에 참석했다가 간단히 저녁식사만 마치고 서둘러 토론회 참석자들에게 인사를 한 후 시청으로 향했다. 오늘도 원봉이겠지. 몸을 가볍게 해야 하니 지하철 사물함에 가방을 맡기고 갈까, 생각하다가 시청을 쳐다보니 봉쇄를 했던 닭장차 무리들 일부가 움직이면서 어디론가 빠져나가고 있다. 하나둘 빠지더니 순식간에 모두 빠져나가고 시청광장은 몇 사람이 무리지어 모여 있는 평상시의 광장으로 바뀌었다.

사람들이 모여 있는 시청 정문 쪽으로 갔더니 나이든 할아버지들 아주머니들이 많고 젊은 사람들은 드물었다. 80세 노인으로 자신을 소개한 한 할아버지가 진행을 맡았다. 자주 본 얼굴이다. 오늘은 62회째 촛불집회인데 자신은 57번 집회에 참가했단다. 역사학을 전공했다는 이야기도 덧붙였다. 거의 강의에 가까운, 할아버지의 오랜 모두 연설에 이어 자유발언이 시작되었다. 두 세 사람이 한 다음에는 다들 주저하는 눈치다. 경험 있는 사람들은 모두 MBC 쪽으로 갔기 때문일까? 다들 남들이 나서서 그 적막을 메워 주었으면 하는 눈치가 역력하다. '옆 사람을 떠밀며 선생님이 할 말이 많으실 듯한데 한 말씀 하시지요' 이런 식이다. 그저 한 가족 정도로 줄어버린 촛불이 살아나기를 바라는 간절한 마음들. 서로 하겠다고 경쟁하는 것도 아니고 그만했으면 하는 것도 아니고 이 집회가 계속 되어야 겠는데 누군가 나서서 자유발언이나 구호를 외쳐 주었으면 하는 안타까운 분위기. 다들 서로의 마음들을 읽으며 눌변들을 더듬으며 시간을 나누다 보니 8시가 넘었다.

지금까지의 촛불집회와는 얼마나 다른가! 수십만이 운집하는 스펙타클 집회는 그 나름대로 의미가 있다. 그러나 그러한 스펙타클 집회는 이중적이다. 사람들 마음속에 쌓여 있는 권력의 벽을 허물어 내리기도 하지만 동시에 사람들을 구경꾼으로 만들어 버리기 때문이다. 하지만 수십 명이 모여서 하는 집회는 그것과 다르다. 대규모 집회보다 더 맛이 깊고 운치가 있고 생동감 넘친다. 한 사람 한 사람의 느낌이 숨소리 몸짓 목소리를 통해 진하게 다가온다.

오늘은 어떤 정당도 없다. 민주당도 없고 민주노동당도 없고 진보신당도 없다. 시민단체도 없다. 대책회의도 없다. 생중계도 없다. 기자도 없다. 아니, 마이크 하나 없다. 그 흔하던 촛불도 없어 각자가 가게에 가서 사온다. 정말로 촛불이 걱정되어 나온, 사심 없는 사람들의 집합체. 단 하나의 깃발이 있었다. 10대 연합이라고 쓴 흑색의 깃발. 남녀 고등학생들 몇 명이 들고 나온 깃발이다.

집회가 끝나고 10대 연합 깃발을 앞세워 광장을 세 바퀴 돈 후에도 삼삼오오 앉아 촛불의 미래에 대해 논한다. 한 여성의 말이다. "오늘 정말 뿌듯합니다. 지금까지 모임을 이끌던 사람들이 전혀 없는 상황에서 우리가 집회를 치러냈다는 것이 자랑스럽습니다." 오늘은 간신히 치러냈지만 이 경험의 누적이 무엇을 이룰 수 있을 것인가는 예상하기 어렵다. 스펙타클 집회에 대한 거부감이 큰 만큼 소수집회의 잠재력은 그만큼 클 것이다.

전라도에 산다는 한 남자는 '당신들은 백성이며 언론과 종교와 권력에 속고 있다'고 말했다가 '우리는 속은 것 없어, 그만해!'라는 핀잔을 들어야 했다. 아무 것도 없는 것에서 가장 정성스런 집회를 만들어 내는 이들이 백성이라면 이들이 속임을 당하는 때에조차 이들 속에 진실이 거주한다고 해야 하지 않을까?

노동자 : 정규, 비정규, 이주노동자

2008년 11월 8일. 촛불과 노동자가 가장 대규모적으로 합류한 시간이다. 구서울역 광장에서 열린 '민영화반대, 사회공공성쟁취, 비정규직 철폐 Say-No 촛불문화제'에서는 물론이고 신광장에서 열린 '2008년 노동자대회 전야제'에서도 사람들은 촛불을 흔들고 있다. 애국촛불전국연대 부스에는 '촛불은 민주노총과 늘 함께 합니다'라는 플랭카드가 달려있다. 촛불이 한국 현대 사회운동의 공통어common language로 된 것이 분명하다.

이날의 촛불집회에서는 그간 주변에 머물렀던 이주노동자, 비정규직 노동자가 집회의 중심에 놓이고 사회주의자들의 목소리가 전면에 부상했다. 서울역으로 오르는 계단에는 1989년 『노동해방문학』의 캐치프레이즈였던 '가라, 자본가 세상. 쟁취하자, 노동해방'이라는 글귀가 쓰인 플랭카드가 이제 사회주의노동자연합의 이름으로 크게 걸려 있다. 20년 만에 살아 돌아온 구호인가 아니면 역사적 시대착오인가?

두 개의 촛불무대, 특히 노동자대회 전야제의 무대는 하나의 스펙타클이다. 붉은색 톤의 대형무대, 웅장한 음향, 한 무대에 수십 명씩 오르는 집단성. 노동자대회 무대 앞에 산업노동자들보다는 더 많은 시민들 (실제로는 다른 유형의 노동자들이다)이 앉아 있는 것으로 보인다. 신광장 쪽에 서서 집회에 참가하고 있는 중년의 한 시민은 사회자가 어떤 말을 하건, 자유발언자가 무슨 말을 하건 '이런 세상 뒤엎어 버려!' '개새들, 다 죽여 버려!'라고 흥분한 목소리로 반복해서 말하고 있다. 전야제가 한창인 시간에 상당수의 산업노동자들은 구광장 쪽에 즐비하게 늘어선 주점들(구속노동자후원회, 전해투, 전철협 등)에 둘러앉아 음식과 술을 먹고 마시며 담소를 나누고 있다. 무대는 힘차며 결의에 가득 차 있다. 하지만 무대 밖도 그러한지는 알기 어렵다. 혹시 무대의 스펙타클함이 주체성의 빈곤을 대신하고 있는 것은 아닌가 물어져야 할 것이다.

'민주세대 386' 깃발과 일군의 사람들은 일곱 시가 조금 못된 시간에 광장을 빠져나간다. 지하철로 이동하여 이화여대를 돌아 다시 명동으로 온 시위대는 롯데백화점 앞에서부터 시청 쪽으로 가투를 시작한다. 시청 부근에서는 3개월 여 만에 처음으로 '이명박 물러나라!'고 외치며 벌인 가투일 것이다. 그것도 극소수의 인원으로. 대오 중 청소년을 포함한 일곱 명이 따라온 사복조 무리에게 연행 당한다. 사복조만이 이들을 기습했는데 아마도 전경들이 서울역에 고정되어 있었기 때문일 것이다.

전야제가 끝난 후 서울역에 집결한 촛불시민들은 '이명박은 물러가라!', '연행자를 석방하라!'고 외치며 시위를 벌인다. 그중 일부가 다시 연행 당하자 시민들의 분노가 하늘을 찌른다. 충돌의 시간이 계속되었지만 신광장의 노동자들은 이미 빠져나간 상태이고 구광장의 노동자들은 계속 주점에 앉아 있는 듯하다. 이에 분개한 어떤 시민은 '민주노총 해체하라!'고 외치기도 한다.

칼라TV는 전야제의 공식일정이 채 끝나기도 전에 내일 마로니에를 기약하며 방송을 종료한다. 커널뉴스도 일찍 카메라를 거둔다. 사자후TV 역시 방송이 중단되었는데, 가투 촬영을 하다가 사복 체포조의 발길질로 카메라가 망가졌기 때문이라고 한다. 한 여성 기자는 사복의 이단옆차기에 복부를 맞고 쓰러졌단다. 그래서 누리꾼TV만이 전야제 이후 상황을 전달할 수 있었다.

　대낮부터 서울역 전체를 원형으로 에워싼 전경차들과 전경들. 전경들의 손에는 수배자의 사진을 찍은 유인물이 들려 있고 모든 통행자들은 전경들이 만들어 놓은 통로를 통해 검문 당하며 통행해야 했다.

　저녁 8시가 넘은 시간 서울역 롯데마트로 진입하는 차량들은 경찰에게 차량 내부를 보여주고서야 들어올 수 있었다. 전국노동자대회인지 전국경찰대회인지 분간하기 어려운 하루였다. 경찰들이 시민들의 삶의 곳곳으로 침투해 들어와 감시하고 검문하고 단속하고 저지하고 통제하고 협박하고 폭행한다. 경찰국가로의 급속한 이행이다.

이주민

　자끄 랑시에르는 안또니오 네그리와 마이클 하트의 책 『제국』을 평하는 글 「인민인가 다중인가」에서 다음과 같이 말한다.

> "척도의 한계들을 넘어서고 부수며", "평소와는 다른 위상학이 그리는, 포함시킬 수 없는 은밀한 리좀들이 그리는" 새로운 공간들을 만들어내는 이 유목적 운동에 대한 찬미는 일을 구하러 도시에 온 브라질 농민들과 르완다 인종청소로부터 도망쳐 나온 난민 캠프 거주자들을 망명Exils이라는 제목으로 한 데 묶어버린 사진이 연민의 방식으로 했던 것과 똑같은

작업을 열광적인 방식으로 하고 있는 것이다. 다중의 폭발적인 역량의 증거로 제시된 유목적 운동은 결국 민족-국가의 폭력이나 그들을 파산에 빠트린 절대적 비참 때문에 쫓겨난 주민들의 운동인 것이다. '다중'은 그만큼 문제가 있는 모든 동일시들에 종속된 '인민'이다.²

많은 사람들이 다중 개념에 제기해온 문제 중의 하나가 이것이다. 이민, 이주를 전형적 사례로 삼는 다중의 유목적 운동에 대한 긍정이 만약 그것이 즐거운 것이라거나 행복한 것이라는 등의 감성적 진단에 기초한 것이라면 랑시에르(그리고 여타 사람들)의 위의 비판의 적확한 표적이 된다. 왜냐하면 보다 나은 삶을 찾아 헤매는 이주, 이민은 글자 그대로 비참에 대한 반응이기 때문이다.

그러나 이주에 대한 네그리와 하트의 긍정은 이 유목적 운동이 갖는 역사적 세계사적 의미에 대한 진단에 기초한 것으로서 비참에도 불구하고 이주가 갖는 변형의 힘을 강조하고자 하는 것이었다. 이런 의미에서 랑시에르의 비판은 과녁을 빗나간다.

맑스는 프롤레타리아트의 세계사적 사명에 대해, 프롤레타리아트 출현의 역사적 의미에 대해 강조하면서 프롤레타리아트의 축적을 혁명의 관점에서 긍정한다. 하지만 프롤레타리아트는 생산수단으로부터 추방되고 배제된 존재이며 가난을 넘는 비참은 프롤레타리아트에서부터 시작된다. 그럼에도 불구하고 프롤레타리아트는 공통의 세계를 가능케 할 잠재력이다. 농촌에서 도시로 몰려드는 농민의 프롤레타리아화는 비참의 산물이지만 그것의 역사적 의미는 그들이 추방된 자로서 느끼는 감각이

---

2. http://jayul.net/view_article.php?a_no=1192&p_no=1

나 감성과는 별개의 것이다.

이와 마찬가지로 이주하는 다중의 유목적 운동은 그것이 비참에 의해 조건지어진 것이라 할지라도 인류인들의 국경을 넘는 혼종과 새로운 주체성의 탄생에서 빼놓을 수 없는 계기이며 코뮤니즘을 새로운 수준에서 구축할 잠재력의 축적이라고 보아야 한다. 그러므로 랑시에르가 '인민'이라고 부르고 싶어하는 그 아무개n'importe qui가 오히려 다중으로부터 특이성을 지워버리고 난 후에 남는 찌꺼기의 이름이 아닌지 반문해 보아야 한다. 촛불들은 이런 '인민'이기에는 너무나 다채색이고 특이하다.

군중

2008년 7월 5일. 시청광장을 꽉 메우고 대한문에서 프레스센터 앞까지를 가득 메우고 다시 대한문에서 남대문까지를 가득 메운 이 사람들은 어디서 왔고 왜 왔을까? 이들은 무엇을 욕망하는 사람들일까? 이들이 하고 싶은 이야기는 무엇일까? 피켓들, 낙서들, 스티커들, 포스트잇들이 이 많은 사람들을 전부 대의하는 것일까? 말 없는 사람들, 이들은 마음 속에 무슨 말을 숨기고 있는 것일까?

다인아빠와 촛불다방, 진중권, 소금사탕

봉기에 나선 행동 주체들인 다중들이 감사의 마음을 표하는 사람들이 있다. 그들은 촛불집회와 시위의 주변에 있는 것처럼 보였지만 실제로는 봉기의 영웅들로 된 사람들이다. 다인아빠는 떡볶이와 라면을, 촛불다방 아저씨는 커피를 무료로 제공했다. 이들은 봉기가 새로운 공동체의 출현임을 보여주는 사람들이다. 2008년 6월 30일 새벽. 커피를 제공하며 촛불을 뒤에서 응원하던 촛불다방 아저씨가 대오의 선도자로 나섰다는 사실은 중요하다. 두산타워 앞에 모인 군중을 향해 그는 종각으로 가자면서 종로 3가까지는 차도로, 그 이후로는 인도로 가자는 구체적인 제안까지 했다. 당시 극심한 경찰 연행으로 프락치 의심이 한참 고조되어 있던 상황임을 고려했는지 그는, '내가 프락치로 오해받아도 좋다'며 촛불대오의 종로행진을 적극 주장했다. 군중 속에서 '나는 촛불다방을 믿는다!'는 말이 튀어 나오기도 했다. 대오가 두산타워를 출발하여 종로 3가 가까이에 이르렀을 때 대오의 선두는 왼쪽으로 빠져 을지로 쪽으로 방향을 틀었다. 촛불다방 아저씨는 봉고트럭을 급히 몰고 돌아와 누가 방향을 바꿨느냐며 선두를 향해 따졌다. 을지로 쪽에는 경찰들이 대기하고 있고 종각에 국회의원들이 연좌하고 있다면서 종로로 바로 행진했어야 한다는 것이다. 조용한 후원자로 보이는 사람들이 실제로는 투사들이라는 사실. 다인아빠의 경우도 이와 같은 경우일 것이다.

　　진중권에 대한 사랑과 믿음은 어디서 나오는가? 그가 단순한 중계자가 아니라는 것, 위험이 가득한 곳으로 몸을 들이밀며 마이크를 들이대고 봉기자의 관점에서 사태를 전달하려 한다는 것에서 연유한다. 칼라TV가 미디어 중립주의적 관점에서 완전히 벗어나 있지는 않다. 하지만 칼라TV는 SBS나 조중동과는 달리, 친권력적 친자본적이지 않다는 이유 하나만으로 대중의 사랑을 받는다. 거기서 조금 더 나아가 친대중적인 태도를 보여줄 때 봉기대중들은 큰 사랑을 보여준다. 그래서 전경차에 불을 지르려던 사람이 발견되었을 그 때 진중권은 대중의 수사관으로서의 역할을 떠맡았고 시청 앞에서 시민을 연행하던 사복경찰이 붙들렸을 때에도 '칼라TV 쪽으로 가자!'는 호소가 가장 쉽게 먹혀들었다. 미디어가 얻는 이 신뢰의 정체는 무엇일까? 진중권이 갖고 있는 대의민주주의에 대한 믿음, 대중을 자율적 권력자로보다는 대의되어야 할 대상으로 보는 관점, 직접민주주의를 단순한 보조물로 보는 생각을 떠올릴 때, 미디어나 언론인에 대한 대중의 믿음과 복종은 언젠가는 극복되어야 할 지금 촛불의 한계로 느껴진다.

소금사탕. 비폭력은 '한 걸음 전진'을 포함한다며 2008년 6월 10일 명박산성을 넘어가 연행되었던 사람. 그때 그는 대중보다 한 걸음 앞서 있었다. 2008년 6월 28일 또 한 번 넘겠다던 기획이 무력해지는 것을 겪었던 사람. 그때 그는 대중보다 한 걸음 뒤처져 있었다. 대중은 소수가 바리케이드를 넘는 것을 바라고 있지 않았고 집단적으로 바리케이드를 해체하기를 원하고 있었다. 격렬한 대치, 경찰의 바리케이드가 찢어지기까지의 격렬한 대치. 한 발 전진의 의미는 매 순간 달라진다. 2008년 8월 15일 소금사탕은 8.15 평화행동단을 조직하여 물대포가 퍼부어지는 상황에서도 물러나지 않는 집단저항 의식을 창조해 낸다. 이 때 그는 대중보다 앞서지도 대중보다 뒤처지지도 않은 길, 즉 대중과 함께 하는 길을 선택했던 것으로 보인다.

파천황

2008년 7월 3일. 촛불문화제가 끝날 무렵, 꽃다지가 노래를 부른다. 앞에 카키색 티를 입은 한 중년의 사내가 시민들을 향해 서서 촛불을 좌우로 흔들며 음악을 지휘하고 있는 것처럼 보인다. 남루한 옷이며 약간

기우뚱해 보이는 차림이지만 아무도 제지하지 않는다.

일정한 거리를 두고 그 앞에 다른 두 사내가 앉아 있다. 앞에 선 사내의 지휘를 받아 전하는 부지휘관처럼. 한 사람은 처음 보는 사람이지만 또 한 사람은 익히 본 얼굴, '파천황'(破天荒, 이전에 아무도 한 적인 없는 일을 함이라는 뜻이다)이라고 쓰인 한자깃발을 들고 국민토성을 타고 명박산성에 올랐던 사람이다.

그 둘로부터 일정한 거리를 두고 시민들이 촛불을 들거나 놓고 타원형으로 앉아 있다. 촛불문화제가 끝나고 서성거리던 시민들이 한 둘 광장을 빠져나간 후 나도 대한문을 거쳐 시청역으로 걸어갔다. 앞에 걸어가는 양복차림의 두 사내를 빠른 걸음으로 쫓아가 손을 벌리는 한 사내가 보인다. 카키색의 티를 입고 촛불 대오 앞에서 지휘를 하던 바로 그 사내다. 양복 입은 두 사람이 놀라 빠른 걸음으로 피하자 그 옆에 있던 다른 사람에게 걸어가 손을 벌린다. 무엇을 요구하는지 짐작으로 알 수 있다. 이 인상적인 장면을 카메라에 담은 후 나는 지하철을 탔다.

촛불집회는 노숙자와 걸인까지 자유롭게 한다. 이 세상의 가장 고단한 영혼을 촛불로 고양시킨다. 파천황의 사건이 대한민국의 도심, 시청에서 벌어지고 있다.

보호자들: 교사, 어른, 남자, 예비군

이번 촛불봉기에서 등장한 움직임들 중에 주목할 만한 것은 보호자 운동이다. 보호자들은 봉기의 처음부터 신속하게 움직였다. 청소년들이 광장으로 나섰을 때 교사들은 신속하게 광장으로 나와 보호의 역할을 감당했다. 아니 교사뿐만 아니라 많은 성인들이 청소년들을 보호하겠다는 생각으로 거리로 나왔다. "지켜주지 못해 미안해."라는 피켓을 들고.

전경들이 시위대를 연행하기 시작하자 예비군들이 시민들을 보호하기 위해 조직되었다. 유모차들이 광장으로 나섰을 때, 예비군들을 중심으로 학생들과 시민들이 이들을 보호하기 위해 노력했다. 여성들이 시위대의 주축으로 되자 남성들은 여성들을 보호하기 위해 노력하는 모습을 보였다. 2008년 6월 29일 원천봉쇄를 분기점으로 시민들이 권력의 폭력에 내몰리기 시작하자 신부, 목사, 승려들이 시민들의 보호자를 자임하며 나섰다. 지식인들, 이른바 지도적 인사들도 서서히 보호자로 나서고 있다.

보호의 구조는 중층적이다. 지금까지 국가권력으로부터 배제되고 그것에 의해 상처 입은 사람들, 방패와 주먹질과 발길질과 욕설과 연행과 구금 등의 대우를 국가로부터 받아온 맨주먹의 사람들, 가난한 사람들, 권력 없는 사람들은 보호받는다는 느낌을 사랑으로 받아들인다. 특히 2008년 6월 29일처럼 국가권력이 독기를 품고 무자비한 살상행위조차 마다하지 않겠다는 표정으로 사람들을 덮칠 때, 사제들이 준 위안은 거대한 것이었다. 사제들은 국가권력이 휘두르려던 칼을 칼집에 잠시라도 집어넣도록 만들었다.

그러나 보호의 사랑은 연대의 사랑과 같은 것이 아니다. 보호자와 위안자는 그것이 뜨거운 사랑에 불탈 때조차 위계의 상층에서 보호받는 사람들을 억압하는 기능을 수행한다. 보호의 구조는 권력의 구조이며 그래서 억압은 보호의 이면이다. 그래서 다중이 보호에 만족하고 그 보호의 틀 속에 안주하게 되면 그들의 행동의 자유는 협소해 지고 상상력의 폭도 좁아진다. 그래서일 것이다. 청소년들이 어느날 태평로 아스팔트 바닥에 대자보를 붙여두었던 것은. "우리를 보호하려고 하지 말라. 우리를 대상화하려 하지 말라. 우리는 이 투쟁의 주체이다." '등교거부', '수업거부'라고 분필로 무수히 쓴 아스팔트 낙서 한 가운데 놓여 있었던 이 대자보가 보호자임을 자임하려는 촛불들의 자기성찰을 촉구한다. 보호받아야 할 것은 청소년들이 아니라 보호자들 자신인 것인가?

 보호와 위안을 일시적 방패막으로 삼을 수는 있다. 하지만 그 속에서 힘을 재정비하고 다시 '투쟁의 독자적 주체'로 나서야 한다. 보호의 사랑에 길들여질 것이 아니라 투쟁 속에서 단련되는 공동체의 사랑을 쟁취해야 한다. 그러나 어떻게? 자칭의 보호자들과 대립하는 방법으로? 아니다. 주체의 입장에 확실하게 설 수 있을 때, 자칭하는 보호자는 원군일 수 있다. 이 원군의 권력망을 살짝 벗어나면서 그 원군의 힘을 싸움의 동력으로 배치할 수 있다면.

이길준과 주경복

 2008년 7월 31일 이길준 의경의 자진출두와 2008년 7월 30일 주경복 후보의 낙선. 이길준 의경이 양심선언 후 머물렀던 천주교 신월동 성당이 맨 먼저 공략되었다. 비록 이 의경의 자진출두 형식을 빌리긴 했지만 전의경제도 폐지에 대한 법원의 응답이 오기 전에는 무기한 농성하겠다던 처음의 계획에 비추어보면 보이지 않는 선을 통한 엄청난 탄압이 신월동으로 가해졌고 그것이 애초의 계획을 어렵게 했으리라 짐작할 수 있다. 이 의경의 결의수준에 맞는 집단적 대응의 구성에서 우리가 실패한 셈이다. 조계사, 민주노총 등에 이미 영장이 발부된 수배자들이 있음에도 불구하고 맨 먼저 이 의경의 신월동 성당이 공략된 것은 권력에게 이 의경의 문제제기가 날카롭고 긴급하고 또 초조한 것이었음을 반증하는 것이 아닐까? 제2, 제3의 이 의경이 나올 수 있는 가능성을 봉쇄하는 것, 그리하여 2008년 8월부터 배치될 경찰기동대를 비롯한 진압경찰들에게 일벌백계의 위압을 가하는 것. 이 의경이 체포되고 신월동이 붕괴된 것은 우리 투쟁의 핵심적 진지 하나를 잃은 것이다. 이것은 명백히 하나의 전투에서 우리가 패배한 것이다. 이것은 우리에게 향후 이런 패배를 막을 수 있기 위한 더 많은 노력을 경주할 것을 요구한다.

이와는 다른 성격의 패배가 있다. 교육감 선거에서 촛불민심의 후원을 받은 주경복 후보는 17개 선거구에서 이기고도 강남 3구와 강북의 종로, 중구, 용산구 등에서 몰표를 얻은 공정택 후보에게 패배했다. 선거는 개인들의 의사표시에 의해 그 결과가 결정되는 정치적 행위이다. 바로 그렇기 때문에 사회적 가치보다 개인적 가치가 선행하는 경향을 갖는다. 이번 선거가 보여주는 것은 무엇인가? 촛불의 힘은 주경복 후보가 얻은 48여 만 표를 통해 입증되었다. 이명박과 한나라당으로부터의 민심이반 경향도 수치적으로 입증되었다. 그럼에도 불구하고 선거에서 패배했다는 것은 선거가 다중들의 정치적 승리를 위한 고유하고 적절한 형식이 아니라는 것을 의미할 뿐이다. 대의민주주의는 다중의 정치적 형태로서 극히 취약하다는 것이 다시 한 번 확인되었다. 선거에서 승리하기란 거리에서 승리하는 것보다 몇 배는 힘들고 설령 승리한다 하더라도 그 승리를 변질 없이 지켜나가는 것은 거의 불가능에 가깝다. 대의는 본질적으로 굴절을 함축하기 때문이다. 촛불민주주의의 승리가 대의민주주의를 통해 보장될 수 있다면 무엇을 통해 보장될 수 있겠는가에 관한 숙고가 이루어져야 할 시간이다.

교육감 선거의 패배가 가져올 효과는 그로 인해 실의에 젖은 사람들의 생각과는 달리 이미 결정되어 있는 어떤 것이라고 볼 수 없다. 교육감이 권력기구의 하나인 한에서 그것은 교육감 개인의 의지보다는 권력의 전체 구조에 의해 더 많이 결정된다. 주경복 후보가 당선되었다 하더라도 그것이 촛불에 대한 중간평가에서의 승리라는 상징적 의미는 가질 수 있겠지만 한국 사회의 변화에서 실질적 의미를 갖기는 쉽지 않을 것이다. 교육감이라는 권력기구를 획득하는 것보다 오히려 광장과 거리에서 더 많은 사람들이 직접행동으로 연대하여 새로운 삶을 일구어 나가는 것이 훨씬 더 중요하고 큰 의미를 갖는다.

공정택의 승리는 촛불들의 낙담을 불러오고 있다. 하지만 공정택의 선거 승리가 반드시 다중에게 불리하기만 할까? 공정택의 교육정책이 실제화되면 그것의 결과가 무엇인지를 사람들은 몸으로 겪게 될 것이다. 이리의 이리에 대한 전쟁이 교육환경 속에서 일반화될 것이다. 이러한 상황을 촛불의 힘을 결집시키기 위한 조건으로 만들어낼 수 있는 가능성은 열려 있다. 신자유주의에 문제를 제기함에 있어 노무현보다는 이명박이 더 쉬운 상태이듯 공정택의 신자유주의 교육정책의 시행은 신자유주의 자체를 누구나의 생생한 문제로 제기하기에 더 쉬운 상황을 조성할 수 있을지도 모른다.

중산층

촛불이 중산층의 의제라는 시간이 흐를수록 점점 널리 확산되는 생각이 있다(박노자, 김종엽). 이 생각은 비정규직의 투쟁이 촛불에서 주변화되는 것을 고려한 판단이다. 그러나 비정규직 투쟁의 주변화가 촛불의 중산층성을 뒷받침하는 증거일까? 의제를 신원주의적으로 해석한다면 부분적으로는 그렇다고 말할 수 있을지 모른다. 촛불과 비정규직 투쟁이 서로 접근하기 위한 많은 노력을 기울였음에도 불구하고 양자 사이에 일정한 거리가 있는 것은 사실이기 때문이다. 그러나 이것을 의제의 계급성으로 해석하는 것은 매우 피상적이며 안이한 해석으로 보인다. 촛불은 단일 의제를 갖는 운동이 아니다. 그것은 다양한 의제들을 포함하는 용광로이다. 삶의 다양한 요구들이 촛불을 통해 제안되었다. 비정규직 문제는 실제로 현단계자본주의의 근본문제를 제기할 수 있는 잠재력을 갖고 있다. 삶에 의존하면서 삶의 재생산을 보장하지 못하는 어떤 체제도 존재할 가치를 갖지 않기 때문이다. 하지만 현재의 비정규직 투쟁은 이 잠재력을 충분히 표현하지 못하고 있다. 그것이 노동의 이데올로기, 즉 피고용이 삶의 조건이라는 생각을 무의식적으로 받아들이고 있기 때문이다. 그래서 비정규직 운동은 원직복직, 고용쟁취라는 당사자운동적 성격으로 축소되고 전 사회적 전 지구적 공통성을 드러내지 못하고 있다. 왜 비정규직의 투쟁이 무조건적 보장소득과 같은 공통적 요구를 제기하는 것으로 발전하지 않는 것일까? 그럴 때 사회적 연대의 잠재력이 더 커질 수 있는데도 말이다. 현재 비정규직투쟁의 당사자 운동적인 이 제한성이 촛불과 비정규직 투쟁의 결합을 방해해온 요소가 아닌지 진지하게 질문할 필요가 있다.

민족주의, 뜨거운 감자

'독도는 우리땅!'?

촛불이 독도 문제에 점화될 기미를 보인다. 독도 문제는 뜨거운 감자와 같다. 한편에서는 일본이 교과서에 독도 영유권을 표시하는 것에 반대해야 하고 그것을 묵인한 이명박 정부를 비판해야 한다. 촛불은 제국주의적 권력의 준동을 억제하는 힘이기 때문이다. 하지만 다른 한편에서 그것이 '독도는 우리땅'이라는 식의 민족주의적 영토관념 속에 함몰되어서는 안 된다. 이럴 때 우리는 이미 마음속에서 전쟁을 준비하는 셈이고 영토를 위한 전쟁에 촛불을 동원하는 셈이기 때문이다. 제국주의도 민족주의도 위험하다. 민족주의는 잠재적 제국주의이다. 촛불은 영토의 관념을 넘어서고 영토적 의미의 주권관념을 넘어서야 한다. 독도는 물론이고 지구상의 모든 땅이 모든 사람의 것이며 모든 동물의 것이고 모든 식물의 것이고 모든 무생물의 것이기 때문이다. 지구는 공통재이지 사유재가 아니다. 지금 독도를 둘러싼 논쟁은, 지구가 공통재임을 모두가 공감하기 위한 운동의 일부로 배치될 때 비로소 시민들 사이의 전쟁을 억제하는 인류인주의적 운동으로 발전할 수 있다. 이것은 지구상의 모든 국가권력에 대항하는 시민들의 범인류인주의적 항쟁을 통해서 올바른 해결책에 도달할 수 있는 문제이다. 지금 우리가 촛불을 민족주의의 도구로 만들면 촛불이 갖고 있는 성찰성, 평화, 연대, 존엄 등 인류인주의적 가치의 선도적 담지자로서 가져온 영예를 상실 할 것이다.

'뉴라이트는 친일파, 매국노'!?

뉴라이트(라이트 코리아)를 친일파나 매국노로 비판하는 구호들이 있다. 뉴라이트 친일파, 뉴라이트 매국노 등의 구호가 그것이다. 이것이 뉴라이트에 대한 부정적 감정을 쉽게 조성할 수 있다는 것은 사실이다. 하지만 왜 쉬울까? 그것은 일본이 나쁜 나라라는 관념이 역사적으로 오랫동안 형성되어 왔고 '국가'가 보존되어야 할 정치형태이자 가치로 부단히 교육되어 왔기 때문이다. 이 구호들은 이미 형성된 감성들에 호소한다. 그만큼 새로운 감성을 형성하는 힘이 약하다.

그러나 일본은 단일한 통일체가 아니다. 한국이 이미 두 개의 민족(부르주아지와 다중)을 포함한 복합체이듯이, 일본도 두 개의 민족을 포함하고 있는 복합체이다. 누가 이 복합체를 단일한 통일체로 보게 만들었는가? 그것은 각국의 지배계급, 즉 민족부르주아지이다. 민족부르주아지는 복합체인 한국이나 일본을 단일한 통일체로 환원함으로써 국민적 통합을 강조하고 저항, 혁명을 억제한다. 일본에 대한 가까움과 멂으로 어떤 사조, 정치세력을 평가하는 것은 한국의 다중이 일본의 다중과 맺을 수 있는 연대의 가능성을 침식한다. 친일파라는 말은 무의식적으로 민족부르주아지를 편든다. 매국노라는 말 역시 국가를 긍정적 가치로 제시함으로써 동일한 효과를 불러일으킨다. 민족국가는 다중의 정치형태일 수 없고 오직 자본의 정치형태일 뿐이다.

그러므로 뉴라이트에 대한 전진적이고 혁명적인 비판은, 그것을, 초국적화하는 자본을 편드는 이데올로기 및 그 집단으로 명명하고 사고하는 데에서 출발해야 한다. 뉴라이트에 대한 비판이 민족적 수준의 단결을 가져오는 것이라면 그것은 자본에 대한 불구적인 비판이며 투항적인 비판이다. 뉴라이트 비판이 다중의 인류인주의적 단결을 가져올 수 있는 방향에서 비판이 전개되어야 한다.

이럴 때 구호는 어떻게 되어야 할까? '초국적 자본의 주구走狗 뉴라이트 해체하자! 뉴라이트는 자본의 주구!' 촛불봉기가 자본관계에 대한 비판, 자본관계와는 다른 삶의 관계를 형성할 방법에 대한 모색을 포함하도록 만드는 데 세심한 신경을 쓰지 않는다면 촛불의 승리는 지체될 것이다.

촛불 파시즘?

지금까지 프랑스어로 한국 촛불 소식을 세계에 알려온 한 블로거는 '운동은 지속된다, 하지만 이 블로그는 지속되지 않는다'는 제목 하에 다음과 같은 요지의 짧은 글을 싣고 있다.

운동은 다양한 형태로 계속된다. 특히 (법과의 관계에서 더욱 단순한) 문화제로 제시된 거리 시위로. 실제로 어떤 면들(거리투쟁에 대한 선호, 국제자본에 대항하면서 국내자본을 애국적으로 방어하는 것)에서 파시즘과 유사할 수 있는 운동은 [다른 흐름과] 분리되어 조직되는 것으로 보인다. (그들은 다른 시위자들과 뒤섞여 있다.) 거리시위의 유사 총체성 (그러나 전부는 아니다. 최소한 한 사람은 자율적이다)은 지금 민족해방파(NL) 그룹의 영향 하에 있는 것으로 보인다. 계급들의 요구가 민족주의자들의 요구와 뒤섞인다. 계급들의 요구 가운데에서 우리는 진정으로 "유연한", 정규직 노동자들에게 때때로 대립하면서 저임금이며 초착취되는 카스트를 구성하는 불안정 노동자들의 요구를 발견한다. 내가 관심을 갖는 것에서, 이 운동은 지금 내 흥미를 별로 끌지 못한다. 나는 이 운동이 다시 나의 흥미를 끌지 않는 한 이 블로그를 더 업데이트하지 않을 것이다.[3]

이러한 평가와 태도를 우리는 어떻게 받아들여야 할까?

첫째, 촛불봉기에서 점차 민족주의적 목소리가 커져가고 있는 것은 사실이다. 수차례 표현해 왔거니와 뉴라이트를 매국, 친일의 각도에서 비판하는 경향이 그러하며 더 크게는 촛불을 애국적이고 국민적으로 정의

---

3. http://candleseoul.blogspot.com/2008/11/le-mouvement-continue-mais-pas-ce-blog.html

하는 것부터가 그러한 사태를 보여준다. 그 결과 계급적 요구와 촛불의 결합이 더디고 지금까지도 그러하다. 하지만 민족적인가 계급적인가라는 전통적 기준 대신에 혁명적인가 그렇지 않은가라는 기준을 가지고 본다면 지금 불안정 노동자들의 요구가 혁명적이라고 하기도 어렵다. 복직, 고용안정의 요구는 신자유주의와 대립하지만 자본관계에 대한 믿음을 강화시킨다는 점에서 혁명적이라고 할 수 없다. 이는 민족적 요구가 혁명적이지 못한 것과 마찬가지이다.

그렇다면 우리는 촛불봉기와 거리를 두어야 하는가? 실제로 많은 사람들이 그때그때 나타나는 주도성에 대한 거부감으로 촛불참가를 꺼려하거나 포기했을 가능성이 있다. 그러나 이러한 태도는 주도성에 대한 실제적 승인으로 귀결된다. 촛불봉기는 참가의 개방성을 특징으로 하며 일개인의 목소리라도 표현될 수 있는 길이 열려있다. 뉴라이트가 아닌 한에서 저지는 없다. 그리고 그 뉴라이트는 신자유주의보다도 더 협소하게 정의된 보수적 신자유주의를 가리킨다. 현재의 주도성이 문제라고 생각될 때 그것을 바꾸기 위한 노력을 하는 것으로 충분하다.

혁명은 영구적인 것이다. 그리고 주어진 시간의 주요한 정치적 과제를 설정하고 그것을 해결하기 위해서는 그 문제와 연결된 모든 계급계층이 동시에 동원되어야 한다. 문제와 연루된 세력들 모두가 동원되지 않고서 문제는 결코 해결되지 않는다. 누가 주도하는가 혹은 할 것인가가 현재의 과제를 해결하기 위한 투쟁에서 공동행동을 할 것인가 아닌가를 판가름하는 기준으로 되어서는 안 된다. 그것은 공동행동의 가능성을 침식하며 결국 투쟁의 역량을 해체한다. 내부적으로는 어떤 억압도 없이 그 과제 해결을 요구하는 다양한 목소리가 표현될 수 있도록 하는 개방성만이 절대적으로 필요할 뿐이다. 다양한 전선들이 공동의 목표로 집중되어야 하는 것이다. 지금 그것은 신자유주의에 대한 반대이다. 신자유주의에 반대하는 모든 세력이 결집하되 이후의 방향들(민족주의, 사회(민주)주의, 자율주의 등)은 각 참가자의 의향과 욕망과 생각에 맞게 열어두는 것.

"국제자본에 대항하면서 국내자본을 애국적으로 방어하는 것"이 유효하지 않다는 점은 지속적으로 비판되어야 한다. 애국, 민족, 국민 등의 관념들은 일시적으로 사람들을 동원할 수 있겠지만 촛불봉기의 세계화와 국제화의 순간에는 발목을 잡게 될 것이다. 그리고 신자유주의에 대한 투쟁에서의 승리는 촛불의 세계화 없이는 불가능하다. 왜냐하면 신자유주의 자체가 세계화의 전략이며 세계적 현상이고 세계의 모든 주민들이 공통적으로 고통받는 문제이기 때문이다. 참가자들 내부의 토론능력과 사유능력의 발전을 방기한 채 거리시위를 무조건 선호하는 경향도 극복되어야 한다. 그러나 이 경향들에게 파시즘이라는 이름을 붙이는 것은 부적절한 것으로 보인다.

지금의 애국촛불은 보통의 시민들에 의해 이끌리고 있고 이들이 사회나 세계에 대한 깊은 통찰력을 갖출 조건을 갖고 있지 못했을 뿐이다. 그래서 부르주아 세계에서 주어진 상식들(민족, 나라, 국민, 애국)에 따라 생각하고 행동한다. 이 상식이 정교한 정치공학과 결합될 가능성이 있을 수도 있다. 하지만 지금은 아니다. 어떤 이데올로기, 어떤 관념을 갖고 있느냐보다 적대성, 즉 정치적인 것의 실재성을 단언하고 있느냐 없느냐가 더 중요하다. 그것에 어떤 방향을 새길 것인가는 참가자들 자신에 의해 결정될 문제이지 미리 결정되어 있는 것이 결코 아니다. 로두스는 적어도 지금으로서는 촛불 외부의 딴 곳에 있지 않다. 새로운 과학은 그 속에서 나와야 한다. 파시즘 경험을 떠올리며 '대중의 성격구조의 비합리성과 조작가능성'[4]을 우려하면서 봉기행동으로부터 멀리 자리잡고 '과학'이라는 이름하에 그 외부에서 망루적 비평을 하는 것에 만족하게 된다면 그것은 대중운동에 대한 원천적 부정으로 귀착되지 않겠는가?

문명, 시민, 시장과 촛불

2008년 7월 22일 밤 청계광장. 이삼 백 명이 촛불을 들고 있다. 이들은 어떤 조건에 놓여 있는가?

첫째, 국가이다. 이들을 에워싸고 있는 것은 경찰들과 전경들이다. 무거운 복장에 방패를 들고 헬멧을 쓴 채 명령에 따라 움직이는 조직된 폭력. 얼굴 가리개를 내렸다 가렸다하며 공포를 조성하는 이들. 물론 이들은 공포와 더불어 분노도 함께 불러일으킨다.

둘째, 문명. 즉 경찰들과 전경들이 사용하는 기계류들이다. 7월 22일에는 7월 21일과 마찬가지로 방송차량에서 큰 소리로 방송을 함으로써 가수들의 노래를 들을 수 없게 만들었다. 시민들은 갖지 못한 기계들을 시민들이 낸 세금으로 구입하여 시민들을 방해하고 진압하는 데 사용한다. 줄이어선 전경차, 살수차, 망원렌즈를 장착한 채증카메라 등도 여기에 속한다. 이것은 소외감을 느끼게 한다. 자신들이 만든 문명이 자신들을 무력하게 하며, 자신이 낸 세금이 자신들을 공격할 때 소외의 느낌은 극단화되며 배신감은 증폭된다.

---

[4] 황선길, http://www.ingopress.com/ArticleRead.aspx?idx=2852

셋째, 다른 시민들. 술이 취한 채, 의식적으로 집회를 방해하는 사람들. 7월 21일과는 달리 7월 22일에는 체구도 작고 왜소하며 참으로 가난해 보이는 남자가 나타났다. 그는 집회를 하는 사람들을 향해 '하지마!'라고 작은 소리로 외쳤다. 촛불들이 그를 집회장 밖으로 내쫓자 '두고봐! 각오해!'라고 역시 작은 소리로 말하며 슬금슬금 도망을 친다. 자신의 말과 행동에 어떤 확신도 없어 보이는 그가 그런 말과 행동을 하게 되는 것은 무엇 때문일까? 누가 봐도 그는 누군가의 요청을 받고 대신 그런 행동을 하는 것으로 보였다. 인간은 얼마나 나약한가? 극도의 가난은 인간을 얼마나 나약하게 만드는가?

넷째, 시장. 소라광장 앞에 모여 있는 참가자들을 조롱이나 하듯 돌고 있는 청계천 관광마차. 히히힝 말소리가 들리고 따각거리는 발소리를 내며 하양과 분홍으로 화려하게 장식된 마차가 쉴 사이 없이 소라광장을 돌아간다. 거기에는 말을 모는 마부노동자와 거의 반쯤 누워 있는 남녀가 타고 있다. 유난히 관광마차가 많이 돈다. 청계천관리공단이 촛불집회를 이제 하나의 관광상품으로 활용하는 기분이다. 촛불집회를 관광코스로, 구경거리로 삼는 사람들은 이들 외에도 또 얼마든지 있을 것이다. 시장은 집회를 휩쓸고 삼키며 지나가는 홍수처럼 청계천을, 대한민국을, 지구촌을 흘러간다.

그래서인지 유난히 "이런 상황에서도 자기이득만 챙기는 우리 국민들이 문제"라며 탓하는 불만의 목소리가 자주 들린다. **촛불이 승리한다. 하지만 그 승리는 우리가 도달해야 할 어떤 상태를 가리키는 과정이 아니라 국가에 위임된 자신의 권력을 되찾고, 시장에 내맡겨 놓은 삶을 되찾아 의식적으로 자기통제하며 타인과의 비시민적, 비시장적 관계방식을 창출하고, 주로 자본가들만이 이용권을 갖고 있는 문명을 자신의 것으로**

되찾아오는 기나긴 투쟁, 파괴와 해체를 수반하는 투쟁의 과정, 현재의 모순을 극복하고 활력을 키우는 항구적 운동 그 자체를 가리킨다.

촛불봉기의 특이성

중앙지성, 집단지성, 다중지성

중앙지성과 다중지성

　2008년 여름, 서울의 시청, 종로, 광화문 일원에서 우리는 국가의 집중지성Central Intelligence과 다중의 집단지성Collective Intelligence 사이의 격렬한 대결을 목격한다.

　전경대오를 보자. 미리 계획된 방어와 공격 계획에 따라 차벽을 세우고 병력을 배치한다. 지휘관들이 계급 서열에 따라 명령을 내리면 하급 전경들은 그에 따라 행동한다. 전경 개개인은 어떠한 결정권도 행동권도 없다. 오직 명령 범위 내에서 움직이는 기계부품처럼 움직인다. 서라면 서고 앉으라면 앉고 일보전진하라면 일보밀고 교대하라면 교대하고 달리라면 달리고 멈추라면 멈춘다. 다중의 어떤 예상치 못한 공격이 있어도 개개인들의 판단에 따라 대응할 권리가 전경 개인들에게는 없다. 법리를 넘는 폭행을 하라는 명령에 대해서도 개개 전경들은 저항하지 못하며 훈련받은 개처럼 행동할 뿐이다. 모든 지성은 중앙 명령권자에게 주어져 있고 조직과 체계는 그것을 관철시키는 구조이다. 규모가 크고 검정색 일색이며 표정조차 없는 그 지성이 집중지성, 중앙지성이다. 전통적으로 지배계급은 이러한 중앙지성에 의지해 왔다. Central Intelligence Agency의 약칭인 미국의 CIA나 한국의 구 '중앙정보'부 등이 그 사례이다. 근대에 중앙지성은 거대한 힘을 발휘했지만 지금 그것은 급격히 능력과 신뢰를 잃어가고 있다.

다른 한편에 개개의 특이한 지성들과 그 네트워킹에 기초를 둔 다중의 집단지성이 있다. 겉으로 보면 다중지성은 오합지졸로 보인다. 통일된 사전행동계획이 없다. 언제 어디서 모인다는 식의 커다란 지적 연결선만이 주어져 있을 뿐이다. 도로를 점거할 것인가 몇 개 차선을 점거할 것인가 언제 시위를 끝낼 것인가 등에 대한 어떤 합의도 없다. 그런 만큼 개개인들은 시위를 하면서 타인들의 행동, 감정 등을 지속적으로 생각해야 하고 전체의 흐름에 어떻게 자신이 관여할 것인지를 생각해야 한다. 개개인들은 매순간 정보들이 수집되고 처리되고 전송되는 지성망의 마디로서 기능한다. 명령과 통일이 아니라 연결과 협력이 다중의 집단지성의 관건이다. 전경들이 무거운 전투복에 방패와 곤봉과 헬멧으로 무장했음에 반해 다중들은 거의 빈손에 가깝다. 가진 것이라곤 핸드폰뿐이다. 그렇지만 다중에게는 각자의 몸과 뇌가 있다. 몸과 뇌는 핸드폰과 연결되어 시위대를 거대한 지성적 두뇌로 만들어낸다. 시위대 속으로 끊임없이 문자메시지가 오간다. 이를 통해 앞 대오와 뒤 대오가 연결되고 다른 행진방향을 택했던 무리들이 연결되며 집에서 생중계를 보는 사람과 거리에서 행동하는 사람들이 서로 연결된다. 분산되어 있지만 이들은 전략적 전술적으로 서로 협력한다. 명령권자들만이 사유하고 나머지는 그에 복종하는 중앙지성과는 달리 집단지성에서 다중들은 직접사유하며 언제 결합되고 언제 물러날지를 전체에 대한 고려 위에서 스스로 결정한다.

인터넷은 집단지성의 최초의 모델을 보여준다. 거리에 나온 다중들은 이미 인터넷을 통해 지적으로 연결되어진 사람들이다. 아고라, 안티MB, 82쿡 등의 커뮤니티들을 통해, 사회 속에서 제기되는 광범위한 문제들에 대한 토론이 활발하게 이루어진다. 온갖 정보들이 종합되면서 지성의 향연이 펼쳐지고 댓글을 통한 토론이 전개되고 찬반을 통한 태도표명이 이루어진다. 정치, 경제, 역사, 사회, 문화, 생활 등 온갖 문제들에 대한 토론은 다중들 개개인을 전방위적 지성의 담지자로 훈련시킨다. 그래서 각각의 게시물들은 단편적이라 할지라도 그것들이 연결되어 이루는 생산물은 상상을 초월하는 것이다. 그래서 우리는 거리의 개개인에게서 세대나 학력을 넘어서는 거대한 지적 에너지가 쏟아져 나오는 것을 놀라운 눈으로 경험하게 된다. 그리고 거리에서의 투쟁의 체험들은 다시 인터넷으로 수렴되어 토론에 회부되고 이로써 거리와 인터넷의 상승작용이 이루어진다.

오늘날 집단지성은 인터넷 현상으로 환원할 수 없다. 그것은 좀 더 심원한 뿌리를 갖고 있다. 오늘날 노동과정은 삶의 생산과 재생산의 과정이며 그것은 집단지성에 의존한다. 과학기술은 오늘날 노동과정에 응용되어 기계화와 정보화를 이끄는 힘일 뿐만 아니라 과학기술 그 자체가 노동의 핵심적 장으로 전화되었다. 대학, 연구소 등은 고전적 산업과 협력하는 기관일 뿐만 아니라 바로 산업의 주요 공간이 된다. 집단지성의 더 깊고 심원한 발전을 요구하는 전자산업이나 생명공학이 점차 핵심산업으로 되어가고 있다. 더 주목해야할 사실은 컴퓨터와 인터넷이 현대의 노동과 생산활동에 빠져서는 안 될 필수적 수단으로 자리잡아 가고 있다는 사실이다. 정신노동뿐만 아니라 서비스노동과 육체노동도 지성의 네트워크에 결합된 마디활동으로 되고 있다. 과거에 철도나 도로가 기간산업이었듯이 오늘날은 정보산업이 더 중요한 기간산업으로 되고 있다. 다시 말해 집단지성은 오늘날 노동과 생산의 골간이며 필수조건이 되었다.

그러므로 '집단지성인가 중앙지성인가?'라는 물음은 그것이 양자택일적 의미를 지니는 한 잘못 제기된 물음이다. 우리 시대의 모든 것이 집단지성에 의존하고 있고 그것이 노동양식이자 삶의 양식으로 되어가는 한에서 집단지성은 어떤 선택의 대상이 아니기 때문이다. 집단지성은 다중의 지성형태일 뿐만 아니라 노동하는 사람들을 다중으로 편성하는 힘이다. 중앙지성은 집단지성을 이용하고 착취함으로써 생존한다. 자본의 착취는 개개 노동자의 노동시간에 대한 착취라기보다 다중의 지성적 협력, 지성적 집단력, 다중의 지성적 공동체에 대한 착취로 전화된다. 중앙지성은 집단지성의 외부에서 집단지성의 착취자로 기능하는 한에서 집단지성 발전의 장애물이다. 지적재산권은 집단지성의 중앙지성화, 사유화를 추동하는 장치로 기능한다. 그래서 집단지성의 발전과 진화는 중앙지성의 해체와 재전유, 그것의 집단지성화를 통해서, 중앙지성의 기관들을 집단지성의 네트워크 마디로 재편함으로써 효율적으로 이루어질 수 있다. 깊고 복잡한 사회경제적 및 정치적 원인들에서 발생하고 있는 최근의 촛불시위는 그것의 발생, 전개, 조직화의 전 측면에서 집단지성에 깊이 뿌리박고 있을 뿐만 아니라 집단지성의 요구를 적나라하게 보여준다. 조중동 폐간이나 공정방송 수호와 같은 슬로건은 오늘날 집단지성이 무엇을 요구하는지를 잘 보여준다. 집단지성은 지금까지의 사회변화의 결과이자 동시에 미래 사회변혁의 조건이고 동력이다. 그것은 일과적인 것도 방법적인 것도 아니다. 오늘날의 인류는 집단지성 위에서, 그것에 근거하여 도약해야 한다. 집단지성은 우리가 도약해야 할 로두스 섬이다.

집단지성과 다중지성

다중지성과 집단지성이라는 말이 혼용되는 지금의 상황에서 이 양자 간의 차이를 드러내는 사유 실험을 해보고 싶다.

첫째, 촛불은 아고라에서 불타올랐을 뿐만 아니라 아고라에 그것의 꺼지지 않은 불씨가 남아 있다. 촛불이 불타오른 5월과 그것이 약화된 지금 왜 그것은 아고라를 중심에 놓고 있는가? 아고라는 무엇인가? 그것은 확실히 집단지성이다. 많은 생각들이 집결하여 행동을 생산한다. 그런데 아고라는 다중지성인가? 이 질문에는 유보가 두어져야 한다. 토론 광장으로서의 아고라는 다중지성의 한 특이점이다. 하지만 그것이 토론 광장임으로 해서 갖는 제약과 한계는 분명하다. 촛불을 구성한 것이 무수한 특이성들이라면 아고라는 특정한 특이성들에 의해 규정되기 때문이다. 2008년 5월 이전과 7월 이후를 생각해보자. 5월은 집단지성의 다중지성으로의 확장을, 아니 다중지성의 본격적 등장을 보여준다. 반면 7월은 다중지성의 집단지성으로의 수축을 보여준다. 집단지성과 다중지성은 다르다. 어떻게 다를까? 다중지성은 특이성들의 접속과 혼종, 그리고 새로운 것의 생산을 통해 작동함에 반해 집단지성은 다양한 것들 사이의 비판과 배제를 통해 특정한 경향의 헤게모니를 생산하는 방식으로 작동하는 것 같다. 집단지성에서는 다중이 집단으로 환원되고 수축되는 것이 아닌가?

집단지성은 토론을 통해 지배적인 것을 구축한다. 하지만 다중지성은 다양한 생각들과 감정들, 능력들의 모자이크를 구축한다. 집단지성은 새로운 유형의 당이다. 우리 시대에 적응된, 재구축된 당이다. 다중지성은 이러한 당들의 참여를 보장한다. 하지만 그것은 무엇보다도 전통적 당들이 대상으로 삼았던 대중들의 특이화이자 특이화된 대중들의 지각적 정동적 지성적 움직임이다.

둘째, 아고라의 집단지성이 점점 더 민족주의적 경향을 띠게 되는 이유는 무엇인가? 황우석주의가 지지자를 얻고 심지어 이주노동자에 대한 인종주의적 차별론까지 이 집단지성 속에서 조금씩 시민권을 얻어가는 이유는 무엇인가? 아고라는 자신이 '좌파-빨갱이'가 아님을 입증하는 과정에서 사회주의와 거리를 두었고 이 때문에 이명박 정부에 대한 비판을 반자본주의의 방향에서 정리할 수 없었다. 우파도 안 되지만 좌파도 안 된다는 생각이 헤게모니적인 흐름으로 자리잡아 왔다. 안창호에서 김구를 잇는 노선이 대안으로 제시되었다. 중도파, 좌우합작파의 헤게모니, 민족주의의 득세…… 이것은 아고라의 정치적 본질의 발현인가? 아니면 사회주의자, 생태주의자, 페미니스트, 코뮤니스트 등이 아고라에 참여하지 않거나 기권함으로써 생긴 결과인가? 아고라의 정치적 본질을 가정하는 것은 곤란할 것이다. 어떤 토론이건 아고라에 제시될 수 있었기 때문이다. 하지만 아고라가 갖는 조건과 특성이 고려되어야 한다. 아고라는 완전한 개방성을 갖는 것이 아니며 일정한 선별장치를 그 토론의 기술적 방법적 구조 속에 이미 갖고 있다. 아고라가 무엇보다 '토론'의 공간이라는 것, 정보경찰에게도 개방되어 있다는 것, 종이가 아닌 디지털 게시판을 매체로 삼는다는 것, 짧은 댓글을 통한 지지와 반대가 글의 힘과 폭을 확증한다는 것, 자본의 포털(다음)을 이용한다는 점 등등. 토론인 한에서 담론으로 표현되기 어려운 다양한 정동적 움직임들이 차단된다. 경찰에게 개방되어 있는 한에서 현행법이 허용하지 않는 법외의 소수적 생각들의 제시에 어려움이 따르고 실제적으로 차단된다. 디지털 게시판이기 때문에 장편적, 안정적, 지속적 생각의 교류보다는 단편적, 유동적, 단기적 생각의 교류가 주를 이룬다. 즉 선전적 내용보다는 선동적 내용이 주를 이룬다. 본격적 의미의 토론은 교환되기 어렵다. 짧은 댓글이 그 글의 힘과 폭을 확인하는 지표가 됨으로 해서 행동으로의 발전을 용이하게 하는 반면 깊이 있는 토론을 방해하는 측면을 갖는다. 댓글 방식의 즉각적 대응은 사유함에 필요한 시간을 필요로 하지 않기 때문이다. 자본(포털로서의 다음)의 수익을 침해할 때에는 강제적으로 한계가 부여된다는 것. 이러한 특성과 조건들로 인해 비판적 민족주의가 아고라에서 헤게모니를 얻기 쉬웠던 것은 아닐까?

셋째, 촛불이 깃발에 대한 경계를 늦추지 않고 있었음에 반해(깃발의 탈가치화) 아고라는 2008년 6월 초 깃발을 선택했고(깃발화), 아고라 내부에서 촛불당의 담론이 형성되었고, 깃발을 중심으로 전투를 조직했던 전대협과의 접근이 이루어졌고 깃발회의, 깃발전시 등 깃발의 재가치화가 이루어졌다. 아고라에서 특정한 정치적 경향(민족주의)이 헤게모니화된 것과 이러한 과정은 동시적이었다. 1991년 사회주의 경향을 띠었던 당대의 학생운동과 사회운동에 대해 『조선일보』의 지면을 빌어 '죽음의 굿판을 걷어치우라'고 항의했던 김지하 시인이, 『조선일보』의 폐간을 주장하는 오늘의 촛불에 대해 강하고 끈질긴 지지를 보내는 것도 이러한 맥락에서 주목할 일이 아닐까?

정보전염

이명박은 촛불시위가 정보전염병에 걸렸다고 비난했다. 언젠가는 인터넷이 독이라고 하더니. 그의 정보둔감증은 심각하다. 이명박이 한 말이라는 이유로 무조건 다 비난할 필요는 없을 것이다. 전염현상, 전염력은 촛불봉기의 중요한 힘들 중의 하나이다. 촛불봉기는 배후나 지도에 의해 이끌려가고 있지 않다. 우리는 서로 생각과 감정을 전염시키면서 집단적 지성체로 성장해 가고 있다. 전염은 촛불봉기가 살아나가는 방식이다. 그것은 탈근대적 소통의 방식이다. 그것은 질병이 아니라 탈근대민주주의의 동력이다. 이것은 포퓰리즘과 혼동될 수 있는 것이 아니다.

2008년 7월 12일의 대장정이 끝나고 YTN과 시청 사이에서 시민과 경찰이 술래잡기를 하고 있던 13일 새벽. 시청으로 가서 싸움을 계속하자는 조류와 YTN에 머무르자는 조류 사이에 토론이 벌어지고 있다. 이미 시청으로 가기로 결심한 사람들은 도로로 나서 있다. 거기에 유모차 한 대가 서 있다. 전염이 시작될 것이다. 그래서 들뢰즈는 새로운 유형의 혁명을 Revolution(되감기)이 아니라 Involution(말아감기)으로 부르기를 좋아했던 것일까?

생중계

최초의 혁명 생중계

2008년 7월 11일 밤. 데이비드 그레이버 일행과 우리는 YTN으로 향했다. 먼저 도착한 그레이버 일행이 루드의 통역으로 칼라TV와 인터뷰 중이다. 나는 하지메와 그레이버에게 물어보았다. G8 반대투쟁은 생중계

되지 않았느냐고. 일본인인 하지메가 말해준다. 생중계 되지 않았고 동영상이나 사진으로 인터넷에 올랐다고. 일본에는 생중계하더라도 시청자가 많지 않아 지속되기 어려울 것이라고 덧붙이면서. 혁명을 최초로 그리고 가장 정열적으로 생중계하고 있는 한국의 촛불운동. 이 특이성은 어디서 비롯되는 것일까? (12일 오후에 나로부터 이 이야기를 들은 미디어 액티비스트 브라이언 홈스도 매우 흥미로운 현상이라고 말했다.) 그레이버는 다인아빠가 만들어주고 있는 라면에 흥미를 보인다. 외국에서 온 촛불집회 지지자라고 소개하자 봉사자가 비빔라면 2컵을 만들어 하지메와 그레이버에게 준다. 나중에 보니 그레이버는 또 한 컵을 받아서 먹기 시작하고 있다.

진보신당 칼라TV

진보신당 칼라TV는 지금까지 촛불봉기를 중계하는 중요한 역할을 맡아 왔다. 가정, 사무실, 거리, 광장을 하나로 묶는 온라인 봉기지대를 구축하는 힘은 진보신당 칼라TV에서 나왔고 이 사례를 모범으로 6.15TV, 참세상TV, 오마이TV, 커널뉴스, 몽미티비, 누리꾼티비 등 몇 개의 생중계방송이 더 생겨났다. 이 중에서도 진보신당 칼라TV는 캔들러(촛불인)들로부터 폭발적 사랑을 받아왔다. 그래서 진중권 교수는 단순한 중계자가 아니라 봉기의 변호인으로 간주되기도 하고 심지어 특정상황에서는 안내자, 지도자의 역할까지 떠맡아 왔다.

칼라TV의 역할이 커지고 다중의 신뢰가 깊어질수록 심각해지는 하나의 문제가 있다. 앵커의 중립적 태도와 감성이 그것이다. 많은 사람들이 시청하고 있는 생중계에서 앵커의 멘트 하나하나는 중요한 영향을 미치며 결정적인 정치적 관점을 형성한다. 그런데 칼라TV의 감성은 다중의 감성의 발전 속도를 따라가지 못한다. 아니 그럴 수가 없다. 왜냐하면 칼라TV는 생중계방송이며 다중은 자신을 표현하는 주체이기 때문이다. 2008년 7월 10일 진중권 교수의 남대문경찰서장 인터뷰에서 이러한 문제는 단적으로 드러났다. 경찰서장이 시민에 대한 폭력진압을 하는 행위가 그 인터뷰를 통해 비판된 것이 아니라 오히려 변호되었다.

앵커에 따라 정도의 차이가 나지만(굳이 그 차이를 명기한다면 이명선은 전투적이고 진중권은 중계적이고 정태인은 해설적이다), 카메라에게 다중은 피사체이고 대상이다. 다중의 행동은 취재의 대상으로만 나타난다. 다중과 공동행동을 하지 못하고 또 할 수도 없는 칼라TV는 다중의 생각과 정서의 발전에 계속해서 뒤처지게 된다. 앵커들은 이명박은 물러나라거나 폭력진압 중단하라거나 어청수를 파면하라거나 집회자유 보장하라거나 심지어 재협상을 실시하라는 등의 넘쳐흐르는 구호들을 자기의 것으로 내면화하기 어렵다. 왜냐하면 외쳐보지 않으면 내면화되지 않고 자기의 문제로 되지 않기 때문이다. 거리와 광장의 모든 문제들이 앵커들의 외부에서 떠도는 취재원으로 될 때 생중계 앵커와 시민들 사이의 간극은 그만큼 커진다. 시민들이 진중권 교수를 믿고 다루기 힘든 문제를 그에게 맡기려는 경향이 커지면 커질수록 이 간극이 가져올 비극의 잠재성도 커진다. 미디어 중립주의가 우리 앞에 커다란 장애물로 놓여있다.

진보신당과 칼라TV에 제안하는 것은 어떨까? 진중권, 정태인, 이명선 등 칼라TV 앵커들이 중계방송을 하지 않는 날, 좀 힘들더라도, 시민들과 함께 구호를 외치고 몸싸움을 하고 행진을 하는 것이 어떠냐고. 노회찬, 심상정 등 전직 국회의원들도 이미 얻고 있는 사회적 권력을 매개로 하지 않고(예컨대 대오의 선두에 주저앉는 일 같은 것) 오직 한 사람의 시민으로서 집회와 시위에 참가하는 경험을 쌓는 것이 어떠냐고. 중계인이 아닌 한 사람의 시민으로서, 전직 국회의원이 아닌 일반 시민으로서 시위를 경험해 보지 않을 때 지금의 봉기를 그 근본에서 이해하는 것은 어려울 것이고 진보신당이 시민들과 함께 하는 길에서도 큰 어려움에 봉착할 것이다.

　이러한 것을 통해 시민들의 감성을 호흡하는 과정이 없이 오직 생중계만을 분업적으로 수행할 때 칼라TV의 미래는 보장될 수 없다. 시민들의 힘이 클 때에는 시민들 쪽으로 이끌리겠지만 시민들의 힘이 약화되면 권력 쪽으로 이끌릴 것이다. 칼라TV가 시민으로부터 떠나지 않게 되는 것은 중요하다. 그러기 위해서는 칼라TV 진행자들과 자원봉사자들이 시민들을 대상으로서가 아니라 친구이자 동료로서 만나고 호흡하는 시간이 반드시 필요하다.

다중지성의 미네르바

미네르바의 진실유포와 권력의 허위사실 유포

　아고라에 세계경제와 한국경제의 동태에 대한 예리한 분석글을 제출해 온 이름 없는 경제논객 미네르바를 덮친 것은 인터넷상 "허위사실" 유포 혐의(전기통신기본법 위반)를 적시한 검찰의 구속영장이다. 미네르바가 "정부가 금융기관의 달러 매수를 금지하는 명령을 내렸다"고 전한 것을 허위사실 유포로 기소했을 뿐만 아니라 미네르바가 "미국 금융권에서 일했다"고 한 것도 허위사실 유포로 기소했다.

당신들은 조사해 보았는가? 이명박 대통령을 비롯하여 얼마나 많은 고위공직자, 정치가, 법조인, 대학교수들, 기자들이 허위사실을 유포하는지. 이들은 입만 열면 허위사실을 유포한다고 해도 좋을 정도로 많은 허위사실을 기술적으로 유포한다. 오늘날 신문과 방송은 허위사실 제조기라도 해도 과언이 아닐 것이다. 입법, 사법, 행정, 문화 권력들은 체계적으로 은폐하고 기만하며 허구를 진실이라고 우기고 또 그것을 사람들에게 폭력적으로 강제함으로써 살아가는 기관들에 지나지 않는다. 더그 헨우드가 편집한 『진실 말하기―권력은 국민을 어떻게 속여 왔는가?』(갈무리, 2008)는 이러한 진실을 낱낱이 폭로한다.

미네르바의 긴급체포와 예상되는 구속은 이러한 거시적 허위사실유포, 즉 체계적 거짓만들기 사업의 일부이다. 미네르바는 자신의 생각에 따라 국내외 경제현실을 진단하고 그 진단에 따라 예측했으며 가능한 대안을 제시했을 뿐이다. 시간은 이명박이나 강만수의 진단이나 예측이 허위사실로 판명되는 때에, 그의 진단과 예측이 사실과 일치하는 경우가 적지 않았음을 입증해 주었다. 그것이 그가 얻은 신뢰의 이유라는 것은 분명하다. 허위사실 유포는 이명박과 강만수의 것이었지 미네르바의 것이 아니었다. 그렇다면 미네르바 사태의 진정한 실체는 무엇인가? 이명박 정부와 사법부가 진실을 숨기려 한다는 것, 대중을 진실로부터 멀어지게 하려 한다는 것, 강남의 부자들이나 태평로의 권력자들에게만 이롭고 대부분의 사람들에게는 불리할 정책들을 관철시키기 위해 미네르바에 대한 신뢰를 현 정부에 대한 신뢰로 강탈하려 한다는 것, 허위로 가득 찬 공식권력과 진실을 추구하는 비공식권력의 이중화를 막기 위해 강권력을 사용하여 비공식권력을 깨뜨리려 한다는 것이 아닌가?

그러나 권력의 이러한 정치공작과 글자 그대로의 '허위사실유포'가 전기통신법을 어기지 않는 것일지는 몰라도 민심의 법을 어기는 것이며 그에 대한 혁명적 처벌이 필연적으로 뒤따른다는 것은 역사가 보여주는 것이다. 검찰은 미네르바로 추정되는 박대성이 전문대 출신이라는 점과 실직자라는 점을 강조함으로써 이 땅의 전문대 학생과 그 출신 시민들 및 실업자에 대한 경멸의 시선을, 학력차별과 계급차별의 시선을 노골적으로 드러냈다. 만약 박대성이 전문대를 나왔고 실업자가 맞는다면 그것은 미네르바의 취약성을 보여주는 것이 아니라 오늘날 서울대를 비롯한 정규대학들과 대학원들이 진실로부터 얼마나 멀어져 있는가를 보여주는 것이다. 이것은 교육기관들이 허위사실 생산기관으로 변해가고 있다는 것을 웅변해 주는 것이며 실업 상태가 진실을 바라보게 만드는 호조건일 정도로 오늘날의 경제적 생산과 재생산의 과정이 부패해 있다는 사실을 반증하는 것이다. 그래서 기존의 교육제도와 고용제도를 혁파함으로써만 다중이 당당하게 진정한 지성의 주체로 될 수 있다는 점을 보여주는 징후일 것이다. 미네르바의 구속은 그의 입을 막을 수는 있을 것이다. 하지만 그가 옥중에 갇혀 있다는 사실 자체야말로 "감금된 진실"이라는 형상으로 다중의 양심을 자극하면서 현 정부를 찌르는 비수로 기능할 것이다.[1] 그리고 그것은 현 정권의 아둔함이 어느 정도에 이르렀는지를 재는 척도가 될 수 있을 것이다.

미네르바의 촛불, 촛불의 미네르바

지혜의 여신 미네르바의 올빼미는 새벽녘에 날지 않고 황혼녘에야

---

1. 구속되었던 미네르바는 2009년 4월 21일 무죄로 석방되었다.

난다. 하지만 아고라의 미네르바는 황혼이 오기 한참 전 이른 아침부터 날기 시작한다. 그의 지혜는 해석의 지혜가 아니라 예측의 지혜이다.

촛불의 지성은 집단적이고 다중적이었지만 미네르바의 지성은 개성적이고 전위적이다. 그러나 미네르바의 지성은 결코 제도적이지 않으며 비판적이고 자유롭다. 제도권의 김태동 교수가 미네르바를 '국민의 경제 스승'으로 추대하는 상황은 우리 시대 지성의 한 단면을 보여준다. 지금까지 지성의 전당으로 평가되었던 대학이 더 이상 지성의 생산장소가 아니라는 것을, 대학은 단지 지성의 복제장소이자 권력화의 장소라는 것을 말해주는 것 이상이 아니다.

이명박 정권과 한나라당은 상반기에는 촛불이 정책집행을 방해하여 사회를 혼란시킨다더니 하반기에는 미네르바가 부정적인 경제전망으로 사회혼란을 가져오고 있다고 야단이다. 무력한 자들은 항상 세상을 탓하며 폭력에의 유혹에 굴복한다. 자신을 두렵게 하는 모든 능력들을 감시하고 감금하고 처벌함으로써만 안심하게 되는 것이 무능력자들의 심리이다. 미네르바의 '경제전망하기'조차 두려워하는 정권이 할 수 있는 것은 시민들을 눈뜬 봉사로 만드는 것 외에 아무 것도 없다.

미네르바의 예측이 거듭해서 맞아떨어지는 것은 미네르바 자신도 알고 있듯이 현재 전 세계의 지배자들이 새로운 것을 창안하지 못하고 낡은 것을 반복하고 있기 때문이다. 새로운 것은 예측불가능하지만 낡은 것은 예측가능하기 때문이다. 미네르바의 경제예측의 날카로움은 금리, 환율, 주가, 부동산, 물가, 인수합병, 투기 등에 관한 정확한 정보에 기초하며 그 운동경향에 대한 통찰력 있는 파악에 근거한다. 그리고 그 예측에 대한 권력의 공포는 오늘날 금융세계의 특징에서 기인한다.

오늘날 금융시장들은 순수한 경제적 공간이 결코 아니다. 그것은 판단, 의견, 믿음의 공간이며 평가의 질서이다. 금융시장들은 실재적 부의 충실한 재현에 기초하지 않는다. 그것은 "실재"에서 유리된 판단들, 정당화의 담론들 위에서 움직이며 또 그러한 판단들과 담론들을 생산한다. 이것들이 다시 미래의 금융적 행위들을 규정한다. 그래서 금융에 대한 담론들은 정치적 성격을 갖는다. 그 정치적 금융게임에는 주로 금융당국들, 금융전문가들, 금융관리인들, 다시 말해 "권위있는" 사람들이 주로 참가한다. 이들이 신뢰를 창출하고 여론을 확산시키고 행동들에 개입한다. 미네르바 사태는 이 권위있는 사람에 속하지 않는 전문대 출신의 일개 실업자가 그 게임에 참가했고 아고라를 매개로 그의 판단과 의견이 부자들을 위해 단단히 구축된 저 믿음의 질서를 교란시켰다는 사실에서 발생했다. 부자들과 권력자들에 의해 주도되던 비민주적 금융시장이 교란되자 질서의 십자군(검찰)이 나선 것이 미네르바의 구속이다.

그러나 미네르바의 경제학은 아직 자본중심적이며 자본의 시간에 예속되어 있다. 그는 자본의 계획들을 여러 힘들의 얽힘 속에서 드러나는 경향들 속에서 밝혀낸다. 권력이 미네르바를 비밀폭로자쯤으로 여기게 되는 것은 이 때문이 아닐까? 안타깝게도 미네르바의 경제적 대안들도 자본의 시간 속에서만 주어진다. 그의 경제학도 금리, 물가 등 자본의 정책변수들 속에서 움직인다. 그가 가장 정치적으로 사고할 때조차 그의 경제학이 민족주의의 울타리를 벗어나지 않는 것도 그의 경제학이 자본의 시간에 예속되어 있기 때문에 나타나는 것의 결과이다. 노란토끼(일본투기자본)에 대한 경각심을 통해 국민경제, 국내시장을 지키자는 그의 제안은 노동자들을 국내자본에 예속시키는 효과를 가져 올 수 있다. 그의 경제학에서 서민이 등장할 때, 그 서민은 자본의 시간의 희생자로서, 주어지는 정책결과들에 적응하면서 각자의 살길을 찾아야 하는 이기적 존재로서 나타난다. 미네르바의 예측활동은 권력으로부터 서민들을 분리시켜내지만 그들을 온전히 다중의 시간 속으로 가져가지는 못한다. 이제 미네르바의 지혜가 촛불의 정열을 품고 촛불의 정열이 미네르바의 지혜를 장착할 때이다. 지성과 몸의 합체 속에서 자본에 묶였던 예속의 끈이 끊어진다. 드디어, 미네르바의 촛불, 촛불의 미네르바.

질서화와 (자기)조직화

경향의 차이와 조직화 문제

촛불봉기는 이제 명확하게 문화제 경향과 행동 경향으로 분화되었고 행동경향에는 대적전투경향(2008년 8월 16일 일시적으로 나타났던 그러나 지속되지는 않았던 투석전을 상기해 보자)과 가두행진(이른바 거리홍보단) 경향이 분화하는 경향을 보인다. 경향의 분화를 운동의 분열로 이해하지 않도록 노력할 필요가 있다. 경향의 분화는 운동의 새로운 생성과 발전을 의미한다. 촛불의 구성이 다양한 만큼 그 구성인자 개개의 특이성에 따라 경향들이 분화하는 것은 지극히 자연스럽고 필연적인 것이다.

많은 경우에 우리는 자신의 생각이나 느낌과 다른 것을 오류나 한계로 평가하곤 한다. 차이를 다룰 수 있는 능력이 향상될 필요가 있다. 운동 내부의 차이가 대립과 적대로 발전하지 않고 오히려 상보적이고 상승적인 관계로 발전하도록 만들기 위해서는 차이를 잘 이해하고 차이들 사이에 협력적 관계를 생산하는 것이 중요하다. 협력적 관계는 차이에 대한 단순한 관용이 아니라 차이를 실제적 협력으로 이끌어 갈 기술적 장치들, 네트워크들의 구축을 통해 달성될 수 있다.

안타깝게도 지금 운동의 경향들은 다른 경향을 비판하면서 서로 자신이 진리임을 입증하는 데 너무 많은 에너지를 바치고 있다. 물론 한 경향이 정립되고 유지되기 위해서는 다른 경향과의 차별성을 드러내는 행위, 즉 비판이 불가피하다. 그렇지만 그것을 위한 비판은 다양성 자체를 부정하는 것으로, 다른 경향의 실재 자체를 부정하는 것으로 나아가서는 안 되지 않을까? 비판은 자신이 추구하는 경향과 다른 경향 사이의 기존 관계에서 나타나는 문제점을 밝히고 새로운 관계 설정을 촉구하는 방향을 정확하게 향해야 하지 않을까? 다시 말해 비판의 효과가 다른 경향의 부정이 아니라 두 경향 사이의 새로운 관계 정립으로 나타나도록 해야 하지 않을까?

현재 대책회의 중심의 문화주의가 아고라, 안티MB 등의 행동주의와 맺는 관계에서 나타나는 문제는 행동주의를 잠재적 위험집단으로 간주한다는 것이다. 그래서 대책회의는 행동주의와 협력하기보다 대중을 대책회의의 영향 하에 묶어 두려한다. 그래서 행동주의가 단상에 올라 자신의 계획을 밝히고 행동에의 참여를 호소하는 것을 저지한다. 문화제를 진행하는 중에 행동주의 경향이 행진계획을 대중에게 제안할 수 있는 기회를 제공함으로써 양자는 협력할 수 있고 대책회의는 그 나름의 고유한 역할을 맡을 수 있게 될 것이다. 실제로 점점 강도 높아지고 있는 행동에 노약자나 어린이가 참가하는 것은 쉽지 않고 또 늦게 촛불대오에 합류한 사람들 역시 자유발언이나 문화적 행위를 통한 결합을 요구받고 있는 상태인데 이러한 역할을 대책회의가 잘 맡을 수 있으리라고 생각되기 때문이다. 행동주의가 단상과 확성기를 사용하는 것을 저지하려는 생각이 자신의 영향력 확보라는 파벌적 욕구에 의해 조건지어지고 있지는 않은지 진지하게 성찰해 볼 필요가 있을 것이다.

행동주의가 문화주의에 위협으로 느껴지는 것은 행동주의가 아직 구체적 행동계획을 수립하여 대책회의에 제시할 만큼 조직화되어 있지 않다는 점과 무관하지 않다. 일반적으로 행동주의는 단상 아래에서 이제 행진하자, 계속 행진하자, 대치하자 등의 호소를 하는 방법을 취한다. 즉 대책회의가 자신의 행동요구에 따르도록 압박하는 방법을 택한다. 전체의 행동을 자신의 요구와 계획에 복종시키는 방향으로 대책회의를 이끌려는 방법은 효과적으로 기능하지 못했으며 오히려 운동 내부의 반감과 분열만을 초래했을 뿐이다. 대책회의를 자신의 요구 쪽으로 끌고 오기보다 오히려 독자적으로 자신의 계획에 따라 행진과 투쟁을 시작하는 것이 효과적이라는 것은 2008년 7월 17일, 7월 19일의 시위가 분명히 보여주는 바이다. 물론 대책회의와의 협력 없는 독자화는 대책회의를 무력화시키는 결과를 가져올 것이고 이것은 운동의 잠재적 기반을 약화시키는 것으로 작용할 것이다. 그러므로 행동주의는 스스로 좀 더 치밀하게 조직되면서 자신의 독자적 계획을 수립하고 대책회의 주도의 문화제 단상에서 공개적으로 그것을 제안하며 문화제에 남는 사람들의 의지와 욕망을 인정하고 그것의 역할을 승인하면서 자신을 따르는 사람들이 함께 행동에 나설 수 있게 하는 협력관계를 창출해 나가기 위해 노력해야할 것이다. 역의 관계, 즉 행동대오에 결합된 사람들을 향해 대책회의가 자신의 계획을 자유롭게 말할 수 있는 기회도 주어야 할 것이다. 자신이 추구하는 경향의 영향력 확대보다도 더 중요한 것이 전체 운동의 실력과 잠재력을 키우는 것이다.

요점은 운동의 다양성을 운동의 통일성보다 더 중시하고 그 다양성들이 서로 협력할 수 있는 기술들을 발견해 나가고 창출해 나가는 것에 있다. 그 기술들은 여기서 언급된 것 말고도 무궁무진하게 생겨날 수 있을 것인데, 아마도 투쟁 경험의 축적은 우리에게 그 구체적 양태들을 발견하도록 재촉할 것이다.

촛불에서의 조직화와 네트워크

2008년 10월 3일, 탑골공원에서 규탄대회를 마친 815평화행동단이 경찰의 에스코트를 받으면서 서울역까지 행진해왔고 명동홍보전을 마친 안티MB도 서울역으로 합류했다. 회칼테러 진상규명 비상대책위에서 주최한 합법집회인 서울역 집회는 천여 명의 촛불들이 참가한가운데 공연, 주요단체 발언, 조계사백색테러피해자 발언, 자유발언. 선언서낭독 등의 내용으로 진행되었다. 구속되었다 풀려난 사노련의 활동가와 집중 탄압을 받고 있는 유모차부대의 아주머니가 함께 단상에 올라 사이좋게 마이크를 돌리며 발언한 것은 인상적이다. 촛불이 아니라면 이런 풍경이 연출될 수 있었을까? 아직 병상을 떠나지 못하고 있는 젠틀맨은 '여러분, 사랑합니다'라는 짧은 메시지를 남기고 부축을 받으며 돌아갔다. 〈아줌마의 힘〉의 한 여성은 촛불정당을 만들자고 주장했다. 계단 위에는 아이들이 어머니와 함께 뭔가를 먹으며 모처럼의 나들이를 즐기는 듯하다.

광우병 대책회의가 '판매유통을 감시하고 검역정책 대안을 제시하는 전문가 및 불매운동단체 중심의 조직으로 전환'을 모색 중이고 이를 발전적으로 계승하는 〈민주주의와 민생을 위한 새로운 연대기구(민민연)〉를 준비 중인 가운데 열린 서울역집회에 대책회의 주도 단체의 깃발이나 인사의 얼굴은 보이지 않는다. 촛불시즌 2를 본격적으로 연다는 서울역 집회는 이렇게 시즌 1에서 나타났던 대책회의와 비대책회의의 내부적 분화를 일종의 조직적 분화로 완결지으면서 시작되었다. 그러나 이것이 분화의 끝이 아니라는 것은 문화제로 진행되고 있던 서울역 집회대오의 뒤편에서 가두로의 진출을 재촉하면서 문화제의 끝을 기다리고 있는 일군의 시민들에 의해 암시되고 있었다. 815평화행동단, 광화문의 아침, 민처협 등등은 집회 내부에 결합되어 있었지만 민주세대386은 집회의 주변에, 아니 그 외부라고 해도 좋을 위치에 자리잡고 있었다. 그래서 서울역 집회의 대오는 단상을 중심으로 계단 쪽과 마당 쪽의 밀집부분에 위치한 문화제 대오와 광장 남단으로 길게 흩어져 삼삼오오 이야기를 나누고 있는 탈문화제 행동대오로 분화되어 있었다. 경찰이 이 모두를 겹겹이 포위하고 있었음은 물론이다.

저녁 7시가 가까워졌을 때 이 두 대오는 문화제 대오의 유지인가 가두로의 진출인가를 놓고 언쟁을 벌였고 결국 가두 대오는 잠실로 이동했다. 밤 11시까지 진행한다던 침묵촛불 프로그램은 없었고 집회는 저녁 7시가 조금 넘은 시간에 마무리되었다. 수십 명이 시작했던 잠실에서 신천으로의 행진이 얼마 후 수백 명으로 불어날 수 있었던 것은 집회의 조기 마무리의 효과일 것이다. 신천에서 경찰을 '민중의 곰팡이'라고 비난했다는 이유로 일부 시민들이 연행되었음에도 불구하고 대오는 건국대학교로 이동했고 다시 수십 명이 고속터미널에서 재집결하여 강남성모병원 파견근로자 농성장에 합류했다.

다양성은 촛불의 생명이다. 2008년 10월 3일에도 규탄대회, 합법행진, 판넬 홍보전, 서명운동, 문화제, 게릴라 가투, 생중계 채팅 등 다양한 투쟁형태가 사용되었고 세대, 성별, 지역, 온/오프라인을 넘는 광범한 주체들의 참여가 있었다. 촛불의 깊은 저층에서는 이 다양성들 사이의 끊임없는 대류, 전염, 공명이 발견된다. 생중계 차량은 가투위치를 알려고 뒤따라 붙은 경찰차를 따돌리기 위해 잠실방향과는 정반대 방향, 그러니까 홍대방향으로 돌아서 시위대에 합류한다(경찰은 대낮부터 밤까지 지난 주 시위지역인 홍익대학교, 연세대학교, 이화여자대학교 앞에 수십 대의 차량과 인원을 정차해 두어야 했다). 온라인 채터들은 '이명박이 지금 부자들을 위한 나라를 만들고 있다.'는 사실을 알리고 가두시위에 응원을 보냄으로써 생중계의 존재의미를 확인시키며 생중계방송 활동가들이 피로를 이겨내고 밤샘중계를 하도록 힘을 실어 준다. 지방에서 올라오면서 아예 내려갈 막차 표를 끊어놓고 집회에 참가한 시민도 있다. 온갖 사람들의 분노, 사랑, 결의, 지혜, 용기, 헌신 등이 촛불을 지속시키고 있다.

이와 달리 촛불의 상층으로 올라가면 갈수록 정파적 이해관계와 패권의식이 행위자들의 판단과 행동을 제약하는 모습이 눈에 띈다. 자신의 판단과 취향과 욕망을 타인에게 강요하는 것을 당연한 것으로 받아들이곤 한다. 촛불이 단일한 투쟁형태, 투쟁방향, 투쟁조직을 가져야 한다는 생각만큼 촛불에 위험한 것은 없다.

서울역 집회의 사회자는 '우리는 합법의 길만을 갈 것이다.'라고 하면서 합법주의를 참가자들에게 강요한다. 지난 촛불시즌에 다양한 대오에서 적극적으로 시위를 이끌었던 사람들이 이제는 서울역 집회의 진행자, 관리자가 되어 집회 주도세력이 원하지 않는 사람들의 대오 내 진입을 저지하는 모습도 눈에 띈다. 어떤 시민이 집회방해자인지 단순참가자인지 시민들의 경험을 통해 확인되지 않은 상태에서 예방적으로 특정한 사람들을 걸러낸다. 질서유지 의식이 발동되고 있는 것이다. 멀리 신천으로 군중을 빼내갈 것을 염려하여 가투택이 서울역 집회군중 속으로 전달되지 못하도록 단속하려는 행위는, 남루한 차림의 사람들이 무대 주변으로 오지 못하도록 막는 행위와 일관되어 있는 것이 아닐까? 이 질서의식이 YTN 앞이나 종로 피아노 거리에서 '줄을 맞춰 앉읍시다, 그래야 시민들이 우리를 주목합니다.'라고 말하게 한 그 의식이 아닐까?

다른 한편 집회대오의 후미에서는 '문화제는 해서 뭐해!' 라며 빨리 집회를 끝낼 것을 종용한다. 심지어는 안티MB가 대책회의의 뒤를 따라가고 있다는 비난들도 들린다. 합법의 틀을 벗어날 때에만 의미가 있다는 생각들. 스스로를 무엇보다도 경찰력과 대치하는 저항력으로 정의하는 군사주의적 감성들. 게릴라 시위가 반복될수록, 강한 결속력을 가지면서, 아직 이름도, 분명한 전략과 노선도 갖지 않았지만 가투라는 투쟁형태를 따른다는 것 하나만으로 형제적 우애를 다져가는 사람들이 있다. 시즌 1에서 대책회의와 자신을 선명히 구분지었던 아고라 흐름이 회칼테러 사건 이후 안티MB, 민처협 등과 분리되면서 촛불의 급진적 흐름으로 살아간다. 이 급진적 흐름 속에 10대 청소년, 여성들, 그리고 중년의 386 그리고 일부 노년 세대들의 강력한 수렴이 있다.

이럴 때일수록 협력의 정신, 네트워크주의commonism가 시급하다. 네트워크주의는 분리주의가 아니지만 대동단결주의도 결코 아니다. 대동단결주의는 하나의 생각, 하나의 방향, 하나의 투쟁형태, 하나의 조직으로 다중들을 묶으려 한다. 다중들을 민중으로 조직하려 한다. 그런데 그 하나가 무엇일 것인가? 하나로 대동단결하려고 할 때, 이명박, 한나라당, 조중동의 권력, 요컨대 뉴라이트 권력을 해체하는 유일 방향으로 무엇이 제시될 것인가? 노무현주의적 좌파신자유주의론? 황우석주의적 부국강병론? 민주노동당의 민족통일주의? 진보신당의 사회민주주의? 사노련의 사회주의? 청소년의 아나키즘?

불가능한 일이다. 단일하게 묶으려 하면 할수록 내부의 상처는 더 깊어질 것이기 때문이며 분열만이 커질 것이기 때문이다. 불필요한 일이다. 각각의 특이한 힘들을 걸러내고 평준화시켜 무력하게 만들 것이기 때문이다.

네트워크주의는 그 특이한 힘들의 어떤 것도 희생하지 않으면서 그 힘들이 공동의 목표를 위해 협력할 수 있는 방법을 찾는 것이다. 뉴라이트를 신자유주의적 자본주의로 이해하는 한에서 (물론 아직 아득히 멀리 있는 이해이지만!) 공동의 목표는 있다. 반대의 대상을 공동의 것으로 구체화하면서 제안의 방향을 무한히 다양한 것으로 열어두는 것. 다양한 생각들, 다양한 투쟁형태들, 다양한 집단들이 서로 상승하는 방향으로 연결되도록 만드는 것. 무엇보다도 단일화의 정신을 배격하면서 다양한 것들이 연결되고 접속하여 흐를 가능성을 최대한으로 고려하는 것. 이러한 관점에서 볼 때 촛불시즌 2는 불안하고 위태롭게 많은 문제를 안고서 시작되고 있다. 극복해야 할 것은 경찰력만이 아니라 촛불 내부에 잔존하는 낡은 생각들과 감성들이기도 하다.

조직화의 관점에서 본 집회와 가투 사이

조직화의 관점에서 보았을 때 집회와 시위는 결코 빼놓을 수 없는 핵심적 수단이다. 조직화를 창조로 이해했을 때 집회와 시위는 참여자들의 적극적 자기표현이 이루어지는 공간이고 새로운 삶의 형상이 출현하는 사건이기 때문이다. 조직화되는 것은, 아니 정확하게 말해 스스로 조직화하는 것은 약동하는 생명력이지 개물화個物化된 인격체들이 아니다.

조직화를 질서로서 생각할 때에만 이미 현존하는 개물화된 인격체들을 명령-복종관계 아래에, 혹은 동원체계에 묶어내는 것을 조직화로 이해하게 된다. 얼마나 오랫동안 우리는 이러한 조직 개념의 포로였는가? 그리하여 결국 관료주의를 내면화한 기계적 존재를 인간의 어쩔 수 없는 운명인 양 생각하게 되었던가?

그러나 조직화는 그 이상일 뿐만 아니라 반드시 그 이상일 때에만 의미를 갖는 사건이다. 조직화는 생명의 새로운 진화를 가능케 하는 기술이자 예술이다. 생명이 막혀 있는 지점을 뚫고 새로운 생명을 열어내는 기술이 조직화이다. 창조적 조직화가 이루어질 때 그 시간에 그곳에서는 새로운 생명이 태어난다. 생명이 특이화된다. 생명의 특이화가 나타나지 않는 조직화, 기존의 것들이 단순히 반복되고 있을 뿐인 조직화, 이것은 그 규모가 아무리 크다 할지라도 실제로는 아무 것도 창조할 수 없고 단지 형태만을 바꿀 뿐이다.

오늘 집회는 마로니에와 서울역, 명동 등지에서 열린다. 마로니에 집회에는 대책회의가 속해 있고 서울역 모임은 아고라에서 제안한 것이다. 그런데 대책회의(의 일부)는 아고라를 비난하고 아고라(의 일부)는 대책회의를 비난한다. 서로 상대방이 주최하는 모임에는 참가하지 말라고 하면서 말이다. 대책회의 내부의 논의는 알 수 없지만 아고라 내부에서 이 비난의 문화를 정화하는 힘들이 흐르고 있는 것은 좋은 일이다. 대책회의는 아고라 집회에 참여하지 말 것을 권하면서 그 이유를 '아고라 집회와 시위에서 발생하는 일들에 우리가 책임질 수 없기 때문'이라고 말했다고 한다. 아고라는 대책회의가 주도하거나 속한 집회에 참가하지 말 것을 권하면서 '대책회의가 시위참가자들을 연행 위험이 높은 지역으로 끌고 가며 자신들은 신속히 빠지기 때문'이라고 말하곤 한다. 가투를 해야 할 때, 문화제에 사람들을 묶어 놓는다는 비판도 자주 제기되었다. 요컨대 각자는 상대방의 집회가 위험하기 때문에 참가하지 말라고 말한다. 초기 집회에서 대책회의가 부상자들의 치료비를 대준 것은 사실이다. 그러나 어느 누구도 대책회의가 자신들의 정치적 행위에 책임을 져 줄 것을 바라지 않는다. 집회나 시위 참가자들은 스스로의 결정에 따라 참가한 것이지 대책회의에 의해 동원된 존재들이 아니다. 대책회의가 정말로 시위자들을 연행되도록 만들려고 했다면 비난받아 마땅하고 해체되어야 할 것이다. 하지만 연행은 대책회의가 주도한 모임에서뿐만 아니라 아고라 주도의 집회에서도 나타났고 그 수가 반드시 대책회의 주도 집회에서보다 적었다고 말할 수도 없는 것 같다. 투쟁은 가급적 안전해야 하지만 안전이 투쟁의 목적이나 기준일 수는 없다. 가투를 해야 하는가 문화제를 해야 하는가에 대해서는 세계관, 전략, 전술에 따라 다른 해석과 답변이 나올 수 있는 것이고 어느 일방이 옳다고 단언하기는 어렵다. 다만 대책회의가 더 큰 힘을 갖고 있는 상황에서 가투노선이 열세에 놓였다고는 할 수 있을 것이다.

문화제인가 가투인가는 전술상의 차이일 뿐이다. 전략적 차이가 이들 사이에 있는지 없는지는 문제조차 되지 않았다. 조직화는 비판이라는 수단을 필요로 한다. 그렇지만 비판이란 무엇인가? 주로 비판은 자신의 정당성을 확보하고 자신의 힘을 강화하기 위해 대상의 힘을 약화시키는 무기로 사용되곤 한다. 그러나 이러한 비판은 창조적 조직화에 기여할 수 없다. 그것은 단지 세력다툼, 영토분할의 무기일 뿐이다. 창조로서의 비판은 현존하는 것(대상)이 가진 능력의 가능성과 한계를 밝히고 그것의 한계/경계를 넘어서는 실천적 행위이다. 이 실천적 행위를 통해 비판자는 비판되는 것으로부터 독립할 뿐만 아니라 그 비판되는 것이 자신의 능력의 한계를 넘어서서 자신과 새로운 관계에 들어설 수 있도록 촉구한다. 우리의 비판들은 어떠했는가?

지금 마로니에와 서울역 사이의 거리는 공간적 거리보다 훨씬 더 커져 있다. 불신의 강물이 이 두 곳 사이를 흐르고 있다. 이 불신은 비판이 창조적으로, 즉 능력이 향상되는 방향에서 조직되지 않고 소모적으로, 즉 능력을 감소시키는 방향으로 전개되어 왔다는 사실의 반증이 아닐까? 마로니에와 서울역으로 분리된 현재의 촛불공간은 자본의 탄압의 효과이다. 2008년 5~6월에 이 두 지역은 시청을 중심으로 한 도심공간에 통합되어 있었거나 혹은 문화제 다음에 가투라는 관행에 따라 움직였다. 마로니에 다음에 서울역이라는 식의 흐름이 형성되어 있었던 것이다. 문화주의와 행동주의가 창조적 차이로 되지 못하고 경직된 영토로 되었을 때 운동의 능력은 약화되었다. 이것은 결코 양자간의 대동단결을 주장하는 것이 아니다. 차이를 자존에 대한 위협으로 파악하는 것이 아니라 생산과 창조의 기회로 파악하고 또 그렇게 되도록 만드는 것. 차이를 새로운 생명의 가능성으로 이해하는 것.

그러나 차이를 다룰 수 있는 우리의 능력은 아직 너무나 취약하다. 대체 우리는 서로간에 어떤 차이가 있는지조차 정확하게 알지 못한다. 너와 내가 무엇이 다른지조차 모르는 상태에서 감각적으로 느껴진 차이를 견디지 못하고 상대방을 비난하기 시작한다. 왜 나는 이렇게 행동하며 왜 너는 그렇게 행동하는가? 그러한 행동들의 가능성의 최저치와 최대치는 무엇인가? 각각의 행동들은 우리 삶을 어떻게 조형하려는 노력의 표현인가? 서로의 관점들과 행동들을 비교하면서 연구하고 자신의 관점을 전략의 관점으로까지 고양시키며 그 관점에 입각하여 다시 상황 속에 참여하는 것이 필요하다. 차이를 발견하자마자 자신의 정당성/타자의 부당성을 주장하는 것은 아집일 뿐이다. 왜 서로 다른가를 설명하려는 노력이 생략되어서는 안 된다. 사유하기가 누락된 운동은 필연적으로 관료화된다.

오늘 마로니에나 서울역을 선택의 대상으로 놓지 말자. 이 두 개의 시공간을 횡단하자! 이 분할선이 우리에게 필연적인 것으로 강제된 것은 결코 우리의 자기선택이 아니다. 그것은 자본권력이 설치하는 분단선일 뿐이다. 횡단, 또 횡단……, 이렇게 쓰다 보니 생각나는 것이 있다. 2008년 5월에 대책회의는 청계광장을 이끌었다. 같은 시기에 아고라는 동화면세점 앞에 따로 모였다. 2008년 6월에 시청은 이 두 개의 흐름이 합류하는 공간이었다. 탄압의 광풍이 불고 원천봉쇄가 이어지면서 다시 두 개의 흐름이 분리되었다. 지난 주말에 그것은 청량리와 강남역으로, 이번 주말에 그것은 마로니에와 서울역으로 분화되었다. 분화와 합류를 규정하는 조건과 힘은 무엇인가?

질서로서의 조직화와 창조로서의 조직화

광우병 대책회의, 정파조직들, 인터넷 커뮤니티 등에 대한 이명박 정권의 전방위 공세 앞에서 주춤거리고 있는 현재의 촛불의 주요 부분은 조직화의 부재가 문제라고 진단하고 조직화를 서두르자고 제안하고 있다. 과연 조직화의 부재가 문제이며 조직화를 서두르는 것이 촛불의 역량을 기르기 위한 핵심문제인가?

2008년 6월 10일을 전후한 촛불의 절정기에, 그렇다면, 촛불은 조직화가 되어 있지 않았다는 것인가? 이 당시의 움직임은 자생적인 것이고 이제는 촛불에 대한 의식적인 조직화가 필요하다는 뜻인가? 적어도 현재의 조직화 논의는 이러한 생각을 불러일으키기에 충분하다.

지금 조직화가 필요하다는 생각은 현 시기에 필요한 네트워크 형태를 찾아야 한다는 주장으로는 설득력이 있고 또 필요하며 실제로 지금도 촛불을 들고 있는 많은 사람들의 간절한 요구에 부응하는 것이다. 하지만 이것이 비조직화에서 조직화로의 이행이라고 생각하는 것은 조직화에 대한 협소한, 그래서 결국은 유효하지 못한 이미지를 제시하는 것이며 향후에 이러한 이미지가 고정될 때 촛불운동 전체를 질곡하는 요인으로 작용할 수 있다. 그렇기 때문에 촛불봉기가 밟아온 조직화의 진화과정을 좀 더 유심히 살펴볼 필요가 있다.

단적으로 말해 지금 조직화에 대한 긴급한 요구는 2008년 5~6월간에 이루어졌던 리좀적 조직화가 탄압으로 파괴되거나, 역량의 고갈로 취약해지거나, 다른 부분과의 네트워크에 실패하여 이탈하거나, 봉기의 진화가 직면한 장애에 대한 해결전망을 찾지 못하고 잠복함으로써 이완되고 기능마비된 상황에서 이를 대체할 다른 조직화의 모색으로 나타나는 것이지 미조직화에서 조직화로의 발전인 것은 결코 아니다. 이 점이 강조되어야 한다. 왜냐하면 새로운 조직화의 움직임이 이 점을 유념하지 않는다면 다중의 봉기가 다시 치솟을 때, 지금 구상되는 조직적 형태를 조직화의 유일한 형태로 보고 이것을 그 거대한 운동에 부과하려는 시대착오를 범할 수 있기 때문이다.

지금 구상되고 있는 조직화들에는 어떤 것들이 있는가? 크게 두 가지 유형이 있다.

하나는 촛불을 자발적 대중운동으로 사고하면서 이 대중운동과는 별개로 이 대중운동을 지도할 정치적 지도조직을 만들려는 생각이다. 이러한 생각은 민주당과 같은 자유주의 정당, 민주노동당과 같은 민족민주주의 정당, 진보정당과 같은 사회민주주의 정당이 촛불을 제대로 대의할 수 없고 촛불의 요구를 의회주의적으로 왜곡한다는 인식에 근거한다. 주로 사회주의자들이 이러한 입장에 서는데 예컨대 사노련은 사회주의운동을 전면화하기 위해 사회주의대중정당을 창설하자고 제안함으로써 이러한 움직임을 가시화했다. 사회주의 정당 건설주장은 현재의 다양한 투쟁을 자본주의에 대한 투쟁으로 종합하면서 그 전쟁을 지도할 사령부를 건설하자는 주장이다. 사회주의자들은 전쟁을 의식하고 있다는 점에서 전투에 매몰되는 태도에서 벗어나 있다. 그러나 전쟁에 대한 지도가 대중운동 외부에서 정당 형태로 이루어져야 한다고 보면서 정당 건설 이전에 이루어지는 전투로부터 스스로를 분리시킨다. 즉 전투에 대해 관망적으로 되며 대중행동이라는 (전투로 표현되는) 실제적 전쟁행위 외부에 자신을 놓는다. 촛불봉기가 시간이 흐를수록 민족주의와 사회민주주의의 헤게모니 하에 놓이게 된 것은 이러한 태도의 실천적 효과이기도 하다. 요컨대 다중의 자기운동 외부에서 총체성을 갖는 지도력을 행사하려는 모든 시도는 실제로는 가능한 지도력의 행사(좀 더 정확하게 말하면 전염을 통한 말아감기involution)조차도 불가능하게 만든다.

또 하나의 생각은 지금 현행적인 촛불들의 연대를 구축하여 촛불운동을 지도하려는 생각이다. 이러한 생각은 촛불시민연대, 촛불승리시민연대, 촛불범국민연대, 촛불운동본부 등의 아이디어로 제안되고 있지만 대동소이하다. 이 움직임은 촛불들의 자기조직화를 꾀하자는 점에서 촛불운동 외부에 목적의식을 중심으로 구축될 정치지도부 건설이라는 움직임과는 다르다. 이 움직임은 인터넷 까페, 단체, 그리고 7월초부터 활성화된 지역촛불을 조직화의 근거로 삼으려고 한다. 그러나 이 움직임이

처해 있는 어려움은 한두 가지가 아니다. 첫째는 이 움직임이 지난 촛불봉기에서 비교적 큰 강도를 보였던 부분(집단이나 개인)에서 추동되고 있는데 그 부분이 전체성을 획득하려고 하는 순간, 생각의 차이, 감정의 차이, 위계 정립에서 오는 거부감 등이 동시에 작동하면서 성사될 수 없는 노력으로 되고 말기 때문이다. 그래서 전체성을 갖는 단일 조직을 구축하려는 시도들은 부단히 좌초하고 있다. 대책회의, 전대협, 아고라 등에서의 시도들 모두가 그러했다. 전체를 구축하려는 시도들이 오히려 각기의 특이한 힘들의 실천의 실제적 연결을 방해하고 촛불 내부에 분열을 도입한다. 예컨대 아고라는 광우병 대책회의를 프락치 조직으로 간주하곤 하며, 대책회의는 아고라 집회에 참가하지 말도록 권유하는 문자메시지를 보내곤 한다. 이것은 촛불의 역량을 갉아먹는 것으로 작용한다.

요컨대 두 유형의 조직화 시도 모두가 의도와는 정반대되는 효과를 낳고 있다. 촛불들을 결합시키고자 하는 노력들이 오히려 촛불들을 분열시키고 있는 것이다. 왜 이렇게 될까? 조직화organization가 질서화ordering로 이해되고 있기 때문이다. 질서화란 명령-전달-실행의 체계를 구축하는 것을 의미한다. 이 때 이 체계에 결합된 개개인들은 기계부품으로 전화된다. 이것은 오늘날 공장, 당, 국가, 군대 등이 취하고 있는 형태이다. 근대적 조직화는 질서화와 다른 것이 아니었다. 하지만 촛불은 처음부터 질서화에 대한 항의였고 그것에 대한 거부를 독특한 특징으로 내보였다. 초기 촛불의 조직화는 위에서 아래로의 질서화가 아니라 특이한 힘들의 네트워크를 통해 수평적으로 이루어졌다. 독립된 중앙지도부를 구축하려는 노력이 모두 실패로 돌아간 이유는 여기에 있다. 촛불들은 지도부를 요청하는 듯하면서도 실제로 지도부를 거부하는 이중적 태도를 보여왔다. 그러나 이것은 이중성으로서보다는 지도력의 독특한 형태, 독특한 존재방식에 대한 요구로 해석되어야 하지 않을까? 궁극적 전쟁지도는 특이한 개개인들의 네트워크, 집단지성과 집단의지, 요컨대 다중지력에 의해 이루어지되 개별의 전투지도는 특정한 개인이나 집단에 의해 이루어질 수 있다는 것. 그리고 지도란 다중의 위가 아니라 옆에, 아니 실제로는 안에 있어야 한다는 생각. 다중은 자임하는 지도부들을 봉기에 이용하면서 그들의 권력화를 차례차례 붕괴시켜 왔다고 해야 하지 않는가?

조직되어야 하는 것은 특이한 힘들이지 인격체가 아니다. 좀 더 정확하게 말한다면 사회적 생산력들, 사회적 투쟁력들이 조직되어야한다. 그런데 이 '력들'='힘들'은 산재하며 이동적이고 가변적이다. 그 어느 것도 고정되어 있지 않고 관계망 속에서 때로는 격류처럼 때로는 호수처럼 움직인다. 법률적 인격체들이 질서정연하게 조직될 수는 있겠지만 그것이 뭔가를 할 수 있다는 보장은 어디에도 없다. 유모차, 예비군, 자동차부대, 촛불다방이 질서로서의 조직화의 산물인가? 광장과 거리를 수놓았던 무수한 촛불들이 질서로서의 조직화의 산물인가? 사회를 생산하고 재생산하는 힘들이 공명, 전염, 촉발, 가책, 호기심, 놀이, 결의 등 각각이 다른 이유들, 조건들, 맥락들, 목적들에서 합류하지 않았던가? 이것은 결코 어떠한 조직화도 없이 자연과정을 방치하자는 이야기가 아니다. 각각이 지금 무엇을 원하는지를 생각하고 자신의 내적 계획을 수립하며 그 욕동을 표현하는 것이 필요하다. 질서를 구축하는 것이 필요한 것이 아니라 더 많이 직접적인 행동으로 자신의 느낌과 생각과 욕망과 전망을 표현하는 것이 필요하다. 정신적 신체적인 더 많은 직접행동들(직접행동을 가투로 환원하지 말 것, 몸으로 하는 행동만으로 환원하지 말 것)이 필요하며 이것들이 서로 공명하고 전염되고 서로 감싸고 융합되면서 새로운 차원을 열어나가는 것이 창조로서의 조직화, 자기조직화의 과정일 것이다. 질서로서의 조직화와는 다른 창조로서의 조직화, 삶정치적 조직화가 필요하며 이것은 정서와 욕망과 생각의 표현들, 직접행동들 없이는 가능하지 않다. 조직화 이후에 오는 행동이 아니라 행동을 통해서, 행동 속에서 이루어지는 조직화!

자생적 지도력

2008년 8월 29일 금요일 홍대앞 두 번째 가투. 수요일 27일의 홍대 앞 첫 가투가 범불교도대회의 힘을 전유하기 위한 가투였음에 반해 이날은 클럽데이에 참가할 청년들이 사회적 관심을 갖도록 촉발할 목적을 갖고 전개되었다.

첫 번째 홍대 가투를 이끌었던 전대협 깃발이 나오지 않은 상태에서 거리행진이 시작된다. 지리를 잘 알지도 못하고 경험도 부족한 청년들이 대오를 이끈다. 미숙한 대오가 3개의 깃발을 앞세우고 LG 팰리스 골목에서 걷고 싶은 길을 따라 걷다가 차도로 나선다. 불과 수십 명에 지나지 않은 대오. 약간의 의기소침, 그러나 이 분위기를 이겨야겠다는 내적 결의들이 교차하면서 대오는 지난 수요일을 조심스럽게 복습하듯, 홍대 앞에서 다시 거리로 나와 클럽거리로 진입하여 수노래방, 피카소거리를 거쳐 다시 홍대 앞으로 돌기를 몇 번. 생중계 차량들이 함께하고 대오가 약간씩 자신감을 얻으면서 시위대는 200여 명으로 불어났다. 홍대 정문의 주차장에서 오래 휴식한 후, 신촌으로 진출하다가 경찰에 막혀 되돌아온다. 밤 11시가 가까울 무렵 세 방향에서 홍대 앞으로 포위해온 경찰을 피해 시민 속으로 해산. 클럽거리 입구 상가의 주인 아주머니는 두 번씩이나 나와 시위대를 향해 박수를 치며 지지를 보낸다. 한 중년의 아저씨는 시위대에 합류하지 않으면서도 인도에서, 계속해서 따라다니며 박수를 친다.

이날 시위는 지도력의 자생적 형성과정을 보여주었다. 하나의 독립된 부분이 전체를 이끌기보다 서로가 보완하면서 대오를 살려내려는 집단의지가 형성되는 과정을 보여주었다. 전대협이 대오를 이끌 때는 구호선창권이 리딩에게 독점되었다. 이날 구호선창은 여러 사람에 의해 다양한 시점, 다양한 지점에서 이루어졌고 길잡이가 이것을 자연스럽게 수용하는 방식으로 이루어졌다. 강력하고 자신감 있는 지도는 시위대의 사기를 높이는 반면 시위대 개개인의 표현욕구를 억제하는 측면도 있었음이 반증되었다. 지도력은 지속적으로 분산되어야 하고 실제로 모든 사람들이 지도력을 갖도록 연습되어야 하며 그럴 때에만 저항과 창조의 영속성이 보장될 수 있다는 것이 맹아적으로 인지된 날이다. 강력한 그러나 독립적인 지도부는 시위대를 대중으로 만들며 내부로부터의 지도력의 형성과정을 억제하는 효과를 갖는다.

삶정치와 그 무기들

군사에서 삶정치로

촛불봉기는 네트워크의 힘을 유감없이 보여주었다. 운동은 전염의 방식으로 거대하게 확산되어 백만의 인파가 촛불을 들고 거리에 운집하도록 만들었다. 거리는 가정과 사무실의 컴퓨터와 연결되어 촛불의 파급

공간은 광대한 네트워크 공간으로 확장되었다. 컴퓨터와 핸드폰으로 연결된 네트워크는 주체형성의 공간일 뿐만 아니라 전략이 수립되고 전술이 결정되는 무대로 작용했다. 촛불봉기는 현대의 생산의 네트워크적 성격을 뚜렷이 반영했다.

　이에 대한 권력의 대응은 어떠했는가? 권력의 공격무기는 일차적으로는 군사적이고 경찰적이었다. 봉쇄, 압박, 진압, 체포, 연행, 구금. 즉 인신의 자유를 박탈하고 인체에 상처를 주어 운동에 나서지 못하도록 일시적으로 격리하거나 최소한 운동에 나서는 것을 주저하게 만드는 것이었다. 둘째로는 사법적이었다. 이미 이 군사적 공격 자체가 법을 배후에 깔고 있는 것이었다. 하지만 법을 위반하거나 초과하는 경우도 허다했다. 사법은 수사, 기소, 수배, 구속, 재판, 처벌 등을 포함하는 일련의 과정을 지칭한다. 이것의 효과는 군사적이고 경찰적인 것과 유사하다. 격리와 공포의 주입. 셋째의 공격무기는 경제적 파괴이다. 사법적 처벌의 형태를 빌어 이루어지는 이 공격무기는 활동가 개개인이 자본주의 사회에서 살아갈 수 있는 경제적 능력을 탈취하는 방식으로 작동한다. 벌금이라는 방식으로 이루어지는 이 공격형태는 개개인으로부터 의식주 등 기본적 삶의 조건을 박탈할 위협을 제공하면서 공포를 광범하게 유포한다. 군사적 공격이나 사법적 공격은 대중의 공분을 불러일으키는 효과가 크지만 벌금폭탄은 개개인에게 스며들어 거리가 아니라 가정에서 소리없이 폭발하는 폭탄이기 때문에 공분을 불러일으키지 않으면서 조용히 무서운 힘을 발휘한다. 넷째, 이데올로기적 공격이다. 조중동을 비롯한 보수언론과 보수적 방송들은 사태들을 권력과 자본의 관점에서 조망하고 생각하고 느끼도록 함으로써, 즉 운동에 대한 거짓 이미지들(폭도, 빨갱이, 불순분자, 경제파괴자, 나라망치는 놈들, 광기 등등)을 제시함으로써 운동 내부를 교란시키고 운동의 경계선에 있는 사람들, 즉 사회 전체에서는 중간적 입장에 선 사람들을 운동으로부터 분리시킨다. 이 모든 것은 네트워크적이라기보다 명령적인 방식으로 이루어진다. 좀 더 정확하게 말하면 수직적 네트워크 구조에 따라 이루어진다.

    촛불의 경우, 현재 두 번째의 무기, 즉 사법적 무기는 전혀 갖고 있지 않다. 촛불은 수사권도, 감옥도 갖고 있지 않다. 운동의 발전이 사법의 무기를 촛불의 손으로 가져올 수 있기 전까지 이 무기는 일단 배제된다. 그렇다면 촛불의 무기는 무엇인가?

    먼저 의식의 문제부터 살펴보자. 촛불은 스스로의 존엄과 진실, 그리고 안전에 대한 요구에서 시작되었다. 이것은 인터넷 상에서의 다양한 토론을 통해 응집된 의지의 결집을 통해 출발했다. 그러나 인터넷 토론이 문제에 대한 인식을 공유하는 데에는 한계가 있다. 인터넷에 접속하지 못하는 많은 사람들은 아직도 문제의 소재가 어디에 있는지를 정확하게 알지 못하고 있는 상태이다. 선전과 선동은 아직 불충분하다. 촛불의 대의를 알리고, 그것이 착목하고 있는 현재의 문제의식을 공유하며, 그것을 대중적 행동의 요구로 확산시키는 작업은 한층 더 강화되어야 한다. 인터넷은 여전히 유효하고 든든한 수단이지만 전통적 매체들을 통한 작업 역시 이에 수반되어야 한다.

    지금의 촛불이 가장 갈급하게 요구하고 있고 또 기울고 있는 대응양식은 군사적이다. 군사적 대형의 경찰 원천봉쇄 상황에서 어떻게 저항을 지속할 수 있을 것인가, 어떻게 촛불이 꺼지는 것을 막을 수 있을 것인가가 촛불운동의 화급한 문제로 되고 있기 때문이다. 전대협의 경험의 전수는 이러한 필요에 대한 응답이다. 전투주의의 수혈은 촛불운동의 군사적 요구에 대한 응답방식이었다. 그러나 2008년 7월 19일과 26일 이틀에 걸친 투쟁은 군사적 방식의 투쟁으로는 자본의 무력을 이길 수 없고 심지어는 장기적으로 맞설 수도 없으리라는 생각을 갖게 한다. 게릴라 전법으로의 전환이 군사적 승리를 가져올 것인가? 그것은 현재 불가피하고 또 어느 정도의 유효성을 갖는 전환일 수 있겠지만, 그것이 승리의 수단일 수는 없다. 군사적 대응은 오직 방어의 차원에서만, 즉 자본의 군사적 공세에 맞서 촛불을 지키는 자위적이고 방어적인 대응으로서만 그 의미를 가질 뿐이다. 최근 촛불의 군사적 경사 역시 방어적 맥락에서 등장했고 실제로 방어적 수준을 넘지 않는다. 촛불이 군사적 고민을 더 깊이 진행시킨다면 어떻게 될까? 군사주의에 함몰하는 경우가 발생할 수 있다. 테러 등을 투쟁의 무기로 사용하고자 하는 욕구가 발생할 수 있다. 이미 우익 테러는 저질러지고 있다. 이것들이 운동의 테러화에 대한 욕구를 자극할 수 있다. 하지만 이것은 촛불을 결정적으로 꺼뜨리는 결과를 가져올 것이다. 촛불의 힘은 무력에 대한 호소를 자제하면서 폭력을 방어적 수준에 제한하는 그 윤리적(결코 도덕적인 것이 아니다) 절도에 있지 않았는가? 그러므로 촛불은 군사적 대응을 방어의 무기로 잘 활용하되 그것에 함몰하지 않도록 노력하면서 장기적으로는 군사적 대응을 극복하고 새로운 차원을 열어젖히면서 그 새로운 차원에 군사적 대응력을 종속시켜야 할 것이다. 이것은 결코 사회평화론적, 평화주의적 관점과 동일시될 수 없다. 사회평화론은 제도적 해결 외에는 어떤 길도 없다고 주장하면서 비폭력을 군사적 대응의 배제로 해석한다. 그러한 사회평화론은 촛불의 대응능력을 약화시키면서 급속하게 촛불을 끄는 기능을 수행할 것이다.

    군사적 대응이 방어적 성격을 갖는 것이라면 촛불은 존재론적 차원을 넘어 정치적 수준에서 승리할 가망성을 갖고 있지 않다는 것인가? 그렇지 않다. 촛불다중은 각양각색의 생산자이다. 촛불다중은 생산의 네트워크이다. 자본의 권력은 이 생산의 공동체를 착취하고 포획함으로써 살아가고 있다. 즉 자본은 다중의 이 네트워크에 의지하고 있다. 그렇기 때문에 자본을 공격할 수 있는 실제적 무기는 군사적인 것에 있지 않고 이 생산의 지점에 있다. 최근 제기되고 있는 국민총파업, 삶정치적 총파업 주장은 바로 생산의 지점에서 자본을 공격할 때 자본의 모든 공격무기가 일거에 중단될 수 있다는 생각에 의거하고 있다. 삶정치적 총파업은 두 가지 의미에서 전통적인 노동자 파업을 의미하는 것이 아니다. 첫째, 1980년대의 전투적 파업과는 달리 1990년대 이후 노동자 파업은 중앙에 의해 조절되면서 제도적 성과를 달성하는 수단으로 사용되어 왔다. 이러한 파업은 신자유주의적 전쟁국가에 대해 위력을 행사할 수 없다. 둘째, 삶정치적 총파업은 공장에서의 파업을 말하는 것만이 아니고 삶의 모든 영역들, 가정, 교회, 언론, 학교, 군대, 회사, 백화점, 마켓 등에서 파업이 조직되는 것이다. 다시 말해 삶정치적 총파업은 자본주의적으로 조직되는 삶의 모든 영역에 파국을 도입하는 경로이다. 생산의 중단, 노동의 중단을 통해 자본의 생산, 유통, 분배, 소비의 전 회로에 핵폭탄보다 더 강력한 파괴력을 행사하고 자본과정이 일거에 중지되도록 만드는 것이다. 이것은 전경차를 끌어내거나 전경병력 일부를 해체하거나 전경부대를 교란하고 힘들게 하는 식의 대응방식과는 성격을 달리한다. 그것은 이슈를 만들 수는 있겠지만 궁극적으로 파괴적인 효과를 가질 수는 없다. 통치계급 내부에 분열을 도입하여 현재의 정부를 꺾을 수는 있겠지만 새롭고 더 강한 지배정부를 가져올 가능성을 항상 열어둔다. 그러나 총파업은, 그것이 만약 개시되고 또 승리한다면, 기존의 모든 질서를 붕괴시키고 완전히 새로운 질서가 태어나도록 재촉할 것이다. 그러므로 모든 투쟁은 나열적이고 분산적으로 사고될 것이 아니라 이 삶정치적 총파업의 요구에 비추어 조명되고 평가되고 배치될 필요가 있다.

이데올로기적 대응, 군사적 대응, 삶정치적 대응은 주체형성적이고 윤리적인 차원에서 결합되어야 한다. 촛불이 독자적 제헌권력으로 정립되도록 노력하는 것. 촛불을 독자적인 코뮌으로 구축하는 것.

무기

촛불봉기의 가장 강력한 무기가 참가자들의 몸과 열정과 의지와 사상과 윤리(도덕과는 구별하자) 능력임은 두 말할 필요가 없다. 이것은 삶정치적 무기들이다. 그런데 삶정치적인 기술적 무기들도 있다. 권력이 바리케이드를 치고 다중이 그 바리케이드를 걷어내려고 하는 이 기이한 봉기의 시간에 어떤 기술적 무기들이 동원되었던가? 2008년 6월 10일엔 스티로폼이 이용되었다. 2008년 6월 21일엔 차량으로 실어온 모래가 이용되었다. 이른바 국민토성. 그리고 이후엔 서대문 부근 공사장의 흙이 토성계단을 쌓는 데 이용되었다. 경찰이 아예 『조선일보』까지를 방어하기 시작한 날 프레스센터 앞의 소화전이 물대포에 맞서는 무기로 이용되었다. 삶과 그 환경 속에 무기들이 묻혀 있는 것이다. 전유, 우회의 투쟁들.

무기를 무력화시키기 위한 전술들도 구사된다. 경찰들은 모래차량을 납치하기도 하고 대책회의의 방송차량을 납치하기도 했다. 2008년 6월 30일의 시국미사도 방송차량을 저지하는 바람에 1시간이나 늦게 시작되었다. 확성기가 무기임을 권력은 알고 있다. 생중계가 무기임도 알고 있다. 그래서 권력은 시위대를 진압하는 순간에 와이브로 전파방해를 하기도 했다. 연행은 시위대의 몸을 압류하는 방법이다. 특히 적극적인 사람들의 몸을 48시간동안 압류함으로써 물리적으로 시위를 약화시키고 정신적 에너지를 고갈시키는 방식이다. 그 뿐인가. 아고라의 근거지인 다음을 협박·회유하여 대중의 진지를 무너뜨린다.

　시위대는 전경차 바퀴의 바람을 빼고 전경을 진압 대오에서 솎아내고 물대포 차량을 시청 앞에서 압류하는 방식으로 권력의 무기를 약화시킨다. 조중동을 타격하는 것은 권력의 확성기를 빼앗기 위한 것이다. 『한겨레』와 『경향신문』, KBS, MBC에 대한 지지는 대중의 (아니 최소한 자신에게 덜 공격적인) 확성매체를 확보하려는 시도이다.

거리시위의 진화

　2008년 5월 24일 거리시위가 시작된 이후 거리시위는 어떻게 진화되었던가? 거리시위 자체가 청계천 소라광장에서의 촛불집회의 진화물이었다. 그것은 합법적 집회를 넘어 도로를 점거하는 한 단계의 도약이었다. 초기의 거리시위는 일정시간 동안 보장되다가 전위대가 빠지고 살쾡이 시위로 바뀌는 밤 11~12시 전후하여 강제해산되었다. 때때로 연행자도 발생했다. 거리시위 1달째인 2008년 6월 24일을 분기점으로 권력의 대응이 해산과 진압작전에서 체포와 연행작전으로 바뀌었다. 이러한 상황에서 이 자율적 거리시위가 어떻게 살아남을 수 있을까?

　며칠이었던지 정확하게 기억나지 않는다. 새벽 5시 45분경 경찰병력이 시청으로 시위대를 밀어올렸을 때 칼라TV는 남대문 쪽으로 산개하여 흩어져 있으면서 도로를 점거하고 있는 수십 명의 시위대를 보여주었다.

정태인이 이들을 따라가고 생중계하며 논평했다. "새로운 거리시위 방식이 탄생하고 있다." "마치 20년 전의 CA그룹을 방불케 한다." 불과 몇 십 명이 6차선 도로 전체를 점거하고 여학생들이 "오빠, 같이 가!"라며 시청 쪽에 헐떡이며 도열해 있는 전경대에게 소리 질렀다. 얼마 후 전경대가 남대문 방향으로 움직이기 시작하고 기다리던 시위대는 뛰기 시작했다.

대오는 남대문을 지나 서울역 부근에 이르렀고 지친 전경대는 안전지대에 멈춰섰다. 시간이 흐르고 전경대는 퇴각했고 남대문과 서울역 사이 도로에 연좌해서 구호를 외치던 시위대는 다시 시청 쪽으로 천천히 걸어왔다. 술래잡기 시위랄까?

2008년 6월 29일 경찰이 시청광장을 원천봉쇄하고 항의집회가 종각에서 열린 날, 경찰이 시위대를 인도로 밀어냈을 때 수백 명의 시위대는 종로3가 쪽으로 도망을 치며 시위를 했다. 이 시위는 진양상가, 두산타워, 동대문, 종로, 을지로를 거쳐 을지로 입구에서 경찰들과 맞부딪혔고 그 중 22여 명이 연행되었다.

2008년 6월 30일 밤, 구국미사가 시청에서 공식 해산된 뒤 '종각으로!'라고 말하고 다니는 사람들이 있었다. 종각에 모였던 사람들 중의 일부는 시청으로 돌아왔고 수십 명이 된 그들은 남대문을 거쳐 신세계로, 명동 밀리오레로, 을지로를 거쳐 시청으로 돌아왔다.

게릴라 시위라고 불리기도 하고 술래잡기 시위라고 부를 수도 있는 새로운 시위유형이 횡단보도놀이 시위 다음으로 탄생했다. 비공인시위, 살쾡이시위, 지도부를 넘어 움직이는 아니 완전히 지도부 없이 움직이는 결의의 시위가 시작되었다. 이들의 상당수는 정말로 어린 청소년들이다. 이 시위의 미래는 무엇일까?

권력의 재전유

올림픽 선수단이 정권의 홍보수단으로 이용되는 날이다. 국민대축제라는 거창한 이름을 단 페스티벌이 시청광장에서 준비되고 있고 광화문에서부터 퍼레이드가 시작된다. 맨 앞에 노란색 제복을 입은 악단이 서고 그 뒤에 대형 태극기가 따른다. 기자들이 분주하고 시민들도 차도에 나가 폴리스라인에 줄을 서 있다. 올림픽 선수단이 무너지고 있는 대한민국을 다시 붙들어 세우고 사람들을 다시 한 번 대한민국의 국민들로 조직한다. 국민이 형성되는 한 국가는 지속될 수 있고 정권도 지탱될 수 있다.

동화면세점은 경찰들이 점거하다시피 한 상태. 정복전경들뿐만 아니라 사복들도 점거대오의 일원이다. 시청광장 분수대 쪽에 태극기를 거꾸로 든 사람들이 모여 있다. 중고등학생들도 보이고 회사원들도 보인다. 어느새 이 사람들보다 몇 배는 많을 사복들이 태극기를 거꾸로 든 사람들을 에워싸고 그 뒤에는 정복들이 몸으로 분단선을 긋고 있다. 시청광장 한복판 의자에 앉은 사람들과 태극기를 거꾸로 든 사람들을 구획하기 위해서다.

누가 태극기를 거꾸로 들었던가? 북경 올림픽에서 대통령 이명박이 바로 그랬다. 국기를 거꾸로 듦으로써 그가 세계시장에 대한 충성을 위해 국가에 대해 갖는 경멸을 무의식적으로 표현한 셈이라고 사람들은 생각한다. 그것이 대한민국의 현상태를 보여준다고 말하는 사람들도 있다. 그렇다면 오늘 태극기를 거꾸로 든 사람들은 누구인가? 이명박처럼 국가를 경멸하는 사람들인가? 아니면 국가를 바로 세우고자 하는 사람들인가? 이 쟁점을 덮어놓은 채, 경찰들은 태극기를 거꾸로 들었다는 이유만으로 이들을 적대시하며 시청광장의 '정규' 국민들과는 다른 대우를 한다. 한 귀퉁이에 몰아넣고 포위하여 고립시키고 있는 것이다. 태극기를 거꾸로 든 사람들은 국민이 아니라는 듯이. 왜 이들은 역시 태극기를 거꾸로 들었던 대통령 이명박을 이렇게 대접하지는 않는 것일까? 왜 그를 포위하고 고립시키지는 않는 것일까?

'태극기 거꾸로 들기' 패러디 투쟁이 진행되는 중에 전경들이 시민들을 채증한다. 한 시민이 채증을 하지 말라고 하며 채증 카메라를 막자 사복 세 명이 달려들어 연행하려 한다. 순간 분수대 주변은 아수라장이 된다. 연행하려는 사복들과 구출하려는 시민들 사이의 격렬한 몸싸움. 폭력경찰 물러가라는 아우성. 카메라 플래쉬가 터진다. 덕분에 태극기를 거꾸로 든 사람들의 패러디 행동이 많은 사람들의 주목을 받게 된다. KBS 등 각종 방송사의 카메라가 몰려든다. 카메라 앞에서 한 달변의 시민이 정권의 부패와 경찰의 만행을 규탄하는 연설을 한다. 올림픽 선수단을 정권에 이용하려던 계획이 다시 촛불에게 전유되는 순간이다. 국지적이지만 국민대축제는 촛불축제로 변용된다.

이른바 '국민대축제'가 끝났다. 물론 국민은 하나가 아니었고 둘이었다. 경찰들이 분단선을 긋고 국민을 두 개로 갈라놓았다. 귀가를 위해 대한문 앞 횡단보도로 몰린 '정규 국민들은 그곳에서 비로소 경찰 분단선 저편에 있었던 또 다른 국민들을 만날 수 있었다. 이명박은 물러가라, 독재타도 명박퇴진, 공안탄압 중단하라, 폭력경찰 물러가라 등의 구호가 대한문과 시청 사이의 횡단보도에서 지칠 줄 모르고 반복되었다. 마침내 프라자 호텔 옆에 주차하고 있던 방송차가 움직여 해산방송이 시작되고 대한문 쪽에 배치된 전경들은 휴대용 색소수 분무기를 잡은 손에 힘을 준다. 합쳐서 몇 백 명 되지 않는 촛불시위대를 두려워하여 여러 대의 살수차, 수십 대의 전경차, 헤아릴 수 없이 많은 정사복 경찰을 배치해야 하는 정권이 과연 제 수명을 다할 수 있을까? 이는 자본이 지금 주체하기 어려운 위기에 빠져 있음을 시사하는 것이 아닌가? 어떤 정당성도 없는 국가무력의 도움을 통해서만 수익이 창출될 수 있는 상태라면 말이다. 올림픽 선수단을 정권의 구원투수로 기용해야 하는 상태라면 말이다.

다중지성의 윤리와 권력의 도덕

2008년 6월 유모차로 살수차를 세웠던 한 여성에 대한 정치권의 도덕적 비난에 이어 법적 제재가 시작되었다. 도덕moral(외부로부터의 척도 부과라는 의미에서 스피노자적 의미의 내재적 윤리ethics와 대립되는 것)과 법이 항상 억압적 역할을 수행한다는 것을 이보다 더 잘 보여줄 수 있을까? 도덕은 정신의 전진을 가로막는 살수차이며 법은 삶의 전진을 찍어누르는 방패다. 왜 그런가?

첫째, 유모차에 탄 아이는 광우병 위험에 가장 직접적으로 그리고 가장 장기적으로 노출될 잠재적 피해당사자이다. 국가는 어느 곳에서나 국민을 보호한다는 데에서 그 존재이유를 찾고 보호를 이유로 억압을 정당화해 왔다. 광우병 위험소를 수입하기로 결정한 국가는 국민의 일부인 어린아이의 생명을 보호할 책임, 그 스스로 '자임한' 책임을 다하지 않은 한에서 그 존재이유가 없다. 국가가 어린아이에 대한 가해자로 나서고 있는 현실에서 그 아이의 어머니를 비롯한 모든 사람들이 국가의 존재이유를 다시 묻고 저항에 나서는 것은 정당하다.

둘째, 도덕적 비난은 유모차를 끈 어머니가 아이를 보호할 의무를 저

버리고 아이의 동의도 없이 위험한 거리로 나왔다는 것에 집중된다. 과연 어머니는 아이의 동의를 구하지 않았는가? 동의를, 언어능력을 가진 사람들 사이의 합의와 혼동하는 경우에만 '그 어머니는 동의를 구하지 않았다'고 말할 수 있다. 언어능력을 갖지 않은 어린아이와 어머니의 소통은 언어를 매개로 이루어지지 않는다. 어린아이도 나름대로의 의사표현 수단을 갖고 있다. 몸짓, 울음, 웃음, 표정 등이 그것이다. 이런 수단들로 어린아이가 반대를 표현했다는 증거가 없는 한, '어머니가 아이의 동의 없이 거리로 나왔다'는 비난은 정당성을 갖지 않는다. 이것은 아이의 동의라는 도덕적 궤변을 통해 저항행위에 족쇄를 채우려는 담론공격에 지나지 않는다.

셋째, 명시적 동의의 부재에 대한 책임은 무엇보다도 먼저 국가가 져야 한다. 이명박 정부가 이끄는 국가는 어린아이의 어떤 동의도 구하지 않고서 (어린아이는 투표에조차 참가할 권한을 갖고 있지 않다) 그 아이의 생명을 위협하는 광우병 위험소에 대한 수입결정을 내렸고 실제적 수입을 유도했다. 동의를 구하지 않은 잘못은 그 어머니가 아니라 국가에 있다. 이명박 정부는 그 어머니가 그 잘못된 결정에 항의를 표시했음에도 불구하고 살수차를 동원하여 그 항의를 짓누르려 했다. 그 어머니가 유모차를 끌고 살수차 앞에 섰던 것은 어떤 동의도 구하려 하지 않는 이명박 정부의 이러한 일방주의적 억압에 저항하기 위한 것이었을 뿐이다.

넷째, 살수차가 있는 위험한 거리에 유모차를 끌고 나갔으므로 도덕적으로 잘못이라는 비난이 있다. 살수차가 어린아이에게 위험하다는 것은 정부가 어린아이에게 위험하다는 것이며 정부가 위험하다는 것은 어린아이에게 국가가 위험하다는 것이다. 왜냐하면 살수차를 운행하는 사람은 국가의 명령을 받는 사람들이기 때문이다. 이 위험한 국가가 광우병을 수입하려 할 때 조금이라도 위험을 줄이기 위해서는 국가의 행동을 저지하는 것이 필요하다. 광우병 유입을 저지하는 것만이 아이의 생명을 덜 위험하게 만드는 길이기 때문이다. 엄마는 나오더라도 아이는 집에 두었어야 한다는 주장은 실제로는 엄마를 집안에 묶어두기 위한, 그리고 항의의 강도를 낮추기 위한 국가의 억압적 주장을 대변하는 것에 지나지 않는다.

다섯째, 유모차로 살수차를 막은 어머니를 법적으로 제재한다는 것은 국가에게 남아 있던 인간성의 최후의 흔적(어린아이에게는 살수를 않는다)까지 지워버리겠다는 의사표시 이상이 아니다. 이것은 국가에 대한 어머니의 최후의 실낱같은 믿음까지 깨뜨리는 행위일 것이다. 그리하여 국가가 자신이 자임한 존재이유(이른바 '국민보호')를 공개적으로 내팽개치고 자신의 숨은 얼굴('자본보호')을 노골적으로 드러내면서 이미 국민들로부터 유리된 자신만의 게걸스런 이익('국익')을 위해서는 어떤 장애물도 제거하겠다는 탐욕을 표시하는 것 이상이 아닐 것이다. 이러한 조치들은 궁극적으로 모든 사람들을 국가에 대항하는 투쟁에 나서도록 만들 것이다.

요컨대 우리는 살수차 대 유모차의 대립이라는 사태를 이렇게 요약할 수 있다. 살수차의 도덕에 유모차의 윤리가 대립했으며 살수차의 법에 유모차의 삶이 대립했었다고. 우리가 지키고 가꾸어야 할 것은 도덕과 법이 아니라 윤리와 삶이라고. 도덕은 시민사회 속으로 이입된 법이라고. 윤리는 삶의 자기표현이라고.

계획으로서의 촛불과 욕망으로서의 촛불

2008년 9월 20일. 오후부터 깃발전, 회칼테러 진상규명집회, 유모차부대 기자회견, 민주노동당 거리연설, 시국미사 등으로 여러 곳에서 기획된 촛불모임들이 명동에서 합류하여 저녁 7시 이후에는 조계사와 신촌 현대백화점으로 나뉘었다. 다수가 조계사로 소수가 현대백화점으로 이동했는데 후자의 흐름은 386 깃발이 주도했다. 집회흐름과 가투흐름이 분화한 것이다.

특이하게도 가투흐름에는 중장년의 나이든 사람들과 여성들의 참가가 많다. 전대협이 리드할 때 대오 속에 속해 있던 사람들이 이제 대오를 이끌고 있다. 신촌 일대를 구불구불 돌며 '적지만 알찬 투쟁'을 다짐하는 사람들이 이루고자 하는 것은 무엇인가? 놀이터에서 간단한 해산집회를 갖고 사람들이 삼삼오오 술집으로 조계사로 흩어질 때 어떤 중년의 남자가 말한다. '이렇게 흩어지다니. 너무 싱거워서 허전하다. 나는 더 세게 (저항)하고 싶다.'

계획으로서의 촛불과 욕망으로서의 촛불의 분화? 아니 계획들을 부단히 넘쳐흐르는 욕망들? 동교동에서 신촌으로 넘어가는 고갯마루의 한 건물 벽에 언제 누가 썼는지 모를 낙서가 선명히 남아 있다. "촛불은 에너지다".

촛불의 헤게모니와 민주주의의 전망

국가권력

국가권력이 두려워하는 것

다음은 촛불집회 연행자에 대한 검찰의 약식기소가 어떤 방식으로 이루어지기 시작했는지에 대한 『한겨레』의 기사다.

미국산 쇠고기 반대 촛불집회에 참석했던 불구속 입건자들에 대한 검찰의 사법처리가 본격화됐다. 서울중앙지검 공안2부(이영만 부장검사)는 경찰로부터 촛불집회 불구속 입건자 700여 명을 송치받아 1~2일 90여 명의 불법시위 참가자들을 50만~300만원의 벌금형에 약식기소했다고 2일 밝혔다. 촛불집회에 참가했다가 불구속 입건된 시위자들은 1천270여 명으로 검찰은 시위 참가자들에 대한 벌금액을 최소 50만원부터 최대

400만원까지로 정했으며 대부분 벌금액은 100만-200만원인 것으로 전해졌다. 검찰이 마련한 내부 기준에 따르면 시위 가담 정도와 전력 등을 고려해 벌금액을 차등 적용해 일단 도로를 불법으로 점거해 집회・시위에 참가했으면 100만원 이상의 벌금형에 약식기소키로 했다. 반면 도로를 점거하지는 않았으나 해가 진 뒤 인도에서 집회・시위에 참가했으면 집회 및 시위에 관한 법률의 '일몰 후 집회 금지' 조항을 적용해 벌금 50만원에 약식기소키로 방침을 세웠다. 특히 밤새 집회・시위에 참가하고 경찰버스를 밧줄로 넘어뜨리는데 가담하는가 하면 마스크를 착용한 등의 양형 사유가 있으면 400만원에 약식기소키로 했으며 벌금 500만원 이상에 해당하는 입건자들은 아예 정식 재판에 넘기기로 했다.[1]

집회에 참가하는 행위의 이유와 원인은 묻지 않고 그 형태만을 따져서 '벌금'을 내리려는 검찰의 조치를 통해 우리가 알 수 있는 것은, 지금의 국가권력이 1)밤늦게까지 이루어지는 끈질긴 저항 2)공권력에 대한 물리적 저항 3)도로점거와 같은 자본유통을 저지하는 행위 4)채증을 방해하는 마스크 착용 등을 가장 두려워하고 있다는 것을 알 수 있다. 심지어 일몰 후 인도에서의 집회참가자에게까지 벌금을 물림으로써 국민들의 저항의지의 표현 일체를 금지하려는 의도를 드러내고 있다.

권력은 또 다중의 무리행동('떼법')을 고친다는 명분으로 다음과 같은 것을 고려하고 있다고 한다. 첫째, 시위에 대한 처벌을 형사책임에서 민사책임으로 확장한다. 즉 지금까지의 처벌이 국가에 의한 정치적 처벌이었다면 이후에는 이외에 사회경제적 처벌, 좀 더 낯선 말로 표현하면 삶정치적biopolitical 수준의 처벌을 하겠다는 것이다. 둘째, 앞서 언급한 복면

---

1. http://www.hani.co.kr/arti/society/society_general/313623.html

금지 외에 소음을 제한하고 금품수수 등에 관해 처벌하겠으며 다양한 형태의 과태료를 물리겠다는 것이다. 이것은 체포하기 쉬운 차림새를 하라, 시끄럽게 하지 말라, 돈 쓰지 말고 맨손으로만 하라, 국가에 복종하라 …… 요컨대 시위 같은 건 하지 말라는 것이다. 이로써 국법과 사법기관들이 정의를 지키는 기관이 아니라 정의를 억압하는 도구라는 사실이 분명하게 밝혀졌다. 처벌받아야 할 것은 촛불이 아니라 부당한 억압행위이다. 국가권력이야말로 마치 자신이 국민을 실제로는 억압하면서 겉으로는 위하는 척하기 위해 쓰고 있는 마스크를 벗어야 한다.

　여기서 국가에 대한 비판을 넘어서는 주체성의 측면을 생각해 볼 필요가 있다. 권력이 이러한 시도를 하고 있다는 것은 현재의 촛불이 권력을 고통스럽게 하고 있다는 것을 반증하는 것 이상이 아니다. 또한 이것은, 위임된 권력, 대의 권력이 항상 다중의 언론과 집회와 결사의 자유를 침해함으로써만 유지될 수 있다는 것을 보여준다. 또 이것은, 국가가 다중을 감시하고 처벌할 것이 아니라 다중이 권력의 소음, 권력의 얼굴, 권력의 돈을 감시하고 행동으로 제약하며 권력을 처벌할 삶정치적 방안을 준비해야 한다는 것을 깨닫게 만든다. 이를 위해서, 촛불 자신이 권력의 대상이 아니라 주체로 서는 것, 권력을 직접 행사하는 것, 스스로를 제헌권력pouvoir constituant으로 정립하는 것 이외에 다른 길이 있을까?

이명박도 박근혜도 노무현도 아니다

　국가권력을 넘는, 그것으로부터 독립된 정치를 사고한다는 것은 무엇인가? 촛불이 자신을 제헌권력으로 사고한다는 것은 무엇인가? 이것은 우선 촛불 속에서 제기되고 있는 '정치가 대안들'을 넘어서는 것을 의미한다. 예컨대 민주주의 2.0을 계기로 등장하고 있는 노무현 대안론에 대해 생각해 보자.

이명박의 '우파 신자유주의'는 노무현의 이른바 '좌파 신자유주의'와 많은 점에서 차별화되었다. 국가보안법의 부활, 남북관계에서의 흡수통일주의 강화, 부자들을 위한 정책들의 노골화 등등. 이 때문에 노무현 시대에 대한 그리움이 촛불 속에서 살아나고 심지어 대안으로까지 여겨지기도 하는 것 같다. 하지만 노무현 대안론은 촛불에게 극히 위험한 생각이다. 노무현은 한미FTA의 초석을 놓았고 촛불을 불러일으켰던 미국산 쇠고기 수입은 한미FTA 4대 선결과제 중의 하나였다. 이명박이 수입 조건이나 제한을 더욱더 폭넓게 철폐해 버린 점에서 분명히 차이가 있지만 이 차이가 본질적 일치성을 감출 수 있는 것은 아니다. 민영화는 노무현 시대에도 꾸준히 추진되었으며 실제로는 김대중 시대부터 추진되어 온 것이다. 신자유주의는 김대중 시대에 본격화되어 노무현에 의해 가속되었고 이명박에 의해 그 정점에 이르고 있다. 그러므로 이명박과의 투쟁은 노무현, 김대중과의 투쟁을 밀고 나감이 없이는 승리할 수 없는 싸움이다.

뉴라이트를 이명박, 한나라, 조중동에 국한시키고 친일과 매국을 중심으로 규정할 때 노무현, 김대중 등은 어떠한 비판도 받지 않은 채 온존한다. 이 때문에 촛불 속에 제도화론, 민주당 대안론 등이 식지 않고 살아 있는 것이다. 노무현이 박근혜보다는 낫지 않느냐는 주장과 더불어. 촛불이 생명, 교육과 건강의 위협, 그리고 가난과 비참으로부터 삶을 지켜내고자 한다면 협의의 뉴라이트뿐만 아니라 광의의 뉴라이트로서의 신자유주의로부터 자신을 분리시켜야 한다. 다시 말해 이명박으로부터의 분리뿐만 아니라 김대중에서 노무현으로 이어지는 '좌파 신자유주의'로부터도 자신을 분리시켜야 한다. 어떤 사람이 대통령이 되면 좋은가라고 묻는 습관은, 누가 나를 지배하는 것이 좋은가라는 노예적 문제틀에 속한다. 어느 누구도 우리 자신의 지배자가 되지 않게 하는 것, 모든 사람들 하나하나가 권력자로서 자신의 존엄한 권력을 행사하는 것이 필요하다. 그리고 어떤 조건에서 그것이 가능한가를 숙고하는 것이 촛불에게 주어진 정치적 과제이다.

촛불운동

혁명은 철저하다

자본의 유통은 삶의 유통을 전유한다. 임금노동은 자본이 삶을 전유하는 형태이다. 자본의 전유행위는 노동의 착취, 소득의 수탈, 투쟁의 진압과 흡수, 혁명의 역전(반혁명) 등을 포함한다. 이것의 결과는 한편에서는 자본의 축적, 다른 한편에서는 삶의 탈가치화이다. 전적으로 삶에 의존하며 삶을 동력으로 삼고 삶의 전유를 통해 발전하는 이 양극화의 운동이 자본주의적 사회구성의 특징이다.

그렇다면 자본주의적 사회의 발전은 삶의 전면적 탈가치화만을 그 결과로서 가져오는가? 그렇지는 않다. 노동과 투쟁과 혁명의 반복은 자본으로 하여금 점점 더 많은 사람들을 자본관계 속으로 인입하도록 만들지 않고는 해소될 수 없는 요구들을 거듭해서 제기한다. 같은 말이지만 자본의 반혁명은 삶의 불만들, 욕망들, 요구들을 자본 생산의 동력으로 편입하는 방식으로 진행된다. 거듭되는 자본의 순환 및 그에 맞물린 삶의 순환은 자본으로 하여금 모든 사람의 보편적 욕구를 자신의 동력으로 삼지 않을 수 없도록 강제한다. 모든 사람이 자본관계에 연루되는 것이다.

예를 들어 케인즈주의는 자유주의의 무정부성을 국가계획을 통해 제어해야 한다는 선진 노동자들의 혁명적 요구를 자본생산의 동력으로 받아들인 것이다. 국가를 지렛대로 자본관계는 노동하는 대중 일반의 삶을 규정하는 관계로 확산된다. 이에 대해 다시 대중들은 관료주의 반대, 노동거부, 자치적 자유를 요구하며 싸웠다. 신자유주의는 관료주의 반대 요구를 사유화와 민영화로 수용하고 노동거부를 정리해고와 비정규직화로 수용하고 자치적 자유의 요구를 개인 자결권의 강화와 자유화로 수용했다. 신자유주의 하에서 사람들은 자신의 특이성이 자본 가치로 환원되고 개인들의 소통과 협력이 자본의 협력으로 역전되는 것을 느끼고 있다. 그렇다면 케인즈주의가 자유주의를 대체하고 신자유주의가 케인즈주의를 대체하는 자본의 이 순환과정은 무한한 것인가? 중단될 수 없는 것인가?

맑스는 루이 보나빠르뜨의 집권을 프롤레타리아 혁명의 철저성의 사례로 파악했다. 두더지는 가장 파괴하기 쉬운 적이 등장할 때까지 부르주아 사회로 하여금 생산력을 가동하도록 자극하는 방식으로 혁명을 수행한다. 다시 말해 프롤레타리아 혁명은 부르주아 사회의 가능성을 남김없이 실현하면서 완전히 새로운 사회가 도래할 수 있는 물적 전제들과 비물질적 전제들이 형성될 때까지 사회의 순환을 밀어붙인다. 이것이 혁명의 철저성이다. 철저성은 혁명의 영원성이 발현되는 방식이다. 촛불은 영원하고도 철저한 혁명의 지속성이 출현하는 현 국면이다.

삶정치적 봉기의 여러 차원들

시야의 협소함을 넘어서는 것이 필요하다. 의제를 배제하고 차원을 배제하지 않으면서 다양한 차원에서 다양한 양상과 수준의 투쟁들이 전개되고 그것들이 서로 연결된다면 기존의 총체가 새롭게 열릴 수 있게 될 것이다. 삶정치적 봉기에서 지금까지 유효했던 여러 투쟁들은 폐기되는 것이 아니라 새로운 결합관계 속으로 들어가게 된다. 그렇다면 지금까지 어떤 활동들이 있었고 또 어떤 활동들이 가능한가? 지금까지 촛불봉기가 제기한 문제들을 고려하면서 가능한 활동들의 여러 차원을 살펴보자.

먼저 군사적 차원. 첫째, 촛불의 군사적 네트워크 구축. 둘째, 억압적인 공권력에 대한 교란작업과 이슈 창출. 그러나 군사적 승리가 가능하지도 않고 또 그것이 가능하다 해도 실제로는 촛불의 패배로 귀결될 것임을 명심해야 한다. 군사적인 것은 삶정치적인 것을 보완하는 것일 뿐이다.

다음으로 국가정치적 제도정치적 차원. 첫째, 반촛불 정치인, 정당의 보수적 반동적 성격에 대한 폭로. 둘째, 집시법 등 주요한 법적 탄압기제들에 대한 개정운동. 셋째, 전의경제도 폐지를 위한 운동. 넷째, 시민·국민을 대의하지 않고 국내외 자본만을 대의하는 부패, 반동 정치인에 대한 소환운동. 다섯째, 이명박 정권에 대한 탄핵, 하야 운동.

문화적 법적 차원. 첫째, 미디어가 결정적으로 중요하다. 보수적 수구적 언론들(조중동)에 대한 타격. 그리고 촛불에 우호적인 언론들에 대한 방어와 발전. 조중동 불매운동과 KBS, MBC를 지키기 위한 투쟁은 상당한 성과를 거두었다. 둘째는 인터넷, 특히 포털에서 촛불의 언어, 언론을 자유롭게 전개하기 위한 투쟁들. 아고라를 사수하고 다양한 까페들을 지켜내는 것. 인터넷 구속을 위한 법규제정에 대한 반대. 셋째는 좌파, 그리고 폭력에 대한 이데올로기적 법적 마녀사냥(빨갱이, 폭도 등)에 대한 거부. 넷째, 신자유주의 이데올로그들에 대한 지속적인 비판(사례로서 안티뉴라이트).

경제적 차원. 첫째, 자본의 이윤활동에 대한 공격으로서의 노동거부, 즉 광의의 파업. 둘째, 유통-소비, 즉 이윤의 실현과정에 대한 공격(불매).

주체형성적 차원. 첫째, 무엇보다도 주체형성이 중요하다. 촛불의 직접적이고 코뮌적인 조직화. 둘째, 이에 기초하여 위의 제 투쟁들을 연결시키기. 순서는 바뀔 수 있고 시간 속에서 교직될 것이다.

다중과 전투주의

1990년대 초 전투주의와 합법주의 사이의 격렬한 논쟁이 전개되었고 논쟁은 합법주의의 승리로 끝났다. 1980년대 운동을 지배했던 전투주의는 점차 사라져갔다. 1991년 전국노동조합협의회(전노협)의 해체, 1992년 전국대학생대표자협의회(전대협)의 해체는 그 전환점이었다.

2008년 여름, 전투주의가 다시 복귀하고 있다. 지금의 새로운 운동주체는 자유화와 민주화가 겹친 지난 20년에 걸쳐 개혁주의 문화 속에서 형성되었다. 이것이 한국의 다중들이 속한 특수한 역사적 환경이다. 바로 이것이 2008년의 봉기가 촛불봉기로서 다른 나라 다중들의 저항운동과는 달리 유례없이 축제적이고 디지털적이며 평화로운 분위기를 연출한 조건이었다. 수개월 걸친 밤샘저항에도 불구하고 사상자는 다른 경우에 비해 최소화되었고 봉기는 문화제를 중심으로 발전했다. 정보적이고 집단지성적이며 소통적이고 정동적인 특성들이 촛불봉기를 이끌었다. 하지만 이에 대면하고 있는 권력은 반소통적이고 군사적이며 권위주의적이다. 운동이 가는 곳마다 차벽이 기다리고 있고 명령과 복종의 체계 속에서 움직이는 전경대가 따라 붙었다. 촛불봉기의 요구는 전혀 달성되지 않았고 외침은 메아리로 되돌아왔다. 방어용구인 방패가 시민을 폭행하는 공격무기로 무자비하게 둔갑하고 세금으로 사서 신긴 군화가 여대생을 짓밟는 무기로 사용되는 현실에서 폭력인가 비폭력인가를 둘러싼 논쟁이 불붙은 것은 자연스러운 것이었다. 대체 무엇이 비폭력의 의미인가, 비폭력이 능사인가, 방어폭력은 정당화될 수 있지 않은가, 대항폭력이 필요하지 않은가 등등의 논의가 꼬리를 물었다. 의료봉사대, 예비군, 안전요원, 계란 투척부대, 폭죽부대 등의 등장은 이러한 논의가 해답을 얻지 못한 상황에서 주어진 운동의 자생적 응답이었다. 이렇게 권력의 군사적 대응과 폭력행사는 운동의 군사화, 전쟁화를 지속적으로 자극한 요인이다. 운동은, 이것이 권력의 간계임을 알고 있기 때문에 놀랄만한 인내력으로 스스로를 다스리면서 오랜 시간을 버텨오고 있다.

그러나 자제는 문제를 해결하는 방법이 아니라 문제의 악화를 막는 방법일 뿐이다. 2008년 7월 19일 전대협 동우회의 발대 역시 촛불운동의 이 궁지 속에서 나타나고 있는 자발적 움직임의 한 단면으로 보인다. 이날 오후 4시 발대식을 마친 전대협 동우회는 지금까지 촛불봉기의 양상을 일거에 바꾸어 놓았다. 대책회의의 합법주의적이고 개혁주의적이며 평화주의적인 지도경향에 불만을 품어온 많은 시위대가 전대협의 깃발을 따라 청계광장에서 종로로, 을지로를 돌아 종로로, 광화문에서 종로로, 종로에서 광화문으로 가두행진을 했다. 경찰은 이 강성대오의 흐름은 방관하면서 청계광장에서 촛불문화제를 계속했던 부대는 힘으로 고립시켜 합류를 저지했다.

전대협은 무엇을 보여주었는가?

첫째, 군사적 운동문화를 선보였다. 흐트러져 있었던 대오를 종횡을 갖춘 군사적 대오로 편성했다. 행진 중에 손가락으로 5열, 6열, 20열 등 열을 짓는 작업이 계속되었다. 멈춤, 속보, 천천히, 해산, 뛰어 등 명령기호가 도입되었다. 뛰는 동작의 도입이 이중 가장 큰 변화이다. 이것은 아이를 업거나 유모차를 끌거나 노약한 사람들의 참가를 일단 배제하는 행위이기 때문이다. 불편한 구두를 신은 여성들의 참가도 배제된다. 전대협의 참가는 촛불운동에 남성 중심성, 청년 중심성이 복원될 것을 요구했다. 그리고 뛰는 행위는 전위를 기준으로 중후위가 그것에 맞추어야 한다는 메시지를 전달했다. 대오 편성에서도 '남성 앞으로, 여성 뒤로'의 원칙이 적용되었다. 행진만을 고려한다면 역량과는 역순인 셈이다. 행진에서 후미가 항상 더 힘들다는 것을 감안하면 이러한 대오 편성은 행진용이기보다 경찰력과의 전투를 유념한 대오편성이었다.

둘째, 협력의 박력화. 2박자로 분할될 수 있는 8박자 구호가 3박자 구호와 4박자 구호를 대체했다. 이명박은 물러나라는 4박자 구호로서 조선시대의 가사전통에서 내려오는 4/4조 대칭의 전통구호이다. 이명~박 퇴~진은 월드컵 과정에서 생성된 비대칭의 4/3박자의 엇박자 구호이다. 전대협의 구호는 2박자로 모든 구호를 잘라 재배치함으로써 행진의 보조와 구호의 리듬을 일치시켰다. 이것은 4/4조 구호의 감상주의적 호흡이나 4/3 박자의 복잡성과는 달리 전투적이고 단순한 리듬이었다.

셋째, 시작도 끝도 없는 지금까지의 촛불운동에 시작과 끝을 도입했다. 전대협 대오는 저녁 7시에서 밤 12시경까지 주도한 후 이후의 시위는 자발성에 맡긴다고 선언하며 주도성의 시작과 끝을 명확히 밝혔다. 밤 12시 이후 아침까지 광화문, 신세계, 시청, 서울역, 서대문, 독립문, 다시 서대문, 경찰에 밀린 후 충정로, 서부역, 서울역으로 이어진 시위는 전대협의 실습에도 불구하고 대체로 전대협 이전의 운동형상으로 돌아갔다. 물론 이것이 전대협의 실습이 무의미했다는 것을 결코 의미하지 않는다. 단 한 번의 실습으로는 당연히 부족하며 또 다중들 각자는 이 실습의 의미가 무엇이며 자신들이 그것을 어떻게 소화할 것인가를 스스로 숙고하는 시간을 가져야 할 것이기 때문이다.

넷째, 대오 전체의 역량에 대한 통제를 실험했다. 시위대의 선두부분이 경찰대오와 대치중에 중위 대오의 일부를 비공개적으로 여의도 한나라당사로 배치하려던 전술은 대오 전체의 역량에 대한 통제가 불가능한 상황에서는 가능하지 않은 것이다. 이전에는 자발적 분산을 통한 분산공세가 시도되었지만 이날 밤에는 의식적으로 통제된 역량 분산배치가 이루어진 것이다.

다섯째, 전체적으로 지도부라고 할 수 있는 부분이 형성되었다. 전대협 전체가 시위를 이끄는 지도부였으며 그 내부에 상위 지도자와 하위 지도자가 있는 것으로 보였다. 나머지 시위대의 경우는 깃발회의를 통해 그 지도를 관철시키는 방식으로 전개되었다.

2008년 7월 19일의 시위는 전체적으로 탈근대적 색채를 띠어온 촛불운동이 1980년대에 권위주의 정권과 싸우면서 형성한 위계적이고 남성적이며 전투적이며 근대적인 운동의 세례를 받고 그것으로부터 전투주의를 수혈받는 과정이었다. 광화문 대치선에서 벌어졌던 시민들 일부와 전대협의 논쟁(어쩌면 이것은 중요한 의미를 갖는 논쟁의 시발일지도 모른다)을 예외로 한다면 약 다섯 시간동안 촛불봉기자들 대부분은 전대협의 지도를 묵묵히 받아들였고 그에 충실히 따랐으며 전투성의 주입을 진심으로 환영하는 분위기였다. 이날의 일사분란한 시위는 인도의 관망하는 시민들에게도 충격을 주고 시위대의 힘을 느끼게 했으리라고 짐작된다.

시위대의 이러한 반응은 특히 적극적 시위참가자들의 참여의지를 고무시키고 자기확신을 증폭시키는 것으로 작용했음이 분명하다. 지금까지의 합법주의적이고 개혁주의적인 대책회의 지도가 이들의 의지를 약화시키는 진정제로 기능해 왔다는 점을 고려하면 2008년 7월 19일은 운동의 경향을 전환시키는 분수령으로 작용할 것이며 향후 운동에 중요한 밑거름으로 작용할 것이다.

그렇지만 반드시 고려해야 할 것이 있다. 지금까지 운동의 힘과 지속성은 그것의 자발성, 측정불가능성, 놀라울 정도의 지성과 상상력, 성별과 세대를 넘는 광범한 주체들의 참가 등에 의해 촉진되어 왔다. 전투주의가 무비판적으로 그리고 세심한 성찰 없이 도입될 때 그것은 일시적으로 운동을 고양시키겠지만 장기적으로는 이 광범한 동력들을 약화시키는 것으로 작용할 위험을 갖는다. 촛불시위 전체가 전투주의에 의해 지배되는 것이 과연 바람직한가는 심사숙고 되어야 하고 각 참가자들의 냉정한 검토가 요청된다. 전대협이 보여준 군사적 전투성과 '질김'으로 표현되는 다중의 새로운 전투성의 융합가능성을 모색하는 방향에서 2008년 7월 19일 시위가 검토될 필요가 있다.

사빠띠스따 봉기와 EZLN(사빠띠스따 민족해방군)은 우리에게 군사성이 시민성 및 다중성에 복종하면서 시민과 다중을 지도하는 봉기의 한 사례를 제시한다. 소규모 게릴라들의 군사적 조직화는 원주민평의회의 직접민주주의의 명령을 받으며 다시 군사적 조직은 그 명령에 따라 원주민들을 군사적으로 이끄는 역설적 운동의 한 전형을 보여준다. 한국의 촛불봉기는 전투성과 다중성의 어떤 결합관계를 창출할 수 있을까? 2008년 7월 19일 밤의 시위는 우리에게 역사적으로 중대한 이 문제를 우리에게 던져준다.

촛불의 진로와 삶정치적 총파업

지금까지 촛불은 무지개연합 속에서 투쟁해 왔다. 그 무지개연합은 한편에서는 미국산 광우병 쇠고기 수입반대(재협상)라는 생명정치적 이슈로 다른 한편에서는 이명박 탄핵, 소환, 하야라는 국가정치적 이슈로 무장하고 있었다. 이 두 이슈의 아래에 신자유주의(이른바 '교육자율화'와 '미친교육', 상수도-건강보험-의료 등 국영기업의 민영화)에 대한 반대와 대운하 반대가 놓여 있었다.

미국쇠고기가 유통되기 시작하고 재협상론이 사실상 힘을 잃으면서 이슈가 다변화되었지만 무지개연합을 지탱하던 구심이 사라졌다. 이것이 정권의 탄압과 맞물리면서 '독재타도'라는 구호 아래에서 '이명박 퇴진, 한나라 해체, 조중동 폐간'으로 요약되는 반뉴라이트(반신자유주의) 전선이 형성되었지만 이전만큼의 광범위한 무지개연합을 지탱하고 있지는 못하다. 독도 이슈가 추가되면서 반신자유주의-반뉴라이트 전선 속에서 이념과 노선, 그리고 조직화의 문제가 첨예하게 제기되었다. 앞뒤를 가리지 않는 정권의 탄압은 이념과 노선과 전술을 갖도록 계속 강제했기 때문이다.

반신자유주의-반뉴라이트 전선은 단일전선이 아니라 복합전선이며 촛불은 단일 이념의 운동이 아니고 다수 이념의 운동이다. 촛불에는 어떤 이념들이 움직이고 있는가?

하나는 민족주의이며 가장 강력한 경향이다. 신자유주의는 자본의 세계화를 통해 민족국가를 자신의 하위마디로 삼는다. 자본권력의 전 세계적인 (경쟁적) 네트워크화 경향 속에서 민족을 중심에 놓는 정치(민족주의)는 근대에 그것이 누려왔던 모든 지위를 박탈당한다. 토착산업들, 국내시장, 국내의 보장노동자가 위기(각각 몰락, 경제위기, 정리해고)에 처한다. 촛불봉기에서 가장 절박하게 투쟁하고 있는 것이 민족주의인 이유가 여기에 있다. 민족주의에 입각한 반신자유주의-반뉴라이트 투쟁은 반뉴라이트 쪽에 초점을 맞춘다. 뉴라이트를 친일파, 매국노, 즉 민족반역자로 비판하는 것이다. 비판의 준거는 민족에서 나온다. 이를 위해 민족주의는 우와 좌 모두를 비판하면서 역사적 민족주의 운동들과 좌우합작 노선에 섰던 인물들로부터 자신의 이념을 가져온다. 도산 안창호, 매헌 윤봉길, 백범 김구, 몽양 여운형 등이 그들이다. 이 흐름에 좌의 박헌영과 우의 박정희가 추가되는 경우도 있다. 권력(특히 조중동)이 촛불봉기를 '빨갱이'로 모는 것은 촛불봉기를 좌익으로 비판함으로써 이 좌우합작 노선에서 좌의 경향을 약화시키고 민족주의의 경향을 우쪽으로 이동시키려는 전술이다. 만약 좌와의 결연을 잃어버린다면 이 경향은 잠재적으로는 이주노동자에 대한 지문날인, 등록 등을 옹호하는 현재의 인종주의 경향과 뒤섞일 위험을 안고 있다.

또 하나는 사회민주주의, 사회주의 경향이다. 이 경향은 반신자유주의-반뉴라이트 전선에서 반신자유주의에 초점을 맞춘다. 특히 이 경향은 자본의 세계화 반대, 민영화/사유화에 대한 반대에 최대의 관심을 갖는다. 그것은 노무현 정부 하에서, 특히 2006년에 한미FTA반대 투쟁으로 집결된 바 있다. 이 경향은 대안세계화를 주장하는 만큼 민족주의와는 달리 세계화에 대한 근본적 반대의 입장에 있지 않다. 하지만 민족국가를 매개로 해서 대안세계화를 달성하려고 하기 때문에 기본적으로 민족주의를 공유한다. 사유화/민영화 반대는 현재의 국영/공영 상태를 지지하는 것으로 나타난다. 그래서 역설적으로 사회민주주의/사회주의가 보수적인 얼굴을 갖는다. 민족주의 역시 이점에서는 보수적이라고 말해야 한다. 그것이 뉴라이트 비판의 초점을 과거(친일, 매국)에서 가져온다면 사회민주주의, 사회주의의 뉴라이트 비판은 현재의 정책(민영화/사유화)에 초점을 맞추는 점이 다를 뿐이다.

셋째의 입장은 자본주의적 강제노동에 대한 거부를 민족국가에 대한 거부와 결합하면서 '다중', '잡민', '폭중', '천민', '대중들' 등 다양한 이름으로 불리는 주체성들의 자율적이고 코뮨적인 삶을 추구하는 코뮤니즘, 자율주의, 아나키즘의 경향이다. 이들 역시 뉴라이트-신자유주의에 반대한다. 하지만 시각은 다르다. 신자유주의를 정책형태로 보기보다 자본주의의 현단계이자 현재의 지배적인 자본관계로 파악하며 뉴라이트(네오콘적, 파시즘적)를, 그것을 이끄는 정치집단으로 보는 것이다. 그러므로 신자유주의와 뉴라이트에 대한 반대는 자본관계의 폐지를 지향한다. 국가관계 역시 자본관계의 형태이다. 신자유주의에 대항하는 사람들의 연대는 민족국가를 중심으로 이루어질 수 없고 투쟁의 세계화를 통해 전인류인적 차원에서만 달성될 수 있다고 본다.

촛불봉기에서 안티MB, 민처협, 아고라 주류는 첫째의 민족주의 입장을 표현했다. 대책회의에 묶인 단체들의 다수와 아고라의 일부는 둘째의 사회민주주의/사회주의 경향을 표현했다. 셋째의 입장은 고등학생들, 청소년들, 대학생들의 일부와 아고라의 작은 일부에 의해 표현되었다. 물론 훨씬 많은 사람들, 카페들, 단체들이 정확한 정치적 이념을 갖지 않은 채 촛불운동 속에 결합되어 있다. 전선이 진전되고 권력과의 대치선이 분명해지면서 이념의 문제가 더 이상 미룰 수 없는 쟁점으로 부상하고 있기 때문에 이제 고민이 시작될 수밖에 없다.

특히 이념의 문제는 투쟁노선의 문제가 긴급하게 제기되면서 더 시급한 것으로 되고 있다. 왜냐하면 이념이 투쟁노선을 규제하기 때문이다. 지난 수개월간 전반적인 비폭력노선 속에서 폭력의 필요성에 대한 주장이 있어왔다. 그것은 정권의 무자비한 연행과 구속 등 무력행사가 심각해지면서 폭력/비폭력 논쟁으로 비화되었다.

2008년 8월 15일 투쟁에서 나타난 바, 평화행동단과 투석전이라는 두 개의 시위양상은 이 논쟁의 행동적 조직적 표현이다. 평화행동단은 대통령과의 대화를 요구하면서 대화가 불가능한 대통령의 하야를 조직하려는 움직임이다. 여기서 대화의 가능/불가능이 권력의 정당성의 지표로 설정된다. 평화행동단은 물대포를 맞으면서도 도주하지 않고 연행되는 길을 선택했는데 이는 권력의 부당성을 폭로하는 한 방법이었다. 부당한 권력을 정당한 권력으로 대체하기 위한 이 운동은 신자유주의-뉴라이트에 대항하여 투쟁하는 한 방법이지만 권력 자체에 대한 비판을 전진시키기는 어렵다. 그래서 이는 첫째의 민족주의와 둘째의 사회민주주의/사회주의의 한계 속에서 선택된 투쟁노선이라고 할 수 있다. 이 노선은 뉴라이트를 부당한 권력으로 고발함에 있어 전위에 선 천 명, 만 명의 사람들(비둘기팀, 찰떡팀)의 희생과 순교에 의지한다. 이들은 부당한 권력에 대한 정신적 비타협을 보여주는 초점이기 때문이다. 나팔수팀이나 공명팀은 이 순교자들을 중심으로 뭉쳐야 하며 이들을 정당한 권력의 맹아로 받아들여야 한다. 그래서 이는 권력체제가 재생산될 잠재성을 갖고 있는 투쟁노선이다.

    2008년 8월 17일 투석단은 현장에서 자발적으로 조직되었다. 주로 젊은 세대가 투석에 참가했다. 하지만 이것이 지속될 것인가는 아직 확실치 않다.[2] 그렇기 때문에 저항의 조직화, 대항폭력의 조직화가 평화주의 대신 전투주의를 택한 사람들 사이에서 초미의 관심으로 대두되고 있다. 지금까지 대책회의가 견지했던 비폭력주의 노선을 대체할 좀 더 강력한 저항노선이 모색되고 있는 것이다. 이것은 당장 강력한 지도부에 대한 요청으로 나타나고 있다. 그런데 통일된 지도부는 현재의 지배권력의 표적이 될 뿐만 아니라 내적으로 위계를 생산하게 된다. 촛불봉기가 지도/피지도, 명령/복종의 구조 속에 봉합될 것이다. 개개인의 특이성은 억제되어야 할 것이다. 촛불봉기는 영역적으로 분리된 통일된 지도부의 역할에 대한 최대한의 억제를 통해, 아니 각자, 각 단체, 각 집단이 스스로를 지도자로 내세우는 자율적 운동으로 발전함으로써 지금까지 그것의 역동성과 생명력을 보여 왔다. 통일된 지도부의 현실화는 이 다중적 운동의 생리를 깊이 침식하는 것으로 될 수 있다. 구 전대협의 개입도 운동의 다중성을 결정적으로 침식하지는 않았다. 그러나 통일된 지도부는 촛불의 생명력의 상당부분을 침식하지 않고서는 도입되기 어려울 것이다. 대중에서 독립된 지도부가 아니라 다중들의 자기조직화를 통한 자기지도가 이루어질 수 있는 방안을 인내심을 갖고 모색할 필요성은 여기에서 발생한다.

---

2. 투석은 이후 용산학살에 항의하는 투쟁들에서 빈번하게 나타났지만 일반화되지는 않았다.

권력에 대한 비타협은 세 번째 경향이 다른 경향들과 공유하는 것이다. 지금 통일된 지도부에 대한 요청은 주로 첫째와 둘째 경향으로부터 나타나고 있다. 비타협적 지도부의 구축과 군사조직화, 즉 촛불의 군대형식으로의 편성이 이 경향들의 전술인 것이다. 여기에는 순교자 대신 장군들이 필요하게 된다.

　그렇다면 세 번째의 경향이 주장하는 바의 비타협성이 관철될 수 있는 전술은 무엇인가? 이것은 현재의 모든 문제를 가져오는 자본관계를 뿌리로부터 해체시키는 것이다. 촛불봉기의 처음부터 이것은 총파업에 대한 요청으로서 맹아적으로 제기되었다. 노동자총파업, 국민총파업, 촛불총파업⋯⋯ 등 색깔이 다른 총파업 주장들이 그것이다. 총파업이란 강제노동에 대한 거부를 의미하며 이것은 현재의 자본관계를 재생산하는 모든 활동의 중지를 의미한다. 총파업 전술은 권력과 정신적으로 대립하는 것도 아니며 물리적 군사적으로 대치하는 것도 아니다. 그것은 현재의 자본과 권력이 생명에 대고 있는 흡혈관을 끊어 내는 것이다. 부당한 자본권력에 대해 어떠한 수익도, 어떠한 세금도, 어떠한 병역도, 어떠한 노동력도, 어떠한 복종도 구할 수 없는 상태를 만들어 가는 것이다. 투석단의 저항운동과 평화행동단의 불복종운동이 총파업운동 속에서 결합될 수 있다. 파업 없는 저항과 파업 없는 불복종은 협의의 정치운동을 벗어나기 어렵다. 그것은 정권을 깨뜨릴 수는 있지만 자본관계 자체를 제거하지는 못한다.

　총파업은 파업자들 자신에게도 적지 않은 고통을 가져다 줄 것이다. 또 이것을 깨려는 권력의 무력과의 충돌도 피할 수 없을 것이다. 많은 희생과 순교가 필요할 것이다. 그렇기 때문에 파업자들 사이의 연결, 연대, 사랑이 절대적으로 필요하다. 파업은 창조적 사업이어야 한다. 이것은 전 세계적 차원에서만 완성될 수 있을 것이지만 개인들, 계급들, 대중들, 민족들, 지역들의 차원에서 반복적으로 시도되고 확산되고 수정될 수 있을 것이다. 평화주의와 전투주의가 모두 필요하며 민족적 기반도 필요하다. 이것은 일회적 행사나 사건이 아니라 지속적으로 반복되면서 전염되어 나가야 할 대장정과 같을 것이다.

지금까지의 모든 것이 삶정치적 총파업의 전술 속에서 결합되고 총체화될 필요가 있다. 이것은 순교자 집단이나 장군 집단에 의지하지 않으며 수많은 사람들의 내적 결단과 그 결단들의 연결이 결정적으로 중요하다. 삶정치적 총파업은 노동자의 권익 향상을 위해 사용되어온 노동자 총파업과는 다르다. 삶정치적 총파업은 이 세상의 모든 사람들이 참여할 수 있는 것이며 권익 향상이 아니라 새로운 사회를 여는 구멍이자 통과점으로 기능할 파업이다.

민주주의

좋은 대통령을 뽑는다고 될까?

2008년 7월 10일 밤. 명동성당. 거리행진을 마치고 돌아온 촛불들이 계단에 앉아 있다. 오른쪽에 민주노동당과 다함께, 왼쪽에 아고라 깃발이 서 있다. 기묘한 배치다. 발언자 중의 한 사람(사회자였는지도 모르겠다)이 '촛불을 통해서 앞으로 좋은 대통령을 뽑자.'고 말한다. '좋은 대통령'이라는 말이 성립될 수 있는가? 대통령은 국가권력의 수반이며 주권자이다. 주권자란 전권을 가진 유일한 사람이라는 의미이다. 그는 모든 사람의 생명을 좌우할 수 있는 권력을 행사한다. 국민대중을 지배하는 일자, 그 사람이 대통령이다.

촛불이 이러한 의미에서의 위임된 주권권력을 거부하고 모든 개인들이 스스로 위임 없이 유일무이한 삶의 주권자로 우뚝 서는 혁명을 지향할 수는 없을까? 일국에, 아니 전 세계에 인구수만큼의 주권자가 있게 하는 것이 촛불의 이념일 수는 없을까? 누구도 나의 촛불을 대신 들어줄 수 없고 내가 든 촛불만큼의 밝기로 사는 것. 이런 한에서 촛불운동은 좋은 대통령을 선출하는 일을 목표로 삼을 수 없다.

대통령은 어떤 의미에서도 (도덕적 의미에서가 아니라) 윤리적 의미에서의 선일 수 없다. 윤리적 선은 자기역능의 확장이다. 그 확장은 누군가가 대신해 줄 수 있는 것이 아니다. 대통령은 윤리적 의미에서의 악이다. 그것은 나의 역능의 확장이 아니라 축소를 의미하기 때문이다. 그렇다면 촛불은 좋은 대통령을 뽑는 데 열중할 것이 아니라 어떠한 외부적 명령도 거부하면서 오직 자신의 판단과 결정에 따라 행동하는 주권자로서의 개개인들이 무제한적으로 자유로운 연합을 만들어 나가는 것을 추구해야 할 것이다. 이러한 목적의 추구과정에서 때로 덜 나쁜 대통령을 필요로 할 수는 있겠지만 말이다.

의회민주주의 : 누가 의회로 촛불을 끌고 들어가는가?

2008년 6월 30일 이후 권력이 전력을 다해 촛불봉기를 제도정치로 끌어들이기 위해 노력하고 있다는 것을 알 수 있다. 촛불의 체제내화를 위한 '총력전'이라고 해도 좋을 움직임이 벌어지고 있는 것이다. 여기에 어떤 힘들이 연루되어 있는 것일까? 여기에 원천봉쇄, 검찰기소, 연행, 채증 등으로 일찍부터 작용해온 이명박 정권의 행정부와 사법부가 포함된다는 것은 너무나 당연하므로 언급조차 하지 않기로 하자.

첫째로는 거대 여당인 한나라당이다. 한나라당은 촛불봉기에 대한 노골적 탄압을 가하는 한편 민주당을 비롯한 제도야당들에게 지속적으로 등원압박을 가해왔다. 조중동은 한나라당의 나팔수로 기능했다.

둘째로는 민주당이다. 민주당은 강력한 야성을 지닌 촛불봉기로 인해 자신의 역할을 잃고 의회와 거리 사이를 왔다갔다하면서 어디를 가나 비난을 면치 못하는 신세였다. 민주당은 등원의 기회를 노리면서도 촛불시위 한켠에 자리 잡으려 노력했고 6월 30일에 임박해서는 자신들이 물대포를 맞겠다며 시위대의 맨 앞줄에 서는 정치쇼를 마다하지 않았다.

셋째는 종교계이다. 종교계는 6월 30일부터 일주일동안 탄압으로 위축된 광우병대책위를 대신하여 촛불시위를 주도했다. 촛불봉기가 게릴라 시위를 준비하며 긴장된 자세를 가다듬고 있던 그 때였다. 종교는 양적으로 촛불을 키웠지만 질적으로 대중의 분노를 진정시키고 봉기의 첨예함을 누그러뜨렸다. 대중은 위로를 받았고 자신의 행위를 인정받았으며 고통에 대한 정신적 보상을 받은 듯이 느꼈다. 종교인들에 대해 대중이 느끼는 고마움은 그것의 표현이다. 하지만 문제는 고스란히 남아 있고 오직 제도적 절차만이 그 문제를 받아 안아야 하는 것으로 되었다.

넷째는 대책회의이다. 대책회의는 촛불봉기를 계기로 권력의 집중타격을 받으면서 구속과 수배, 감시, 그리고 소속단체에 대한 국고보조금 중지 혹은 환수 위협 등으로 고통 받고 있다. 이러한 조건에서 대책회의 내부의 일부 단체들이 촛불봉기를 접고 제도적 해결방식을 선택하자는 방향으로 전향했고 2008년 7월 5일 실제로 대책회의는 몇 가지 전제조건 하에서 촛불을 끄겠다는 정치적 의사를 권력에 전달하려 시도했다.

다섯째, 이번 봉기에서 대중의 사랑을 많이 받은 『한겨레』와 『경향신문』조차 운동의 제도화를 추동하는 데 책임이 없지 않다. 최장집, 박상훈 등 운동의 대의화를 주장하는 입장을 대서특필하면서 그들의 입장에 무게를 실어 주었기 때문이다.

여섯째, 민주노동당과 진보신당도 운동의 대의화에 동조하면서 거리의 민주주의를 의회민주주의로 전환시키는 움직임에서 자유롭지 않다. 이들은 직접민주주의를 대의민주주의의 보완물로 보면서 거리의 열정이 어느 시점에서는 제도화되어야 한다는 생각을 공공연히 표명했다.

일곱째, 네티즌 내부에서 움직이는 기성 정당의 지지자들. 적지 않은 수가 기성정당의 지지자이면서 촛불운동에 동참해온 이들은 촛불을 정당정치의 보완물로 사고해 왔다. 새로운 대통령을 선출하는 것이 촛불의 목적인 것처럼 주장해온 많은 사람들이 그들이다. 이들은 운동의 처음부터 새로운 대의자의 창출을 촛불의 과제로 설명하면서 지속적으로 움직여 왔다.

여덟째, 촛불은 아예 중간계급의 운동이라고 보면서 촛불봉기를 강 건너 불 보듯이 평가해온 지식인 급진주의자들. 이들은 촛불의 실제적 급진화를 시도하기보다 촛불의 제도화를 예정된 길로 생각하면서 방관하는 태도를 취했고 촛불 자체의 의미를 격하하는 데 열중했다. 이 때문에 촛불의 고립이 심화되고 대의민주주의를 넘어서는 새로운 민주주의를 구축할 수 있는 역량은 침식되었다.

아홉째, 촛불의 근원적 새로움을 아직 충분히 자각하지 못하고 있고 또 운동 속에서 체현하고 있지 못한 우리들 자신의 심리적 의식적 불충분함. 촛불의 새로움이 무엇인가에 대한 철저한 논의와 자각의 부족은 낡은 체제와 제도 속으로 이 운동을 함몰시킬 암초로서 항상 우리의 걸음걸음에 그림자처럼 따라 붙어 왔다.

이 다양한 힘들이 합성되어 촛불의 문제를 의회 속으로 잡아당기면서 촛불을 장식물로 전화시키고 있다. 마치 시위대가 전경차에 밧줄을 묶어 앞으로 당길 때 차벽 저쪽에서 전경들이 그것을 역방향으로 당기듯이. 지배권력의 필요, 하위권력들의 야망, 우리 자신의 취약성이 결합되어 촛불끄기 총력전이 전개되고 있는 양상인 것이다.

그러나 촛불이 제기한 문제는 결코 의회에서는 풀릴 수 없는 문제이다. 다중들의 직접행동, 그 직접행동의 전 지구적 전염, 촛불코뮌의 구축 이외에 다른 방법으로 문제는 풀릴 수 없다. 촛불봉기를 압력수단, 봉기수단으로만 이용하고 그것을 제헌적 권력기관으로 보지 않는 모든 정치적 경향들을 경계하고 그것들과 거리를 두어야 한다. 다중의 직접행동이 아닌 다른 수단은 문제를 덮고 지연시키고 왜곡시킬 뿐만 아니라 마침내는 '문제는 이명박이 아니라 촛불이다.'라고 책임전가하며 촛불을 폭력으로 짓밟는 것으로 나타날 것이다. 그것은 경제위기의 책임을 촛불에 뒤집어 씌우는 것에서 이미 경험된 바가 아닌가? 우리 스스로가 자기접속과 연결의 길을 찾아나갈 시간이다.

그러나 갈 길과 현실 사이의 간극은 엄연하다. 대의제의 오랜 단절을 깨고 이제 청계천에서는 민주노동당 국회의원 길거리연설회가 시작되고 있다. 아직 거리를 벗어난 것은 아니지만 점점 다중은 국회의원의 연설을 들어야 하는 대중으로, 구경꾼으로, 지지꾼으로 내몰린다. 2008년 5월, 6월에는 상상할 수 없었던 일이다. 시민들 외에 국회의원이 단상에 오르는 것은 이상한 일이 아니었던가? 오직 강기갑만이 민주노동당 국회의원으로서보다는 쇠고기협상의 시민투사로서 단상에 올랐었다. 대책회의가 의원과 시민의 이 역할 바꾸기, 위치 바꾸기를 선도하고 있다. 사회자는 2008년 7월 12일 안국동에서 거리에 임시무대를 설치하고 문화제를 개최하겠다고 외치며 행진하자고 외치던 시민들의 주장을 '꿋꿋하게' 무시했던 바로 그 사람이다. '촛불아 모여라!' 라는 구호가 똑같이 외쳐진다. 그러나 함께 모여 싸우자는 것이 아니라 국회의원의 연설을 함께 듣자는 것이다. 그러나 행동을 통해 문제에 대면하지 않고 거수기로, 지지자로 된 국민, 그것은 아무 것도 아닌 존재, 무력한 존재일 뿐이다. 의원에게 모든 것을 위임한 국민은 권력이 전혀 두려워할 필요가 없는 존재이다. 이 끈끈한 상황에서 어떻게 벗어날 수 있을 것인가?

사회민주주의

2008년 7월 31일 저녁. 촛불광장토론회가 청계광장에서 열리고 있다. 술에 취한 한 사람이 주변을 맴돌며 방해를 하지만 심약한지 큰 소리를 지르지는 못한다. 발제자는 박상표, 오건호, 홍세화, 우석균, 정태인 등 다섯 사람이다. 이들의 발제는 지금까지 쇠고기 문제에 집중되어온 대책회의 촛불의제를 GMO, 공기업 사유화, 건강보험 사유화, 종부세 및 정부의 물가정책 등으로 확산하는 데 유익한 정보와 생각을 제공했다. 여기서 몇 가지 생각을 비판적 방식으로 덧붙여 보자.

이명박 정부가 부자들을 위한 감세정책 등으로 60조원의 재정을 지출하고 그 부족분을 공기업을 팔아 충당하려하는데 이미 대기업들의 수중에는 마땅한 사용처가 없는 유휴자금이 400조원 가량이 비축되어 있다는 생각이 오건호, 우석균 등을 통해 전달되었다. 오늘날 신자유주의 정책의 화폐적 조건을 설명하는 데 유익한 정보이다. 하지만 신자유주의를 일국적 조건 속에서의 일국적 현상으로 설명했다는 문제는 여전히 남는다. 신자유주의는 자본주의 발전의 현단계로 이해되기보다 한 국가가 채택하는 정책으로 협애하게 이해된다. 이렇게 이해될 때 투쟁의 동력과 방법 역시 정권교체로 협애하게 이해되기 마련이다. 신자유주의에 대한 투쟁이 초국적 자본에 대한 투쟁 없이 유효하게 전개될 수 있을까? 세계시민들의 인류인주의적 연대 없이 신자유주의에 대한 투쟁이 승리할 수 있을까?

오건호는 진정한 공공성의 확보를 민영화/사유화에 대한 대안으로 제시하여 청중들의 환호를 받았다. 촛불들이 진정한 공공성 기업들의 주주로 참여하고 기업활동을 감시하는 데에도 적극성을 보임으로써 공공성을 지켜나갈 수 있다는 것이다. 그러나 이 제안은 오늘날 자본주의 기업은 점점 소액주주들이 통제하기에는 너무 큰 규모로 되고 있다는 것, 자본주의적 축적이 발전하면 할수록 이 문제는 더욱 증폭된다는 점을 무시한다. 게다가 양극화의 심화로 주식은커녕 하루 끼니의 해결이 문제가 되는 계층이 더욱 늘어나고 있다는 점도 무시된다. 실제로 현행의 국가관계와 자본관계를 방임하는 상태에서의 공공성 주장은 이념적으로는 정당성을 갖지만 현실적으로는 유효하지 못하다. 촛불의 투쟁은 국가관계 자체, 자본관계 자체에 대한 투쟁으로 발전함으로써만, 그리하여 촛불 자체를 제헌권력으로 제시함으로써만 공공성의 이념을 가장 충실하게 실현할 수 있을 것이다.

우석균은 건강보험의 사유화가 가져올 결과를 설득력 있게 제시하여 청중 중의 한 사람으로부터 '오늘 건강보험 사유화에 대한 개념을 얻게 되었다'는 평가를 받았다. 건강보험 사유화의 효과는 첫째 건강한 사람만

이 민영화된 의료보험에 가입할 수 있게 된다는 것, 둘째 이 조건을 충족시키기 위해 개개인의 질병정보가 의료기업에 철저히 수집된다는 것이었다. 요컨대 삼성생명이나 AIG가 우리의 생명과 삶을 통제하게 된다는 것이다.

이 설명 끝에 우석균은 대책회의를 광우병쇠고기 대책회의에서 촛불운동본부로 바꾸자는 제안을 내놓았다. 그 구체적 상이 제시되지는 않았지만 중요한 제안이다. 단일쟁점 운동기구에서 총체적 전략기구로의 전환이 필요하다는 제안이기 때문이다. 여기에 고려해야 할 주요한 점 한 가지를 말해 두고 싶다. 무엇보다 촛불운동본부가 운동의 중심으로 구상되어서는 안 된다. 지금까지 대책회의의 노력은 운동을 키우는 데 중요한 역할을 했지만 자신을 지도기관으로 세우려는 노력은 실패했다. 그러나 이것은 실패라기보다 운동의 자연스럽고 필연적인 발전이 가져온 성공적 귀결이다. 근대의 운동들에서 운동 전체를 고려하는 단위는 항상 운동의 중심이나 상위에 있었지만 탈근대의 운동들에서 그러한 단위는 운동의 옆에, 다른 운동들과 유사한 운동의 일부처럼 놓여 있게 된다. 지금의 대책회의가 놓여 있는 위상이 정확히 그러하다. 대책회의를 중심에 놓으려는 모든 노력은 실패했고 그 실패를 통해 대책회의는 제자리를 잡아가고 있다. 촛불운동본부가 구성되더라고 그것은 촛불운동의 옆에서 운동의 한 단위처럼 움직여야 할 것이고 또 불가피하게 그렇게 될 것이다.

정태인은 약간의 금리인상을 통해 물가를 잡을 수 있다고 말함으로써 정책변경이 신자유주의에 대응하는 유효한 방책이라고 주장했다. 이러한 생각의 문제점은 앞서 이야기한 바와 같다. 현재의 문제가 일국적 정책변경으로는 통제할 수 없는 전 지구적 평면에서 발생하고 있다는 사실을 간과한다는 점 말이다. 그는 또 촛불이 현재의 문제를 풀 수 있는 유일한 힘이라고 주장하면서도 여러 차례 진보정당의 권력장악만이 궁극적 해결책이라고 말함으로써 촛불을 진보정당의 권력장악을 위한 동력이라고 설명했다. 촛불운동의 발전- 진보정당의 국가권력장악, 이것이 현재의 이명박 정권의 실정을 시정하는 길이라는 것인데, 이것은 현행의 국가관계를 그대로 둔 상태에서 촛불의 이념이 실현될 수 있다는 환상을 불러일으키는 생각이 아닐 수 없다.

여러 발제자에게 두루 공유되고 있는 것이 유럽 모델론이었는데, 이는 이미 유럽이 신자유주의의 천국이고 (홍세화가 모델화시킨) 프랑스조차 의사 파시즘의 수중에 넘어가 있음을 잊게 만드는 마취제가 아닐 수 없다. 유럽은 모델이 아니라 극복대상이다. 그곳에 남아 있는 복지국가적 유제는 지금 급속히 붕괴되고 있으며 신자유주의에 대한 어떠한 면역력도 갖고 있지 않았다. 게다가 복지국가 그 자체가 유럽 사회의 보장노동자층의 요구를 반영하는 국가일 뿐 보장받지 못하는 사람들의 요구는 유럽 사회에서도 지하로 억압되어왔다. 촛불은 유럽을 모델로 해서는 해방될 수 없다. 촛불은 현실성이 아니라 잠재성에서, 과거가 아니라 미래에서 자신의 영감을 얻어야 한다.

다중의 민주주의

어떤 민주주의가 필요한가?

이명박은 산성을 쌓아놓고서는 시민과의 대화를 일절 사양한다. 대책회의는 무대와 마이크로 시민들의 낮은 키, 작은 목소리를 누르면서 시민들의 마음속에서 움직이는 생각과 정서가 무엇인지를 알려고도 들으려고도 하지 않는 것 같다. 고함과 욕설과 비난에도 불구하고, 마이크 줄을 당겨 한 개의 마이크가 못쓰게 되었음에도 꿈쩍도 않고 계속해서 문화제를 하자며 우기던 그 사람의 민주주의는 어떤 민주주의일까?

이명박은 시민들을 범죄자(폭력범), 환자(정보전염병)로 취급하는 데 아예 재미를 붙인 듯하다. 대책회의는 거리 행진을 하자는 시민들을 파괴의 내적 기질을 가진 잠재적 폭력분자로 간주하는 경향이 있다. 시민들은 자신들을 잠재적 폭력분자로 취급하는 대책회의의 우려를 비웃으면서 그리고 오직 청와대만이 권력의 소재지라고 생각하는 사람들을 버려둔 채 안국동, 종로를 거쳐 동대문, 을지로, 태평로로 걸어가 버렸다. 2008년 7월 12일은 시민들이 대책회의의 통제를 완벽하게 넘어가버린 최초의 날로 기록될 것이다. 그 누구도 대책회의가 나름의 최선을 다했고 커다란 기여를 했다는 사실을 부인할 수는 없을 것이다. 그러나 대책회의의 민주주의는 다중의 욕망을 수용하기에는 커다란 한계를 갖는 것으로 나타나고 있다.

바로 이 때문에 촛불봉기를 선도할 새로운 주체들의 재구성이 시급한 과제로 주어지고 있다. 그러나 그것은 소수의 고정된 외부 지도부의 구성이 아니라 어떻게 개인적 집단적 봉기들이 힘을 잃지 않고 서로 연결될 수 있을 것인가, 즉 힘들의 접속 형태를 발견하는 일일 것이다. 이제 진정으로 다중의 민주주의가 시험대에 오르기 시작했다. 여기서 역사적 실험과 발견이 이루어질 것인가 아니면 낡은 방식으로 회귀하여 좌초할 것인가? 2008년 촛불봉기는 실로 중대한 갈림길 위에서 엄청난 상상력과 지력과 신체력을 동시적으로 요구받고 있다. 세계인들의 주목을 받으면서.

촛불의 의회, 촛불의 행정, 촛불의 사법

행동 중에 벌어지는 토론들과 논쟁들이 촛불의 의회이다. 그것은 사이버 상에서 전개될 뿐만 아니라 거리에서도 광장에서도 전개된다. 촛불의 의회는 장소구속적이지 않다. 다시 말해 여의도 국회와 같은 특정한 장소에 구애되지 않는다. 촛불들이 만나는 곳에서 의회가 열린다.

촛불들의 행동이 촛불들의 행정이다. 집회하고 거리행진을 하고 계란을 투척하고 까나리액젓을 뿌리고 토성을 쌓는 실제적 행동들이 촛불들의 잠재적 정부이며 실제적 행정이다.

촛불들의 능력들의 총화가 촛불의 권력이다. 촛불들의 지력과 상상력과 물리력의 총화를 통해서, 그것들의 네트워크를 통해서 촛불들의 권력은 생성되며 또 소멸한다. 촛불들의 권력은 이 행사의 과정 속에 있지 그 행사 외부에 생겨날 물화된 권력체에 있지 않다.

원천봉쇄권력과 다중의 민주주의

원천봉쇄는 권력이 약하다는 자기고백이다. 수천의 전경을 동원하고서야 시민들의 목소리를 억누를 수 있는 권력은 참으로 취약한 권력이다. 그러나 원천봉쇄는 강력하다. 개개인들에 대한 봉쇄는 구체적으로 각자의 행동을 제약한다. 연행의 위험, 심지어는 구속의 위험, 아주 작아도 폭행당할 위험이 있기 때문에 구체적으로 사고하거나 행동하고 싶어하지 않는 사람들은 원봉 상황에서 움직이려 하지 않는다. 그래서 원봉은 참여자의 수를 급격히 줄이게 된다. 수에 의존하는 싸움은 원봉 상황에서 무력하다. 수에 의지한다는 것은 타인에게 나의 싸움을 의지한다는 것이다. 그것은 고유하고 특이하며 독자적인 싸움이 아니다. 이제 각자가 내가 이 시간에 무엇을 할 수 있는가를 구체적으로 사고하고 구체적으로 행동해야 한다. 그렇게 할 수 있는 소수는 그렇게 하기 어렵거나 싫어하는 수 천 배의 사람들보다 강한 힘을 발휘할 수 있다.

권력은 '명령에 따른다'는 유형의 집단심리에 따라 움직인다. 이러한 관료주의에 대칭적인 운동은 실패할 수밖에 없다. 집단심리를 조성할 것이 아니라 각 개개인이 상황에 대해 정확하게 판단하고 자기가 할 수 있는 몫을 정확하게 수행할 수 있는 문화의 조성이 필요하다. 무엇보다도 내가 무엇을 할 것인가를 구체적으로 생각해야 한다. 내가 무엇을 할 것인가를 누가 결정해 주기를 바라지 않는 마음 자세를 소수라도 확보하게 된다면 이 싸움은 정치적으로 승리하는 방향으로 나아갈 수 있다. 왜냐하면 지난 두 달여의 싸움을 통해 잠재적으로 적이 누구인가는 이미 확인했기 때문이다. 정당들에 의존하지 말자, 대책회의에 의존하지 말자, 몰려든 군중들에 의존하지 말자, 수에 기대거나 속지말자, 현 정권의 휴머니즘이나 양심을 조금도 기대해선 안 된다. 이윤이나 이자나 지대를 위해서는 무엇이든 할 수 있는 집단이므로 우리를 최선으로 방어하면서 폭력이 불가능한 상황(진정한 비폭력 상황)을 만들어 나가는 것이 중요하다.

관료적 습성을 지닌 저들이 원천봉쇄를 푸는 것은 원천봉쇄를 하는 것보다 원천봉쇄를 푸는 것이 관리가 덜 어렵다고 느낄 때일 것이다. 원천봉쇄를 하는 것보다 더 많은 병력이 필요할 정도로 교란된다면 아마도 관리의 효율성에 예민한 저들은 원천봉쇄를 풀지 않을 수 없을 것이다. 다행스럽게도 시민들은 병력을 교란시킬 무수한 방법을 갖고 있다. 1천 4백만에 가까운 서울의 시민들이 교란의 조건이다. 엄청난 자동차들, 식당들, 가게들……. 아무 생각을 갖고 있지 않은 그 사람들이 우리의 보호자로 될 수 있다. 정직하거나 비장한 투쟁보다는 영악하고 즐거운 투쟁이 더 필요하다. 이것이 스마트 몹^{mob}의 투쟁의 양상이다.

파괴와 구성

무엇이 더 나을까? 국가안보보다 삶의 안보, 고용보장보다 소득보장, 조건적 보장보다 무조건적 보장. 그런데 더 나은 것들, 삶의 안보, 무조건적 소득보장은 기존의 구조, 체제, 관계망을 통해서는 도달할 수 없는 것들이다. 낡은 것들이 사정없이 녹아내리는 과정 없이 더 나은 것들은 오지 않는다. 낡은 것들이 녹아내린다고 해서 더 나은 삶이 보장되는 것도 아니다. 이것만으로는 부족하다. 새로운 구조, 새로운 체제, 새로운 관계망을 구성하려는 집단적 노력, 자각적 실천이 없다면 낡은 것이 녹아내린 자리에서 다른 독버섯이, 주로는 더 위험한 구조가 싹터 나오기 때문이다.

촛불자치

2008년 7월 5일 수 십 만 명의 군중이 운집하여 재협상을 다시 외쳤다. 이명박 퇴진 구호는 극도로 억제되었다. 그러나 이명박 정권은 요지부동이다. 2008년 8월 5~6일 부시의 답방 한 달을 앞두고, 마치 과시라도 하듯 촛불에 대한 압박을 할 뿐이다. 원천봉쇄, 이것이 수십만의 요구에 응답하는 현 정권의 방식이었다. 대책회의 간부들이 은둔해 있는 조계사 부근에는 여러 대의 전경차량이 시동을 건 채 웅크리고 있고 골목곳곳에 사복체포조가 움직이고 있다. 시청광장은 닭장광장으로 변했다. 종각에서 사람들은 쫓겨나 시네아트 앞에 모여 있다. 권력은 사람들이 분열되어 흩어지고 지쳐 쓰러지기만을 기다리며 차곡차곡 소수 권력자들과 부자들의 요구를 집행하느라 분주하다. 민주당은 언제를 동원기회로 잡아야 하나 촉각을 곤두세우고 있다. 아무런 대책도 없는 대책회의는 많은 사람들을 동원하고도 그들의 행동을 제한하면서 시민들을 권력에 압력을 가하는 수단으로 사용하고 있다. 5대 조건을 수용한다면 촛불집회를 중단하겠다는 협의까지도 하고 있다는 소식이다.

대책회의, 문화제, 종교 등 지금까지 촛불봉기를 구조화해온 모든 틀을 깨지 않고서 시민들의 자유는 불가능하리라는 생각들이 조용히 꿈틀대기 시작한다. 촛불은 대의될 수 없다는 생각이 확산되고 있다. 시네아트에 앉아 있던 어떤 여성 시민은 "우리들이 무엇을 먹을 것인가, 우리들이 무엇을 배울 것인가를 우리들 스스로가 결정할 수 있는 그런 세상을 꿈꿉니다."라고 빼꼭히 쓴 피켓을 들고 있다. 2008년 7월 7일 새벽 경찰이 떠난 시청광장에 다시 모인 사람들이 그 일을 이룰 발화점이 될 수 있을까?

촛불코뮌

자본주의는 자연과 인간과 기계의 협력관계를 착취하고 수탈하여 사유물로 만든다. 이것이 소유property이며 번영prosperity이다. 소수 자본가들의 소유와 번영은 자연의 황폐화, 기계의 도구화, 인간의 빈곤화를 가져온다. 한편에 소유property가 극단적으로 축적되면 다른 한편에 가난poverty 보편적으로 축적된다. 오늘날 자연과 인간과 기계의 다중은 세계 전체를 생산하면서도 정작 그 자신은 가난하다.

촛불은 가난한 사람들의 삶정치적 자기표현이다. 촛불에는 얼마 되지 않는 소득으로 주식에 투자했다가 주가하락으로 위기를 겪는 사람들로부터 아이의 생명을 지키기 위해 나온 주부, 정규직 노동자, 정규직 노동자보다 더 낮은 소득에 허덕이는 자영업자, 비정규직 노동자, 중고등학생, 심지어 노숙자에 이르기까지 다양한 사람들이 참가했다. 한결같이 소유property와는 거리가 멀고 가난한 사람들the poor이다.

촛불을 든 가난한 사람들이 무엇을 할 수 있을까? 어떤 사람들은 골고루 가난한 세상을 만들자고 한다. 그러나 이것은 생명이 창조적이고 풍부한 것이라는 점을 무시하거나 부정한다. 그리고 자본이 소유하고 있으며 독점적으로 향유하고 있는 부가 바로 생명의 자기능력임을 망각한다. 바로 소수에 의한 부의 독점이 삶을 더욱 가난한 것으로 만들며 가난하기만한 삶은 생명의 욕동과 부합하지 않는다. 실재하는 부를 폐기하는 것은 삶을 원시적인 상태로 되돌리는 것이고 원시적 삶의 고통은 그 고통에서 해방되기 위한 지금까지의 역사적 과정을 반복하도록 자극할 가능성이 높다.

하지만 골고루 가난한 세상이라는 생각에는 한 가지 긍정적인 지점이 있다. 가난한 사람들의 정치적 목표가 부자가 되는 것에 있지 않아야 한다는 생각이다. 이것은 역사적 혁명들에서 토지나 생산수단을 장악하여 개인들에게 나누어주었던 재분배 혁명들의 약점을 올바르게 비판한다. 혁명이 다수의 가난한 사람들을 다수의 작은 소유자들로 만드는 것일 때, 그 정치는 소유자들 사이의 갈등을 중재하는 자유주의 정치를 넘어설 수 없다. 부자와 빈민의 대립이 소소유자들의 분해를 통해 도달했음을 상기할 때 소소유자의 정치는 지난 역사를 다시 반복하도록 만들 것이다.

그렇다면 부자들이 가진 부를 국가가 국유화하면 어떨 것인가? 소련, 중국, 북한 등 역사적 사회주의 나라들이 걸었던 이 길은 분할된 개개 부자들을 통일된 국가 부자로 만드는 것이었을 뿐 다중들은 한결같이 가난한 상태에 머물러 있었다. 사적 독점자본들 대신에 국가독점자본이 형성되었을 뿐 자본에 대한 개인들의 예속은 종식되지 않았다. 특권적 노멘클라투라(특권적 지배층)만이 부를 독점적으로 향유했을 뿐 대다수 사람들의 가난은 끝나지 않았다. 가난한 사람들은 노멘클라투라를 위해 봉사하고 희생되기를 멈추지 않았다.

만약 생산된 부가 근대에서처럼 물적 부(기계류의 생산수단)의 형태로만 존재한다면, 폐해를 극복하기 위해 취할 수 있는 조치는 그것들을 파괴하거나(러다이트적 원시주의), 재분배하거나(소소유자적 자유주의), 국유화하는 것(국가주도 사회주의) 이외의 대안을 찾는 것이 쉽지 않을 것이다.

하지만 오늘날 부의 지배적 형태는 비가시적이며 비물질적인 형태로, 또 금융자본의 형태로 존재한다. 금융자본은 개별적 노동시간의 응축을 넘어 생산자들 사이의 사회적 보편적 협력이 가치형태로 표상되고 있는 것이다. 즉 생산자들의 공통되기가 가치로 재현되고 있는 것이다. 소통과 신용이 금융사회에서 가치실현의 핵심적 전제가 되고 있는 것은 이 때문이다. 금융자본의 유통이 필요로 하는 확대하는 부채관계(대부와 원리금 상환)는 비물질적인 사회적 노동협력이 필요로 하는 확장하는 소통과 신뢰관계의 가치적 재현이다. 탈근대의 부는 절대적으로 사회적 생산자들의 협력에 의존하고 있을 뿐만 아니라 그것에 근거한다. 금융자본의 파생성(파생상품의 가능성)은 사회적 협력의 창조성과 풍부성에 의지한다. 사회적 신뢰와 소통의 일순간의 마비가 금융자본의 거대한 붕괴를 가져올 수 있는 것은 이 때문이다. 금융위기는 신용의 위기를 의미하며 금융적 신자유주의가 사람들, 자연들, 기계들 사이의 창조적 협력을 더 이상 조직하기 어렵다는 사실에 대한 고백이다.

가난한 사람들은 소유자가 되지 않고 가난함의 미덕을 유지하면서 창조된 부의 향유자가 될 수 있다. 부가 비물질적 비가시적 협력을 지배적 형태로 하면서 오히려 물적 가시적 형태들이 그 협력을 매개하는 마디, 계기, 고리, 지점이 되는 시대에 장악(소유)과 파괴/재분배/국유화의 딜레마를 넘어서는 것이 가능하다. 가난한 사람들(무소유의 존재)이 협력의 절대적 풍부함에 자유롭게 접근하고 그것을 자유롭게 향유하는 것이 가능하면서도 스스로 소유자가 되지 않는 길이 가능하기 때문이다. 과거의 사랑방, 그리고 오늘날의 인터넷은 우리에게 자유로운 접근과 향유의 사례들을 보여주지 않는가? 접근하고 향유할수록 더욱 풍부해지는 부가 가난한 자들의 부의형태이다. 정치적 공통되기. 이것이 지금 금융자본 형태 하에 종속되어 비참을 생산하는 가난한 자들의 사회적 공통되기(노동의 공통되기)를 실질적으로 완성하는 방법일 것이다.

촛불의 쟁점들

쟁점들에 어떻게 접근할 것인가? 이 문제를 다룸에 있어 주의할 점은 많은 사람들이 쟁점들을 진위의 문제로 접근하는 경향이 있다는 것이다. 그래서 어느 하나의 견해를 선택하는 것에 만족하곤 하는 경향이 있다. 쟁론은 담론과 실천의 틀을 형성하기 위한 투쟁이다. 그러므로 쟁점들은 진위선택의 문제가 아니라 새로운 것을 생산하는 문제로 사고하는 것이 필요하다. 이를 위해서는 무엇보다 주어진 쟁점들을 그 발생의 근거 위에 올려놓고, 어떤 견해가 누구에 의해, 어떤 지점에서, 무엇을 위해 제기되고 있는가를 살피는 것이 중요하다.

촛불은 오합지졸인가?

두 가지 유형의 군대가 있다. 전경과 촛불시민군이 그것이다. 전경은 두 가지 점에서 취약한 군대이다. 전경부대는 대열정비 없이는 행동할 수 없다. 대열이 흩어지면 전투기계는 고장난 것과 마찬가지다. 2008년 7월 10일 저녁 걷다가 뛰고 흩어지고 다시 모이는 이른바 '오합지졸'의 촛불시위대를 따라가기 위해 허겁지겁 뛰고 있는 전경부대가 있다. 종로 2가 네거리에서 우회전을 하여 청계로를 건너 을지로로 들어설 때의 전경부대는 정신없이 뛰면서 도로로 내려서려는 사람들을 인도로 밀치느라, 그러면서도 옆 사람과 대열을 맞추느라 허겁지겁이다. 그들은 뛰면서도 줄을 맞추지 않으면 안 되는 군대이다. 좌우정렬, 이른바 '대열정비'가 그들의 생리이다. 대열정비가 되어 있지 않으면 무력한 군대. 그래서 일사분란한 시위대보다도 무질서한 '오합지졸'의 시위대가 그들에게는 난감한 대상이다. 사방으로 흩어지고 각자가 자신의 지도자이며 오직 개인의 의지와 결정에 따라서 움직이는 시위대는 항상 그들의 대열을 흩뜨리면서 새로운 정비를 요구하기 때문이다. 대열이 흩어지면 '빡세게'가 불가능해진다. 대열정비를 해야 하는 군대는 부자유의 군대이다. 자신의 의지와 능력에 따른 판단과 행동을 할 수 없기 때문이다. 반면 오합지졸의 군대는 자유의 군대이다. 그 군대에서는 자기결정이 끊임없이 가동되기 때문에 그만큼 강력하다.

 전경부대는 명령 없이는 행동할 수 없다. 전경들은 오직 명령에 따라서만 움직인다. 서라, 포위하라, 밀치라, 물러나라, 비켜 줘라, 다시 감싸라, 체포하라, 타격해라 등등의 명령이 윗선을 통해 하달될 때에야 대원들은 움직일 수 있다. 시위대가 무슨 행위를 하건 전경들에게 그것은 명령자의 판단과 명령에 따라 취급된다. 합법인가 불법인가가 그들에게는 문제가 아니다. 명령사항인가 아닌가만이 그들의 문제이다. 그러므로 전경들이 무슨 명령을 받고 있는 상태인지를 유의하면서 행동하는 것이 필요하다. 전경보다 한 발 앞서서 움직이는 것이 아니라 명령이 전달되어 전경의 행동으로 나타나는 것보다 한 발 앞서 행동하는 것이 필요하다. 이것은 전적으로 가능하다. 시민군대는 '오합지졸'(즉 다양성의 병사)이며 자기필요와 자기결정에 따라 움직이는 군대이기 때문이다. 누구나 자유롭게 자신의 판단에 따라 명령을 추월하여 움직일 수 있다. 이 자유의 군대 앞에서 기계적 군대야말로 오합지졸이다.

폭력인가 비폭력인가?

폭력

폭력이라는 말은 빨갱이(공산주의)라는 말과 더불어 우리를 사유금지 상태로 몰아넣는 두 단어 중의 하나이다. 하나는 물리력에 관한 것이며 하나는 정신과 의식에 관한 것이다. 그래서 우리는 신체와 정신 모두의 어떤 결정적 지점에서 사유금지 상태에 놓여 있다. 그럴수록 우리는 이 두 말에 대해 곰곰이 생각해 보려고 노력해야 하고 이 두 말이 우리 삶과 맺는 관련에 대한 주체적 개념을 획득하기 위해 노력해야 한다. 사유금지, 사유의 감옥을 벗어나는 것은 해방운동의 일차적 과제이기 때문이다.

비폭력은 인류의 이상이며 지향일 수 있다. 누구도 폭력을 좋아하지 않으며 폭력 없는 세계에 대한 희망을 갖고 있다. 그것은 차이와 구별과 전쟁 상태 속에 놓여 있는 특이한 것들이 협력과 사랑을 욕망하고 있다는 것을 의미한다. 오늘날 비폭력의 이상은 그 어느 시대보다도 증폭되어 있다. 이는 우리의 노동의 변화와 긴밀하게 연관된다. 물리력이 생산의 주요한 힘일 때, 즉 자연소재를 '파괴'하는 것이 생산의 주요한 방식일 때 폭력은 관념 속에서 어느 정도 자연스럽게 용인되는 것이었다. 하지만 오늘처럼 생산이 사람들 사이의 직간접적 협력을 주요한 힘으로 삼는 사회에서 파괴, 폭력은 부차화되고 주변화된다.

그래서 비폭력의 이상은 증폭된다. 폭력은 기이한 것으로 된다. 그러나 이 비폭력의 이상의 극대화는 역설적이게도 폭력의 극단적 축적의 상황에 직면해 있다. 생산과정은 비폭력적 특성을 띠지만 그 다른 한편에서는 거대한 폭력의 축적이 있다. 핵무기를 정점으로 하는 살상무기의 거대한 축적이 그것이다. 폭력은 자본처럼 거대하게 집적되고 집중되고 있다.

좀 더 본질적으로 본다면 현존 사회의 모든 과정이 폭력을 조건으로 조직되어 있다고 할 수 있다. 거대한 상비군과 경찰, 편재하는 수감기구(감옥), 그리고 그것들을 뒷받침하는 법률들. 이것들은 오늘날 사람들 사이의 협력이 폭력에 의해 조직되고 있다는 것을 의미한다. 모든 비폭력적 노동이 폭력에 의해 강제되고 있는 것이다. 거대하게 누적된 폭력이 일국적 세계적 차원의 권력을 구성한다.

그래서 한쪽에는 거대한 폭력, 다른 쪽에는 완전 비무장의 다중의 강제된 협력이 있다. 이 비대칭의 상황에서 비폭력의 이념이 일차적으로 겨냥해야 할 것은 권력 측에 집중되어 있는 거대한 폭력의 해체이다. 만약 권력의 폭력이 해체될 수 있다면 사회적 차원에서 다중의 협력이 띠는 강제적 성격도 사라지고 그것의 자발성이 강화될 것이다. 폭력의 독점 상황은 비폭력의 이상을 완전히 우스개로 만든다. 아무리 비폭력을 원한다 할지라도 다중은 폭력에 무차별적으로 노출되어 있고 그 희생자가 된다. 일상에서도 그렇지만 촛불봉기와 같은 내전적 상황에서 그 특징은 뚜렷이 드러난다. 한쪽이 방패, 곤봉, 헬멧 등으로 완전 무장한 상태라면, 다른 쪽은 완전히 글자그대로 빈손이다. 핸드폰과 지갑이 전부인 사람들이 완전 무장한 준군인들과 대치하고 있다. 그들이 사용할 수 있는 무기라고는 기껏해야 욕설이다. 행동 가능성도 제한되어 있다. 자신들이 가고자 하는 길을 막아선 거대한 차들의 바퀴 바람을 빼거나 그 차를 끌어당겨 빼내는 정도가 시민들의 물리력의 한계이다. 운전사가 순간에 할 일을 시민들은 수백 명이 여러 시간에 걸쳐 겨우 해낼 수 있다. 차를 빼내고 나서 기진맥진한 시민들에게 닥쳐오는 것은 차가 빠진 공간으로 밀려 들어와 닥치는 대로 시민들을 패는 전경대의 방패와 곤봉에 얻어맞는 일뿐이다. 거기에 연행이 뒤따른다. 폭력의 이러한 비대칭은 비폭력 상황이 아니라 무자비한 폭력상황을 불러온다. 여기에 얻어맞더라도 눕자는 어처구니없는 희생자주의적 관념까지 끼어들어 시민들을 무력하게 만든다.

비폭력적 이상에 우리가 어떻게 접근할 수 있을까? 그것은 방어폭력을 통해서이다. 권력의 거대한 폭력에 맞서 자신의 생명과 신체를 지키는 방어행위를 통해서 비폭력의 이상에 한 걸음이라도 접근할 수 있다. 그렇다면 방어폭력은 대항폭력인가? 정당한 저항적 대의가 있다면 선제적으로 폭력을 행사해도 좋다는 의미인가? 그렇지 않다. 폭력을 선제적으로 사용함으로써 도달할 수 있는 어떠한 저항적 대의도 존재하지 않는다. 폭력의 축소는 인류가 추구해온 시민적 이상이다. 그러므로 어떻게 비폭력적 삶, 비폭력적 관계에 도달할 수 있는가를 구체적으로 사고해야 한다. 선제폭력은 폭력상황을 가속시킬 것이고 결국 시민들의 패배를 가져올 것이다. 방어폭력은 폭력을 해체하고 무력화하기 위한 폭력이며 폭력의 최소화, 폭력의 해체를 지향하는 운동이다. 방어폭력은 정당방위로서 현존하는 법에 의해서도 보장되어 있다. 비무장의 사람들에게 방패를 내리찍고 곤봉을 휘두르는 경찰들은 이미 경찰이 아니라 폭력범들이다. 비무장의 시민들을 연행하는 경찰들은 이미 경찰이 아니라 납치범들이다. 그러므로 이들 폭력범과 납치범에 대항해 자신의 신체와 생명을 지키는 행위는 그것이 어떤 수단을 동원하는 경우에도 정당화되어야한다.

방어폭력의 일차적 형태는 도주이다. 납치하려는 사람들과 맞서 싸우기보다 그들의 물리력의 행사범위를 신속하게 벗어나는 것이 자신을 방어하는 가장 좋은 방법이다. 설마 나를 때리겠는가 하는 생각은 권력과 경찰에 대한 터무니없는 믿음, 환상적 신뢰에 기초한다. 도주에도 불구하고 폭력범과 납치범들이 자신의 생명과 신체를 위협할 때는 자신을 방어할 가능한 최선의 방책을 찾아야 한다. 다른 도리가 없기 때문이다. 방어폭력이 비폭력의 이념을 실현하는 방법이다. 실제적 의미의 비폭력은 싸움의 전술이 될 수 없다. 비폭력은 폭력의 해체를 지향하는 이념이다. 그것은 절대적 폭력상태인 자연상태로부터 시민사회를 건축하는 혁명적 협력의 이념이어야 한다. 혁명적 협력으로서의 비폭력은 자신의 생명과 신체를 방어하는 방어폭력을 통해 현재의 사회적 협력을 방어하며 그것을 독점폭력의 강제로부터 분리시켜 내기 위한 것이며 강제적 협력이 아닌 자발적 협력을 창출하기 위한 것이다. 그것은 시민들의 실제적 전술이어서는 안 되고 이념이어야 한다.

비폭력주의에 대한 성찰

선제폭력은 물론이고 '방어폭력조차도 안 된다'고 보는 견해들이 촛불집회 속에서 강력하게 제기되었다.

첫째, 이들은 '어떤 경우에도 폭력을 사용해서는 안 된다.'고 말한다. 우리는 폭도가 아니고 폭력사용은 우리를 우리가 비판하는 대상과 동일한 존재로 만들고 말 것이기 때문이라고 말한다. 우리 시대에 폭력은 권력에 독점되어 있고 그것은 잔혹한 결과들을 생산한다. 전쟁이 그 대표적인 사례이다. 폭력사용은 생명에 상처를 입히고 때로는 생명을 잃게까지 한다. 그러나 자신의 생명을 지켜야 하는 순간에, 그리고 폭력 외에 다른 어떤 것도 자신의 생명을 안전하게 지켜줄 수 없는 순간에조차 폭력을 회피해야 하는 것일까? 때로는 '『조선일보』가 우리를 폭도라고 보도할 것이므로 폭력을 사용해서는 안 된다.'고 말하는 사람도 있다. 이러한 논리는 우리 자신의 욕망이 아니라 타자의 시선에 우리의 행동과 생각을 맞추는 것이다. 조선일보의 시선에 따라 살고자 한다면 가장 좋은 방법은 촛불을 들지 않고 정권의 명령에 따라 살며 자본의 노예로서 사는 것이 아닐까? 타자의 시선보다 우리의 욕망(코나투스+의식, 즉 의식된 코나투스)에 따라 사는 것이 잠시라도 해방된 삶을 사는 것이 아닌가?

둘째, 방어폭력은 최소한도의 인원수(가령 1~2천 명)가 있을 때에나 행사가능하다는 주장이 있다. 하지만 폭력을 통한 자기 방어는 단 한 사람일 때조차도 이루어져야 하며 최소한의 수가 있어야 행사될 수 있는 어떤 수단이 아니지 않은가? 인원수의 많고 적음은 폭력을 통한 자기방어의 형태를 바꿀 수는 있을지언정 방어폭력의 사용/비사용을 규정하는 조건은 아닐 것이다.

셋째, 폭력을 통한 자기방어는 엄청난 처벌을 감수해야 하므로 사용해서는 안 된다는 주장이 있다. 자신의 생명을 지키고자 하는 행위가 정당하지 않다면 이 세상에서 무엇이 정당화될 수 있는가? 재산을 지키는 것보다 더 중요한 것이 생명을 지키는 것이다. 현행법조차도 정당방위는 무죄로 인정하고 있다. 광우병위험이 있는 쇠고기를 수입하여 국민의 생명을 해치고자 하는 정권에 항의하는 것은 정당할 뿐만 아니라 그 항의를 무력으로 진압하려는 행위는 처벌받아야 마땅하다. 항의자가 처벌되어야 하는 것이 아니라 진압자가 처벌되어야 한다.

그러나 폭력은 문제해결의 수단은 아니다. 특히 선제폭력(폭력을 공격의 무기로 사용하는 것)은 문제를 더욱 악화시키며 그것이 성공하는 경우에조차 당사자를 패배로 몰고 간다. 폭력을 방어의 수단으로 사용하는 것은 해방을 위한 보조수단일 뿐이다.

폭도

조중동은 촛불을 늘 폭도로 몰아왔다. 단지 촛불만을 들고 걷고 있을 때조차도 말이다. 폭도라는 말을 사람들이 회피하는 것은 왜일까? 폭도에게는 처벌이 뒤따르기 때문이 아닐까? 혁명의 시간에 사람들이 폭도로, 파괴하는 자로 변하기를 두려워하고 회피한다면 기존 질서의 변화가 가능할까? 오히려 다중들의 절대적 협력은 절대적 폭력을 통해서 도달되는 것이라고 말해야 하는 것이 아닐까? 절대적 협력을 생산하고 방어하기 위한 폭력 ⋯⋯ .

시민사회 속에서 폭력violence은 무력force에 의해 재현되고 대표된다.

(여기서 무력과 폭력의 구분은 조르주 소렐의 『폭력에 대한 성찰』의 것을 사용한다.) 폭력은 자신을 무력으로 위임함으로써 스스로를 비폭력으로 만든다. 무력을 만든 폭력은 자신을 비폭력의 상태로 놓는다. 이렇게 하여 무력은 권력에게 독점되고 비폭력이 된 폭력은 권력의 무력에 예속된다. 그렇지만 무력을 독점한 권력이 절대적 비폭력의 시민들과 대립할 때 시민들은 본래의 절대적 폭력으로 돌아갈 권리를 갖는다. 이것이 저항권이다.

2008년 8월 16일. 비폭력의 얼굴로 살아왔던 시민들이 자연상태로 돌아가기 시작했다. 자연상태에서의 시민들은 더 이상 시민이 아니며 자연인일 뿐이다. 자연인으로서의 개인들은 절대적 폭력의 체현자들이다. 법은 이들에게 장애물 이상의 아무 것도 아니다. 국가의 무력은 자연인들의 적이다. 자연인들은 무력에 의한 폭력의 재현 혹은 대표를 거부하면서 자신에게 적대적인 무력을 해체시키려 한다. 그래야만 새로운 시민상태의 구성으로, 사회적 협력존재로 나아갈 수 있기 때문이다. 국가의 무력에 대항하는 자연인들의 폭력은 새로운 권력을 구성하는 힘, 제헌권력이다.

조중동이 촛불을 폭도로 부를 때 촛불시민들은 한사코 그러한 존재는 없다고 답해왔다. 그러나 이제 그 유령의 실체가 나타나고 있다. 조중동이 조작해낸 폭도들과는 다른, 범죄자일 뿐인 폭도들과는 다른, 진정한 폭도들이 그 얼굴을 드러내고 있다. 불의에 맞서 싸우는 정의의 폭도들. 비겁에 맞서 싸우는 용기의 폭도들. 거짓에 맞서 싸우는 진리의 폭도들. 노예 되기를 거부하는 주체의 폭도들. 죽음에 맞서 싸우는 생명의 폭도들. 이윤에 맞서 싸우는 삶의 폭도들. 온갖 추한 것들을 쓸어버리고자 하는 아름다운 폭도들. 경쟁에 맞서 싸우는 연대의 폭도들.

이것은 촛불과 대립하는 것이 결코 아니다. 이것은 촛불의 다른 얼굴, 그것의 연약한 얼굴에 가려져 있었던 뜨겁고 무서운 얼굴이다. 촛불은 조용하지만 사납고 냉정하지만 뜨겁고 연약하지만 폭발적이다. 촛불은 횃불로 타오르기도 하고 잠잠히 사라지기도 한다. 촛불은 작고 쉽게 꺼지지만 옮겨 붙어 지구를 불태울 수 있는 힘이기도 하다. 이제 촛불의 새로운 얼굴이 살포시 그 모습을 드러내고 있다.

비폭력평화행동단

평화행동단

일명 '눕자 행동단'으로도 불리는 비폭력평화행동단의 목적은 시위대의 물리력 행사를 억제함으로써 도덕적 우위를 과시하려는 것이었다. 경찰의 방패에 찍히면서도 태평로 아스팔트에 누워있었던 그들의 역할 때문인지는 모르겠으나 2008년 7월 5일 대집회는 아무런 마찰이 없이 끝났다. 그에 이어진 것이 시청광장의 천막철거. 수배자에 대한 영장집행 시도. 시청광장 원천봉쇄. 인도에 있는 시위대에 대한 연행협박이다. 그리고 촛불집회가 경제위기를 초래한다는 여론공세.

만약 도덕적 우위를 과시한다면 그것은 누구에게 과시하는 것인가? 조중동에게? 그러나 안타깝게도 그들은 도덕 따위에는 관심이 없으며 오직 이윤, 이자, 지대, 그리고 이것을 위한 권력에만 관심이 있을 뿐이다. 권력을 유지할 수 있다면 이들은 무슨 일이든 할 준비가 되어 있지 않은가? 그렇다면 여론에게? 여론이란 바로 시청 부근에 운집한 수많은 사람들이 아닌가? 그들에게 자의적으로 어떤 견해를 행동으로 주입하려는 것은 문제이지 않은가? 보이지 않는 어떤 유령같은 여론의 동조를 구하려는 행동이 실제로 참가한 수많은 사람들의 구체적 자유를 억제하는 것일 때, 그들이 얻은 것은 무엇이고 잃은 것은 무엇인가?

비폭력이라는 모호한 용어

2008년 6월 28일 집회에서 전경들로부터 집중적으로 폭행을 당해 많은 사람들로부터 동정과 사랑을 샀던 비폭력평화행동단. 오늘은/도 눕자는 등쪼끼를 걸치고 있었던 그들. 전경들이 내리찍은 방패에 사정없이 얻어맞던 그들의 희생자 이미지가 아직 국민들의 뇌리에서 사라지지 않고 있다. 그런데 2008년 7월 5일 안국동, 광화문 교보 앞, 태평로에 세워진 차벽 앞에 그들이 진을 치고 앉아 있다. 춤을 추는 모습도 보인다. 사람들이 그들의 춤과 노래를 지켜보다가 따라 하기도 한다. 저녁이 되어 각각의 차벽 앞에서는 언쟁이 한창이다. 그들에게 차벽 앞에서 떠나라는 성난 시민들의 목소리. 실제로 차벽 앞에 일렬로 늘어선 비폭력평화행동단은 광우병대책회의의 공식파견단이라는 등패를 붙이고 차벽에 시민들이 접근하는 것을 막고 있다.

격노한 한 아주머니는 외친다. "오늘 시민들은 두 겹의 벽에 의해 가로막혔다. 한 겹은 차벽이고 또 한 겹은 저 눕자단의 벽이다." 한 아저씨도 외친다. "너희들이 차벽 저쪽에서 전경을 향해 앉아 있어야 하는데 여기와서 시민들을 가로막고 있다. 너희들은 우리 시민들을 잠재적 폭력범으로 취급하고 있다. 빨리 여기서 물러나라." 결국 대책회의에서 파견된 YMCA 비폭력평화행동단은 별다른 항변을 하지 못하고 길모퉁이로 물러나 앉아야 했다. 이들을 동원한 것으로 보이는 중년의 사내가 평화행동단 청년들에게 뭔가를 해명하며 양해를 구하고 있다.

비폭력이라는 용어, 광범한 해석의 여지를 남기고 있는 이 단어가 시민들의 자유로운 의사표현을 제한하는 부메랑이 되어 되돌아오고 있다. 이 개념의 모호성 때문에 평화를 이데올로기로, 비폭력을 이데올로기로 받아들이는 퇴행적 조류가 부상하고 있다. 문제는 대책회의가 이 퇴행적 조류의 대변인이 되어 행동으로 이것을 실행하기 시작했다는 점이다. 이 표현에 대한 다른 해석을 선택할 것인가? 아니면 이 용어를 버리고 다른 개념을 선택할 것인가?

방어적 혹은 자위적 폭력

대한민국 〈형법 21조 1항〉는 이러하다.

자기 또는 타인의 법익에 대한 현재의 부당한 침해(폭력, 살인)를 방위하기 위한 행위(그것이 폭력, 심지어 살인자에 맞선 살인이어도)는 벌하지 아니한다.

이에 대한 해석을 살펴보자.

자기 또는 타인의 법익에 대한 현재의 부당한 침해를 방위하기 위한 상당한 이유가 있는 행위를 정당방위라 한다. 정당방위는 불법 대 법의 관계이며 법은 불법에 양보할 필요가 없다는 명제가 기본사상을 이루고 있다.

Ⅱ. 근거根據

1. 자기보호自己保護의 원리原理
2. 법질서수호法秩序守護의 원리原理

Ⅲ. 성립요건成立要件 (형법 제21조 1항)
1. 현재現在의 부당不當한 침해侵害
(1) 침해侵害 : 법익에 대한 공격 또는 위험을 야기시키는 인간의 행위이다. 그 침해가 고의, 과실, 책임없는 행위에 의한 것이라도 해당한다. 동물이나 자연현상에 의한 공격은 침해가 아니므로 긴급피난만이 가능하나, 동물의 공격이 인간에 의해 사주된 경우는 정당방위가 가능하다
(2) 침해侵害의 현재성現在性 : 법익에 대한 침해가 급박한 상태에 있거나, 방금 막 개시되었거나 아직도 계속되고 있는 것으로 과거, 미래의 침해에 대해서는 정당방위를 할 수 없다. 현재성의 기준시점은 침해행위시이다.
(3) 부당不當한 침해侵害 : 침해해위는 객관적으로 법질서와 모순되는 위법한 것이어야 한다. 침해가 유책한 것일 필요가 없으므로 명정자, 정신병자등의 침해에 대해서도 정당방위가 가능하다.
2. 자기自己 또는 타인他人의 법익法益을 방위防衛하기 위한 행위行爲
(1) 자기自己 또는 타인他人의 법익法益 : 법에 의해 보호되는 모든 자기 또는 타인의 법익은 정당방위에 의해 보호될 수 있다. 여기서 타인은 자연인, 법인 등을 포함한다. 원칙적으로 국가적, 사회적 법익은 대상이 되지 않으나 국가나 사회 스스로 보호할 수 없는 경우 방위가 가능하다.

"법은 불법에 양보할 필요가 없다." 불법이라도 양보해야 한다는 종교적 무저항주의가 봉기 속에 널리 확산되어 있는 상황에서 대한민국 형법이 우리에게 각성시키는 무언가가 있다. 촛불봉기에서 국민들은 지금 자신들이 법이고 정권이 불법이라는 인식을 널리 공유하고 있다. 정권은

그 반대로 인식하고 있음이 분명하다. 자신들이 법이고 봉기에 참가한 국민들을 폭도로 보고 있다. 그러므로 합법성을 둘러싼 두 개의 인식이 대립하고 있는 순간이 지금이다. 이 대립은 인식론적 문제에 그치지 않는다. 자신의 인식을 진리로 만드는 것은 실천을 통해 그것을 입증하는 것이다.

　광주민중항쟁 당시 권력은 민중들을 폭도로 불렀다. 민중의 항쟁이 합법화된 것은 항쟁의 패배에도 불구하고 17년에 걸쳐 전개된 민중운동과 5월운동[1]의 승리에 의해서였다. 1997년이 되어서야 전두환과 노태우는 법에 따라 처벌되었다. 법은 역사적이고 실천적인 것이다.

　촛불봉기에서 승리한다면 다중이 행사한 방어적 폭력은 법에 의해 정당화될 것이다. 이명박 정권이 행하고 있는 지금의 연행들, 경찰폭력들 등은 법에 따라 처벌될 것이다. 만약 패배한다면 민중의 행위는, 물리적 폭력행사는 물론이고 도로점거 등 일체의 시위동작이 폭도의 행위로 몰려 처벌될 것이다. 이명박 정권의 폭력은 정당화될 것이다. 우리는 폭도인가 법인가? 광주민중항쟁에 참여했던 시민들에게 던져졌던 이 질문이 다시 촛불봉기에 나선 시민들에게 던져지고 있다. 여기에는 무엇이 진리인가를 둘러싼 거대한 인식론적 내기가 걸려 있을 뿐만 아니라 실제적으로 승리할 수 있는가 없는가라는 실천적 내기가 동시에 걸려 있다.

---

1. 광주민중항쟁이 진압된 이후 1997년 전두환·노태우에 대한 처벌에 이르기까지 5월 민중항쟁의 진상규명, 책임자 처벌, 제도개혁, 국제연대 등을 요구하고 또 주장하며 진행된 17년여에 걸친 운동을 지칭한다.

비폭력과 방어폭력

권력이 방패, 곤봉, 헬멧 등으로 완전 무장한 상태에서 촛불들은 빈손이며 심지어 도망조차 가지 않는 경우도 있다. 도망가지 않는다는 것, 그것은 한편에서는 자신의 정당성의 표현이지만 다른 한편에서는 상대방에 대한 믿음을 표현한다. 그것이 상대방의 부당함에 대한 고발을 함의하는 경우에도 그것은 권력은 정당해야 한다는 암시를 생산함으로써 권력구조를 재생산하는 데 복무한다. 권력과 대중의 관계는 비대칭적이다. 비대칭의 구조! 이것이 자본주의 권력의 구조적 특징이다. 폭력은 물리적으로 독점되어 있을 뿐만 아니라 정신적으로도 독점되어 있다. 이 독점의 구조가 폭력을 항구화한다. 법은 성문화된 폭력이다. 국가는 조직된 폭력이다. 군대와 경찰은 실체화된 폭력이다. 지배언론은 폭력을 정당화하는 정신이다. 이들의 반대편에 모든 폭력 능력을 빼앗기고 빈손이 되어 있는 대중들이 있다. 그래서 폭력은 어떤 염려도 없이 어떤 두려움도 없이 거침없이 행사된다. 이것은 폭력을 없앨 수 있는 구조, 즉 비폭력을 위한 구조가 아니라 폭력을 항구화하는 구조이다. 오히려 비폭력은 정당방위, 즉 방어폭력의 정당성 확보와 실제적 행사를 통해 담보될 수 있는 것이 아닐까? 가장 기본적인 방어폭력은 도망치는 것일 것이다. 그것은 권력을 믿지 않는 것이다. 기존 권력에 대한 믿음에 대한 거부에서야말로 폭력이 행사될 수 없는 상황, 즉 비폭력 상황이 최소한도로 준비되기 시작할 수 있지 않을까.

무까이 고와 비폭력직접행동

　무까이 꼬(向井 孝)가 『폭력론 노트』에서 말하는 비폭력직접행동(직접행동과 분리된 비폭력이라는 말은 무의미하며 의사비폭력체제로서의 자본민주주의를 옹호하게 된다. 그러므로 비폭력직접행동을 하나의 단어로 붙여 쓰는 것이 좋겠다)은 네그리가 말하는 자기가치화 운동과 유사하다. 무까이에게서는 임금노동과는 구별되는 생산노동의 획득이 그 출발점이다. 창조로서의 노동, 자유로서의 노동, 이것을, 무장을 필요로 하지 않는 비폭력직접행동의 원형으로 파악한다. 이것은 자기가치화의 실천과 완전히 동일하다.

　권력이 이 자기가치화 운동을 무장폭력으로 제약하고 탄압할 때 자기가치화 활동을 하는 사람들(잡민)은 방어를 위해 폭력을 행사할 수 있다. 이것은 반폭력의 직접행동으로서 비폭력으로 수렴되는 방어폭력이다. 무까이 꼬가 강조하는 것은 생활 속에서 이미, 그리고 항상 이루어지고 있는 비폭력직접행동의 요소들을 발견하고 발전시키고 연결시키자는 것이다. 이를 위해서는 임금노동에 묶여 있는 시민노동자로부터 잡민=다중으로의 자기전환을 꾀하는 것이 필요하다. 임금노동자로서의 시민노동자는 가치화 과정에 포획되어 그들의 여가시간(생활점)마저도 자본의 진지인 생산점으로 수렴되어 버린다. 이에 반해 잡민=다중은 자기가치화하는 비폭력직접행동의 축적을 통해 비조직적 조직화를 추구한다.

　무까이 꼬의 비폭력직접행동 개념이 한국의 촛불봉기에 던지는 시사점은 무엇인가? 촛불봉기에서 제기되었던 비폭력론은 직접행동, 자기가치화와 분리되면서 의사비폭력체제화한 질서 담론을 내면화했었다. 그리하여 비폭력직접행동의 자기방어, 자기가치화의 가능성을 억제하고 촛불이 체제적 질서로 수렴되도록 만드는 반혁명적 기능을 수행했다.

다시 무기의 문제

파업

2008년 6월 27일 촛불토론회 중에 나왔던 질문 중의 하나는 '이제 촛불시위에 노동자 파업이 결합되어야 할 때라고 생각하는데 어떻게 생각하느냐?'는 것이었다. 이미 2008년 6월 13일에 화물연대의 파업이, 2008년 6월 16일에 건설노조파업이 시작되었다. 민주노총의 파업도 예정되어 있다. 파업은 중요하다. 그것은 자본주의의 정상적 생산, 유통, 소비과정에 타격을 가한다. 그런데 파업은 좀 더 넓게 생각되어야 할 것 같다. 촛불집회나 시위에 참가하는 사람들은 일상적으로 파업을 수행한다. 주부나 남편은 집에 일찍 들어오라는 요구를 뿌리치고 밤샘 시위를 하며(가사노동에 대한 파업) 학생들은 동맹휴업을 했고 상인들은 부분철시를 이미 하고 있다. 삶전체가 자본주의적 관계를 생산하는 과정인 한에서 파업은 이제 삶정치적 파업으로 이해되어야 한다. 이렇게 이해할 때 파업은 이미 시작되어 수개월을 끌고 있는 것인지도 모른다. 파업 선언 이전의 파업. 파업 종료 이후의 파업. 이것들의 의미를 공식적 파업만큼이나 중시하는 것이 필요하지 않을까?

총파업

촛불이 노동과 결합되어야 한다는 목소리가 높다. 노동의 강력한 무기는 파업, 즉 노동거부이다. 그런데 어디까지가 노동이고 어디부터가 노동이 아닌가? 촛불이 이제 노동과 결합되어야 한다는 것은 지금까지의 촛불이 노동이 아니라는 생각을 포함한다. 그런데 촛불봉기에는 이미 무수한 노동들이 결합되어 있다. 민주노총 산하의 노동조합만이 아니다. 유모차를 끌고 나온 주부들, 유모차 없이 나온 주부들은 가사노동을 하는 노동자들이다. 많은 회사원들도 사무직 노동에 종사하는 노동자들이다. 서비스직에 종사하는 노동자들도 있다. 학생들도 수업을 받는 노동자들이다. 비정규직 노동자들은 또 어떤가?

파업은 이미 있었고 또 있다. 주부들이 가사일을 중단하고 촛불을 들러 광장과 거리로 나왔다. 학생들이 야자를 거부하고 거리로 나왔다. 다인아빠가 생업을 중단하고 광장을 누빈다. 작가들이 글쓰기를 중단하고 거리로 나왔다. 지금 파업이, 노동거부가 없다고 말하는 것은 실재하는 파업들을 보지 못함으로써 파업을 이상화하고 또 불가능하게 하는 효과를 가져온다. 그럼에도 불구하고 파업이 필요하다는 주장은 옳다. 그러나 파업은 결코 전통적 의미의 노동조합의 파업이라는 의미로만 해석되지는 말아야 한다. 우리의 삶은 그 자체가 이미 노동이며 정치이다. 노동조합의 파업은 삶파업, 삶정치적 파업의 일환으로 수렴된다.

노동조합의 파업을 넘는 삶정치적 파업의 한 사례를 들어보자. 전경애인을 둔 사람들은 자신의 애인이 명령불복종을 하도록 요구하고 최소한 시민들을 향해 방패나 곤봉을 휘두르지 않도록 요구할 수 있다. 만약 시민들에게 폭력을 행사한다면 다시는 만나지 않겠다고 선언하고 그러한 사람들 사이의 네트워크를 꾸리면서 전경부대를 약화시킬 수 있다. 권력층의 자녀들 중에서 촛불에 동의하는 사람이 있다면 아버지의 명령에 불복종할 수 있다. 시민들에게 폭력을 행사한다면 가출한다고 함으로써 권력을 약화시킬 수 있다. 촛불집회에 나가지 않는 남편에게 아내가, 아내에게 남편이 협력하기를 거부할 수 있다. 촛불집회를 비난하는 교사의 수업을 거부할 수 있다. 촛불집회를 비난하는 교회에 나가기를 중단하고 교회를 옮길 수 있다. 자본주의 질서는 명령의 질서이며 명령의 거부는 곧 노동의 거부이다. 노동자들은 파업으로, 학생들은 휴업으로, 상인들은 철시로, 시민들은 일상의 관행의 거부로……. 이 모든 것들은 삶정치적 파업의 형태들일 수 있다.

삶정치적 총파업을 향한 예행연습이 필요하다. 이것은 시청광장에 수십만을 모으는 것보다 몇 배나 위력적인 투쟁이 될 것이다. 물론 총파업에 나선 사람들은 광장에서 자신들의 투쟁의 전황보고를 나누면서 지성을 집단화하고 더 나은 대안을 창출할 수 있을 것이다.

민족주의라는 쟁점

제국 시대의 민족주의

2008년 10월 4일 오후 종각에서는 이명박 정권의 촛불보복공안탄압 규탄대회가 열렸고 오후 5시에는 강남역에서 기습적 게릴라 시위가 있었다. 종각의 대오는 경찰의 저지로 인도를 따라 서울역으로 행진하며(4박자구호와 헌법 1조가) 서울역으로 합류했고 강남역의 대오는 경찰보다

한 발 앞서 움직이며(8박자구호와 전단지) 인파 속으로 사라졌다가 서울역으로 합류했다. 명동성당 홍보전 대오도 서울역으로 합류했다. 서울역은 10월 3일에 이어 다시 일천여 촛불로 채워졌다. 10.4 선언 1주년 기념대회. 이 대회의 사상과 요구는 다음과 같이 요약된다.

1. 대북정책
이명박은 10.4선언을 즉각 이행하라
북한에 대한 적대적 대북정책을 중지하라
2. 한미군사동맹
주한미군을 철수하고, PSI(대량살상무기확산방지구상) 중지하라
팀스피리트 훈련을 중지하라
주한미군 방위비 분담금 내역을 공개하라
3.공안탄압과 실천연대 탄압규탄
신공안정국과 간첩사건을 사과하라
국가보안법을 폐지하라
범민련과 실천연대 일꾼들을 즉각 석방하라
압수해간 카메라, 노트북 기기를 반납하라

집회의 주제는 남북의 평화통일 문제에 집중된다. 비정규직, 민영화, 대운하, 교육 등의 모든 문제에 우선하여 이 문제가 다루어진다. 이명박의 핵심문제는 평화통일 경향을 후퇴시키는 것에 있고 민족통일운동을 탄압하는 것에 있다.

뉴라이트는 민족이라는 범주를 폐기하되 국가라는 범주를 유지한다. 그리고 그 국가를 초국적 자본의 이익에 종속시킨다. 민족주의는 민족과 국가의 이러한 분리를 거부하고 국제적 경쟁에서 자주적 역할을 수행할

민족국가의 완성을 추구한다. 이 관점에서 볼 때 뉴라이트의 정치는 무엇보다도 반민족적 매국정치이다.

이러한 민족주의에 지금 두 개의 경향이 움직이고 있다. 실천연대는 한반도 차원에서의 민족주의, 남북의 통일을 그 무엇보다도 우선시한다. 반면 민처협, 안티MB, 아고라 등에서 암묵적으로 기능하고 있는 민족주의는 남한, 즉 '대한민국'의 건전화, 건강화에 초점을 맞춘다. 전자는 무엇보다 애족주의이며 후자는 무엇보다 애국주의이다. 전자는 민족공동체를 후자는 국가공동체를 중시한다.

뉴라이트는 세계와 지구를 자신의 지평으로 삼는다. 그러나 뉴라이트가 보는 세계와 지구는 자본의 세계요 이윤의 지구이다. 이들의 눈에 경쟁과 살육은 세계인의 생존조건이다. 민족주의 관점에도 세계는 전제되어 있다. 민족주의에게도 세계와 지구는 경쟁의 공간으로 파악된다. 국가간 경쟁은 민족주의의 대전제이다. 민족통일, 부국강병, 대동단결은 이 경쟁의 지구공간에서 자립하기 위한 조건으로 파악된다. 뉴라이트에게도 통일과 단결의 정신이 있다. 그것은 Mergers and Acquisition, 즉 M&A이다. 합병은 통일이며 인수는 흡수이다. 그것은 흡수통일의 정신이다. 자본을 지상의 가치로 삼는 통일론에 민족을 지상의 가치로 삼는 통일론이 대립하고 있는 것이다.

그러나 민족은 역사적으로 자본형성의 공간이었고 원시적 축적의 모태였다. 자본이 민족의 산물이면서 동시에 민족은 자본을 통해 구체화되고 강화되었다. 이제 자본은 더 이상 민족이라는 기반을 요구하지 않는다. 대규모화된 자본에게 민족이라는 기반은 너무나 작다. 예컨대 금융자본에게 민족이라는 기반은 방해물로까지 된다. 민족이라는 기반을 너무 협소하게 느끼며 더 큰 기반, 세계=지구라는 기반을 요구하는 자본이 초국적 자본이다. 뉴라이트는 자본의 이 새로운 전 지구적 요구를 내면화한 정치이다. 자본의 초국적 운동과 신우파, 신자유주의, 신보수주의가 소규모의 자본들, 일국체제에서 혜택을 본 중간계급들, 보장받았던 노동자들에게 충격을 주고 이들의 삶을 더 어렵게 만드는 것은 사실이다. 그래서 민족국가 체제의 부활과 재강화를 추구하게 되는 정치가 생겨나게 되는 바 이것이 민족주의이다. 민족주의는 과거로부터 그 상상력을 빌려온다. 그러나 이 상상력은 민족국가 체제에서도 신음했던 더 광범한 대중들에게 비전을 줄 수 없고 이들의 지지를 이끌어낼 수는 없다.

초국적의 뉴라이트 정치는 하층민, 보장받지 못하는 노동자들, 이주 노동자들을 포함하는 새로운 유형의 빈민들 등의 삶을 민족국가체제에서보다도 더 비참하게 만든다. 이 계급들은 과거에서 해방과 자유의 상상력을 가져올 수 없다. 세계자본주의도 민족자본주의도 이들에게는 고통이다. 자본의 세계화와 민족적 자본화를 동시에 극복할 새로운 생활양식, 삶의 형태를 발명하고 창안하는 것에서만 해방의 가능성이 발생한다. 상상력이 이끄는 정치가 이들에게는 필요하다. 민족국가 경계를 깨면서 나타난 지구무대, 그러나 자본이 지배하고 있는 지구무대를 전 세계 빈민들의 탈경계적인 공화적 공간으로 재구축하는 것. 인류인주의적 공통주의. 촛불이 민족주의의 한계 속에서 움직일 때 우리의 생각은 과거에 갇힐 수밖에 없을 것이고 삶의 밑바닥까지 파고드는 자본의 세계적 감각, 감성, 지성을 능가할 수 없을 것이다. 자본의 세계주의적 보편성에 대항할 수 있는 것은 민족적 특수성이 아니라 특이한 삶들의 인류인주의적 공통성이다.

민족주의의 계급적 기반과 대안

촛불에서 민족주의의 득세라는 사실은 무엇을 의미하는가? 그것은 우선 신자유주의적 자본주의하에서 영세자본가, 자영업자를 비롯한 전통적 중간층이 몰락의 위기를 겪고 있다는 사실과 연결되어 있다. 이명박의 친재벌 정책들은 이 몰락을 가속화시킬 방망이로 느껴졌다. 뉴라이트를 친일파, 매국노로 규정함으로써, 즉 전통적 민족주의 감정에 호소함으로써 대중의 호응을 얻은 이 사회계층은 이명박 퇴진을 목표로 하는 정치적 투쟁에 집결할 수 있었다. 아고라에서 권태로운 창의 리더쉽이 일정하게 형성되고, 안티MB, 민처협이 이러한 아고라와 공동보조를 취함으로써 반뉴라이트 전선에서 민족주의의 헤게모니는 더욱 공고해졌다. 이러한 발전경향은 반뉴라이트 운동을 반신자유주의 운동으로 성격규정하기보다 애국애족운동으로 규정하는 것이었다. 민족주의적 방향성의 강화, 애국애족논리의 헤게모니화는 그 방향성에 동의하지 않는 사람들과의 수평적 네트워크화를 어렵게 만드는 요소로 작용했다.

그렇다면 민족주의에 동의하지 않는 세력들의 상태는 어떠했는가? 사회주의자들은 당의 건설 없이 자발적 대중투쟁만으로는 무의미하다며 이미 형성된 반뉴라이트 투쟁전선을 관망하거나 참가했던 부분마저 이탈했다. 개혁적 민족주의와 사회민주주의의 주도하에 놓여 있었던 대책회의는 이명박 퇴진이라는 정치적 목표설정 자체에 동의하지 않았고 그 중의 일부는 친정부적 방향으로 돌아섰다. 특히 기독교운동과 환경운동 집단에서 그러한 움직임이 강했다. 이렇게 해서 반뉴라이트 투쟁을 반신자유주의 투쟁과 합치시킬 동력이 사라졌다. 급진적 민족주의는 반뉴라이트만을 강조했고 개혁적 민족주의와 사회민주주의자들은 쇠고기 수입이나 민영화 정책에 대한 개별적 반대만을 주장했으며 사회주의자들은 투쟁이 고양될 때에만 깃발을 들고 나타나는 선전주의적 참가에 머물렀기 때문이다.

그러므로 수평적 네트워크의 와해는 뉴라이트, 광우병 쇠고기 수입 및 민영화, 그리고 신자유주의가 갖는 공통기반을 포착하지 못했던 것과 무관하지 않다. 뉴라이트가 신자유주의이며, 제국적 권력네트워크인 신자유주의에서 생명과 삶에 대한 고려는 억압되거나 사라진다는 것. 민족주의는 동학, 3.1운동, 일제하 독립운동 등에서 운동적 기억을 가져오고 안창호, 김구, 윤봉길 등에서 정신적 기억을 가져오면서 매국매족 정권에 대한 항의를 조직했다. 사회주의 운동이 당이라는 근대적 유형의 전술조직을 추구했음에 반해 민족주의는 민족적 감정에 호소하는 선동적 운동을 선호한다. 한국 사회에서 더 많이 억압되고 있는 사회주의 운동이 정보사회의 개방성과 결합되지 못한 반면 탈근대적 디지털 네트워크가 근대적인, 아니 전근대적 요소를 가장 강하게 갖는 이 근대적 민족주의의 선동적 운동형식과 쉽게 융합되었던 것은 아이러니이다. 생태주의, 동성애자, 아나키즘, 페미니즘 등 촛불과 쉽게 어울릴 법한 새로운 사회운동들이 촛불전선에 결합한 정도가 약했던 것도 주목할 현상이다.

금융자유화도 금융국유화도 아닌 다중의 공통되기와 자치

이명박 정부가 '금융위기가 신자유주의의 종말은 아니다. 미국과 한국은 자본의 발전단계가 다르다. 미국은 늙은 경제이지만 한국은 아직 금융성장판이 닫히지 않은 성장중인 경제이다'라는 이유로 산업은행의 민영화 등 금융의 민영화 정책을 계속해서 추진할 의사를 밝히고 있는 가운데 미국에서 발생된 금융위기는 미국뿐만 아니라 영국, 나아가 유럽 전역에서도 금융의 국유화 경향을 촉진시키고 있다.

미국이 서브프라임모기지 사태로 부실화된 모기지 금융기관 프레디맥과 패니메이를 국유화했고 이어진 금융위기로 파산위기에 처한 AIG도 850억 달러의 구제금융을 지원함으로써 사실상 국유화했다. 영국 정부도 노던록을 국유화한 이후 다시 2008년 9월 29일 주택시장 침체로 심각한 타격을 받았던 모기지 금융기관 브래드퍼드앤드빙글리B&B를 국유화하겠다고 선언했다. 영국 정부가 410억 파운드(약 89조원) 규모의 모기지 부문을 인수하면서 상대적으로 우량한 240억 파운드 규모의 저축 및 지점망 부문은 민간에 매각하기로 한 것이다.

미국과 영국만이 아니다. 베네룩스 3국(벨기에·네덜란드·룩셈부르크) 정부는 2008년 9월 28일 밤 벨기에와 네덜란드 합작 포르티스금융그룹에 112억 유로(약 19조원)의 구제금융을 긴급 투입하며 부분 국유화에 나섰다. 지난해 ABN암로 인수에 242억 유로를 퍼부은 후 신용위기로 인한 유동성 위기에 시달려 온 포르티스는 프랑스 BNP파리바, 네덜란드 ING와 라보뱅크 등이 인수의사를 타진했으나 결국 부분 국유화로 결론이 났다. 이번 국유화로 포르티스는 위기의 도화선이 됐던 ABN암로를 매각하게 되며 대규모 공적자금을 투입한 베네룩스 3국은 각각 포르티스의 자국 내 사업부 지분을 49% 취득하게 된다.

독일의 경우도 이 경향에서 벗어나기 어려울 것으로 보인다. 독일의 모기지업체 하이포 레알 에스테이트도 유동성 위기로 인한 파산 위기에 직면한 것으로 나타났다. 현재 독일의 재무부가 하이포의 재융자 동결 문제를 어떻게 해결할 것인가를 논의하고 있다.

그러면 지금의 국유화는 금융을 국민들의 것으로 돌리는 조치인가? 결코 그렇지 않다. 국가권력이 소수의 금융자본가들을 비롯한 약탈계급의 수중에 있는 상태에서 국유화는 그들의 이익을 사유화하고 손실을 사회화하는 방법에 지나지 않는다.

구제bailout는 지금까지 거대한 부를 거둬들이면서 수많은 사람들을 도탄에 빠뜨렸던 금융자본을 대상으로 한다. 구제받는 것은 금융자본이다. 국가는 이들이 겪는 손실을 궁극적으로는 국민들, 아니 세계시민들이 부담해야 할 자금(세금, 국채 등)으로 메워 주려 한다. 금융자본가 계급은 국가에 의해 보장받는다.

미국 금융위기 상황에서 금융자본이 미국 정부에 의해 그 생을 보장받는다는 말은 어떤 의미인가? 7,000억 달러의 구제금융을 결정한 미국 정부는 거대한 규모의 국채를 발행하고 이 부실한 국채를 주로 중국, 일본, 한국 등의 아시아 국가들이(실제로는 국민들이!) 구입하게 되는 것을 의미한다. 다시 말해 미국 정부가 아시아와 유럽 등지로부터 차입된 돈으로 부실화된 미국의 금융자본을 매입 또는 구제금융하여 부실을 세계화한다는 것을 의미한다. 구제되어야 할 것은 미국의 금융자본만이 아니다. 전 세계의 부실화된 금융자본들이 납세자들의 돈으로 구제되어야 한다는 것이 지금 금융국유화론의 본질이다. 임금소득으로부터 금융소득으로의 거대한 이전이 금융국유화의 본질이다. 이렇게 해서 구제된(즉 시민들의 소득을 국가권력을 무기로 약탈한) 금융자본들이 이명박 정부가 추진하는 금융자본 민영화의 중요한 자금출처가 될 것이다. 이렇게 해서 민영화와 국유화가 서로 꼬리를 물고 도는 가운데 시민들은 더 큰 가난 속으로 내몰릴 것이다.

이 과정은 국가가 자본의 손실을 사회화하면서 수익을 무조건적으로 보장해 주고 있다는 것을 보여준다. 다시 말해 가난한 다중들이 자신의 노동으로 자본의 이윤을 보장할 뿐만 아니라 축적위기의 때에는 자신의 소득으로 자본의 손실을 보장한다는 것을 보여준다. 다중들의 손실은 어떤 순간에도 무시된다. 무수한 수의 파산하는 자영업자, 해고되는 노동자, 복지로부터 배제되는 비정규직 및 실업노동자들은 노숙과 죽음으로 내몰리지만 어떠한 구제도 받지 못한다. 현대의 국가는 자본의 소득을 보장하기 위해 다중의 소득을 약탈하는 약탈국가이다. 약탈을 위해 다중과의 전쟁을 기획하고 수행하는 전쟁국가이다.

이렇게 다중들로 하여금 자본의 소득을 보장하도록 강제하고 있는 국가가 다중에게 무슨 의미가 있는가? 보장되어야 할 것은 자본의 이윤이 아니라 다중의 소득과 삶이다. 다중이 보장받기 위해서는 소수 소유자들의 사유물로 변질된 국가 따위는 필요하지 않다. 금융의 민영화에 반대하는 것만으로 부족하다. 현재의 권력체제 하에서 국유화 역시 다중의 삶을 침식할 뿐이기 때문이다. 최근 미국의 시민들이 외치고 있는 역구제counter-bailout는 현대의 국가를 통해서는 달성될 수 없다. 오직 다중이 다중의 삶을 직접적으로 그리고 무조건적으로 보장해주는 것을 통해서만 달성될 수 있다. 다중의 공통체, 다중의 코뮌만이 다중의 삶을 무조건적으로 보장해 줄 수 있다. 그렇지 않은 모든 국가는 다중의 삶을 보장하는 기관이 아니라 다중의 소득에 대한 약탈을 통해, 다중의 희생을 통해 자본의 소득과 치부를 보장함으로써 사회를 극단적 대립으로 몰고가는 기관으로 기능할 뿐이다.

촛불은 일시적인 것인가 영원한 것인가?

빨리 이명박을 퇴진시키고 일상으로 돌아가자는 생각들이 있었다. 그러나 결정적으로 변한 것은 아무 것도 없었다. 그래서 촛불이 5년 내내 가야 한다는 생각들이 나타나고 있다. 촛불은 총이 아니다. 그래서 그것은 현존하는 것을 직접적으로 파괴하지 않는다. 그러므로 빨리 가시적인 변화를 도입하려는 욕망은 촛불과 상충한다. 빠른 가시적 변화는 현존하는 권력들의 파괴를 통해서 나타날 것인데 촛불은 직접적으로 아무 것도 파괴하지 않기 때문이다.

그러나 촛불은 어둠을 밝히는 무기이다. 그것은 현존하는 권력기구들을 파괴하지 않았지만 그것들의 부패, 불의, 거짓, 야합, 폭력, 음모, 무지, 몽매, 탐욕 등등을 낱낱이 폭로해 왔다. 이미 무엇이 우리의 삶을 어둡게 해 왔는지 촛불들은 하루하루 생생하게 밝혀왔다. 거리토론, 인터넷 토론, 시위과정에서의 대화 등을 통해 사람들은 서로의 지식을 공유하고 감정적 유대를 키워왔다. 촛불들은 아무 것도 파괴하지 못했지만 어둠의 실체를 밝히는 데 커다란 성공을, 그것도 빠른 성공을 거두었다. 우리는 어둠의 실체를 지금 완전히 파악했는가? 아니다. 우리는 우리 삶을 어둡게 만드는 힘들을 아직도 더듬고 있다. 그 실체가 온전히 드러나려면 얼마의 시간이 더 필요할지 아무도 모른다. 지금 우리는 겨우 이명박 정권, 조중동의 실체를 아는 데 부분적으로 성공했을 뿐이다. 그러나 우리는 매스 미디어의 본질, 국가 권력 자체의 본질을 아는 데 도달하지는 못했다. 그래서 우리는 이명박 대신에 다시 노무현, 아니면 또 다른 인물을 앉힐 것인가를 고민하는 선에서 사유하기를 멈추곤 한다. 대안적 매스미디어를 창출하는 데에 머무른다. 거대한 정치권력과 거대한 문화권력 그 자체가 실제로는 우리를 무력하게 만드는 장본인임이 아직 구체적으로 느껴지고 있지 않다.

 게다가 일국의 정치권력이나 문화권력, 그리고 경제권력은 전 지구적 현상의 마디이자 고리임이 촛불들에게 아직 분명히 드러나고 있지 않다. 부시나 후쿠다와 이명박이 전 지구적 권력의 동맹자들임이 아직 드러나지 않고 있다. 촛불이 밝혀야할 어둠은 일국적인 것만이 아니고 전 지구적인 것이어야 한다. 이명박은 전 지구적 어둠의 일부이다. 따라서 지구에 사는 모든 사람들이 이 어둠을 밝히는 데 동참함이 없이 촛불의 승리는 국지적인 것에 머무를 것이며 그 승리는 항상 바람에 흔들리게 될 것이다. 촛불의 세계화와 지구화. 이것은 촛불의 결정적 승리를 위한 필수불가결한 조건이다.

 그러므로 촛불은 5년의 수명을 갖는 문제가 아니다. 촛불은 전 지구적 평화를 갈망하는 삶정치적 성찰의 무기이며 사람들의 마음속에 깃든 혁명적 불빛이다. 거대함을 욕망하지 않으면서 작은 그러나 무수한 것들의 의지를 모아 그려내는 근원적 혁명에 대한 갈망이다. 촛불은 몇 개월의 수명을 갖는 것도 아니며 몇 년의 수명을 갖는 것도 아니다. 촛불은 영원하다. 그것은 일시적으로 꺼질 수는 있지만 완전히 꺼질 수는 없다. 일시적 꺼짐은 촛불의 잠재화일 뿐이지 소멸이 아니다. 비가시화일 뿐이지 비실재화가 아니다. 생명이 영원한 만큼 촛불도 영원하다.

3부

촛불테제
촛불테제 1: 금융위기와 촛불테제
촛불테제 2: 이명박과 강인한 테제

촛불테제1
금융위기와 촛불테제

1. 사회적 노동은 삶의 협력적 생산과정이면서 동시에 인간들 사이의 협력의 자본주의적 조직과정이다. 현대의 자본은 다중의 이 사회적 노동을 조직하는 삶권력이다.

2. 삶권력 하에서 신용은 자본관계가 재생산될 수 있으리라는 믿음이다. 신용은 사회적 노동의 과거와 현재와 미래를 매개한다. 신용을 통해 잠재적인 것(과거, 지속)이 현실적인 것으로 된다. 신용을 매개로 시간이 융합되어 노동시간을 넘는 존재론적 시간이 자본주의적 착취의 대상으로 등장한다.

3. 존재론적 시간은 다중의 공통되기의 과정이다. 정보화는 노동의 공통

되기를 매개로 다중의 공통되기를 촉진한다. 삶권력은 공통화하는 다중의 이 잠재적 삶을 자본화하고 주권화할 때에만 자신의 권력을 입증할 수 있다. 즉 다중의 공통되기를 포획, 수탈, 착취하는 데 성공할 때에만 삶권력은 재생산될 수 있다.

4. 근대자본주의에서는 프롤레타리아와 그들에 의한 잉여노동시간의 창출이 근본문제였고 노동이 생산한 가치를 실현하는 문제가 주요문제였다. 현대자본주의에서는 다중의 잠재적 존재론적 협력의 시간을 가치생산시간으로 역전시킬 수 있는가 없는가 하는 것이 근본문제로 등장하며 그 실현 문제가 주요문제로 된다.

5. 금융상품과 신용의 파생들(파생금융상품)은 다중의 삶의 잠재적 협력 흐름을 가치생산공정으로서의 노동으로 전환시키는 신용공학이다. 따라서 신용사회는 전적으로 다중의 협력체, 공통체에 의존한다.

6. 현대의 삶권력은 다중의 공통체에 의존하지만 다중의 공통체 전체에 임금과 신용을 제공하지는 않는다. 배제와 선별, 위계화와 차등화의 메커니즘은 신용과 더불어 작동하는 착취의 메커니즘이다.

7. 삶권력은 신용권력이다. 삶권력은 노동하는가 않는가, 정규적으로 노동하는가 비정규적으로 노동하는가, 소득의 규모가 큰가 작은가 등에 연계시켜 신용을 제공함으로써, 직접적으로 노동하고 노동에 입각하여 소득을 얻는 사람에게만 신용을 제공함으로써 자본주의적 노동의 신화를 유지한다.

8. 정보화는 이 배제와 선별, 위계화와 차등화의 기술로서 기능한다. 감시는 이러한 기술의 전제조건이다. 주권이 말하는 안보는 이 배제와 선별, 위계화와 차등화의 질서를 안전하게 지키는 것을 의미한다. (그래서 주권의 안보가 튼튼해지고 안전해 질수록 삶은 비참해진다.)

9. 다중의 삶에서 그 잠재적 협력흐름은 무한하다. 아니, 그것은 영원성의 삶이다. 그러므로 신용을 매개로 착취할 수 있는 가치 역시 무한하다. 오늘날 금융자본의 거대한 부, 신용의 매개들이 전지구차원에서 빠르게 운동하면 할수록 거대해지는 부는 이것을 반증한다.

10. 신용의 전 지구적 운동, 금융자본의 중단없는 운동은 잠재적으로 지구사회 전체를 전 지구적 다중의 거대하고(규모) 강도 높은(질) 공통체로 전환시킨다. 다중의 공통체가 거대해지고 강도 높아지면 그럴수록 착취될 수 있는 잠재적 부의 규모는 그만큼 커진다.

11. 직접적 고용노동의 필요성은 점점 줄어들고 인위적인 것으로 된다. 점점 직접적 고용노동은 다중의 잠재력을 자본의 가치력으로 전환시키는 지렛대로서만 필요하게 된다. 정규노동은 점차 옛 지주소작관계에서의 마름과 유사한 역할을 맡게 되고 어떠한 직업적 이름도 없는 사람들이 비고용비임금, 불안정고용불안정임금의 상태에서 인류의 삶을 생산하고 재생산하게 된다.

12. 이 비고용비임금, 불안정고용불안정임금의 다중이 더 많아지고 정규고용정규노동이 줄어들수록 가치로 전환된 부 중의 더 많은 부분이

자본가계급에게 귀속될 수 있다. 하지만 현대자본주의도 이렇게 생산되고 차지된 가치를 실현할 수 있는가 없는가라는 주요문제를 벗어날 수 없다. 가치는 유통, 순환, 분배, 소비되어 삶의 흐름의 영양으로 자리잡을 때에만 실제적 부로서 기능할 수 있다. 즉 가치가 부로서 실현될 수 있다.

13. 그러나 현대 자본주의는 점점 더 많은 인구를 임금, 소득에서만이 아니라 신용에서도 배제한다. 그리고 그럴수록 가치의 부로서의 실현은 더욱 어려워진다.

14. 사회적 협력은 다중 서로의 신뢰에 의지할 뿐만 아니라 그들 사이의 실제적 사랑에 의지한다. 배제와 차별과 위계는 이 신뢰와 사랑의 관계를 밑바닥에서부터 파괴한다. 신용사회, 금융자본지배의 사회, 금융자본주의, 신자유주의는 다중의 협력에 의지하면서 이 협력을 끊임없이 깨뜨리는 살아 있는 모순이다.

15. 이것이 1970년대 이래 자본주의가 겪었던 체제 전체에 만연해 있으면서 부정기적이고 수시적으로 모습을 드러내던 부채위기, 금융위기의 실체이다. 신용사회가, 자본주의 질서로 재생산되기 위해서는 신용에 의지하지 않을 수 없는데도, 그 스스로 신용을 제한해야 하는 자기모순 속에 있기 때문이다.

16. 서브프라임 모기지는 이 수시적인 실현위기를 극복하기 위한 자본의 궁여지책이다. '비우량담보대출'이란 용어는 자본가들이 보기에 신용

을 제공하지 말아야 할 대상, 즉 신용이 없으므로 사회에서 배제되어야 할 사람들에게 신용을 제공한다는 의미이다.

17. 이런 의미에서 비우량담보대출 자체가 새로운 유형의 뉴딜이다. 국가개입 없이 신용기관들(상업은행, 투자은행, 보험회사)이 시행한 케인즈주의이다. 복지 대신 신용을 제공하자, 소비할 수 있게 하자, 다중의 공통체가 자본주의의 틀 내에서 가동될 수 있게 하자. 복지 대신 부채를!

18. 그러나 이 신용케인즈주의의 수명은 짧았다. 2001년 IT 공황 이후 2006년까지 불과 5년. 비우량담보대출은 금리를 낮추는 것에서 시작되었다. 저/비소득 계층은 낮은 금리의 대출로 주택을 구입했고 주택수요가 늘면서 주택가격은 상승했다. 주택가격의 급속한 상승은 가상적으로는 금리부담을 한층 상회하는 소득효과를 가져오는 듯했다. 그러나 상환만기가 가까워 온 순간에 주택은 포화상태가 되었고 주택수요는 줄어들었으며 주택가격은 하락했고 저/비소득 계층은 더 이상 주택가격 상승효과로 주택담보대출의 상환금을 갚을 수 없게 되었다. 특히 뒤늦게, 이미 높아진 가격 수준에서 대출로 주택을 구입한 사람들은 피라미드 열차의 막차를 탄 사람들처럼 신용폭탄을 맞는다. 신용질서의 파괴가 도래한다.

19. 주택은 식량, 에너지 등과 더불어 사람들의 생필품의 하나이며 공동체의 가장 기본적인 조건이다. 그것은 삶의 터전이다. 현대자본주의 신용제도는 이 삶의 터전을 투기적 상황으로 끌고 들어가 다중들을

자본의 순환, 그 저거노트juggernauts 1의 수레바퀴의 희생자가 되도록 만든다. 다중들은 일거에 빚더미 위에 놓이게 되고 빚에 올가미 채인 삶을 살게 된다.

20. 파괴되는 것은 다중의 삶만이 아니다. 다중의 삶의 선순환을 전제로 하여 형성된 신용자산들이 붕괴된다. 한 사람이 빚을 갚지 못하면 그 빚(부채)을 담보로 하여 형성된 증권자산 전체가 연쇄적으로 사라진다. 투자은행들의 몰락은 그것의 현상형태이다.

21. 신용의 실추, 신용의 경색, 자산의 파괴, 화폐보유의 증대. 이것들은 다중의 생산적 공동체를 파괴한다. 믿음의 부재, 사랑의 실종은 그 자체가 전쟁상태이다. 대규모의 전쟁들이 이를 조건으로 유발된다. 신용자본주의에서 전쟁자본주의로의 이행. 전쟁자본주의는 신용자본주의의 이면으로 도사리고 있었다.

22. 자본주의가 신용과 전쟁 사이를 오가는 체제임을 직시할 때에 다중이 먼저 수행해야 할 일은 자본주의의 비밀을 구석구석 밝히는 일이다. 촛불은 이 일을 시작했다. 신용, 신뢰, 사랑, 협력을 사유화, 시장, 권력, 국가의 수중에서 해방시키고 그것을 자율적인 기관으로 전환시키는 일을.

---

1. 힌두신 크리쉬나. 일반적으로 민중을 가혹하게 희생시키는 맹목적이고 파괴적인 힘을 일컫는다.

23. 삶의 공동체가 가치공동체로 역전되는 메커니즘을 절단하는 것이 필요하다. 삶의 공동체가 가치공동체, 화폐공동체로 나타나지 않도록 고용/비고용, 노동/비노동, 임금/비임금, 정규/비정규의 분할기제들을 해체하여 공통화 기계가 작동되게하는 것. 중앙지성 대신 다중지성, 민족주의 대신 인류인주의, 국가 대신 다중의 코뮌.

24. 촛불은 삶이며 삶은 촛불이다. 자본의 전체주의를 깰 때 삶, 생명, 산-노동의 시간이 열린다. 자본의 신용이 깨지는 시간이 바로 삶의 신용이 열리는 시간이다. 이 틈새에서, 위기와 공황의 구멍 속에서 해방의 시간이 열린다. 새로운 세계, 새로운 삶, 새로운 관계, 새로운 살flesh이 열리는 시간. 촛불의 시간, 촛불의 전면화, 촛불의 세계화, 모든 사람들의 촛불되기, 그래서 절대적일 뿐인 민주주의.

촛불테제2

이명박과 강인한 테제

1. 화폐-자본은 활동력(맑스), 지속(베르그송), 흐름(들뢰즈), 활력(네그리)의 고정과 응축과 집적의 과정이자 그 산물이다. 도착적 고정/응축/집적으로서의 토지나 편집적 정신적 고정/응축/집적으로서의 전제군주와 달리 화폐-자본은 신경증적 고정/응축/집적으로서의 가족의 형상을 취한다. 개별자본은 개별가족적 신경증이며 총자본은 사회가족적 신경증이다.

2. 신자유주의는 자본주의 발전의 최근의 단계를 정당화하고 또 이끄는 정치학이다. 이것은 전 지구적 차원의 금융적 독점자본주의의 정치학이며 지구제국의 정신이다.

3. 세계적 신자유주의는 국민적 차원에서 다양한 방식으로 현상한다. 신보수주의, 사회적 자유주의, 신파시즘 등은 신자유주의의 국민적 표현 방식들이다. 각국의 계급투쟁 상황들이 신자유주의의 표현형식을 규정한다.

4. 신자유주의는 불안, 고민, 환경부적응, 불만족스런 삶에의 고정, 스트레스, 삶의 탈가치화와 무의미화, 특이성의 말살 등을 제도화, 상시화, 메커니즘화한다. 개인들은 자신을 거대한 군사적 화폐적 정보적 에너지 기계체제의 하찮은 부품으로 여기게 된다.

5. 정규직, 비정규직, 실업자로의 노동의 분할, 극빈과 극부의 양극화, 삶의 화폐에의 전적인 의존, 금융자본의 지배, 물가-금리-환율-주식이 삶의 결정적 요소로 됨 등이 그 거대기계 체제의 메커니즘이다.

6. 신자유주의에서 화폐는 다른 모든 종교의 상위에 있는 종교로 된다. 자본가들만이 아니라 노동자들, 빈민들도 자본의 신도로 된다. 착취, 강탈, 협박, 사기, 그리고 이것들을 통한 권력관계 생산은 화폐종교의 근본주의적 교리이다. 이것이 신자유주의적 인격의 근본토대이다.

7. 자본은 자본가들의 종교일 뿐만 아니라 사회적 불만과 소외에 빠진 피착취자들의 종교이기도 하다. 자본은 자본의 심부름꾼이나 원천동력들, 즉 자본의 노예들 모두에 대한 구원자이다. 자본은 노예의 신이다.

8. 신보수주의를 비롯한 신자유주의 정치학들에서 근본주의 기독교가 득세하는 것은 우연이 아니다. 이슬람 근본주의는 기독교 근본주의 득세의 다른 얼굴이다. 기독교의 근본 하나님이 자본이며 구원은 다양한 자본권력(경제권력, 정치권력, 문화권력, 시민집단권력, 비가시적 미시권력 등)의 획득을 통해 도달된다고 믿어진다.

9. 역사적 사회주의가 국가권력 장악을 통해 해방에 이를 수 있다고 믿었던 한에서 그것은 자본의 발전논리의 일부였다. 사회주의의 국가권력은 삶흐름의 자본흐름에의 예속을, 즉 삶흐름의 고정, 응축, 집적 형태로서의 노동(집단노동)을 자신의 종교로 받아들였다. 노동의 일반화가 동구 사회주의와 서구 케인즈주의, 그리고 제3세계 권위주의적 산업주의의 신앙이었다. 신자유주의는 노동의 일반화를 전지구적 차원으로 확장하고 보편화한다. 노동은 탈영토화되고 비물질화하며 삶 자체와 동일시된다. 이 과정에서 국민적 노동에 기초했던 국가권력도 탈영토화한다.

10. 이런 의미에서 신자유주의는 전 지구적이고 보편적인 규모에서 삶을 실질적으로 포섭한 자본주의이다. 즉 신자유주의는 절대자본주의이다.

11. 절대자본주의의 주체는 자본의 절대노예들이다. 화폐를 위해서는 삶이 통째로 바쳐져야 한다고 믿는 절대신도들이 자본의 절대주체이다.

12. 자본의 전형적인 절대주체는 자본의 대통령들이다. 자본의 대통령들

은 사회적 삶의 모든 것이 부(축적)를 위해서 바쳐져야 한다고 생각하며 부자들이 보호받는 것은 자연법칙과 같은 것이라고 설파한다. (이명박)

13. 그러나 자본은 필연적으로 온갖 영역으로부터 도전을 받는다. 그것이 흐름으로서의 삶의 고정, 응축, 집적인 한에서 보편적 도전은 필연적이다. 삶의 항거, 자본으로부터의 도주는 곳곳에서 일어난다. 자본의 주체들은 이것을 자본의 수난으로 파악한다. 자본의 예수들이 탄생한다. (협박, 전쟁, 테러 등) 어떤 수단으로라도 자본의 지배를 관철시키려는 십자군 전쟁은 이들이 사는 유일의미로 된다.(강인한)

14. 이명박과 강인한은 한국에서 절대자본가 혹은 절대노예를 표상한다. 이들은 신보수주의 심리정치의 절대적 화신이다. 유사한 가족적 성장환경, 사회에 대한 무감각, 특이성에 대한 경멸, 화폐를 위해 모든 것을 바치는 헌신성. 한 사람은 선출된 대통령이자 영도자, 한 사람은 자임하는 예수이자 십자군.

15. 화폐적 삶만을 삶의 유일한 형태로 받아들이기 위해서는 절망과 적의, 증오, 배신을 삶의 본질적 정서이자 논리로 받아들여야 한다. 신자유주의 정치는 희망, 사랑, 협동, 실질적 변화를 위한 노력을 경멸하고 감금함으로써 그것을 실현한다.

16. 화폐종교는 우리 시대의 국교이자 세계종교이다. 이 시대에 종교선택의 자유는 존재하는가? 없다. 그렇기 때문에 우리 모두는 어느 정

도는 이명박이며 또 강인한이다. 화폐종교는 우리의 보편적 신경증이다. 혁명적 자유에 대한 사유는 누구나가 속해 있는 이 보편적 심리상태로부터의 해방에 대한 실천적 사유이어야 한다. 치유할 힘은 환자 외부에 있지 않다. 해방은 자기치유이다.

:: 촛불봉기 일지 (2008년 3월~2009년 4월)

2008. 3. 5 : 미 무역보고서, 한국에 쇠고기시장 전면개방 촉구.
2008. 4. 11 : 한미, 쇠고기 수입조건 개정 협상 재개.
2008. 4. 17 : 한미 쇠고기 협상 타결. 연령제한 단계 해제.
2008. 4. 19 : 한미정상회담.
2008. 4. 28 : 야 3당, 쇠고기 상임위 청문회 개최 합의.
2008. 4. 29 : MBC PD 수첩, '[긴급취재] 미국산 쇠고기, 과연 광우병에서 안전한가?' 방송.
2008. 5. 2 : 고등학생 안단테가 제안한 이명박 탄핵 인터넷 서명 60만 육박. 서울 청계광장에서 1만여 명이 집결하여 '미 쇠고기 수입 반대' 1차 촛불문화제. 이명박 지지도 처음 30% 대로 급락하고 이명박은 무한도전 출연을 취소했다. 정부 관계부처는 기자회견을 통해 '광우병은 괴담이다'고 밝혔다.
2008. 5. 3 : '미 쇠고기 수입 반대' 2차 촛불문화제 2만 명 참석. '이명박 대통령 탄핵' 네티즌 청원에 100만여 명 서명. 40만개의 댓글이 달리고, 18만 5천개의 주소가 링크.
2008. 5. 4 : 한나라당은 "촛불집회는 반미, 반정부 세력"이라 비난을 시작했다.
2008. 5. 5 : 온라인탄핵 29일 만에 100만 명을 돌파했다. 최단기간 최대서명이다. 대한민국 정부는 주요 일간지 광고 게재를 시작, 청와대 등 홈페이지에 '광우병 괴담 10문 10답' 게재로 대응했다. 강기갑 의원은 미국 쇠고기의 안정성에 의혹을 제기하는 작년 9월 농식품부 전문가 회의 자료를 공개했다.
2008. 5. 6 : 당정, 쇠고기 원산지표시 확대 추진하였고, 서울경찰청장은 "앞으로 정치 구호가 등장하면 처벌하겠다"며 엄포를 놓았다. 〈광우병 위험 미국산 쇠고기 전면 수입에 반대하는 국민대책회의〉(광우병 대책회의)'가 1,513개 단체의 연합으로 출범하였다.
2008. 5. 7 : 서울시교육감이 중고생들의 집회 참석에 전교조를 배후로 지목했다. 국

회 농해수위 미 쇠고기 수입 청문회를 진행. 야당 재협상 요구. 농림장관 "미 광우병 발생하면 수입중단" 발언.

2008. 5. 8 : 한승수 총리 대국민담화. 상황 발생 시 협정개정 요구키로. 애틀란타 거주 이선영 님이 100분토론 전화연결, 미국 한인 주부들 모임에서 성명발표. 한승수 국무총리 대국민담화 "5월 15일 쇠고기 고시 강행". MBC 100분 토론에서 미국산 소고기 수입 협상 문제 3시간 동안 토론.

2008. 5. 9 : 대책회의 주관의 1차 촛불문화제. '미 쇠고기 수입 반대' 촛불집회 전국 각지로 확산. 서울시교육청 지시로 선생님들 학생 단속하러 집회에 출석. 대한의사협회, 변종 크로이츠펠트-야코프 병(인간 광우병)에 대해 입장 발표. 보건의료단체연합과 수의사연대, '10문 10답 반박' 발표.

2008. 5. 10 : 1만 8천여 명이 제9차 촛불문화제 진행.

2008. 5. 11 : 정부 협상팀이 영어 해석을 잘못한 사실이 송기호 변호사에 의해 밝혀짐.

2008. 5. 12 : 美쇠고기 현지 점검단 출국. 대한민국 정부, 미국 관보 오역 시인.

2008. 5. 13 : 수전 슈워브 USTR 대표 우리정부 방침 수용. 광우병 발생시 GATT 규정 따른 검역 주권 보장. 국회 통일외교통상위원회, 한미FTA 청문회.

2008. 5. 14 : 3만여 명 촛불문화제. 농림장관, 미 쇠고기 수입위생조건 고시 7~10일 연기.

2008. 5. 15 : 전주 덕진경찰서 정보과 형사. 수업중인 고등학생 불러내 배후조사. 과천 아파트에 '우리집은 광우병 쇠고기에 반대합니다' 현수막 등장.

2008. 5. 16 : 서울시교육청, 촛불문화제 현장 학생지도 지시.

2008. 5. 17 : 6만여 명. 제16회 '미 쇠고기 반대' 집회 전국 36곳서 열림. 가수 윤도현, 김장훈, 이승환 참여.

2008. 5. 18 : 서울시교육청이 공무원 750명을 동원해, 촛불현장 감시하고 30분마다 상황보고를 지시한 것이 드러남. 촛불집회가 계속되면서 비판 이슈도 미국산 쇠고기 수입에서 대운하, 교육정책, 공공부문 의료화 등으로 확산.

2008. 5. 19 : 촛불집회 김밥할머니를 폭행한 서울시 용역 직원. 누리꾼들의 동영상 퍼나르기로 하루 만에 입건. 한미 쇠고기 협상 추가 협의.

2008. 5. 20 : 한미 쇠고기 검역주권 명문화 합의 발표. 광우병 국민대책회의는 "핵심적인 독소조항이 바뀌지 않고는 검역주권 회복이라 할 수 없다"고 반박.

2008. 5. 22 : 2만여 명 촛불문화제. 이명박 대통령 대국민 담화 '쇠고기 문제 여론수렴 부족 송구'. 김이태 연구원. 부끄러운 아버지가 되기 싫다며, 대운하 관련해 양심선언.

2008. 5. 23 : 정부, 미 쇠고기 관련 온라인 광고 중단. 정운천 농림수산식품부 장관 해임건의안 부결. 미국산 쇠고기 파문 이후 청와대가 정부 광고를 게재할 언론사를 직접 선정해 논란.

2008. 5. 24 : 3만여 명 제23차 촛불문화제 후 분노한 시민들이 처음으로 거리시위에 나섬. 도로를 점거하고 밤샘시위를 함. '독재타도' 구호 등장. 어청수 청장 현장지휘. 51명(일부 보도로는 106명) 연행됨. '아프리카' 등 24시간 인터넷 생중계 등장. 아고라는 광화문에서 독자적으로 거리시위.

2008. 5. 25 : 청계광장서 신촌로터리로 향한 시위대, 경찰의 무력진압으로 인근 시민들 수백 명 아비규환. 미국 쇠고기 반대 등교거부 취지로 문자 유포한 10대 입건.

2008. 5. 26 : 美쇠고기 현지 점검단 입국. 농식품부 지부장 이진 씨 '쇠고기협상 졸속, 굴욕적 재협상해야 한다'는 내용의 글 올려.

2008. 5. 27 : 1만여 명 촛불문화제. 10대에서 386세대로 참가자 구성이 확대됨. 처음으로 평화예비군 부대 등장, 경찰 토끼몰이식 강제진압, 경찰 촛불 집회 주최자 10명 소환.

2008. 5. 28 : 1만여 명. 새벽 0시 30분경 시민 100여 명이 연행되며 닭장차 투어 등장, 처음으로 시위대가 프락치 발견해 포위함. 국제앰네스티 "강제연행, 인권침해" 발표.

2008. 5. 29 : 5만여 명 촛불집회와 거리시위. 정부, 미국산 쇠고기 고시 발표 강행. 조중동 광고기업 불매운동 시작, 유모차 부대 등장.

2008. 5. 30 : 진보신당, 통합민주당, 자유선진당, 민주노동당 등 고시에 대한 헌법소원을 냄.

2008. 5. 31 : 15만여 명. 제30차 촛불문화제와 거리시위. 청운동과 삼청동 방향에서 청와대 진격 시도. 경찰, 처음으로 물대포와 소화기를 사용하여 강제진압. 시위가 다음날 아침 8시까지 이어짐. 시민 228명 연행, 60명 부상, 통의파출소 앞 사망설 피해자 여성 등장. 부산에서 17년 만에 첫 도로

점거.

2008. 6. 1 : 이명박 "촛불은 누구 돈으로 산거냐" 발언. 프랑스 파리서 유학생 및 교포들 촛불시위. '서울대 여학생 군홧발 폭행' '너클아저씨' 동영상 논란 시작.

2008. 6. 2 : 마감 시간이 하루 남았음에도, 고시무효 헌법소원 청구인이 8만명을 돌파, 사법사상 최대 청구인으로 기록. '횡단보도 시위' 등장. 수입 고시를 관보에 싣는 것을 유보.

2008. 6. 3 : 충북지역 초중생교사 2,667명 선언문, 대구지역 대학교수 298명 성명, 불교단체 9곳 성명.

2008. 6. 4 : 이상득 '촛불 참가자는 실업자, 서민, 노숙자 등등' 발언. 대학교 잇단 동맹휴업. 이른바 '사망설' 유포자 검거.

2008. 6. 5 : 광우병 대책회의 72시간 릴레이 국민행동 기간선포. 특수임무수행자회 서울광장 점거. 민변, 9만6천명 명의로 '미쇠고기 고시 무효' 헌법소원을 냄.

2008. 6. 6 : 5만여 명 현충일 집회. 청와대 수석 등 일괄사의 표명.

2008. 6. 7 : 20만여 명 37회 촛불문화제. 독일, 캐나다, 프랑스, 미국, 영국, 러시아, 브라질, 호주, 대만에서 유학생과 교민들 지구촌 촛불 파도타기.

2008. 6. 8 : 1만여 명 촛불문화제. 보건의료인 5,222명 시국선언.

2008. 6. 9 : 오이, 김밥, 생수, 건강탕, 순두부 등 줄 잇는 촛불후원. 이명박 비판하며 분신한 고 이병렬 님 숨을 거둠.

2008. 6. 10 : 6월 민주항쟁 21주년 촛불문화제에 100만여 명 참가. 전 세계 6번째, 국내 21년 만에 전국 100만 명 시위. 가수 양희은과 70만 시민이 아침이슬 합창. 어청수 경찰청장이 제작한 명박산성 등장. 보수단체 시청광장서 '맞불집회'. 대학생 동맹휴업, 노동자 참가.

2008. 6. 11 : 연세대교수 154명 시국선언 발표.

2008. 6. 12 : KBS본관 앞 촛불 띠잇기, 최시중 퇴진운동 가속. 정부, 미국과 추가협상 방침 발표.

2008. 6. 13 : 2만여 명 촛불문화제. 현역전경 이계덕(22) 상경 '촛불 진압은 양심에 반하는 일, 육군에 보내 달라' 행정심판 청구. 김종훈 통상교섭본부장

장관급 협의시작. '밥차봉사' 다인아빠 KBS 앞에서 처음 등장. 화물연대 파업시작.

2008. 6. 14 : 고 이병렬 씨 추모 제44회 촛불문화제. 보수단체, 편파보도 한다며 MBC 앞에서 LPG 밸브열고 화염방사. 조중동 광고주 불매운동 관련, 『조선일보』 '82쿡닷컴'에 협박문 전달. 이날부터 6월 19일까지 한미 쇠고기 협상 추가협의.

2008. 6. 15 : 2만여 명. 미국 쇠고기 수입반대 외에 대운하, 민영화로 의제확대.

2008. 6. 16 : 미국 간 제4대 외교통상부 통상본부장 김종훈 돌연 귀국 취소, 홈에버에서 미 쇠고기가 호주산으로 둔갑. 삼성역 코엑스 앞 촛불집회 시작. 건설노조 파업 시작.

2008. 6. 17 : 아프리카 문용식 사장 구속, 이문열 '불장난 오래하면 데인다', 주성영 '좌파 주도의 천민민주주의' 발언. 여의도, 코엑스, 시청에서 촛불집회. 대책회의 주최 국민대토론회 예고.

2008. 6. 18 : 이명박 4개월 안 되서 실질지지율이 7.4%로 하락한 것으로 집계됨.

2008. 6. 19 : 이명박 첫 특별기자 회견 '뒷산에서 아침이슬 들으며 자책했다', '뼈저린 반성, 추가협상 이해해 달라'. 화물연대파업을 국민세금 미봉책으로 일단 타결. 제1차 국민대토론회 개최. 조중동, '광고주 압박 네티즌 법적대응' 엄포.

2008. 6. 20 : 미국산 쇠고기 재협상 촉구 48시간 릴레이 국민행동 기간선포. 117일 만에 정부 비서진 전면 개편. 김경한 법무부장관, 특정 신문 광고주 상대 네티즌 불매, 광고중단운동 단속 지시. 한미 추가협상 타결, 광우병 국민대책회의 '48시간 비상국민행동' 돌입.

2008. 6. 21 : 5만여 명, 제51차 촛불문화제. 한미 쇠고기 수입 추가협상 결과 발표. 『조선일보』에 공격당하는 삼양라면 구매운동. 조중동광고 매출액 크게 줄어. 청와대행 8000번 버스 운행중단. 최초로 국민토성 쌓아 차벽 지붕 점거.

2008. 6. 22 : 경찰 '절대 가만두지 않겠다' 시위대에게 위협방송. 아침 8시, 예비군 비롯한 시위대 울분 섞인 빗속의 축제.

2008. 6. 23 : 삼양식품 주가 63.8% 상승. 건약회 약사 1천명 조중동에 광고낸 의약품

안 판다 선언. 국민들 정부에 끝장토론 제안. 이명박, 조중동, 한나라당이 차례대로 폭력 반미 시위꾼이라며 촛불왜곡. 보수단체 회원 KBS앞 1인 시위 촛불여성 각목으로 단체폭행. 검찰, MBC PD수첩의 미국산 쇠고기 및 광우병 보도관련 수사 착수.

2008. 6. 25 : 2만여 명 촛불문화제. 캐나다에서 광우병소 발생. 부시 7월초 한국 방한 일방적 취소. 이명박정부 국민과의 끝장토론 거부. 경복궁역 부근 이정희 국회의원 강제연행. 12살 여자어린이 연행 후 풀어줌. 새문안교회 앞 격렬 대치. 50대 시민 손가락 절단. 시민 139명 연행, 100명 부상. 예비군 부대 공식 해산. 물대포와 소화기 재등장.

2008. 6. 26 : 4만여 명. 미국에서 광우병위험물질 발견 쇠고기 전량 리콜, 이명박 정부 관보게재. 한승수 '불법시위는 법과 원칙에 따라 엄청처리'. 경찰청 인권위원회 '인권과 어청수는 함께 갈 수 없다'며 14명 전원사퇴. 정부 미국산 쇠고기 수입 재개 관보게재. 민주노총, 쇠고기 하역, 운송, 유통 등 저지 나서.

2008. 6. 27 : 홍준표 '촛불집회 핵심은 골수 반미단체' 발언. 민주노총 냉동창고 2차 출하저지. 서울시 촛불천막 강제철거. 경찰 '물대포에 최루액 섞는 방안 검토'. 국민대책회의 집행부 8명 체포영장 발부하고 검거 전담반 편성. 서울경찰청 인권위원회도 12명중 7명 사퇴. 안민석 국회의원 집단폭행 당함.

2008. 6. 28 : 20만여 명 제59차 촛불문화제. 경찰과 촛불시위대 대규모 충돌. 프레스센터앞에서 경찰, 색소 물대포 등으로 강경진압. 400여 명 부상자 발생. 광우병 대책회의 안진걸과 윤희숙 첫 구속.

2008. 6. 29 : 시청광장 원천봉쇄로 종각에서 항의 집회. 시위대 종로, 을지로, 동대문, 다시 종로, 을지로로 긴 가두행진. 종로 쪽에서 새벽까지 게릴라 시위. 많은 사람 인도에서 체포조에 연행됨. 경찰장비 사용규정과 형사소송법 등 무차별 위반, 색소혼합 물대포 사용. 시민 131명 연행, 400명 부상. 강기정 국회의원 곤봉으로 폭행당하고 김재균 국회의원 소화기 분사당함. 정부 '촛불 집회에 더 강력히 대응하겠다' 발표. 금속노조 파업과 조중동 불매선언.

2008. 6. 30 : 천주교 정의구현 사제단 국가권력 회개를 위한 미사 시청광장서 김인숙 신부 집전으로 시작. 3만 명 이상 집결. 침묵행진으로 전환. 일부 시위대 공식 집회 해산 후 남대문, 신세계, 퇴계로, 을지로, 시청으로 가두행진. 경찰이 광우병 대책회의 전격 압수수색, 검찰총장 '불법폭력 촛불시위 종지부 찍겠다' 발언. 정부, 1980년대 군사정권 이후 처음으로 3,200명 읍면동장 모아서 시국설명회 개최.
2008. 7. 1 : 국가권력 회개를 위한 미사 이틀째, 2만여 명 참가. 목회자 그룹 청와대 행진. 진보신당 당사에 HID 난입 폭행. 육류수입업체 '에이미트', 미 쇠고기 시중 판매 개시.
2008. 7. 2 : 서울시 지역 촛불모임 시작(마포촛불연대, 강남촛불). 또랑에 든 소 1차 공판.
2008. 7. 3 : 개신교 시국기도회 개최.
2008. 7. 4 : 불교 시국법회 개최. 엠네스티 국제사무국 조사관 노마 강 무이코 방한. '촛불집회, 위대한 피플파워' 발언하고 한국 정부의 과잉진압 조사.
2008. 7. 5 : 제66차, 국민 승리 선언 촛불문화제 개최. 일반 시민들과 함께 천주교와 개신교·불교·원불교 등 4개 종단과 통합민주당·민주노동당·창조한국당·진보신당 등 4개 정당의 국회의원, 민주노총 조합원 등 50여만 명이 참석해 비폭력 평화 행진. 시청 앞 삼양산성 등장. 광우병 대책회의 지도부 조계사로 피신. 대책회의의 국민승리 선언을 촛불집회의 종결선언으로 보면서 이에 대항하는 사람들 대책회의 측 평화행동단들에 의해 저지됨. 대책회의, 촛불집회를 접기 위한 몇 가지 전제조건의 수락을 정부 측에 사전타진했으나 받아들여지지 않은 것으로 알려짐. 촛불봉기 수세로 접어드는 전환점.
2008. 7. 5 : 촛불시위 다녀온 여고생 신모양(18) 투신자살.
2008. 7. 6 : 시청 다시 원천봉쇄. 봉쇄 상태로 안에서 촛불교회 주도로 촛불문화제. 밖에서 항의시위. 시청 잔디밭을 도는 행진. 종각에서 게릴라 시위 시도. 대책회의 지도부 수배자 6명, 조계사에서 농성 시작.
2008. 7. 7 : 대책회의, 평일 촛불집회 직접개최 중단 방침 발표.
2008. 7. 9 : 마포 2차 촛불문화제. 은평, 노원 등 지역촛불 움직임.

2008. 7. 11 : 서울역 민주노총 집회, '시청 탈환의 날'로 설정.
2008. 7. 12 : 73차 촛불문화제. 시청원천봉쇄 상태에서 을지로에서 가두행진시작. 광우병 대책회의 조계사 앞에서 문화제 하려 했으나 시민들의 행진 강행으로 무산됨. 안국동에서 경찰과 대치. 종로, 동대문 등지로 장시간 우중 거리시위.
2008. 7. 14 : 국회 쇠고기 국정조사 시작.
2008. 7. 17 : 청계광장에서 촛불시위 도중 네티즌 주도 가두시위 시작. 전투적 게릴라 촛불이 문화제 촛불로부터 분리되는 경향이 뚜렷해짐. 행진 후 안국동에서 대치중 물대포 소화기 발사. 밤 11시경 강제해산됨. 오전 서울 상암동 DMC 누리꿈 스퀘어 3층 회의장에서 YTN주주총회 개최. 구본홍 사장 날치기 선임.
2008. 7. 19 : 80회 촛불집회. 청계광장에서 촛불시위. 전대협 동우회 주도 가두시위. 서울역, 서대문, 서부역으로 밤샘 가두행진 계속. 시위대 속 사복경찰 200여 명 드러남. 경향신문사 앞에서 경찰 만행.
2008. 7. 20 : 청계광장에서 촛불시위. 행진 시도했으나 저지됨. 아고라 폐인들이 엮은 『대한민국 상식사전 아고라』 책 출간, 500만 아고리언들 구매 '열풍'.
2008. 7. 21 : 청계광장에서 민영화반대시민행동 주도의 촛불문화제, 영화상영, 자유발언 이어짐.
2008. 7. 22 : 청계광장에서 비정규직 노동자 중심의 촛불문화제. 서울시 교육감 선거 기호 6번 주경복 후보 첫 선거 유세.
2008. 7. 23 : 여의도 KBS 본관에서 촛불시민이 정연주 사장 해임결의를 위한 이사회 저지. 청계광장서 언론노조 주도 촛불문화제. 행진 시도했으나 저지됨. 또랑에 든 소 2차 공판.
2008. 7. 24 : 민주노총 이석행 위원장 체포시도. 민주노총 앞에서 78차 촛불문화제 개최. 시민 50여 명 밤샘촛불.
2008. 7. 25 : 중랑서 소속 이길준(25) 의경이 '촛불진압거부', '경찰의 과잉진압명령', '부대 내 폭력행위' 등 양심선언을 하며 부대복귀거부. 기독교교회협의회 기독교회관에서 기자회견하려 했으나 부모님의 반대 등의 이유로 무산. 서울경찰청, 이길준 의경에 대한 체포명령을 내림.

2008. 7. 26 : 87차 촛불문화제. 종각과 소라광장 등에서 5천여 명이 집회시작. 5월 31일 이후 가장 많은 수의 경찰을 동원하여 강경 진압. 40여 명 연행. 시위대 연합 최초로 스크럼 짜서 경찰에 정당방위 행사. 종로에서 차량이 고의로 시위대에 돌진하여 8여 명 중경상. 운전자와 동승자, 종로 지구대로 연행됨.
2008. 7. 27 : 청계광장서 촛불문화제, 행진시도. 천주교 신월동 성당에서 이길준 의경 양심선언. 촛불지킴이 밤샘 방위. 민주노총 부위원장 연행.
2008. 7. 28 : 서울시청서 락페스티벌. 천주교 신월동성당에서 촛불문화제. 아프리카 문용식 대표 보석으로 풀려남.
2008. 7. 30 : 서울시 교육감 선거. 공정택 후보 당선. 최종 득표율은 공정택 40.1%, 주경복 38.3%로 표차는 불과 2만 2천표, 강남 몰표가 당락 결정함. '백골단 부활' 경찰관 기동대 창설. 광우병 대책회의 기자회견, "이명박 정부, 죽은 줄 알았던 백골단 무덤에서 살렸다". 인권단체연석회의 '어청수, 정말로 민주주의 시계를 군사정권 시절로' 성명. 마치무라 노부타카(町村信孝) 일본 관방장관 '29일 한승수 총리의 독도 방문에 대해 부적절' 망언.
2008. 7. 31 : 미국 지명위원회(BGN), 독도의 영유권 표기를 1주일 만에 원상복구. 日관방 "독도표기 회복, 美 입장변경 아니다". 여야, 일본 관방장관 독도관련 발언 비판. 이명박 대통령 지지율 다시 18.5%로 추락. 이길준 의경 기자회견 후 중랑경찰서에 자진출두 '양심적 병역거부 사회 공론화 바래' 성명. 전투경찰대설치법 '헌법소원' 준비. 조선대 무역학과 김찬주(23)씨 긴급 체포.
2008. 8. 1 : 조선대 정문서 김찬주 학생 연행 규탄 기자회견. 국방부 선정 '불온도서 23권' 불티나게 팔려. 국회 쇠고기 국정조사특위 활동 시작.
2008. 8. 2 : 94차 촛불문화제. 기독교, 불교, 천주교 시국기도회. 기동대 투입.
2008. 8. 5 : 부시 방한을 맞아 청계광장에서 개최하려던 촛불문화제 탄압. 3만여 명, 거리시위. '갑호 비상령' 발령. 경찰력 2만 4,000여 명 투입, 색소포 쏘고 기동대 투입. 수십 명 부상, 150여 명 연행. 새벽 시위대 명동성당 앞에서 최후 농성. 뉴라이트전국연합 등 보수단체로 이루어진 '부시방한 환

영 애국시민연대' 시청 앞 서울광장서 성조기 들고 맞불집회. '촛불' 검거 포상금제 논란.

2008. 8. 6 : 제3차 한미정상회담. 경찰, 시위대 검거 포상금을 점수 누적제로 변경. KBS사수 촛불집회에 대한 강제진압, 26명 연행. 촛불 진압 반대 이길준 의경 구속.

2008. 8. 8 : 100차 촛불문화제. KBS 임시이사회 정연주 사장 해임 결의안 통과. KBS 건물 안 경찰 1,000여 명 안방처럼 들락거려. 경찰 1,000명이상 KBS 앞 통제. 여의도 '아수라장'. 정연주 사장 변호인단 해임결의 효력 정지 가처분 신청. 야 3당 '언론에 대한 계엄령', 여 '세상이 바뀌었다는 신호'. 제29회 베이징올림픽 개최(~8. 24). 이명박 정부, 촛불 축소위해 올림픽 홍보에 혈안. 하이서울 페스티벌(~8. 17).

2008. 8. 9 : 101차 촛불문화제. 전대협 및 아고라, 강남 게릴라 가두시위. 종로 가투 봉쇄로 명동성당 앞 농성. 6명 연행. 경찰이 시위대의 예상 진로 곳곳에 전경들과 체포조들을 매복시킴. 이로 인해 게릴라 시위가 어려워져 시위대는 명동 진지를 방어. 포위투쟁이 농성투쟁으로 역전.

2008. 8. 11 : 이명박 대통령, KBS 이사회의 정연주 사장 해임 제청안 서명, 'KBS도 이제 거듭나야 한다'. 유재천 KBS 이사장, 조기 사장 선임 방침 내비춰. 육류수입업체 '네르프', LA갈비 등 뼈있는 미 쇠고기 판매 개시.

2008. 8. 13 : KBS 이사회, 후임 사장 선임문제 본격 논의. 도랑에 든 소 3차 공판.

2008. 8. 14 : 광우병 대책회의 '광복절 연휴 국민 릴레이 촛불시위' 공지.

2008. 8. 15 : 광복절 맞이 대책회의 주관 대규모 촛불문화제. 뉴라이트 및 보수단체 '건국 60주년 행사'. 경찰, 보수단체 보호위해 안간힘. 한낮 무더위 강경 진압으로 지친 일부 전경들 '탈진' 증세. 시위대 명동 한국은행 앞에서 도로점거. 815평화행동단과 흑사단 색소포에도 불구하고 물러나지 않는 투쟁. 시민들 백 수십 명이 연행됨. 이 탄압의 기조는 이후 지속되어 촛불시위 현장에서 누리꾼 권태로운 창을 투석 혐의로 체포 구속. 사망설 광고 네티즌에 대해 모금액 횡령 혐의로 입건하는 등 표적 탄압을 계속.

2008. 8. 16 : 불교계, 시민들과 함께 대정부투쟁.

2008. 8. 17 : 명동성당에서 농성투쟁을 전개하던 촛불시민들이 전경과 투석전을 벌임.
2008. 8. 18 : 네티즌 '과잉폭력진압 전경 및 경찰간부' 사진과 리스트 작성. 사회단체 및 시민 연합, '시위 부상자 및 연행자를 위한 모금위원회' 발족.
2008. 8. 23 : 어청수 경찰청장, '청계광장 및 보신각 앞 집회 원천봉쇄' 강경진압 조치 발표. 종로 길목마다 사복경찰 배치. 가두시위 제한으로 서울 도심 지하철 게릴라 시위 본격 실시.
2008. 8. 25 : 월요일임에도 불구하고, 강남 촛불집회 200명 이상 기록. 주말집회 시 강남대로 가두시위 예고.
2008. 8. 26 : 17대 서울시 교육감 공정택 당선자 취임식. '촛불집회 참여 학생 감시 강화' 선언과 동시에 '학교 선택권 도입 및 학교 경쟁 강화' 행정 지시. '강남 학원 웃고, 서민 학생 울다'. 경찰, 사회주의노동자연합 회원 7명 연행.
2008. 8. 27 : 서울시청 앞, 이명박 정부를 규탄하는 범불교도대회 개최.
2008. 8. 28 : 2학기 개강일에 맞춰 각 대학 학생회 및 대학생들에게 일명 '연애편지' 보내기 운동 실시. 그림, 도표 등이 실려 있는 전단지 형식의 편지로써 경찰이 주동자 수색에 나섰으나, 언론화되면서 오히려 국민들 관심 폭발적 증가. 네티즌들 '무능한 경찰청. 연애편지 홍보부서로 전락했다' 풍자.
2008. 8. 30 : 10대연합, 전청련 비롯 서울시 중고등학생 수백 명 '서울시교육감 즉각 물러나라' 집회.
2008. 9. 1 : 강남구 일부 유명 학원가, 최고 15배 학원비 폭리. '당국은 뒷짐'
2008. 9. 2 : '셀(Sell) 코리아'. '외국인이 등지고 떠나는 한국' 각국에서 유행어처럼 번져. '9월 위기설' 현실로 다가와. 주식시장 외국인 비중 지난달 20%대에서 18%대로 하락. 정재계 한 입 모아, '단기적인 성과에 집착하기보다 중장기적인 체질 개선에 중점을 둔 경제정책을 펼치는 게 바람직'.
2009. 9. 5 : 청문회(국회 쇠고기 국정조사 종료).
2008. 9. 6 : 마로니에에서 켜진 촛불은 5, 6월의 기억을 되새기는 것에 집중. 이러한 기억행위들은 이후 여러 차례 반복.
2008. 9. 8 : 미국 서브프라임 모기지 사태 악화, 글로벌 금융시장 급랭. 국내시장에

들어와 있는 달러 대거 회수. 삼성경제연구소 '외국인 보유 채권 만기일이 9월 중순과 겹쳐, 이달 말 달러 수급에 심각한 위기' 시사.

2008. 9. 9 : 조계사 내 촛불수배자 농성장을 지키던 안티이명박 소속 친구야놀자, 젠틀맨, 매국노저격수 세 사람이 '미국산 쇠고기가 훨씬 낫다'며 한 남성이 휘두른 회칼에 베이고 찔림. 이 회칼테러로 친구야놀자는 두자루의 칼로 관자놀이 윗부분에 약 7cm정도 힘줄 및 시신경이 끊겼고 매국노저격수는 뒷머리 약 7cm정도를 베었으며 젠틀맨은 뒷목이 베이고 앞이마에 깊이 약 2.1cm정도의 칼이 박혀 생명이 위중해짐.

2008. 9. 13 : 추석 연휴 '수도권 촛불, 고향으로 확산'. 고향 방문차량 '촛불자동차' 눈에 띄어. 명절 친척모임 대화 주제 '이명박'과 '촛불' 1, 2위 앞 다퉈.

2008. 9. 16 : 미국 주택담보대출기업 패미메이와 프레디맥에 이은 리먼의 파산신청으로 서브프라임 모기지 위기 폭발. 이후 여러 금융기관들 줄줄이 파산 및 구제신청.

2008. 9. 29 : 국내 외환시장 '달러 기근현상'. 각 언론과 경제전문가들 '외화 줄고, 대외 채무 늘어나, 제2의 IMF 위기 가능성 커'. 정부와 조중동신문 '경제위기설' 일축. 이명박 대통령 지지율 10%밑으로 곤두박질.

2008. 9. 30 : 국내시장 달러 회수 시작세. 일본, 국내 달러회수가 '경제보복'이라는 주장 나와 눈길. 일본 국민들 '무능한 한국 대통령 이명박' 비난 쏟아져.

2008. 10. 1 : 21세기청소년단체 희망, 전국청소년학생연합 등 10개 단체 서울 종로구 세종로 정부종합청사 앞에서 기자회견을 갖고 일제고사 거부와 촛불집회 지속 선언. 부산민중연대 국정원과 경찰의 남북공동선언실천연대 압수수색 및 간부 체포와 관련해 부산시청 광장에서 기자회견, 공안탄압 중단 촉구.

2008. 10. 2 : 촛불시위 불구속 입건 90여 명을 벌금 50만~300만원 약식기소 발표. 촛불집회 시작 이래 총 1100명 불구속 입건 집계. 이명박, 청와대 만찬에서 '유모차 부대는 아동보호법 위반' 발언으로 파문.

2008. 10. 3 : 8·15 평화행동단, 유모차부대 등 촛불 시민단체 회원들 서울 종로 탑골공원에서 '민주사회 역행하는 공안탄압 규탄대회'를 마치고 청계광장으로 거리행진.

2008. 10. 5 : 경찰 촛불집회 참석을 이유로 미성년자(고교생) 소환 조사하여 파문.
2008. 10. 6 : 물가 상승 예고로 서민들 앞다퉈 생활물품 '사재기'. 경찰, 하루 만에 미성년자 수사 없던 일로 하기로.
2008. 10. 7 : 진보연대 활동가들을 연행하여 구속. '촛불 연행자 모임' 서울 태평로 프레스센터에서 기자회견 개최하고 "벌금 납부 거부", "끝까지 투쟁하겠다".
2008. 10. 8 : 참여연대 · 민변 촛불 경찰폭력 피해사례 공동조사 결과 발표. 촛불시민 수사 진행에 비해 20여건의 경찰 관련 고소 · 고발 사건에 대해서는 조사 진행 전혀 안 된 것으로 판명.
2008. 10. 9 : 민주노총 '국민 총파업' 제안. 각 노조와 언론, 총파업설 일파만파로 번져. 참여연대 · 한국진보연대 · 민주노총 · 전국농민회총연맹 등 가칭 '민주주의와 민생을 위한 새로운 연대기구'(민민연) 구성을 위한 추진위원회 발족. 안진걸 광우병 국민대책회의 조직팀장이 신청한 야간 옥외집회를 금지한 집시법 10조에 관한 위헌법률 심판 제정 신청 헌재가 받아들임. 엄아무개 씨, 서울 중구 태평로 코리아나 호텔 16층 객실 유리창을 깨고 『조선일보』와 뉴라이트를 비난하는 전단지 투척하고 펼침막 게시, 내용은 '민주주의 사수하는 촛불이 승리한다', '친일파 매국 집단 뉴라이트 해체하라'.
2008. 10. 11 : 조계사농성수행 100일 촛불문화제 개최. 집회 참석자들은 촛불시즌 2를 준비하자고 입을 모았다. 청계광장에서는 무한경쟁교육 일제고사 반대 청소년 촛불문화제.
2008. 10. 15 : 참여연대, 한국진보연대, 민주노총, 인권단체연석회의 등 100여개 시민 · 사회단체들이 참여하는 가칭 '민주수호, 촛불탄압 저지를 위한 비상국민행동' 청계광장에서 기자회견을 갖고 발족.
2008. 10. 18 : 청계광장, 4천여 명 운집, '촛불 시즌2'를 여는 '민생 · 민주주의를 위한 촛불문화제'. 조계사 농성 중이던 '안티이명박 카페' 백은종 부대표, 청계광장 촛불집회에 참석하려 이동하던 중, 경찰에 체포.
2008. 10. 25 : 두 개의 촛불연합단체로 민주민생국민회의와 애국촛불연대 출범.
2008. 10. 26 : 청계광장에서 시민 3천여 명 참석하는 '민생 · 민주 국민회의'(국민회

의) 준비위원회 출범식과 '99% 국민 희망 만들기' 행사 개최.
2008. 10. 27 : 인권위 "경찰, 촛불집회 인권침해" 결론.
2008. 10. 29 : 조계사 촛불 수배자 6명 조계사를 빠져나가 잠적.
2008. 11. 4 : '민주주의와 민생의 위기를 걱정하고 이명박 정권에 비판적인' 경남 지역 487개 단체가 모여 촛불계승 연대기구 '민생·민주 경남회의' 결성.
2008. 11. 6 : 촛불수배자 5명 6일 새벽 강원도 모텔에서 경찰에 체포.
2008. 11. 12: 대한문 앞에서 촛불산책 시작. 이후 2009년 1월 말까지 매주 수요일 10m 간격으로 촛불을 들고 걷는 1인 시위 방식의 산책형 촛불집회 이어짐.
2008. 11. 14 : 이길준 의경 징역 1년6월 선고.
2008. 11. 17 : '사회주의노동자연합'(사노련) 운영위원장 오세철(65) 연세대 명예교수 등 5명에 대해 이적단체 구성 등 국가보안법 위반 혐의로 재청구된 사전구속영장 기각.
2008. 11. 25 : 이마트, 홈플러스, 롯데마트, 미 쇠고기 판매 재개 결정. 헌법재판소, 고시에 대한 헌법소원을 기각함.
2008. 12. 2 : 서울 태평로 프레스센터에서 촛불연행자모임 기자회견, 검찰이 일부 촛불집회 연행자에게 '조건부 기소유예' 처분을 제안한 데 대해 관련 단체들이 "양심의 자유와 기본권 침해"라며 반발.
2008. 12. 6 : 이석행(50) 민주노총 위원장 경찰에 붙잡힘. 경찰, 촛불수배자와 통화했다는 이유만으로 보건의료단체 간부의 집을 방문, 가택 수사를 시도해 파문.
2008. 12. 7 : 광화문 동화면세점 앞에서 진행된 비정규직 권리선언 촛불문화제, 저녁 6시 45분에 음향장비 봉쇄 등 경찰 난입으로 종료 10분을 앞두고 문화제 강제중단.
2009. 12. 17 : 서울시 교육청 앞, '부당징계철회! 일제고사중단! 공정택 퇴진 촉구 시민 촛불 기자회견'에 1500여 명 결집.
2008. 12. 19 : 서울 명동 길거리 한복판에서 퀴즈대회 형식의 무한도전×2 촛불 문화제에 1024명 참가.
2008. 12. 20 : 학생들과 학부모, 누리꾼, 교사들 2000여 명 오후 7시부터 서울시교육

청 앞에 모여 '일제고사 반대교사에 대한 징계철회, 공정택 교육감 퇴진, 서울시민 촛불 문화제'.

2008. 12. 23 : 전국시도연합 학력평가(일제고사) 당일, 서울 종로구 서울시교육청 앞에서 전교조 소속 교사와 학생, 학부모들이 교사 부당징계 철회와 일제고사 중단을 촉구하며 촛불집회. 전국에서 일제고사에 반대 기자회견과 1인 시위 벌어짐. 3개의 학교는 시험을 치지 않고 정상 수업. 전국의 전교조 지부 이날을 '슬픈 화요일'로 정하고 조합원들이 검은 옷을 입고 수업.

2008. 12. 26 : 언론노조 총파업 출정식. 각 신문·방송사 노조 조합원과 민주노총 조합원 등 3000여 명이 모여 언론관계법 저지 결의.

2008. 12. 27 : 국회의사당 앞 국민은행에서 촛불문화제. 한나라당에서 MBC까지 촛불산책.

2008. 12. 29 : 전국 400여 시민·사회단체가 참여한 민생민주국민회의(국민회의)는 31일 오전까지 국회 앞 밤샘 농성 등 '48시간 비상국민행동' 선언.

2009. 12. 30 : 국회 앞 '언론장악저지, 민주주의 수호' 촛불 문화제 전국언론노조 조합원 등 4천여 명 참석. 강기갑 의원 지키기 인터넷 카페 '반쥐원정대' 회원들이 민주노동당 강기갑 의원(사천)의 선고 공판을 앞두고 1박 2일 밤샘투쟁 결의.

2008. 12. 31 : 보신각 앞에서 송구영신 촛불. 아고라, 민주세대 386, 진보정당, 촛불청, 8·15평화행동단 등의 깃발이 일반 시민들과 뒤섞여 새해를 맞음.

2009. 1. 3 : 국회 앞, 국회 사무처 규탄 촛불 집회 강제 해산으로 밤새 32명 연행됨.

2009. 1. 4 : 저녁 7시, 국회 앞 민주노동당 주최 MB악법저지와 한나라당을 규탄하는 촛불문화제.

2009. 1. 6 : 언론노조 파업 12일째, 여의도 산업은행 앞에서 '총파업 4차 결의대회', '7대 언론악법 저지 민주주의 수호 촛불 문화제'.

2009. 1. 7 : 저녁 8시 덕수궁 대한문 앞, 2009년의 첫 촛불산책.

2009. 1. 8 : 서울중앙지검 마약·조직범죄수사부(김주선 부장검사)가 인터넷 경제 논객 '미네르바'로 지목된 박대성(31)씨에 대해 인터넷상 "허위사실" 유포 혐의(전기통신기본법 위반)로 긴급체포.

2009. 1. 19 : 오전 5시 33분 용산 4구역 철거민과 전국 철거민 연합회 회원 등 약 30여 명, 서울시가 최소한의 보상도 없이 철거를 밀어붙이고 있다고 주장하며 서울특별시 한강로 2가에 위치한 5층짜리 상가 건물 옥상을 점거. 경찰은 경비 병력으로 3개 중대 300여 명을 투입. 철거민들은 옥상 건물 위에 망루(望樓)를 짓고 가연성물질인 시너를 바닥과 옥상에 준비하였고 화염병과 돌을 던지며 철거반에 저항. 경찰은 물대포 분사.
2009. 1. 20 : 오전 1시 22분, 철거민들이 던진 화염병으로 농성장 옆 상가 건물 가림막에 화재가 났으나 40분만에 진화. 오전 6시 12분에 경찰은 철거민들에게 물대포 살수를 시작. 6시 45분, 경찰이 건물의 옥상에서 농성하던 철거민들을 진압하기 위해 컨테이너에 경찰특공대를 태워 옥상으로 올려 보냄. 7시, 컨테이너가 옥상으로 올라가자 본격적인 진압 시작. 이 진압과정에서 세입자 2명, 전철연 회원 2명, 경찰특공대 대원 1명 사망, 23명 부상. 12시 20분 시신 1구 추가 발견. 용산 참사 현장에서 추모 촛불집회, 청와대 쪽으로 거리행진. 밤 11시 경 시민들은 숭례문을 거쳐 명동으로 이동. 명동에서 가두행진을 시도했으나 경찰의 봉쇄로 시위대는 명동성당으로 이동. 명동성당 앞에서 보도블럭을 깨서 경찰과 투석전을 벌이며 강경진압에 강하게 항의했고 부상자들 다수 발생. 12시 경 해산 후 일부 시민들은 참사 현장으로 되돌아가 밤샘 집회.
2009. 1. 21 : 참사 현장에서 추모 촛불 문화제. 지하철 4호선 신용산역에서 서울역까지 가두 행진. 경찰은 물대포 발사. 경찰은 20대 여성 머리채 휘어잡고 구타. 살수차의 전진을 막기 위해 차 밑에 드러누운 시민, 경찰이 강제로 끌어냄.
2009. 1. 22 : 참사현장에서 용산 철거민 추모 촛불집회.
2009. 1. 23 : 서울역에서 '이명박 정권 퇴진, 용산 철거민 살인 진압 1차 범국민 추모대회'를 진행한 후 수천명이 경찰포위망을 뚫고 서울 서부역-충정로-이화여대 앞-신촌로터리-홍익대 정문까지 가두행진. 창원, 부산, 대전 등에서도 추모 촛불 문화제.
2009. 1. 27 : 참사현장에서 용산 철거민 추모 촛불집회.
2009. 1. 28 : 참사현장에서 용산 철거민 추모 촛불집회 이어짐.

2009. 1. 29 : 참사현장에서 용산 철거민 추모 촛불집회. 어청수 경찰청장 퇴임식.
2009. 1. 31 : 청계광장, 용산참사 2차 범국민추모대회. 9000여 명 참여. 오후 2시 서울역에서 열린 빈민대회를 시작으로 오후 4시 50분 청계광장 부근에서 열린 추모대회, 그리고 명동성당에서 열린 정리 집회 등의 순으로 진행. 오후 4시 용산 참사 현장에서는 한국남자수도회와 천주교정의구현전국연합 주최로 촛불 평화 미사. 미사는 매일 지속됨.
2009. 2. 1 : 촛불시민과 민주당, 민주노동당, 진보신당, 창조한국당 등 야당이 명동을 행진하며 이명박 정부를 규탄. 사복경찰에 의해 50대 시민이 폭행당하고, 우익단체 노노데모 카페가 쇠망치와 골프채를 들고 난입하는 등 소동. '폭력살인진압 규탄 및 MB 악법 저지를 위한 국민대회'를 개최, 이날 서울 청계광장에 2만 여명 모임.
2009. 2. 2 : 검찰편파수사 왜곡수사 규탄 기독교대책위 기자회견. 천주교정의구현사제단 추모미사. "정권과 방향 달라 부담", 서울중앙지법 박재영 판사 사표.
2009. 2. 3 : 김석기 퇴진 촉구 기독교 대책위 기자회견 (11시 30분, 경찰청 앞). 용산구청장 사퇴촉구 용산지역 제 정당 및 사회단체 기자회견 (11시 30분, 용산구청 앞). 청계광장 촛불추모제. 오전 11시, 칼라TV 압수수색.
2009. 2. 4 : 용산 살인진압의 진상규명과 책임자처벌을 촉구하며 용산4구역 세입자들을 비롯해 왕십리, 고척시장 등의 세입자들이 국회 앞 농성 돌입. 울산지역의 누리꾼들을 비롯해 21개 노동시민사회단체, 정당 등 4일 '민생민주 울산행동'을 출범.
2009. 2. 5 : 조계사 앞마당에서 용산 철거민들을 추모하고 이들의 극락왕생을 비는 시국법회 개최 후 청계광장으로 행진, 시민들과 합류하여 촛불문화제 개최.
2009. 2. 6 : 경찰청이 '광우병 위험 미국산 쇠고기 전면수입을 반대하는 국민대책회의'에 참가한 총 1,842여 개 단체를 불법, 폭력 시위단체로 규정, 진보신당, 민주노동당, 창조한국당 등 야당들도 포함.
2009. 2. 7 : 법원, PD수첩 보도에 대한 손해배상소송을 기각. 3차 범국민추모대회 개최. 경찰의 강력한 봉쇄로 시민들은 도심 게릴라식 시위를 벌임. 종로, 을지로, 퇴계로, 동대문 일대로 흩어져 산발적으로 이명박 정권에 항의

한 시위대 밤 9시30분께 명동성당에서 마무리 집회. 경찰 무차별 색소 분사, 6명 연행.

2009. 2. 11 : 김유정 민주당 의원, 국회 본회의장에서 "청와대가 용산 사태를 통해 촛불시위를 확산하려고 하는 반정부단체에 대응하기 위해 '군포연쇄살인 사건을 적극 활용하라'고 지시했다"고 폭로해 파문.

2009. 2. 14 : 아고라를 중심으로 청계광장 집회와는 구분되는 새로운 방식의 독자적 대낮 가투를 재개하기로 논의한 이후 오후 2시부터 동대문운동장, 압구정 로데오 거리, 동대문 밀리오레 등 밤늦게까지 게릴라 시위 계속됨. 4차 범국민 추모대회 장소가 용산역 원천봉쇄로 인해 서울역으로 긴급 변경. 서울역에 모인 1만여 명의 시위대, 지하철 게릴라 투쟁을 통해 충정로, 이대입구, 종로5가로 이동하며 가두시위. 밤 9시경 명동 밀리오레 앞에서 2,000여 명 경찰과 대치하다 명동성당에서 해산.

2009. 2. 17 : "미국산 쇠고기에 대한 왜곡보도로 사회적 혼란을 초래했다"며 국민소송인단 2천455명이 MBC PD수첩을 상대로 제기한 손해배상 소송을 법원이 기각.

2009. 2. 19 : 조중동에 대한 광고게재 중단운동을 벌인 누리꾼에게 법원이 유죄 선고.

2009. 2. 20 : 용산 참사 현장에서 추모 촛불집회.

2009. 2. 24 : 서울 프레스센터에서 촛불에 결합했던 인터넷 카페들 32개와 시민들이 참여하는 '촛불시민연석회의' 창립선언식. 참석자 김모씨 같은 건물 20층에서 연설중이던 조갑제에게 쓰레기 투척.

2009. 2. 25 : 문화체육관련방송통신위원회의 전체회의에서 기습적으로 미디어산업법 및 쟁점법률안이 직권 상정됨. 전국언론노조, '총파업 5차 대회'를 열고 26일 새벽 6시 총파업 투쟁 재개 선언. 이명박 대통령 취임 1주년을 맞아 전국 곳곳에서 '민생민주 실종 1년 이명박정권 심판 촛불문화제' 열림. 기독교 단체들 광화문광장에서 '용산철거민 참사 추모와 시국기도회' 개최. 광우병 위험 미국산쇠고기 수입반대 및 전면 재협상 실시, 공공부문 사유화 저지 등을 위해 수원지역 39개 시민단체들로 구성된 '수원시민대책위원회', 수원역 광장에서 47차 촛불문화제. 목포신안민중연대, '이명박 대통령 불신임 범국민 투표' 전개.

2009. 2. 26 : 검찰, 용산 철거민 희생자 추모 범국민대회에서 사회를 봤다는 이유로 빈민대책회의 유의선 공동집행위원장 등 2명에게 체포영장 청구.

2009. 2. 28 : 서울 여의도 문화공원에서 '이명박 정권 심판 전국노동자대회'를 마치고 여의도에서 출발한 대오, 여의도역과 마포대교 방향으로 가두행진. 경찰과 곳곳에서 충돌해 2~4명의 연행자 발생. 청계광장 원천봉쇄로 광화문을 중심으로 도심 곳곳에서 '6차 범국민대회' 개최. 촛불 시민들과 민주노총 합류하여 서울역, 태평로, 시청, 종각, 명동 등에서 3만여 인파 산발적 시위. 15~20명 연행, 부상자 속출.

2009. 3. 1 : 여야 쟁점법안 처리 막판협상에 돌입, 국회 밖에서는 시민사회단체 회원들이 철야 노숙농성 돌입. 2월 국회 시한이 끝나는 오는 3월 3일까지 'MB악법 결사저지를 위한 2박3일 공동행동' 선언.

2009. 3. 2 : 여야 언론관계법안 등 6월 국회에서 표결처리에 합의. '언론노조 총파업 6차 대회'를 낮시간에 개최한 후 언론노조와 용산대책위, 여의도에서 'MB악법 저지와 용산 살인 진압 처벌을 위한 국민대회' 개최.

2009. 3. 3 : 정운천·민동석, PD수첩 제작진 6명을 명예훼손 혐의로 고소.

2009. 3. 5 : 법원노조, 서초동 대법원 정문 앞에서 '촛불사건 임의배당에 대한 진실 규명 및 신영철 대법관 사퇴 촉구' 기자회견.

2009. 3. 10 : 민주노동당 경남도당, 11일부터 '신영철 대법관 탄핵소추 국민청원운동'에 돌입 선언.

2009. 3. 11 : 경찰과 용역의 합동작전으로 용산4구역 철거 재개.

2009. 3. 16 : 대법원 진상조사단에 의해 신영철 대법관의 '촛불재판 개입' 의혹이 일부 사실로 드러남.

2009. 3. 17 : 경찰이 인터넷 포털 다음의 토론방 '아고라'에 정부 비판글을 올리고 조회수가 높아지도록 조작한 혐의로 누리꾼 3명의 자택과 사무실 등을 압수수색. 경찰청 사이버범죄수사팀, 촛불시위 주동자 검거를 위해 2월부터 3월 초까지 아고라 토론방 접속기록 1500만 건을 압수한 것으로 밝혀짐.

2009. 3. 23 : '일제고사 반대를 위한 충남지역 공동 대책위원회', 오전 충남도교육청 앞에서 기자회견을 열어 "일제고사를 폐지하라" 촉구.

2009. 3. 25 : 검찰, PD수첩 이춘근 PD 체포. 전국언론노조 YTN 지부 노종면 위원장 업무방해로 구속.
2009. 3. 26 : 저녁 7시 YTN사옥 앞에서 언론노조 주최 '언론인 체포 구속 규탄' 촛불 문화제 개최.
2009. 3. 31 : 1천 200여 명의 학생들이 교과학습 진단평가(일제고사)를 거부하고 체험학습을 떠남.
2009. 4. 2 : 민주당과 민주노동당, 창조한국당, 진보신당 등 '야4당'과 민생민주국민회의, 민주노총 등 시민사회단체가 오전 11시 국회 앞에서 '반이명박 전선' 결의대회 개최.
2009. 4. 3 : 용산철거민참사 현장 뒷편 레아 호프자리에 '레아 촛불미디어센터'와 '촛불방송국' 개소식.
2009. 4. 8 : 검찰 PD수첩 압수수색 시도하다 MBC 본부 조합원 300여 명과 대치하다 돌아감.
2009. 4. 9 : 이길준 의경 상고기각, 징역 2년 확정.
2009. 4. 13 : '언론자유민주주의수호 100일행동' MBC정문 앞에서 신경민 앵커 교체 항의 촛불 집회.
2009. 4. 17 : 광우병국민대책회의 핵심간부들 보석으로 석방. 경찰, '상습 시위꾼'을 색출한다며, 채증 사진을 근거로 단순 참가자까지 마구잡이로 소환조사 파문.
2009. 4. 18 : 밤 8시 용산학살현장에서 새로운 투쟁을 다짐하며 촛불시민연석회의 출범식 진행. 광우병대책회의 박원석·한용진 공동상황실장과 백성균 미친소닷넷 대표, 김동규 한국진보연대 정책국장, 권혜진 흥사단 교육운동본부 사무처장 등 5명.
2009. 4. 20 : 인터넷 논객 '미네르바'에 대해 1심 무죄 선고. 촛불미디어센터에 자리를 잡은 용산촛불방송국 행동하는 라디오 '언론재개발' 첫 방송.
2009. 4. 21 : 법원이 남북공동선언실천연대(이하 실천연대)를 이적단체로 규정하고 핵심 간부 4명(강진구, 최한욱 등)에게 징역형 선고.
2009. 4. 22 : 용산참사 범대위, 용산참사현장 남일당 건물인근에서 기자회견을 열고 용산참사 조속한 해결을 위한 2차 시국회의 결과 발표. 참사 현장에서

	유가족과 함께 철야농성 돌입, 전면적인 대정부 투쟁 돌입 선언. 검찰, 2차 MBC 압수수색 시도했으나 노조 조합원들과 몸싸움 끝에 철수.
2009. 4. 24 :	검찰, 미네르바 무죄 판결에 항소. 4월 29일 용산참사 100일, 4월 30일 노동절 전야제, 5월 1일 노동절, 5월 2일 촛불 1주년 등으로 3박 4일간의 집중투쟁 예고됨.

:: 참고문헌

단행본

강내희 외, 『촛불집회와 한국사회』, 홍성태 엮음, 문화과학사, 2009.
강수돌 외, 『아! 대한민국, 저들의 공화국』, 시대의창, 2008.
경향닷컴 촛불팀 엮음, 『촛불 그 65일의 기록』, 경향신문사, 2008.
김필헌·송원근·정연호·조경엽, 『촛불시위의 사회적 비용』, 2008.
남구현 외, 『대한민국은 민주공화국이다?』, 메이데이, 2008.
도서출판옆출판사 편집부, 『(꺼지지 않는) 촛불 유머』, 도서관옆출판사, 2008.
박노자·조정환 외, 『레닌과 미래의 혁명』, 그린비, 2008.
빠올로 비르노, 『다중』, 김상운 옮김, 갈무리, 2006.
사카이 다카시, 『폭력의 철학』, 산눈, 2008.
사회와철학연구회, 『촛불, 어떻게 볼 것인가』, 울력, 2009.
아고라 폐인들 엮음, 『대한민국 논술사전 아고라』, 여우와두루미, 2008.
＿＿＿, 『대한민국 상식사전 아고라』, 여우와두루미, 2008.
안또니오 네그리·마이클 하트, 『다중』, 조정환 정남영 서창현 옮김, 세종서적, 2008.
＿＿＿, 『제국』, 윤수종 옮김, 이학사, 2001.
조갑제·김성욱, 『거짓의 촛불을 끄자! : 趙甲濟·金成昱 기자의 추적』, 조갑제닷컴, 2008.
조르주 소렐, 『폭력에 대한 성찰』, 나남, 2008.
조정환, 『제국의 석양, 촛불의 시간』, 갈무리, 2003.
＿＿＿, 『아우또노미아』, 갈무리, 2003.
＿＿＿, 『제국기계 비판』, 갈무리, 2005.
한윤형 외, 『그대는 왜 촛불을 끄셨나요』, 당대비평기획위원회 엮음, 산책자, 2009.

한홍구 외, 『어둠은 빛을 이길 수 없습니다 — 2008 촛불의 기록』, 한겨레출판, 2008.

홍성기 외, 『거짓과 광기의 100일』, 시대정신, 2009.

황상익 외, 『촛불이 민주주의다』, 해피스토리, 2008.

논문

Aleksis, 「"왔노라, 보았노라, 딴지 걸었노라": 촛불집회에 나온 아수나로 이야기」, 『진보평론』 37호, 2008년 가을.

강내희, 「촛불정국과 신자유주의 — 한국 좌파의 과제와 선택」, 『문화과학』 55호, 2008년 가을.

고길섶, 「공포정치, 촛불항쟁, 그리고 다시 민주주의는?」, 『문화과학』 55호, 2008년 가을.

고병권, 「혁명 앞에서의 머뭇거림: 2008 촛불시위의 발발과 전개」, 『부커진 R No. 2』, 그린비 + '연구공간 수유+너머' 엮음, 그린비, 2008.

고병권·김세균·박영균·원용진(사회: 강내희), 「특집좌담: 좌파, 2008년 촛불집회를 말하다」, 『문화과학』 55호, 2008년 가을.

고원, 「촛불에 남겨진 뜨거운 감자, 정당정치」, 『시민과 세계』 14호, 2008년 하반기.

권태로운창, 「Pianiste」, 『창작과 비평』 141호, 2008년 가을.

김두나, 「촛불을 통해 얻은 정의를 실현한다는 자긍심」, 『내일을 여는 역사』 33호, 2008년 가을.

김상준, 「2008년 촛불과 한국 민주주의의 새로운 가능성」, 『시민과 세계』 14호, 2008년 하반기.

김서중, 「촛불과 미디어」, 『진보평론』 37호, 2008년 가을.

김선욱, 「촛불 광장에서 아렌트를 만나다」, 『시민과 세계』 14호, 2008년 하반기.

김종엽, 「촛불항쟁과 87년체제」, 『창작과 비평』 141호, 2008년 가을.

김종철, 「책을 내면서: 저항으로서의 축제, 촛불집회의 아름다움」, 『녹색평론』

101호, 2008년 7~8월.
김진석, 「촛불시위, 조금 삐딱하면서도 훌륭한」, 『황해문화』 통권 60호, 2008년 가을.
김철수, 「한국에 가서 '촛불'을 보다」, 『녹색평론』 101호, 2008년 7~8월.
김형수·김희정·손지연·박지원, 「좌담: 길이 끝나는 곳에서 길은 시작되고」, 『녹색평론』 101호, 2008년 7~8월.
류미경, 「촛불집회 어디로 갈 것인가」, 『사회운동』, 통권 83호, 2008년 7~8월.
민경우, 「촛불의 정치세력화에 단호하게 참여하라」, 『노동사회』 134호, 한국노동사회연구소, 2008.
박래군, 「촛불항쟁의 전개과정과 직접민주주의: 진보적 인권운동의 관점에서 본 촛불항쟁」, 『진보평론』 37호, 2008년 가을.
박래군, 「촛불항쟁의 지향, 직접민주주의」, 『내일을 여는 역사』 33호, 2008년 가을.
박성인, 「'상상력'에 '계급'을!: '2008년 촛불항쟁'과 좌파의 정치」, 『진보평론』 37호, 2008년 가을.
박승옥, 「촛불, 민주주의 석유문명」, 『녹색평론』 101호, 2008년 7~8월.
박영균, 「촛불의 정치경제학적 배경과 정치학적 미래」, 『진보평론』 37호, 2008년 가을.
박준형, 「촛불행진, 노동자운동이 함께 하기 위해서」, 『사회운동』, 통권 83호, 2008년 7~8월.
박한용, 「용인 사파리에서 금수들 촛불집회를 열다」, 『내일을 여는 역사』 33호, 2008년 가을.
서유석, 「촛불이 요구하는 "성찰"」, 『시대와 철학』 19호 No.2, 2008.
송경재, 「2008년 촛불과 네트워크형 시민운동 전망」, 『시민과 세계』 14호, 2008년 하반기.
신승철, 「촛불집회와 분열분석」, 『진보평론』 37호, 2008년 가을.
신재성, 「촛불정국, 대학생들이 욕망하는 것」, 『진보평론』 37호, 2008년 가을.
심광현, 「촛불시위로 열린 "제3공간"의 키잡이, "민중의 집 운동"」, 『문화과학』

55호, 2008년 가을.
안진걸, 「촛불 이후, 시민사회운동의 혁신과 활성화를 위한 제언」, 『시민과 세계』 14호, 2008년 하반기.
오건호, 「시장권력에 맞서 공공성 연대운동으로」, 『시민과 세계』 14호, 2008년 하반기.
오주환, 「촛불과 건강」, 『진보평론』 37호, 2008년 가을.
오현철, 「촛불이 민주주의다」, 『시민과 세계』 14호, 2008년 하반기.
우석균, 「이명박 정부의 의료민영화와 촛불운동」, 『황해문화』 통권 60호, 2008년 가을.
윤현희, 「우리는 이렇게 소통한다」, 『진보평론』 37호, 2008년 가을.
이남신, 「아름다운 촛불이 홈에버 매장 앞으로 오지 못한 까닭은」, 『내일을 여는 역사』 33호, 2008년 가을.
이동연, 「촛불집회와 스타일의 정치」, 『문화과학』 55호, 2008년 가을.
이득재, 「촛불집회의 주체는 누구인가」, 『문화과학』 55호, 2008년 가을.
이병훈, 「촛불민주주의와 양극화 그리고 진보운동의 과제」, 『노동사회』 135호, 한국노동사회연구소, 2008.
이상훈, 「촛불시위의 쟁점들」, 『사회운동』, 통권 83호, 2008년 7~8월.
이일영, 「촛불의 경제학」, 『창작과 비평』 141호, 2008년 가을.
장석준, 「촛불에서 사회운동적 노동조합의 출발점을 보다」, 『노동사회』 134호, 한국노동사회연구소, 2008.
전규찬, 「촛불집회, 민주적·자율적 대중교통의 빅뱅」, 『문화과학』 55호, 2008년 가을.
전용철, 「어느 비정규 노동자가 본 촛불시위」, 『노동사회』 134호, 한국노동사회연구소, 2008.
전효관, 「촛불시위의 세대 특성과 그 문화적 함의」, 『황해문화』 통권 60호, 2008년 가을.
정상호, 「패배한 서울시 교육감 선거에서 희망의 '길'을 찾다」, 『시민과 세계』 14호, 2008년 하반기.

정인경, 「새로운 주체성에 대한 탐구: 빠올로 비르노의 '다중' 개념을 중심으로」, 『진보평론』 37호, 2008년 가을.
조대엽, 「한국 민주주의와 촛불시위」, 『노동사회』 134호, 한국노동사회연구소, 2008.
진중권, 「개인방송의 현상학」, 『문화과학』 55호, 2008년 가을.
최경순, 「스스로를 돌아보게 만든 뺄쭘했던 촛불시위」, 『노동사회』 134호, 한국노동사회연구소, 2008.
하승수, 「이명박정부의 지역개발전략과 민주주의」, 『창작과 비평』 141호, 2008년 가을.
하승창, 「2008년 촛불집회와 사회운동」, 『노동사회』 134호, 한국노동사회연구소, 2008.
한홍구, 「현대 한국의 저항운동과 촛불」, 『창작과 비평』 141호, 2008년 가을.
허영구, 「노동자와 촛불시위」, 『진보평론』 37호, 2008년 가을.
홍성일, 「촛불 이미지의 반복과 변주: 자존, 공포, 저항, 그리고 미국」, 『문화과학』 55호, 2008년 가을.
홍성태, 「위험사회와 새로운 정치의 가능성」, 『시민과 세계』 14호, 2008년 하반기.

:: 갈무리 신서

1. **오늘의 세계경제 : 위기와 전망**
   크리스 하먼 지음 / 이원영 편역
   1990년대에 자본주의 세계경제가 직면한 위기의 성격과 그 내적 동력을 이론적·실증적으로 해부한 경제 분석서.

2. **동유럽에서의 계급투쟁 : 1945~1983**
   크리스 하먼 지음 / 김형주 옮김
   1945~1983년에 걸쳐 스딸린주의 관료정권에 대항하는 동유럽 노동자계급의 투쟁이 어떻게 전개되어 왔는가를 실증적으로 분석한 역사서.

7. **소련의 해체와 그 이후의 동유럽**
   크리스 하먼·마이크 헤인즈 지음 / 이원영 편역
   소련 해체 과정의 저변에서 작용하고 있는 사회적 동력을 분석하고 그 이후 동유럽 사회가 처해 있는 심각한 위기와 그 성격을 해부한 역사 분석서.

8. **현대 철학의 두 가지 전통과 마르크스주의**
   알렉스 캘리니코스 지음 / 정남영 옮김
   현대 철학의 역사에 대한 비판적 분석을 통해 철학에서 마르크스주의의 역할은 무엇인가를 집중적으로 탐구한 철학개론서.

9. **현대 프랑스 철학의 성격 논쟁**
   알렉스 캘리니코스 외 지음 / 이원영 편역·해제
   알뛰세의 구조주의 철학과 포스트구조주의의 성격 문제를 둘러싸고 영국의 국제사회주의자들 내부에서 벌어졌던 논쟁을 묶은 책.

11. **안토니오 그람시의 단층들**
    페리 앤더슨·칼 보그 외 지음 / 김현우·신진욱·허준석 편역
    마르크스주의 내에서 그리고 밖에서 그람시에게 미친 지적 영향의 다양성을 강조하면서 정치적 위기들과 대격변들, 숨가쁘게 변화하는 상황에 대한 그람시의 개입을 다각도로 탐구하고 있는 책.

12. **배반당한 혁명**
    레온 뜨로츠키 지음 / 김성훈 옮김
    혁명적 마르크스주의의 입장에서 통계수치와 신문기사 등 구체적인 자료를 바탕으로 소련 사회와 스딸린주의 정치 체제의 성격을 파헤치고 그 미래를 전망한 뜨로츠키의 대표적 정치분석서.

14. 포스트모더니즘 이후의 정치와 문화

    마이클 라이언 지음 / 나병철·이경훈 옮김

    마르크스주의와 해체론의 연계문제를 다양한 현대사상의 문맥에서 보다 확장시키는 한편, 실제의 정치와 문화에 구체적으로 적용시키는 철학적 문화 분석서.

15. 디오니소스의 노동·I

    안토니오 네그리·마이클 하트 지음 / 이원영 옮김

    '시간에 의한 사물들의 형성'이자 '살아 있는 형식부여적 불'로서의 '디오니소스의 노동', 즉 '기쁨의 실천'을 서술한 책.

16. 디오니소스의 노동·II

    안토니오 네그리·마이클 하트 지음 / 이원영 옮김

    이딸리아 아우또노미아 운동의 지도적 이론가였으며 『제국』의 저자인 안또니오 네그리와 그의 제자이자 가장 긴밀한 협력자이면서 듀크대학 교수인 마이클 하트가 공동집필한 정치철학서.

17. 이딸리아 자율주의 정치철학·1

    쎄르지오 볼로냐·안또니오 네그리 외 지음 / 이원영 편역

    이딸리아 아우또노미아 운동의 이론적 표현물 중의 하나인 자율주의 정치철학이 형성된 역사적 배경과 맑스주의 전통 속에서 자율주의 철학의 독특성 및 그것의 발전적 성과를 집약한 책.

19. 사빠띠스따

    해리 클리버 지음 / 이원영·서창현 옮김

    미국의 대표적인 자율주의적 맑스주의자이며 사빠띠스따 행동위원회의 활동적 일원인 해리 클리버 교수(미국 텍사스 대학 정치경제학 교수)의 진지하면서도 읽기 쉬운 정치논문 모음집.

20. 신자유주의와 화폐의 정치

    워너 본펠드·존 홀러웨이 편저 / 이원영 옮김

    사회 관계의 한 형식으로서의, 계급투쟁의 한 형식으로서의 화폐에 대한 탐구, 이 책 전체에 중심적인 것은, 화폐적 불안정성의 이면은 노동의 불복종적 권력이라는 것을 이해하는 것이다.

21. 정보시대의 노동전략 : 슘페터 추종자의 자본전략을 넘어서

    이상락 지음

    슘페터 추종자들의 자본주의 발전전략을 정치적으로 해석하여 자본의 전략을 좀더 밀도있게 노동의 관점에서 분석하고 또 이로부터 자본주의를 넘어서려는 새로운 노동전략을 추출해 낸다.

22. 미래로 돌아가다
   안또니오 네그리·펠릭스 가따리 지음 / 조정환 편역
   1968년 이후 등장한 새로운 집단적 주체와 전복적 정치 그리고 연합의 새로운 노선을 제시한 철학·정치학 입문서.

23. 안토니오 그람시 옥중수고 이전
   리처드 벨라미 엮음 / 김현우·장석준 옮김
   『옥중수고』이전에 씌어진 그람시의 초기저작. 평의회 운동. 파시즘 분석. 인간의 의지와 윤리에 대한 독특한 해석 등을 중심으로 그람시의 정치철학의 숨겨져 온 면모를 보여준다.

24. 리얼리즘과 그 너머 : 디킨즈 소설 연구
   정남영 지음
   디킨즈의 작품들에 대한 치밀한 분석을 통해 새로운 리얼리즘론의 가능성을 모색한 문학이론서.

31. 풀뿌리는 느리게 질주한다
   시민자치정책센터
   시민스스로가 공동체의 주체가 되고 공존하는 길을 모색한다.

32. 권력으로 세상을 바꿀 수 있는가
   존 홀러웨이 지음 / 조정환 옮김
   사빠띠스따 봉기 이후의 다양한 사회적 투쟁들에서, 특히 씨애틀 이후의 지구화에 대항하는 투쟁들에서 등장하고 있는 좌파 정치학의 새로운 경향을 정식화하고자 하는 책.

피닉스 문예

1. 시지프의 신화일기
   석제연 지음
   오늘날의 한 여성이 역사와 성 차별의 상처로부터 새살을 틔우는 미래적 '신화에세이'!

2. 숭어의 꿈
   김하경 지음
   미끼를 물지 않는 숭어의 눈. 노동자의 눈으로 바라본 세상! 민주노조운동의 주역들과 87년 세대, 그리고 우리 시대에 사랑과 희망의 꿈을 찾는 모든 이들에게 보내는 인간 존엄의 초대장!

3. 볼프
이 헌 지음

신예 작가 이헌이 1년여에 걸친 자료 수집과 하루 12시간씩 6개월간의 집필기간, 그리고 3개월간의 퇴고 기간을 거쳐 탈고한 '내 안의 히틀러와의 투쟁'을 긴장감 있게 써내려간 첫 장편소설!

4. 길 밖의 길
백무산 지음

1980년대의 '불꽃의 시간'에서 1990년대에 '대지의 시간'으로 나아갔던 백무산 시인이 '바람의 시간'을 통해 그의 시적 발전의 제3기를 보여주는 신작 시집.

Krome …

1. 내 사랑 마창노련 상, 하
김하경 지음

마창노련은 전노협의 선봉으로서 87년 노동자 대투쟁 이후 민주노총이 건설되기까지 지난 10년 동안 민주노동운동의 발전을 이끌어 왔으며 공장의 벽을 뛰어넘은 대중투쟁과 연대투쟁을 가장 모범적으로 펼쳤던 조직이다. 이 기록은 한국 민주노동사 연구의 소중한 모범이자 치열한 보고문학이다.

2. 그대들을 희망의 이름으로 기억하리라
철도노조 KTX열차승무지부 지음 / 노동만화네트워크 그림
민족문학작가회의 자유실천위원회 엮음

KTX 승무원 노동자들이 직접 쓴 진솔하고 감동적인 글과 KTX 투쟁에 연대하는 16인의 노동시인·문인들의 글을 한 자리에 모으고, 〈노동만화네트워크〉 만화가들이 그린 수십 컷의 삽화가 승무원들의 글과 조화된 살아있는 감동 에세이!

3. 47, 그들이 온다
철도해고자원직복직투쟁위원회 지음 / 권오석, 최정희, 최정규, 도단이 그림
전국철도노동조합 엮음

2003년 6월 28일 정부의 철도 구조조정에 맞서 총파업을 하고 완강히 저항하다 해고된 철도노동자 47명, 그들이 부산에서 서울까지 순회·도보행군에 앞서 펴낸 희망의 에세이!